Joana Krizanits

Die systemische Organisationsentwicklung – wie sie wurde was sie wird

Eine Einführung in das Professionsfeld

facultas.wuv

Die nordfriesischen Inseln sind von berückender Schönheit, ein Biotop, das alle Sinne anspricht. Sonne, Wolken Wind und Meer beugen das Licht in ungeahnte Spektren. Der Sturm bläst den Kopf frei für Inspiration. Kilometerlange und -breite Sandstrände rücken die Verhältnisse zurecht. Buhnen, vor Jahren gleich und nebeneinander gestartet, geben Zeugnis von ihrer einzigartigen Geschichte kleinster Unterschiede. Jede Flut schwemmt allerlei Strandgut an.

Ein idealer Platz für eine Feldforschung.

Bibliografische Information Der Deutschen Nationalbibliothek

Die Deutsche Nationalbibliothek verzeichnet diese Publikation in der
Deutschen Nationalbibliografie; detaillierte bibliografische Daten sind im
Internet über http://dnb.d-nb.de abrufbar.

1. Auflage 2009
Copyright © 2009 Facultas Verlags- und Buchhandels AG
facultas.wuv Universitätsverlag, Berggasse 5, 1090 Wien, Österreich
Alle Rechte, insbesondere das Recht der Vervielfältigung und der
Verbreitung sowie der Übersetzung, sind vorbehalten.
Satz und Druck: Facultas Verlags- und Buchhandels AG
Printed in Austria
ISBN 978-3-7089-0528-0

Buchinhalt

Teil D   Anhang

Strand von Westerland, Sylt, Fotografie by Joana Krizanits ©

Vorwort

Die systemische Organisationsberatung ist über Nacht bekannt geworden. Noch vor kurzer Zeit war der Begriff „systemisch" für BeraterInnen eine Art Passwort, mit dem man schnell checken konnte, was an professionalem Dialog wechselseitig zumutbar war. Dem Kunden gegenüber hat uns das Wort „systemisch" in fürchterliche Zwickmühlen gebracht. Wir haben umständlich versucht, Manager ohne Gesichtsverlust über unser Beratungsverständnis aufzuklären und waren erleichtert, wenn diese schließlich sagten: „O.k., Sie machen das also ganz systematisch" und wir endlich zur Sache kommen konnten.

Das hat sich geändert. Werde ich heute in einem beliebigen Kontext (z.B. beim Konto-Eröffnen auf der Bank) gefragt, was ich beruflich mache, folgt auf meine Antwort: „Ich bin Beraterin" die Frage: „Systemische?" Der Begriff der systemischen Organisationsberatung ist von einem Codewort für Insider zu einer Trademark auf dem Beratermarkt geworden.

Was ist geschehen? Was genau verbirgt sich hinter diesem Etikett? In welchem Feld bewegen wir uns? Wie sind die Dinge entstanden und wie hängen sie zusammen? Wie kann sich jemand, der neu dazu kommt, hier orientieren? – Diese Fragen soll dieses Buch beantworten. Denn es sind viele, die neu dazukommen – viele, die als freie Consultants Organisationsberatung anbieten aber mehr noch, die als Interne ihre eigene Organisation beraten.

Was bezeichnet der Begriff „systemische Organisationsberatung"? Welche Beratungswerkzeuge, welches Verständnis von Intervention und Professionalität sind hinterlegt, nach welchen Theorien gehen systemische Organisations-beraterInnen vor und wie denken sie sich den Gegenstand ihrer Beratung, die Organisation?

Diese Fragen habe ich im Frühsommer 2005 zwölf namhaften VertreterInnen der Heidelberger Institute und der Wiener Beratungsfirmen gestellt. Die „Heidelberger" und die „Wiener" – das steht für die zwei Herkunftsprofessionen des Feldes, die Familientherapie und die Unternehmensberatung. Sie haben in den 80er-Jahren die über verschiedene Disziplinen verteilten systemtheoretischen Impulse, Methoden und Interventionen zu einem Paradigma für die systemische Beratung von sozialen

Systemen entwickelt. Dieser Ansatz ist (noch) stark auf den deutschsprachigen Raum begrenzt; Entwicklungen der US-amerikanischen Szene des „Organisational Development" werden hier nicht berücksichtigt. Auch auf die systemisch-kybernetischen Ansätze wie sie beispielsweise das Management Zentrum St.Gallen (MZSG) vertritt, wird hier nicht detailliert eingegangen. Allerdings werden diese Ansätze in den verschiedenen Entwicklungen der Systemtheorie verortet.

Der Interviewleitfaden für die Feldforschung:

- Wie stecken Sie das Feld der systemischen Beratung ab?
- Wann ist systemische Beratung erfolgreich und woran merken andere das?
- Was ist Ihre Meta-Theorie von Organisation, vom Individuum, von Beratung und von Wirtschaft und Gesellschaft?
- Was sind für Sie Kernkonzepte, Lieblingsinterventionen? Nützliche Dinge, die Sie gern einsetzen?
- Welche Personen haben Sie in Ihrem /ihrem Beratungsverständnis geprägt?
- Was sind aus Ihrer Wahrnehmung die gelebten Werte in der systemischen Beratung – die „zehn Gebote"?
- Worin sehen Sie die Herausforderungen an das Feld und die zu erwartenden Entwicklungen?

Bei der Auswahl der Personen habe ich mich damals an folgenden Kriterien orientiert: Ist die Person oder ihre Heimatorganisation im Feld verankert? Hat sie bzw. ihre Heimatorganisation zur Theorieentwicklung beigetragen? Ist der systemische Ansatz zentral für ihr Verständnis beraterischer Intervention und für die eigene Identität bzw. bekommt die Person diese Zuschreibungen vom Markt?

Besonders die letzte Frage nach den Zuschreibungen vom Markt veranlasste mich 2007, den Kreis der Personen und Institute zu erweitern. Ich befragte zusätzlich Vertreter von fünf Ausbildungsinstituten, die die Methoden und Instrumente der systemischen Beratung übernommen und in ihre bestehenden Ausbildungs-angebote integriert haben.

Ich danke den Personen, die zu diesem Buch beigetragen haben: Univ. Prof. Dr. Rudolf Wimmer und Dr. Gundrun Vater (osb international), Dr. Richard Timel, Dipl. Ing. Alexander Exner, Dr. Frank Boos und Mag. Heinz Jarmai (Beratergruppe Neuwaldegg), Dr. Roswitha Königswieser (Königswieser & Network), Dr. Wolfgang Looss (Lalosta), Univ. Prof. Dr. Alfred Janes (Conecta), Prof. Dr. Dr. Helm Stierlin, Univ. Prof. Dr. Fritz Simon (Simon, Weber & Friends), Univ. Prof. Dr. Jochen

Schweitzer (Helm Stierlin Institut), Dr. Gunther Schmidt (Milton-Erickson Institut), Univ. Prof. Dr. Dirk Baecker, sowie Dkfm. Rolf Balling (Professio), Dr. Bernd Schmid (Institut für systemische Beratung), Dr. Gerhard Fatzer (Trias Institut), Dr. Hans Glatz (Trigon), Dipl.Theol. Klaus Eidenschink (Institut Hephaistos). Im Text werden die Titel weggelassen.

Diese Auswahl dieser Interviewpartner bedeutet nicht, dass der Ansatz der systemischen Organisationsberatung nur diesen Personen zuzuschreiben sei. Viele andere Personen haben daran pionierhaft und mit großen Verdiensten mitgewirkt. Univ. Prof. Dr. Stefan Titscher, Univ. Prof. Jürgen Pelikan, Mag. Herbert Schober sind hier in vorderster Reihe zu nennen wie auch Dr. Barbara Heitger und Dr. Christoph Schmitz sowie alle Mitglieder der Heidelberger und Wiener Gruppen.

Dieses Buch hat selbst eine Geschichte, in der sich ein Schritt auf den anderen ergeben hat. Begonnen hat es mit einem Profile-Schwerpunktheft (Profile 10, 2005) über die systemische Organisationsberatung. Danach wuchs der Wunsch, diese Arbeit zu vervollständigen und eine verständliche Einleitung in die Materie voranzustellen. Aus dem anfangs nur als Kapitel geplanten Ausblick auf Gegenwart und Zukunft der systemischen Organisationsberatung wuchs unversehens ein eigener Buchteil. Würde ich dieses Unterfangen heute neu starten, würde ich systematischer vorgehen.

Jetzt aber ist das Buch so aufgebaut:

Teil A rekonstruiert die Chronik der systemischen Organisationsberatung und das Paradigma des systemischen Beratungsansatzes. Hier werden die Theorieansätze beschrieben, in die die systemische Organisationsberatung in frühen und in späteren Entwicklungsstadien eingebettet wurde: vom Kulturentwicklungsansatz der 80er-Jahre bis zu Luhmanns Theorie sozialer Systeme. Als Zeitzeugen des Beginns kommen Helm Stierlin, Richard Timel, Alexander Exner und Dirk Baecker zu Wort.

Teil B ist eine Aufbereitung der Ergebnisse der Feldforschung. In einem konstruierten Dialog werden die Aussagen von VertreterInnen der Heidelberger und der Wiener Netzwerke vorgestellt, denen bzw. deren Heimatorganisationen die Entwicklung der systemischen Organisationsberatung zu verdanken ist. Beleuchtet werden Fragen nach den Grenzen, Essenzen und Herausforderungen des Professionsfeldes, nach Theorien und Modellen systemischer Intervention in der Praxis. Die Personen und ihre Prägungen werden vorgestellt sowie die Werte und Haltungen, zu denen sie sich bekennen. Anschließend folgen die Aussagen von Vertretern der o.a. Ausbildungs- und Beratungsinstitute. Sie haben in den vergangenen zwanzig bis fünfundzwanzig Jahren eine große Anzahl von systemischen OrganisationsberaterInnen qualifiziert und so wesentlich zur Verbreitung des systemischen Ansatzes beigetragen.

Teil C beschreibt wie das systemische Paradigma heute aus verschiedensten Quellen in Organisationen einsickert. Aus der Perspektive der Organisation werden gegenwärtige und zukünftige Entwicklungen beleuchtet: die beeindruckende Verbreitung von Coaching als Beratung an der Schnittstelle von Organisation und Person und die Beziehung von Coaching zur Organisationsberatung; der Siegeszug der internen OrganisationsberaterInnen und ihr spezifisches Rollenset; der Beratungsbedarf hochprofessionalisierter Organisationen heute und Fragen der gesellschaftlichen Verortung des Professionsfeldes der systemischen Organisations-beratung.

Am Ende finden Sie Fußnoten; Abkürzungen, ein Literaturverzeichnis und ein Sachregister. Auf www.passion4profession.at sind die von Wesco Taubert aufge-nommenen Fotos mit Motiven der nordfriesischen Inseln im Original zu finden.

Im Folgenden verwende ich meist die Abkürzung systOB für systemische Organisationsberatung. Und, weil es sich so eingebürgert hat, ein Vermerk zum Gendering: Ich verwende die weibliche Sprachform immer wieder, allerdings in unsystematischer Weise. Dies scheint mir persönlich der wirkungsvollste Weg für eine Musterunterbrechung zu sein, um Ihre Beobachtung, verehrte LeserInnen, darauf zu lenken, dass immer Männer und Frauen gemeint sind – was wir ja alle wissen aber immer wieder merken müssen.

Dieses Buch ist eine Einführung in das Professionsfeld. Ist die systemische Organisationsberatung eine Profession? Sie ist jedenfalls unterwegs zwischen Werden und Sein, zwischen Professionalisierung und Profession und dabei ist sie schon gut vorangeschritten – dieser Standpunkt wird hier vertreten.

In diesem Sinn soll das Buch Menschen eine Orientierung geben, die sich von der systOB angezogen fühlen und hier ihre Professionszelte aufschlagen wollen. Es soll

Ihnen helfen, sich zu verorten. Mit diesem Angebot wendet es sich auch an bereits praktizierende OrganisationsberaterInnen, die innerhalb von Organisationen oder als Externe arbeiten. Die Nachzeichnung von Entwicklungslinien, Sprache und Strukturen des Feldes soll eine Metaperspektive auftun, die es auch Ihnen erlaubt, sich persönlich zu verorten. Wenn es gelingt, kann diese Metaperspektive vielleicht einen Beitrag zur Strukturierung und Selbstbeobachtung unseres komplexen, fragmentierten Feldes leisten.

Für mich ist dieses Buch zu einer tiefgreifenden Auseinandersetzung mit meiner Profession geworden. Die Begegnungen mit den Personen in den Interviews haben mir die Reichhaltigkeit unseres Feldes vor Augen geführt, die Inspiration, die sich seit den Anfängen des systemischen Ansatzes bis heute entfaltet und die Menschen bis tief in ihr Seelenkleid prägt. Ich wünsche Ihnen, verehrte LeserInnen, dass sich dies vermitteln möge: Dass für Sie der Ansatz der systOB in seiner Komplexität und Differenzierung greifbar wird. Dass durch die Chronik der Ereignisse neben dem Kopf auch Herz und Seele, d.h. das Wesen und die geschichtlich gewachsene Eigendynamik unseres Professionsfeldes spürbar werden.

Joana Krizanits

Wien, im Juli 2009

Strandburg auf Amrum, Fotografie by Wesco Taubert ©

Teil A

Die Entstehung der systemischen Organisationsberatung

Teil A zeichnet zunächst die Chronik des systemischen Beratungsansatzes in den Wiener und Heidelberger Netzwerken nach: von der Zeit der Drehtüren, über die Bildung von Beratungsgruppen, den boomenden Ausbildungsmarkt, bis zur heutigen Community. Die Methoden der systemischen Organisationsberatung haben immer große Faszination ausgelöst, aber welche Rolle spielt die Organisation in der systemischen Organisationsberatung?

Im zweiten Kapitel wird der Ansatz der systemischen Organisationsberatung inhaltlich erklärt.

o Die Geschichte der Systemtheorie mit ihren Paradigmensprüngen wird skizziert; zentrale Begriffe sollen vor dem Hintergrund ihres jeweiligen Theorierahmens verständlich werden.

o Danach wird der systemische Beratungsansatz, wie er sich Mitte der 80er-Jahre ausdifferenziert hat, beschrieben: die systemischen Methoden und Werkzeuge, die Prämissen für das Anfertigen von Beobachtungen 2. Ordnung sowie das zugrunde liegende Interventionsverständnis und die Haltung.

Der systemische Beratungsansatz ist paradigmatisch klar und nicht strittig; er wird fast überall gleich ausgelegt. Allein, in der Anwendung der Methoden referenzieren BeraterInnen auf unterschiedliche Organisationstheorien und Zielsetzungen für Organisationsberatung.

o Abschließend werden die „theories in use" beschrieben: das Organisations- verständnis der frühen Organisationsentwicklung, Ableitungen aus der System- theorie Mitte der 80er-Jahre und das Organisationsverständnis in Luhmanns Theorie sozialer Systeme.

1 Die Chronik

Zwei Herkunftsdisziplinen haben im deutschsprachigen Raum den systemischen Beratungsansatz entwickelt: die Familientherapie unter Helm Stierlin in Heidelberg und die Gruppendynamik, wie sie im Netzwerk der Österreichischen Gesellschaft für Gruppendynamik und Organisationsberatung (ÖGGO) in Wien weitergeführt wurde.

1.1 Der Überblick

Ein kurzer Abriss der Geschichte zeigt folgende Entwicklungsphasen des Feldes der systOB:

o   Nach einer „Zeit der Drehtüren" in der späten 70er- und frühen 80er-Jahren, in der namhafte VertreterInnen aus Kommunikationswissenschaften, Familientherapie, Kybernetik, Konstruktivismus, Erkenntnisbiologie, Hirnforschung, Physik und Soziologie bei diesen Netzwerken ein- und ausgehen,

o   prägt sich Mitte der 80er-Jahre der systemische Beratungsansatz aus. Er besteht aus einem spezifischen Interventionsverständnis und einem eigenen Methodenrepertoire.

o   Im Netzwerk der Österreichischen Gesellschaft für Gruppendynamik und Organisationsberatung (ÖGGO) und in den Wiener Unternehmensberatungen Conecta und Beratergruppe Neuwaldegg beginnt Anfang der 80er-Jahre die Auseinandersetzung mit diesem Ansatz und die Übertragung der neuen Konzepte von der Therapie auf die Organisationsberatung.

o   Im Netzwerk der ÖGGO und in den Wiener Unternehmensberatungen und einerseits sowie im Netzwerk der Heidelberger Familientherapie um Helm Stierlin andererseits bilden sich Gruppen, die sich institutionalisieren und schwerpunktmäßig auf unterschiedliche Tätigkeitsfelder spezialisieren. Die Heidelberger arbeiten mit dem sozialen System Familie und behalten die

Person, das psychische System, im Blick. Sie integrieren Erkenntnisse der Hirnforschung und der lösungsfokussierenden Therapieansätze und beschäftigen sich teilweise mit Familienaufstellungen. Die Wiener arbeiten mit dem sozialen System Organisation. Sie integrieren Ansätze aus der Unternehmensberatung und Soziologie; Niklas Luhmanns Theorie sozialer Systeme wird neben der Gruppendynamik zu einem zentralen Bezugsrahmen für das eigene Selbstverständnis.

o Der systemische Beratungsansatz gewinnt Momentum. 1987 erscheint ein erster Artikel, der den Ansatz grundsätzlich beschreibt. Später wird der Begriff „systemische Organisationsberatung" geprägt als eine Klammer für den nicht-therapeutischen Anwendungsbereich des systemischen Beratungsansatzes. Zu dieser Zeit unterscheidet man nicht grundsätzlich zwischen den sozialen Systemen Familie und Organisation. Das Verständnis von Organisationen speist sich aus der Theorie der frühen Organisationsentwicklung und dem Kulturentwicklungsansatz zu Mitte der 80er-Jahre.

o Anfang der 90er-Jahre beginnt ein Reigen von Kongressen und Symposien, die von den Heidelbergern bzw. von der ÖGGO veranstaltet werden. Die zahlreichen Besucher dieser Veranstaltungen verweisen auf eine wachsende Community von systemischen Therapeuten und BeraterInnen.

o 1989 gründen Fritz Simon und neun weitere Wissenschafter den Carl-Auer-Verlag, der in seiner Nische in wenigen Jahren zu einem der größten Fachverlage Deutschlands wird.

o Ab der ersten Hälfte der 90er-Jahre kommt es zu einer sozialen Schließung zwischen den Wiener und den Heidelberger Gruppen; die Kommunikation verläuft fortan in erster Linie innerhalb der jeweiligen eigenen Netzwerke.

o Jede dieser Gruppen agiert für sich und hoch erfolgreich auf den eigenen Märkten. Sie publizieren, gemessen an der Zahl der beteiligten Personen, außergewöhnlich viel. So versorgen sie das Feld laufend mit neuem Wissen und neuen Impulsen.

o   Zentrale Bedeutung für die Verbreitung des systemischen Beratungs-
    ansatzes hat der Ausbildungsmarkt. Er entsteht ab Mitte der 80er-Jahre und
    boomt bis heute nachhaltig. Bald lässt sich eine Entkopplung von Ausbildung
    und Beratung feststellen: Die Heidelberger Institute machen vor allem
    Berater-Ausbildung und ein bisschen Beratung, die Wiener Firmen machen
    vor allen Dingen Beratung und ein bisschen Berater-Ausbildung.

o   Auf dem wachsenden Weiterbildungsmarkt bieten zunehmend auch andere
    Institute Ausbildungen in systOB an. Sie integrieren den systemischen
    Beratungsansatz in ihre jeweilige Tradition anthroposophischer, gestalt-
    therapeutischer oder transaktionsanalytischer Ansätze. Im Gegensatz zu den
    Heidelbergern und Wienern sind diese Institute nicht als Netzwerke mit
    jeweils dichtem professionalen Austausch organisiert. Sie sind auf ihre
    Gründer fokussiert und sozial um diese geschlossen. Mit Beginn des neuen
    Jahrtausends bieten auch Hochschulen postgraduale Qualifizierungen in
    systOB an.

o   2000 gründen Fritz Simon, Rudolf Wimmer und Dirk Baecker das
    Management Zentrum Witten als neue Plattform für Fragen von
    Management, Organisation und Organisationsberatung. Ab 2005
    versammelt sich die Community anlässlich der Biennale „X-Organisationen".

o   Ab Mitte der 90er-Jahre richten immer mehr Organisationen interne Stellen
    für Organisationsberatung ein bzw. differenzieren ihre bestehende Funktion
    der Organisationsentwicklung mit einem neuen Selbstverständnis aus. Das
    Aufgabengebiet verlagert und schärft sich: Organisationen professiona-
    lisieren ihr Organisiert-Sein.

o   Seit ein paar Jahren wird eine Diskussion über das Thema Fach- oder
    Prozessberatung geführt. In diesem Zusammenhang stellt sich die Frage,
    wieviel Expertise systemische OrganisationsberaterInnen über fachliche
    Themen der Organisationsgestaltung haben müssen. Vor diesem
    Hintergrund treibt das Bemühen um spezifische Wissensbildung über den
    Beratungsgegenstand Organisation die weitere Entwicklung im Feld an.

1.2 Aufgezoomt...

Im Folgenden wird genauer beschrieben, wie sich das Feld der systOB sozial, inhaltlich und zeitlich entwickelt hat.

Die Zeit der Drehtüren

Die Entwicklung beginnt zeitgleich in Wien (Klagenfurt) und Heidelberg. 1973 wird die Österreichische Gesellschaft für Gruppendynamik und Organisationsberatung (ÖGGO) als Alternativorganisation zum European Institute of Innovation and Technology (EIT) gegründet, um die praktische Ausbildung zur Gruppendynamik zu regionalisieren und in der Wissenschaft zu verankern. Die ÖGGO ist zu dieser Zeit in Österreich das wesentliche Netzwerk für die Professionalisierung von TrainerInnen und Organisationsberatern. Sie bietet Ausbildung und Sozialisation, Anschluss an soziale Netzwerke und Jobbörse. Rudolf Wimmer ist ebenso wie Alfred Janes, langjähriger Vorstand der ÖGGO; Roswita Königswieser, Wolfgang Looss und viele andere machen dort ihre prägenden Lernerfahrungen als BeraterInnen.

1974 markiert auch den Beginn des Heidelberger Kreises um Helm Stierlin und dessen „Abteilung für psychoanalytische Grundlagenforschung und Familientherapie" an der Psychosomatischen Klinik der Universität Heidelberg. Gunther Schmidt gehört (wie Gunthard Weber Ingeborg Rücker-Embden) von Anfang an dazu, 1982 kommt Fritz Simon dazu, 1987 Arnold Retzer, 1989 Jochen Schweitzer.

Die Heidelberger haben eine bewegte Drehtüre: Dort gehen über viele Jahre Personen wie Paul Watzlawick, Heinz von Foerster, Humberto Maturana, die Begründer der Mailänder Schule der Familientherapie Mara Selvini-Palazzoli, Luigi Boscolo und Gianfranco Cecchin sowie Steve de Shazer, der Vertreter der lösungsorientierten Kurzzeittherapie, ein und aus; prägende Kontakte gibt es außerdem zu Virginia Satir und Milton Erickson. Auch der Physiker und Erfinder der Synergetik Hermann Haken und der Mathematiker Spencer Brown befruchten den Heidelberger Kreis nachhaltig.

Auf diese Weise werden wie im Ameisenhaufen fleißig Informationspakete herumgetragen. Hinter den Drehtüren sammeln sich stapelweise Konzepte aus Kommunikationstheorie, Philosophie/Konstruktivismus, Biologie, Physik und Familientherapie sowie damals verfügbare Schemen der soziologischen Systemtheorie Niklas Luhmanns. Dieses Material wird jeweils in den eigenen Bau eingearbeitet – in die Familientherapie und in die Organisations-beratung. So entsteht der systemische Beratungsansatz.

Mit Beginn der 80er-Jahre bildet sich unter Initiative von Rudolf Wimmer in der ÖGGO eine Gruppe, die sich, begleitet vom Familientherapeuten Peter Fürstenau aus Düsseldorf, zunehmend mit den neuen Konzepten aus Familientherapie, Konstruktivismus, Erkenntnisbiologie und der Soziologie Luhmanns auseinandersetzt. Das Aufeinander-Treffen von systemischem Ansatz und Gruppendynamik ist konfliktreich, auch wenn sich führende VertreterInnen um Integration bemühen (z.B. Königswieser/ Pelikan 1990). Parallel dazu setzen sich zwei Wiener Unternehmensberatungen, die Conecta und die Beratergruppe Neuwaldegg, mit den neuen Ansätzen auseinander; 1983 beginnen einige ihrer Berater eine dreijährige intensive Ausbildungsgruppe[1], die vom vom Brüsseler Familientherapeuten Siegi Hirsch begleitet wird. Beide Firmen experimentieren erfolgreich mit den neuen Ansätzen in der Unternehmensberatung bei ihren Kunden.

Bald wirken die Heidelberger – insbesondere Fritz Simon und Gunther Schmidt – ihrerseits als Multiplikatoren und befruchten andere Netzwerke und Organisationen (z.B. das Management Center Vorarlberg (MCV)). Die Nachfrage nach dieser Art von Wissen und Inspiration ist groß.

Wie das systemische Paradigma ausgebrütet wurde

Eine wichtige Rahmenbedingung für das erfolgreiche Einpflegen dieser ganzen Irritationen und Verstörungen in das ureigene Selbstverständnis ist damals wohl die andauernde, intensive Auseinandersetzung in kleinen Gruppen gewesen. Diese verfügen über hohe personale Konstanz und eine Autoritätsperson in der Geburtshelferrolle. Das ist für die Heidelberger Helm Stierlin; für die Wiener Beratungsfirmen ist das zu Beginn Siegi Hirsch und für die ÖGGO-Gruppe Peter Fürstenau, die später als Therapeuten weiterarbeiten und – wie Helm Stierlin – in der systOB nie selbst Bedeutung anstreben. Später spielt Richard Timel in Wien eine wichtige Rolle als Gründer mehrerer Beratungsgruppen.

Die systemischen Methoden und Zugangsweisen – die Grundhaltung, das Rollenverständnis als Therapeut bzw. Berater, die Gestaltung von Prozessen in der Beratung (z.B. Auftragsklärung), Interventionstechniken wie das zirkuläre Fragen, das Bilden und Rückspiegeln von Hypothesen, paradoxe Verschreibungen usw. – sind für beide Professionen eine Quelle für Inspiration und eine Bereicherung des eigenen Handlungsrepertoires.

Zu dieser Zeit können sich Therapeuten und OrganisationsberaterInnen relativ leicht auf einen gemeinsamen Beratungsansatz für soziale Systeme festlegen, zumal sie diesen unter Nutzung derselben grundlegenden Impulse und mit wechselseitiger Befruchtung über Strecken parallel zueinander ausdifferenzieren. Im Beratungszugang unterscheidet man anfangs nicht zwischen Familien und Organisationen; für die Entwicklung von Organisationen kommen ähnliche Konstrukte und Zielbündel zur Anwendung wie für die Entwicklung von Familien: Gesundheit, wechselseitige Loyalität, Bewusstheit bzw. Bewusst-Sein, die Werte und Einstellungen des Human-Relation-Ansatzes, verantwortungsvolle Beziehungen zwischen Management und Mitarbeitern usw.

Dier erste Publikation, die in der Branche der Unternehmensberater Aufsehen erregt, erscheint 1987: „Unternehmensberatung – systemisch" (Exner/ Königswieser/ Titscher). Das Experimentieren mit den neuen Ansätzen bei Kunden trägt erste Früchte: Man kann nachweisen, dass diese Beratungsform erfolgreich ist und von rennommierten Unternehmen wie Audi nachgefragt wird. 1989 erscheint ein Artikel im manager magazin mit einem Fallbericht (Fischer 1989). Später wird der Begriff „systemische Organisationsberatung" geprägt und kann sich in den Wiener und Heidelberger Netzwerken festigen. Dieser Begriff ist – so Rudolf Wimmer – in der ÖGGO geprägt worden „als ein Versuch, die beiden Professionsströme, den klassischen gruppendynamisch-OE-orientierten Ansatz und das, was die systemische Familientherapie an Repertoire zu diesem Zeitpunkt anbieten konnte, zu verbinden."

Interview mit Helm Stierlin, im Dezember 2006 in Heidelberg

Nach meiner Tätigkeit als Psychiater in zwei deutschen Kliniken, die sehr beeinflusst waren durch den amerikanischen Psychiater Harry Stack Sullivan, war ich ja lang in Amerika. Damals war die Psychoanalyse dort im Zenit; ich habe eine analytische Ausbildung gemacht. Nachdem ich 5 Jahre in einem kleinen Spital gearbeitet habe, das damals zur Avantgarde gehörte, traf ich schon 1962 dort zum ersten Mal mit Gregory Bateson und der sogenannten Palo-Alto-Gruppe zusammen. Die bestand damals außerdem aus Jay Haley, Don Jackson und John Weakland; später stießen noch Virginia Satir und Paul Watzlawick dazu. Das war eine sehr einflussreiche Gruppe, die damals sehr befruchtet wurde durch die Entwicklung der von Bertalanffy angestoßenen Systemtheorie; sie stellte die Erkenntnisse und Problemstellungen der Analyse in Frage. Als ich damals meine ersten Familientherapien beobachtete – Jay Haley und John Weakland waren die Therapeuten – war das für mich sehr eindrucksvoll, dass die innerpsychische Dynamik, die im Zentrum der psychoanalytischen Betrachtungsweise stand, völlig wegfiel. Stattdessen nur die Konzentration auf die Muster der Beziehung, die Sprachspiele, die Kommunikationsprobleme – also es war ein Drehen der ganzen Betrachtung. Ich hatte gerade meine lange analytische Ausbildung – 700 Sitzungen waren damals die Norm – abgeschlossen und war natürlich durch das durcheinander gebracht.

Vorangegangen war die Zeit der Macy-Konferenzen, als Heinz von Förster, Gregory Bateson und viele andere mit John von Neumann, einem Mathematiker aus Ungarn, zusammenwirkten, um ein neues Paradigma zu schaffen. In diesem Kontext lernte ich viele Pioniere der Familientherapie näher kennen: Salvador Minuchin, Theodor Lidz, Ronald Laing und Mara Selvini-Palazzoli, die öfter nach Amerika kam. Ich wurde besonders angeregt durch meine damalige Arbeit am National Institute of Mental Health in Maryland, wo ich länger in großer Nähe zu Lyman Wynne und Margaret Singer arbeitete, die die Kommunikation in schizophredenten Familien näher erforschten. Die Forschung verband sich zum Teil auch mit anti-psychiatrischen Strömungen, die damals auch auf Europa überschwappten; also die Bücher von Thomas Szass zum Beispiel.   →

In den 90er-Jahren konsolidieren Therapeuten wie Organisationsberater ihr jeweiliges Interventionsverständnis und bauen es weiter aus. Die Heidelberger gehen dabei eher fallorientiert vor und erweitern ihr Interventionsrepertoire auf der Basis von Therapieerfahrungen und methodischen Innovationen. Sie orientieren sich schwerpunktmäßig an Bateson's Kommunikationstheorie und an neuen Erkenntnissen der Hirnforschung und wenden sich früh den lösungsfokussierenden Ansätzen zu.

Gunthart Weber überträgt mit Bert Hellinger dessen Ansatz der Familienaufstellungen auf Organisationen. Matthias Varga von Kibéd und Insa Sparrer entwickeln daraus den Ansatz der systemischen Strukturaufstellungen (SyST)[2] (Weber 2000) weiter.

Für die Wiener Beratungsgruppen wird die sich schärfende Theorie sozialer Systeme Luhmanns zunehmend zur zentralen erkenntnistheoretischen Basis für das Verständnis von Organisationen und Beratung. Schon in den frühen 80er-Jahren hatte eine Reihe regelmäßiger Workshops mit Vertretern der Bielefelder soziologischen Systemtheorie (Niklas Luhmann, Helmut Willke und Dirk Baecker) in der ÖGGO begonnen.

Nun verläuft die Theorieentwicklung lange Zeit in beiden Professionen getrennt. Die Wiener Beratungsunternehmen nehmen wenig Notiz von den Konzepten der Heidelberger (beispielsweise Ericksons Konzepte der Utilisation und der Kompetenzhypothese). Die Heidelberger Ausbildungsinstitute nehmen wenig vom späten Luhmann auf; einige bleiben bis heute dem Organisationsverständnis der frühen Organisationsentwicklung verbunden. Erst in den letzten Jahren kommt es durch den Boom der lösungsfokussierenden Ansätze und der Aufstellungsarbeit wieder vermehrt zum Austausch zwischen Familientherapeuten und Organisationsberatern. Gefördert wird letzteres auch durch Kooperationen in gemeinsamen Ausbildungsprogrammen.

Von Gruppen und lonely cowboys

Im Heidelberger und im Wiener Kreis bekommen nun die verschiedenen Gruppen[3.] besondere Bedeutung für die weitere Entwicklung des Feldes. Sie

Das kennzeichnete das von mir geleitete Institut damals, dass ich diese Kontakte aufrechterhielt und fast alle einlud, uns in Heidelberg zu besuchen. Wir hatten in den 90er-Jahren einen großen Kongress mit immerhin 2200 Teilnehmern. So habe ich mitgeholfen, hier in Heidelberg sozusagen einen Treffpunkt der international bekannten Pioniere von Familientherapie zu schaffen. Diese Kontakte und Erfahrungen waren meine Mitgift, die ich nach Heidelberg mitbrachte.

Das hat sich dann vermählt mit Ideen, die natürlich am europäischen Kontinent gewachsen sind. Das betrifft vor allem Niklas Luhmann und die Beiträge meiner Mitarbeiter Fritz Simon, Jochen Schweitzer, später auch, Gunther Schmidt und Gunthard Weber. In unserer Heidelberger Gruppe haben wir dieses Know-how auf die Familientherapie und die schwer gestörten psychiatrischen Patienten angewandt – auf die schizophrenen Patienten und deren Familien, die Manisch-Depressiven, die Schizoaffektiven, aber dann auch auf Magersüchtige usw. Das war von 1974 an bis 1990 unser zentrales Anliegen. Wir hatten eine sehr, sehr aktive und kreative Zusammenarbeit, wo jeder so seinen Beitrag hatte und woran ich noch immer mit großer Freude und Dankbarkeit zurückdenke. Wir haben, glaube ich, sehr viel Innovatives, das sich aus unserer Teamarbeit ergab, eingeführt.

Und wir haben versucht, die neuen Erkenntnisse zusammenzutragen, zu verbreiten. 1975 habe ich mit Josef Duss von Werdt die Zeitschrift „Familiendynamik" gegründet; an der wir 20 Jahre als Co-Herausgeber gearbeitet haben. Auch das Buch „Die Sprache der Familientherapie", das Fritz Simon und ich zusammen herausgaben, hat damals sehr viele Grundbegriffe einem größeren Publikum vermittelt. Im Gegensatz zu Amerika haben wir in Deutschland aber sehr die theoretischen Aspekte verankert. Ein Mann wie Niklas Luhmann findet wenig Zuspruch in Amerika. Er hat uns öfters in Heidelberg besucht – zum Schluss ging es ihm schon sehr schlecht. Es waren immer eher informelle Treffen mit ihm; ein Teil der Gruppe hat sich unterhalten mit ihm. Er hat ja ungeheure Bereiche abgedeckt, das war sehr erstaunlich.   →

werden zu den Orten für Kommunikation, Lernen, Wachstum, Sozialisation und die weitere Theorieentwicklung. Alle Gruppen weisen über sehr viele Jahre eine außergewöhnlich hohe personale Konstanz auf; nach der Pionierphase kommen nur wenige neue Personen dazu. Erst seit kurzem lässt sich beobachten, dass sich Mitglieder – auch altersbedingt – aus diesen Gruppen zurückziehen.

Die tiefgreifenden Erfahrungen, die Revolution des eigenen professionalen Selbstverständnisses, die Mitgliedschaft, die die Personen in diesen Gruppen gemeinsam erlebt haben, machen diese Gruppen zu einer besonderen Art von Gruppen: zu professionalen Peergroups. In Peergroups macht man prägende Entwicklungs- und Sozialisationserfahrungen, man geht für eine lange Zeit gemeinsam durchs Leben. Fast alle Interviewpartner betonen, wie wichtig ihnen ihre Heimatgruppen sind, dass sie dort Sparring Partner finden, Ideen austauschen, Rückhalt und Entlastung bekommen können. Alfred Janes spricht stellvertretend für andere wenn er sagt, dass die Zugehörigkeit zu seiner Peergroup seine Lebensform ist, die er nicht tauschen möchte.

Neben emotionaler Dichte, Vertrautheit und gegenseitiger Unterstützung gibt es in den Gruppen natürlich auch Konkurrenz, Enge und Einschränkung für die Mitglieder. Tendenziell sanktionieren sie Grenzgängertum und Außenkontakte. In den frühen Jahren kennzeichnen Pioniergeist, Inspiration in der gemeinsamen Auseinandersetzung sowie ein starker Zusammenhalt das Leistungsklima der Gruppen. Neben der Begeisterung für die eigene Profession ist die zunehmende Konkurrenz zwischen den Gruppen ein weiterer Motor für deren Produktivität.

Von Beginn an sind alle Gruppen in ihren jeweiligen Marktumfeldern schnell sehr erfolgreich. Sie schwingen sich früh auf unterschiedliche Schwerpunkte ein, die sie im Laufe der 90er-Jahre ausbauen. Bei den Gruppen des Heidelberger Kreises sind es z.B. lösungsfokussierende Ansätze aus der Hypnotherapie. Bei den Organisationsberatungsfirmen sind es Schwerpunkte wie Management und Führung (OSB), Change Management (Beratergruppe Neuwaldegg), Human Resources (Conecta) oder Coaching (Looss).

Als ich 1991 emeritiert wurde, kam es doch zu Problemen innerhalb unserer Gruppe; zwei der Begabtesten, Arnold Retzer und Fritz Simon, haben sich ziemlich verheddert miteinander. Retzer ist mehr auf dem Gebiet der Psychosentherapie, der Paartherapie, der Familientherapie geblieben, während Simon und Gunther Schmidt mehr ins Beratungsfeld gegangen sind. Sie hatten eine zentrale Bedeutung für die Beratung von Beratergruppen und haben so den Bereich der Organisationsberatung entwickelt und mitgefördert. Die treibende Kraft dazu war in meinen Augen damals der Fritz Simon. Er hat sich Luhmann sehr zugewandt und auch Spencer Brown sehr populär gemacht.

Ich habe vergleichsweise wenig in der Beratung von Organisationen gemacht. In den 80er-Jahren einige Teamentwicklungen, Hierarchieprobleme; die Frage: Was ermöglicht und was verhindert Zusammenarbeit und wie kann man kompetitives und kooperatives Denken zusammenbringen? Das hat mich damals schon beschäftigt, aber nicht so zentral wie eben andere Fragen. Wir haben natürlich hineingewirkt in einen großen Kreis von Nicht-Medizinern, also Sozialpädagogen, Psychologen, Pädagogen – mit denen habe ich auch ziemlich viel zu tun gehabt, aber ich persönlich habe weniger mit der eigentlichen Organisationsberatung zu tun gehabt.

Was mich immer beschäftigt hat, ist die Abhängigkeit einer funktionierenden Therapie von einer demokratischen Gesellschaft, die Demokratisierung der Psychotherapie. Das hat sicher damit zu tun, dass ich noch in der Nazizeit aufgewachsen bin und so sozialisiert wurde. Ich gehörte zur sogenannten Luftwaffenhelfer-Generation und wurde auch noch für ein halbes Jahr eingezogen. Das hat mich natürlich bis heute – auch in meinen Publikationen[4] –sehr beschäftigt. In der Zeit nach dem 2. Weltkrieg hatte ich eine Nahbeziehung zu Alexander Mitscherlich, der hier in Heidelberg auch gewirkt hat, und der mich sehr angeregt hat damals. Ich war sehr beeindruckt von der Psychoanalyse, aber ich habe damals schon diese intersubjektive Dimension zu erfassen versucht. Die große Erfahrung unseres Heidelberger Teams ist, wie man in kurzer Zeit lösungsorientiert Veränderungen erzielen kann, die sonst hunderte von Stunden brauchen – wenn man diese intersubjektiven Kontexte berücksichtigt und entsprech →

Theorie wird in den Gruppen jeweils gemeinsam entwickelt; die einzelnen Ideen lassen sich im Nachhinein meist nicht auf ihre UrheberInnen zurückführen. Die entstehende Theorie profitiert so von der Reichhaltigkeit der Perspektiven, vom Gruppenvorteil. Gleichzeitig durchläuft sie implizit die Rüttelstrecke eines Peer Review – ein wichtiges Validierungsinstrument für Theorieentwicklung. Im Unterschied zur etablierten Akademia, wo die Defensivroutinen etablierter Fachautoritäten oft schwer überwindbare Innovationsbarrieren bilden, bieten die Peergroups geschützte Räume für Innovation. Die Organisationsform der Peergroups birgt auch „Kosten" für das Feld: Fachbegriffe werden mit unterschiedlicher Bedeutung belegt (z.B. der Begriff des Change Managements), man schließt fachlich nicht immer aneinander an.

Mit Beginn der 90er-Jahre publizieren alle Gruppen – anfangs häufig in Sammelbänden wie der von B. Heitger, Ch. Schmitz und P. Gester herausgegebenen „Managerie". Die Publikationen sind von theoretischer Güte und Bestand. So wird in kurzer Zeit ein beeindruckendes Praxiswissen in einer verallgemeinerbaren Abstraktion[5] expliziert. Es ist der besondere Verdienst der Peergroups, in so kurzer Zeit so grundlegende und fruchtbare Theorie zur systOB erarbeitet zu haben, an die seitdem von anderen angeschlossen wird.

1989 gründen Fritz Simon, Gunthart Weber und andere Wissenschafter in Heidelberg den Carl-Auer-Verlag, der sich auf Beiträge zu Systemtheorie und Konstruktivismus spezialisiert. In wenigen Jahren wird er zu einem der führenden Fachverlage Deutschlands. 1990 verselbständigt sich die Zeitschrift für Organisationsentwicklung aus der Trägerschaft der Gesellschaft für Organisationsentwicklung (GfO) und wird zum Fachmedium für Change Management und systemische Organisationsberatung.

Dieses Merkmal der Entwicklung und Publikation von Theorie zur systOB in Peergroups markiert einen wesentlichen Unterschied zu den von Einzelpersonen geführten Instituten, die den systemischen Beratungsansatz in ihre bestehenden Therapie-, Beratungs- oder Ausbildungsansätze integrieren. Wenn überhaupt, arbeiten diese Einzelpersonen wissenschaftlich allein und

chend interveniert. Andererseits – ich würde sagen, diese Bereitschaft und Fähigkeit zur unterschiedlichen Linseneinstellung, damit zu leben, das verlangt einem doch sehr viel ab. Es gelten ja hier zwei Grundregeln für Systemiker, nämlich einmal den Unterschied herausarbeiten, der einen Unterschied macht (in der Theorie wie im praktischen Vorgehen) und ihn therapeutisch berücksichtigen. Auf der anderen Seite die ständige Herausforderung, diese durch unterschiedliche Sichten und mit unterschiedlichen Vorannahmen gewonnenen Erkenntnisse irgendwie wieder zu integrieren und zu versöhnen. Das kann zum Teil gelingen und ist zum Teil zum Scheitern verurteilt.

Ein Thema, dessen sich die Organisationsberatung annehmen sollte, ist meiner Meinung nach das Thema Gerechtigkeit in sozialen Beziehungen (Stierlin 2007). Die therapeutischen Implikationen sind zu einem zentralen Anliegen für mich geworden. Da klafft eine Kluft zwischen dem, was sich an Gerechtigkeit in unserer kapitalistischen, demokratischen Gesellschaft institutionalisieren lässt und wie sich das auf die individuellen nahen Familien- und Paarbeziehungen auswirkt.

Ein weiteres Thema für die Organisationsberatung ist: Welche Freiräume gibt es für Menschen? Welche Räume von Selbstverwirklichung und Aktivität, die mit eigenem Recht bestehen und gewährleisten, dass nicht alle Energien aufgebraucht werden im Konkurrenzkampf. Wie sich Organisationen definieren zu den menschlichen Bedürfnissen, menschlichen Verschiedenheiten, menschlichen Möglichkeiten der Sinnfindung.   ◊

ohne Prozessmerkmale wie Gruppenvorteil oder Peer Review in der Theorie-entwicklung.

Nicht alle Personen werden zu fest gebundenen Gruppenangehörigen. Wolfgang Looss gehört zwar einer Beratungssozietät an, zieht aber de facto solitär seine Kreise. Er reitet als lonely cowboy und verdingt sich als „letzter Ameisenhändler" – als kleinster Drogenkurier (W. Looss im Gespräch), der den Dope von Konstruktivismus und Systemtheorie, eingewickelt in die Tütchen seiner Sprachspiele, an die „Süchtigen" bringt. Andere Personen bewegen sich zwischen Gruppen oder gehen von einer Gruppe zu einer anderen, Richard Timel z.B., der in seiner Funktion als Mitbegründer mehrerer Beratungsfirmen als Person für das Spannungsfeld von Kooperation und Konkurrenz steht. Auch Fritz Simon ist in mehreren Instituten Gründungsmitglied und bildet so und über seine Mitarbeit bei Ausbildungen eine wichtige personelle Klammer zwischen verschiedenen Gruppen.

So bleibt über Personen eine gewisse Verflechtung der Gruppen erhalten. Für die Wiener Gruppen bzw. die ÖGGO-Mitglieder bilden auch die Managementtrainings und Gruppendynamikseminare, die seit Anfang der 70er-Jahre im Wiener Hernstein Management Institut stattfinden, eine soziale Klammer.

Eine Community entsteht

Mit den 90er-Jahren verändert sich die Kommunikation im Feld. Für die Pionierzeit ab Anfang der 80er-Jahre war sozial breit gestreutes intensives face-to-face-Netzwerken typisch; dann bewegte sich die Kommunikation hauptsächlich innerhalb der jeweiligen Heimatgruppen. Nun beginnt ein Reigen großer Kongresse der Heidelberger und der ÖGGO. Zwischen 1991 und 2001 veranstaltet die ÖGGO fünf große Symposien, denen Publikationen folgen[6]. Der erste Heidelberger Kongress zur "Wirklichkeit des Konstruktivismus" bringt 1992 über 2000 Besucher nach Heidelberg; 1994 folgt das Symposium"Konstruktivismus und Management" und 1998 "Die Wirklichkeit des Konstruktivismus II". Dazwischen werden mehrere Symposien veranstaltet. Beeindruckende Besucherzahlen, intensive fachliche Auseinandersetzungen, soziale Dichte und ein spürbarer Spirit auf diesen Kongressen belegen: Hier entsteht eine Gesinnungsgemeinschaft, eine Community nimmt Kontur an.

2000 gründen Fritz Simon, Rudolf Wimmer, Dirk Baecker das Management Zentrum Witten (MZW). Im Oktober 2005 veranstaltet das MZW den ersten des als Biennale konzipierten „X-Organisationenen" Kongress in Berlin. Knapp zuvor muss der letzte ÖGGO Kongress abgesagt werden.

Allein, trotz hervorragender Strukturen für die Verbreitung von Wissen — vom differenzierten Ausbildungsmarkt, über Fachverlag und Fachzeitschrift,

Interview mit Richard Timel am 21.10.2006

Wenn ich mir den Beginn vergegenwärtige, gab es eine lange Zusammenarbeit zwischen der BGN und der Conecta. Die Neuwaldegger haben das betriebswirtschaftliche Wissen eingebracht, die Conecta war im Bann der Gruppendynamik und der Organisationsentwicklung. Wir haben voneinander gelernt und versucht, diese zwei Ebenen zueinander zu bringen. Wir haben viel durch die Zusammenarbeit mit unseren Kunden gelernt. Über sieben Jahre haben wir umfassend bei der österreichischen Fensterfirma Internorm gearbeitet; insgesamt zwölf Berater, von der BGN und von der Conecta. Über die OSB gab es dann ein breites Wirkungsfeld bei DaimlerChrysler[7], insbesondere mit dem Stützpunkt der internen Berater um Christa Schardt. Hätten wir nicht diese Formen des Lernens und der Anwendung gefunden, wäre das Paradigma nie so hervorgetreten. Gleichzeitig hat die ÖGGO unter dem Engagement vom Rudi Wimmer in Wels den ersten Kongress veranstaltet; genauso waren die Heidelberger Kongresse eine Art Stell-dich-ein; ein Drittel aller, die in diesem Feld tätig waren, haben sich dort getroffen.

Es gab damals Ideen, die BGN und die Conecta zu fusionieren. Nach der systemischen Ausbildung bei Siegi Hirsch aus Brüssel – der nur acht Teilnehmer teils von der Conecta, teils von der BGN, zuließ – hat es in beiden Gruppen jeweils Leute gegeben, die in der Ausbildungsgruppe gewesen waren, und solche, die nicht dabei waren. Als Roswita und Stefan (Titscher) überraschend nicht zur Conecta, sondern zur BGN gingen, war das das Ende der langjährigen, gelungenen Kooperation zwischen den beiden Firmen. Das hat damals eine ziemliche Aufregung, Verwirrung, Auseinander-setzung ausgelöst.

Danach mussten sich diese beiden Firmen jeweils stärker differenzieren und einzeln am Markt profilieren. Anschließend haben sich auch Conecta Öster-reich und Conecta Deutschland voneinander getrennt. Es sind eine Reihe von neuen Firmen entstanden. Wolfgang Looss hat z.B. die LaLoSta ge-gründet. Die Frage, die uns ja in der Beratung immer begleitet, ist: Wie viel Zerstörung ist für Veränderung notwendig und erforderlich? Die Förderung von Differenzierung war damals wichtiger als die von Integration.   →

bis zu Kongressen und Symposien – der Organisationsgrad des Feldes bleibt rudimentär. Anders als bei den Nachbardisziplinen Coaching oder Mediation gibt es keine allgemeinen Strukturen, in denen sich die vielen Mitglieder der Community organisieren könnten. Sie sind auf informelle Netzwerke meist im Umkreis von Ausbildungsanbietern verwiesen.

Denn trotz wachsender Bekanntheit, trotz boomender Ausbildungs- und Beratungsmärkte hält sich das Modell der Gruppe als Organisationsform – bei Organisationsberatern wie bei Therapeuten. Marktwachstum führt zu mehr Gruppen; aber es entstehen keine großen Firmen, die das jeweilige Marktpotenzial mit Skaleneffekten erschließen würden. Das Modell der Peergroups hat zu Anfang bestimmt, wie sich die Eisenspäne legen; es gibt auch weiterhin das Modell dafür ab, wie man sich in der Profession organisiert. Das hat Folgen für das Feld und die entstehende Community.

Nach der Pionierphase tun sich alle Peergruppen schwer damit, neue Mitglieder aufzunehmen; sie scheitern meist an der typischen Paradoxie dieser Organisationsform: Eine gemeinsame Geschichte kann man nicht nachholen oder wie eine Qualifikation beim Eintritt mitbringen. Mit der Zeit und mit dem zunehmenden Verlust von Unterschieden erodiert die Innovationskraft der Gruppen. Ihr zeitverzögert eintretender großer Erfolg trägt dazu bei, die eigenen Phantasie- und Möglichkeitsräume zunehmend enger zu fahren. In jüngster Zeit spalten sich einzelne Personen ab, um neue Gruppen zu bilden, in denen sich aber weniger Widerspruchsgeist halten kann als in den frühen Heimatgruppen.

Trotz institutioneller Konkurrenz zwischen den Heidelberger und Wiener Gruppen bleibt zwischen den frühen Weggefährten eine gewisse Freundschaft und Kooperationsfähigkeit bestehen. Die Personen, die von Anfang an dabei waren, zollen einander Achtung und schätzen den gelegentlichen fachlichen Austausch. In der nächsten Generation ist diese Beziehungsqualität seltener. Die „Jünger" der jeweiligen Gruppen begegnen einander nicht selten mit wechselseitigen Stereotypen und ungebremster Konkurrenz.

Ein weiterer wichtiger Strang war damals die sogenannte Fürstenau-Gruppe, die sich in der ÖGGO als eine Art Gegenstück zur Hirsch-Gruppe gebildet hat. Rudi Wimmer hat in diese Gruppe eine Reihe von Wissenschaftern eingeladen wie Prof. Cecchin aus Mailand, Mara Selvini-Palazzoli, Herrn Boscolo, Humberto Maturana und mehrfach Niklas Luhmann. Rudi Wimmer hat auch die Verbindung mit Dirk Becker und Fritz Simon hergestellt. Als ich im Zuge dieser Wirren aus der Conecta ausgetreten bin, haben Rudi Wimmer und ich die OSB gegründet. Schon sehr früh kam aus der Fürstenau-Gruppe Margit Oswald dazu, dann Gundi Vater, Ernst Domayer.

Rudi Wimmer war damals Universitätsdozent und in der Beratung tätig. Mit Ralf Grossmann gestaltete er im Fernsehen Bildungssendungen zur besten Sendezeit, z.B. politische Bildung für MittelschullehrerInnen. Oder sie haben unterschiedliche Bevölkerungsgruppen – Jugendliche, Bauern, Jungarbeiter und Abiturienten vorbereitet, die dann mit Politikern diskutiert haben. Das beschrieb das gesellschaftspolitische Engagement damals.

Am Heidelberger Institut unter Helm Stierlin haben die am Anfang sehr kreativ zusammengearbeitet, aber auch von Anfang an heftig miteinander gestritten. Sowohl in Wien wie in Heidelberg gab es den Versuch, sich über systemische Theorie und Praxis zu profilieren; da gab es jeweils Autoritätskämpfe. Andere in Heidelberg waren hauptsächlich in der Lehre und in der Forschung. Damals wurde bei Familientherapien der Einwegspiegel einführt. Bei der Hypothesenbildung über Familien und bei Interventionen haben die haben viel voneinander und miteinander gelernt. Das war eine pionierhafte Entwicklung. Aber es ist diesem Kreis nie geglückt, diese Erfahrungen wirklich auf Organisationen umzusetzen. Das war die Attraktivität dieser Wiener Schule, wer auch immer die sozusagen verkörpert.

Jetzt ist eine interessante Sache im Entstehen mit Baecker, Willke, Simon und Wimmer. Dirk Baecker fängt, glaube ich, als erster mit einer Managementtheorie an. Der Rudi Wimmer hat ja schon vorher in Hernstein diese General Management Programme gemacht; da war ich ja auch dabei. Das war ein weiterer wichtiger Ast, den man von der Theoriebildung, von →

Die soziale Schließung um die Gruppen und die damit einhergehende Binnenorientierung ist so bis heute die Vorlaufgröße für den Organisationsgrad des Feldes. Die Bedarfe des gewachsenen Feldes der systOB sind damit kaum gedeckt. Längst gibt es eine Fülle hervorragender, innovativer Beratungsirmen, aber wer kennt sie? Es gibt eine Fülle von Themen, die den Profis unter den Nägeln brennen, aber an wen kann man sich mit einer bestimmten Frage wenden? Organisationen werfen täglich neue Herausforderungen an Beratung auf, aber wo kann man sich darüber austauschen? Es gibt viel brachliegendes Praxiswissen, das expliziert und verteilt werden könnte, aber wer kann wo was einbringen?

Der Ausbildungsboom

Schon bald bieten die Heidelberger Ausbildungsinstitute neben ihren Curricula für Therapeuten auch Ausbildungen zu den Themen OE und Teamentwicklung, systemische OE bzw. systemische Organisationsberatung an. Der Begriff ist ab der ersten Hälfte der 90er-Jahre eingebürgert, die Nachfrage nach Aus- und Weiterbildung ist groß. Die Beratungsunternehmen bedienen sie nicht in dem Maß; sie sind auch nicht die erste Adresse, an die sich Interessenten für Qualifizierung in systemischer Beratung wenden.

Durch diese Curricula werden systemische Interventionsmethoden und professionale Standards für Beratungsverständnis und Berateridentität an eine breite Basis vermittelt. Die Zufriedenheit der TeilnehmerInnen mit diesen Curricula ist hoch; sie empfehlen sie weiter. Ohne viel Vermarktung, rein über Mundpropaganda, ergibt sich eine stetig wachsende Nachfrage, die auch heute, nach fünfundzwanzig Jahren, ungebrochen anhält. Die Heidelberger Ausbildungsinstitute haben eine unglaubliche Breitenwirkung erzielt für ein fremdes, sperriges, ursprünglich für gesellschaftliche Randbereiche entwickeltes Beratungsparadigma, das alle Voraussetzungen gehabt hätte, ein unverstandenes, hässliches Entlein zu bleiben.

2005 bieten allein die Institute im Heidelberger Raum überbetrieblich ca. fünfzig 12-18tägige Curricula mit ca. 1000 TeilnehmerInnen an. Bernd

der Managementtheorie, her aufwürdigen müsste. Dirk Baecker beschreibt die Funktion des Managements als eine sehr wichtige. Luhmann hat das nicht unbedingt so gesehen, er ist ja aus der öffentlichen Verwaltung gekommen; ihm war dieser Managementbegriff in gewisser Weise fremd. Er hat eher auf den Entscheidungsansatz abgestellt.

Sie sehen, das systemische Paradigma ist gar nicht leicht zu verorten. Da gibt es diese wissenschaftlichen Entwicklungen, da gibt es die Personen, da gibt es Beratungsfirmen, da gibt es wichtige Projekte; das ist so eine Gemengelage. Praktisch hat sich herausgestellt, dass eigentlich die Beratung die Funktion hatte, wissenschaftliche Erkenntnisse auch für die Organisationspraxis zu dolmetschen.

Was meine Person betrifft, glaube ich nicht, dass ich einen besonders originellen Beitrag geleistet habe außer, dass ich in vielen Gruppen gleichzeitig war und Übergänge hergestellt habe. Dass ich mit vielen Kollegen etwas entwickeln und mit ihnen gemeinsam experimentieren konnte. Am Institut für Gestalttherapie und Gestaltpädagogik in Berlin habe ich zwölf Jahre lang Beraterinnen und Berater ausgebildet; in der ÖGGO habe ich als Lehrberater Leute ausgebildet. Ich war in unterschiedlichen Kulturen und Milieus tätig: in der Gewerkschaft, in großen Chemie- und Automobilkonzernen, in der Kirche, in der Caritas, im katholischen Orden, im Krankenhaus.

Jetzt, mit meinen Lebensjahren und mit meinem Hintergrund versuche ich, andere – im Coaching – zu unterstützen und zu fördern. Aber das passiert jetzt in einem anderen Gestus, sozusagen in der Großvaterrolle, im Hintergrund, mit verhältnismäßig wenig Eigeninteresse, aber einem großen Erfahrungshintergrund.

Ich habe ein Interesse an der Profession. Ich wünsche mir, dass man Qualitätsstandards aufrecht hält. Jetzt bieten ja auch die Universitäten Ausbildung in systemischer Organisationsberatung an. Da gibt es oft wenig Praxiserfahrung mit Organisationen. Ich wünsche mir, dass nicht irgendwelche Einrichtungen Zertifikate verteilen und ein Schulwissen verbreiten. In der Ausbildung spielt die Praxis eine große Rolle, das   →

Schmids Institut für systemische Beratung (ISB), das 1984 mit der Ausbildung zu systemischer Beratung begonnen hatte, ist seit 1996 ausschließlich spezialisiert auf die Qualifizierung von Professionellen in den Bereichen Personal-, Organisations- und Kulturentwicklung. 2009 gibt es 2300 AbsolventInnen von von ISB-Curricula (mit einer Dauer von 18 bis 36 Tagen). Die jährliche Trendanalyse der Managerseminare (z.B. Graf 2009) bei Anbietern und Nutzern von Weiterbildung, spiegelt über viele Jahre den hohen Bedarf nach Qualifizierung in Themen der Organisationsentwicklung[8]. Das Jahrbuch „Seminare 2008" listet 34 umfangreiche Programme für OE-Berater und Change Manager auf. Längst haben sich auch Universitäten und Fachhochschulen in den Kreis der Ausbilder für systOB eingereiht. Viele der ca. 60 Mitgliedsfirmen der „Systemischen Gesellschaft" und der DGSF (Deutsche Gesellschaft für Systemische Therapie und Familientherapie) bieten Ausbildungen in systemischer Beratung an. Dazu kommt eine völlig unbekannte Zahl firmenintern durchgeführter Beraterqualifizierungen.

Die Anzahl der Marktangebote ist gestiegen, der Zustrom zu den Ausbildungen hält seit nunmehr fünfundzwanzig Jahren unvermindert an; die Preise sind bislang stabil geblieben. Setzte sich die Klientel zu Beginn des Ausbildungsbooms hauptsächlich aus Freiberuflichen zusammen, sind nach Auskunft von Bernd Schmid heute bis zu drei Viertel Organisations-mitglieder, die sich für das Aufgabengebiet eines internen Organisations-beraters qualifizieren wollen. Die meisten bekommen ihre Qualifizierung von den entsendenden Organisationen bezahlt. Viele haben mehrere Ausbldungen absolviert. Wie viele systemisch qualifizierte und in systemischer Beraterhaltung sozialisierte BeraterInnen gibt es eigentlich im deutschsprachigen Raum? 10.000, 12.000, 15.000? Gehen wir einfach davon aus, dass nur ca. 10.000 Personen im Laufe der Jahre systemische OE oder systOB im engeren Sinn gelernt haben. Dann stellt sich die Frage: Was hat eigentlich die systOB über Nacht bekannt gemacht – die systemische Beratung von Organisationen oder die die Ausbildung zur systemischen Organisationsberatung?

gemeinsame Lernen mit dem Klienten, das Experimentieren. Das war damals auch der Sinn der ÖGGO-Gründung. Diesen Impetus habe ich noch immer. Für mich geht es auch darum, in der Beratung unterschiedliche Brillen aufzusetzen – aus meinen Prägungen sind das Gruppendynamik, Psychoanalyse, Supervision bis hin zum Buddhismus – und diese Perspektiven miteinander in Kontakt zu bringen. Z.B. in der Frage Nähe-Distanz; beides ist sehr wichtig. Wenn ich eine Beziehung zum Menschen herstellen kann, gelange ich über den Menschen zur Organisation. Ich brauche aber auch die nötige Distanz, um zu sehen, wie Organisationen sozial operieren. Wie und in welcher Weise beeinflussen Strukturen die Personen und umgekehrt: Wie gestalten Personen Organisationen? Welche Optionen, welche Handlungsspielräume gibt es da? Also aufs Ganze schauen. Ich fühle mich mit Rudi Wimmer dem Ziel verpflichtet, die Überlebensfähigkeit von Organisationen und ihre Zukunftgerichtetheit zu fördern. – Aber mittlerweile leben wir ja in einer Zeit, in der Organisationen zerstört werden und dieser Zerstörungsvorgang macht mich auch betroffen. Ich weiß nicht, wie ich darauf reagieren soll. Wenn dann systemische Beratung eingesetzt wird, um so etwas noch reibungsloser zu gestalten... ◊

1.3 Welche Rolle spielt die Organisation in der systemischen Organisationsberatung?

Zur Zeit als sich der Begriff „systemische Organisationsberatung" einbürgerte, unterschied man nicht zwischen den sozialen Systemen Familie und Organisation; beide dachte man sich als in erster Linie beziehungsdefinierte soziale Systeme. Nach der Prägung der gemeinsamen Begriffsklammer systemische Organisationsberatung haben die Therapeuten viel Ausbildung gemacht und wenig Organisationsberatung; die Organisationsberater haben viel Organisationsberatung gemacht und wenig Ausbildung. So haben sich bei einigen Anbietern die Ausbildungsinhalte zum Thema Organisation von den Weiterentwicklungen der Organisationsberatung entkoppelt.

Die meisten Ausbildungen zur systOB vermitteln die in der Familientherapie entwickelten Kommunikations- und Interventionsmethoden – in erster Linie das zirkuläre Fragen, Hypothesen-Bilden und -Rückspiegeln – sowie Theorie zu den Grunddynamiken von geplanten Veränderungsprozessen. Außerdem geht es um ein bestimmtes Verständnis von Beratung und Intervention und um die Entwicklung der eigenen Beraterpersönlichkeit. Die Frage: Wie macht man systOB? ist in gewisser Weise ganz praktikabel geklärt.

Bei der Frage: Was macht man, wenn man systOB macht? zeigt sich, dass der Begriff in vielfältiger und sehr unterschiedlicher Weise verwendet wird:

o   Viele Ausbildungen beziehen sich noch immer auf das Organisationsverständnis der frühen Organisationsentwicklung: Über die Humanisierung der Arbeit, über kollektive Beteiligungs- und Lernprozesse sollen Mitarbeiterzufriedenheit und die Effizienz der Organisation gesteigert werden.

o   Für andere ist der Bezugsrahmen für die eigene Ausrichtung die Luhmannsche Theorie sozialer Systeme. Es geht um die Verstörung von Kommunikations- und Entscheidungsmustern, um die Erweiterung von Möglichkeitsräumen in einem komplexen, autopoietischen System.

o   Neben diesen zwei wesentlichen Zugängen gibt es eine Fülle eklektizistischer Ansätze, die sich ebenfalls systOB nennen. Ein Beispiel mag der von König und Vollmer vertretene Ansatz der „personalen Systemtheorie" sein, der in keiner Weise an die Grundlagen, Begriffe oder an den Stand des Feldes anschließt; ihr 1995 vom Bundesverband Deutscher Unternehmensberater e.V. zum besten Fachbuch des Jahres gewählte Buch „systemische Unternehmensberatung" liegt heute in achter Auflage vor[9].

In den wenigsten Ausbildungen werden konkrete Entwicklungsziele und Inhalte, auf die sich Organisationsberatung richtet, vermittelt. Erst in jüngster Zeit finden Themen der Organisation (z.B. Strategieentwicklung) Eingang in Ausbildungen zur systOB.

Diese und andere jüngste Entwicklungen im Feld (siehe Teil B) weisen darauf hin, dass das Paradigma der systOB dabei ist, sich tiefgreifend zu transformieren. Vor dem Hintergrund zunehmender Konkurrenz und der anhaltenden Diskussion über die verkürzte Frage „Fach- oder Prozessberatung?" werden die Grenzen des bisherigen systemischen

Beratungsansatzes sichtbar. Mit einem Paradigma, das im Wesentlichen aus einem Set von Methoden, Werkzeugen und einem spezifischen Interventions- und Beratungsverständnis besteht, ist zunehmend kein Auslangen mehr zu finden. Es ist angesichts der vielfältigen Organisationskontexte, Optionen und Entwicklungsmuster, der Dynamiken in den Organisationsumwelten unter-komplex geworden.

Ein neues Paradigma wird den Gegenstand der systOB – die Organisation – zum Ausgangspunkt für Beratung nehmen. Dabei geht es zum einen um die primäre aufgabenbezogene Zwecksetzung einer Organisation (Rudolf Wimmer). Zum anderen geht es um ihre gewachsenen Eigentümlichkeiten, ihre Verfasstheiten (Heinz Jarmai). Anders gesagt: In Zukunft wird es um eine radikale organisationale Perspektive gehen. Welche Entwicklungen sich in der systOB zeigen und weiterdenken lassen, können Sie in Teil C weiterlesen.

Strandburg auf Amrum, Innen, Fotografie by Wesco Taubert ©

2 Das Paradigma
der systemischen Organisationsberatung

Das folgende Kapitel führt Sie in das Paradigma der systemischen Organisationsberatung ein. Das soll in drei Schritten geschehen:

o Zurerst werden die Entwicklungen in der Systemtheorie beschrieben, die für die
   systOB den Verständnisrahmen bereitstellen.

o Dann wird das Paradigma der systOB dargestellt, wie es sich in der zweiten
   Hälfte der 80er-Jahre ausdifferenziert hat. Es umfasst die Begriffsdefinition
   „Organisationsberatung", die wesentlichen Methoden und Werkzeuge der
   systemischen Beratung, die Kriterien, nach denen der Beobachter 2.Ordnung
   seine eigene Aufmerksamkeit beim Beobachten lenkt und das Interventionsverständnis mit der typischen Haltung, die die systOB sich verschreibt.

Interventionsmethoden und Beraterhaltung der systOB sind weitgehend
„standardisiert" in Verwendung. In ihrer Arbeit beziehen sich systemische
BeraterInnen aber – mehr oder weniger implizit – auf ganz unterschiedliche
Organisationstheorien. Hauptsächlich drei Verständnisrahmen sind in Verwendung:

o das von Gruppendynamik und vom Human-Relations-Ansatz geprägte Verständnis der frühen Organisationsentwicklung,

o ein aus der Theorie komplexer Systeme abgeleitetes Organisationsverständnis,

o die Theorie sozialer Systeme von Niklas Luhmann.

2.1 Die Entwicklung der Systemtheorie

Fritz Simon weist darauf hin (Simon 2006, S. 17 ff), dass sich Forscher,
Therapeuten und BeraterInnen zwar immer wieder auf „die" Systemtheorie
beziehen. Tatsächlich kann man die Systemtheorie aber als Work-in-Progress
verstehen. Zu verschiedenen Zeitpunkten haben unterschiedliche Disziplinen
Leitideen beigetragen und der Theorie jeweils neuen Fokus und Brennschärfe
gegeben. Simon unterscheidet drei Generationen von Systemtheorie, die
jeweils andere Forschungsfragen stellen: technische Systeme, komplexe

Systeme und autopoietische Systeme. Die Luhmannsche Theorie sozialer Systeme ist hier als eine vierte Theoriegeneration dazugestellt.

Jedes dieser Paradigmen von Systemtheorie stellt die auch Organisation als Erkenntnisobjekt in einen anderen Verständnisrahmen.

Technische Systeme

Von 1946 bis 1953 sponsert die Kaufhauskette Macy eine Reihe wissenschaftlicher Konferenzen, die zum Ziel haben, ausgehend von Bertalanffy's General Systems Theory (Bertalanffy 1969) die Grundlagen für eine allgemeine Wissenschaft über die Funktionsweisen des menschlichen Geistes zu legen. Unter dem Vorsitz des Neurophysiologen und Psychiaters Warren McCulloch kommen namhafte Vertreter aus Anthropologie (Gregory Bateson und Margaret Mead), Biophysik (Heinz von Foerster), Physiologie (Arturo Rosenblueth), Soziologie (Paul Lazarsfeld), Psychologie (Kurt Lewin), Psychiatrie (Ross Ashby), Mathematik (John von Neumann, Norbert Wiener), Informationstheorie (Claude Shannon) und anderen Disziplinen zusammen[10.]

Sie entwickeln anfangs eine erste Generation der Systemtheorie technischer Systeme. Damals versteht man unter System eine Anzahl von Elementen, die über geschlossene, lineare Rückkopplungsschleifen in Regelkreisen verbunden sind. Im Mittelpunkt steht die Frage, Wie gelingt es Systemen, stabile Verhaltensmuster aufrecht zu erhalten trotz variabler Umweltbedingungen? Anders ausgedrückt: Wie muss sich ein System verändern, um gleich, d.h. in einem homöostatischen Gleichgewicht, zu bleiben? Welche Kommunikationsprozesse liegen der Fähigkeit von Systemen zugrunde, sich selbst zu regulieren? Ein typisches Beispiel für diese Art von System ist eine Heizungsanlage mit Thermostat.

Diese Fragen begründen eine neue Wissenschaft von der Kommunikation und Steuerung in selbstregulierenden Systemen, die ihr Begründer Norbert Wiener Kybernetik nennt. Die Fragestellungen und Methoden der Kybernetik werden gleichermaßen auf die Forschungsgegenstände Maschinen und lebende Systeme angewandt: „Cybernetics is the study of communication and control in the anmial and the machine" (Norbert Wiener).

Der britische Consultant und Universitätsprofessor Stafford Beer überträgt ab Ende der 1959 die Fragestellungen, Methoden und Erkenntnisse der Kybernetik auf Organisationen. Er versteht Organisationen als „viable systems", die – in stetigen Regelkreisen geschlossen – funktionieren, um trotz wechselnden Inputs stabile Verhaltensmuster und verlässlichen Output zu produzieren. Beer verspricht: "Cybernetics is the science of effective organization" und prägt in Folge den Begriff „Management Cybernetics" als Anwendung der Kybernetik für Fragen des Managements. Er entwickelt einen stringenten, methodischen Leitplan zur Systemdiagnose von Organisationen (Beer 1969). Sein „Viable Systems Model"[11] wird heute fallweise in der systOB (z.B. Haefele 2009) eingesetzt. F. Malik hat es 1984 seinem Buch „Strategie des Managements komplexer Systeme" (Malik 1984) zugrunde gelegt und arbeitet noch heute damit. In der Community für Organisational development (OD) im angelsächsischen Raum ist das Verständnis von Organisationen bis heute stark geprägt von dieser ersten Generation der Systemtheorie, der Theorie technischer Systeme.

Die meisten klassischen Managementsysteme beruhen auf der Idee stetiger Optimierung durch Rückkoppelungsprozesse, in denen Abweichungen durch Steuerungseingriffe beseitigt werden. Ein Beispiel ist das EFQM Modell, das gar nicht aus der systemischen Ecke kommt. Von 14 europäischen Konzernen 1989 entwickelt, beruht es auf der Prämisse TQM⇔TMQ – (Total Quality Management ⇔ Total Management Quality): Durchgehende Qualität einer Organisation wird erzielt durch durchgehende Managementqualität. Es definiert Qualitätskriterien für das Management auf fünf Gestaltungsfeldern: Führung, Politik und Strategie, Mitarbeiter, Prozesse, Partnerschaften und Ressourcen, die nach definierten Prozesskriterien zu „bewirtschaften" sind. Die Ergebnisse von Managementmaßnahmen auf diesen „Befähigervariablen" schlagen sich in vier so genannten Ergebnisfeldern nieder: Schlüsselergebnisse, mitarbeiterbezogene Ergebnisse, kundenbezogene Ergebnisse und gesellschaftsbezogene Ergebnisse. Wie alle kybernetischen Managementmodelle stellt auch das EFQM Modell einen eigenen Prozess zur Selbstbeobachtung bereit, den Selbstbewertungsprozess. Hier kommen Führungskräfte aus verschiedenen Bereichen der Organisation zusammen und bewerten über mehrere Jahre Güte und Implementierungsgrad von Managementmaßnahmen nach einem allgemeinen Punktesystem. Diese Informationen dienen dem Management als Feedback, um mit der Ableitung von Verbesserungsmaßnahmen auf den Gestaltungsfeldern wieder einen neuen Kreislauf von Verbesserungsmaßnahmen einzuleiten.

Komplexe Systeme

Die zweite Generation der Systemtheorie (1970 – 1990 und danach) stellt komplexe Systeme in den Mittelpunkt; Fritz Simon verortet diese Systeme „irgendwo in der Grauzone zwischen Leben und Nichtleben" (Simon 2006, S. 19). Ein Beispiel für diesen Systemtypus ist das Wetter. Die Physik und insbesondere die Chaostheorie liefern die Fragestellungen, Methoden und Erkenntnisse für diese Variante von Systemtheorie.

Ausgangspunkt ist die Beobachtung, dass komplexe Systeme auf zwei Arten auf Veränderungen in der Umwelt reagieren: Sie halten in ihren inneren Strukturen entweder eine bestehende stabile Ordnung aufrecht oder sie stellen eine neue stabile Ordnung her. Umwelt-offene Systeme passen sich – unter Verbrauch von Energie – an Veränderungen in ihren Umwelten an. Das wird möglich, indem sie ihre Strukturen verändern bzw. neue Strukturen ausdifferenzieren – meist im Sinn eines Zugewinns von Komplexität – dabei aber ihre Identität aufrecht erhalten.

Diese Prozesse der Strukturanpassung laufen selbstorganisierend ab. Dabei ist eine bestimmte Mechanik „rekursiver Funktionen" beobachtbar: Das System führt immer wieder dieselbe Operation durch, die auf den Ergebnissen der jeweils vorher stattgefundenen Operation aufsetzt. Nach langen Perioden stetigen, stabilen Verhaltens zeigt sich mit Regelmäßigkeit plötzlich ein Bruch im Verhaltensmuster.

Die Chaostheorie erklärt den Übergang von Ordnung ins (für den Beobachter unerwartete) Chaos so: In wiederholten selbstbezüglichen

Operationen werden immer wieder dieselben Einwirkungen auf das Ergebnis einer früheren Einwirkung angewandt. Dabei werden selbst kleinste Abweichungen im Ergebnis hochgeschaukelt. Schließlich „kippt" das System in einen neuen Ordnungszustand; die Chaostheorie hat dafür den Begriff des Attraktors geprägt.

Ein Beispiel mag der Topf mit Milch auf dem Herd sein, der irgendwann plötzlich überkocht. Im Milchtopf sind die rekursiven Operationen die Bewegungen der Moleküle, die durch die Zufuhr von Wärme der Herdplatte ausgelöst werden. Dieselbe stetig zugeführte Energie hat lange Zeit (für unsere Wahrnehmung) stetige Auswirkungen: Die Milch wird immer wärmer. Angewandt auf bereits hoch erhitzte Milch, in der die Moleküle bereits sehr schnell unterwegs sind, führt bei stetiger Energiezufuhr dieselbe stetige Operation der Auslösung von Molekülbewegungen plötzlich zu einem neuen koordinierten Muster: Die Milch hebt sich gleichmäßig über den Topfrand, bildet für einen kurzen Moment eine Art Deckel und strömt dann überall über den Topfrand, um auf der Herdplatte zu verschmoren.

Es ist diese Generation von Systemtheorie komplexer Systeme, die Peter Senge meint, wenn er in seinem Buch „Die fünfte Disziplin" auf die „Systems Theory" referenziert. Am Beispiel von Angebots- und Nachfragerückkopplungen für eine neue, von einer Nische von Konsumenten bevorzugten Biersorte beschreibt er genau diesen Prozess rekursiver selbstbezüglicher Operationen, die – für die Bierproduzenten und -händler unerwartet – ins Chaos führen (Senge 1990, S. 31 ff). Als die Produzenten angesichts der stetig steigenden Nachfrage nach einem Szene-Bier in neue Produktionsanlagen investiert hatten, versiegt die Nachfrage plötzlich; die Kunden wollten keine Massenmarke.

Typisch für komplexe Systeme ist, dass wir nicht genau wissen, wann ein System von einem Ordnungszustand ins Chaos bzw. in einen neuen Ordnungszustand kippt. Meist wissen wir auch nicht, welchen neuen Ordnungszustand ein System einnehmen wird. Man spricht in diesem Zusammenhang von „offenen" Systemen und meint damit die Freiheitsgrade des Systems für neue Ordnungsmuster. Diese Eigenschaft der

Offenheit komplexer Systeme macht es so schwierig, z.B. ein Erdbeben oder einen Tsunami vorherzusagen.

Das hat Heinz von Foersters schon früh mit der Metapher der nichttrivialen Maschine veranschaulicht; sie illustriert, dass die Verhaltensmöglichkeiten eines Systems „transcomputional" bzw. unbestimmbar sind (von Foerster 1993, S. 153 ff.), weil jeder Input den inneren Zustand des Systems verändern kann. Eine gleiche Inputoperation kann – auf einen geänderten inneren Zustand treffend – zu einem anderen Output führen sowie zu einer weiteren Änderung des inneren Zustands. Ozeane nehmen CO2 auf und speichern es; sie geben auch CO2 ab. Wieviel sie abgeben, hängt von der Menge des gespeicherten CO2 ab. Ein gleicher Input kann so zu verschiedenen Outputs führen; gleiche Outputs können auf verschiedene Inputs folgen. Welcher Output einem Input folgt, hängt von der Vergangenheit des Systems ab. Der Beobachter befindet sich zudem schnell in einem logischen Patt, wenn er versucht, zwischen Inputs=Ursachen und Outputs=Wirkungen zu unterscheiden.

Konstruktivismus und Autopoiese

Wie sich am Beispiel des Milchtopfes zeigt, ist die Definition von Ordnung bzw. Chaos eher eine Leistung des Beobachters als eine Eigenschaft des Systems der Milcherhitzung. Für uns ist Ordnung, wenn die Milch im Topf ist; das Chaos setzt ein, wenn sie auf der heißen Herdplatte verschmort. Ein neugieriges Kind fände den Prozess wahrscheinlich bis zum Schluss ganz in Ordnung. Aus der Perspektive einer nichttrivialen Maschine betrachtet, kann grundsätzlich jegliche Veränderung des inneren Systemzustands einen Musterbruch und eine Ausrichtung auf einen neuen Attraktor bedeuten. Im Milchtopf auf der Herdplatte könnten z.B. das Geräusch des Simmerns oder die Hautbildung darauf hinweisen, dass das System neue Attraktoren gefunden hat. Was wir als stabiles Verhaltensmuster des Systems beobachten, ist immer auch Artefakt stabiler, ja unbeirrbarer Beobachtungskriterien unsererseits, die sich irgendwann – unerwartet – dem faktischen Widerspruch beugen müssen.

Das Phänomen, dass der Beobachter mit seinen Beobachtungskriterien selektiv beobachtet, wird noch schärfer gestellt in der Aussage von Heinz von Foerster: „Die Umwelt, die wir wahrnehmen, ist unsere Erfindung" (von Foerster 1999, S. 25). Hier verbindet sich die Systemtheorie mit dem Konstruktivismus – einer Richtung der Philosophie, die sich mit der Frage beschäftigt, wie der Mensch zu Erkenntnis kommt. Der Konstruktivismus postuliert, dass unsere Wahrnehmungen der Welt nie die Wahrheit, sondern nur selbst angefertigte Konstruktionen von Wirklichkeit sein können.

Aus der Quantenphysik kennt man das Phänomen, dass wir Elektronen als Teilchen oder als Wellen wahrnehmen können – je nachdem, welche Beobachtungsmethode eingesetzt wird. Diese Tatsache ist folgenschwer: Wir müssen uns von unserem dualen Weltbild verabschieden, das die Welt in erkennende Subjekte und in zu erkennende Objekte teilt. Der Zugang zur Wahrheit ist uns verschlossen; wir können nur subjektive Wirklichkeiten konstruieren. Dieser Prozess folgt zwar allgemeingültigen Konstruktionsprinzipien (Treffen von Unterscheidungen auf Basis von Unterscheidungskriterien), das Ergebnis sind aber vielfältigste, unterschiedliche Wirklichkeitsbeschreibungen.

Wie einzelne Menschen ihre Wirklichkeit konkret konstruieren, wird beeinflusst von ihrem Wahrnehmungsapparat, ihren Erfahrungen, ihren kognitiven Prägungen und sozialen Konventionen. Dieselbe Landschaft sieht jeweils anders aus, wenn man sie durch eine Sonnenbrille, eine 17 Dioptrin-Brille, eine Röntgenbrille oder ein Infrarotgerät betrachtet. Es ist davon auszugehen, dass wir nie die Landschaft sehen, sondern nur unsere eigenen Vorstellungen davon. „Der Beobachter macht die Beobachtung" ist ein geflügeltes Wort von Systemikern.

Heinz von Foerster prägte den Terminus „Kybernetik der Kybernetik" bzw. „Kybernetik 2. Ordnung", um auszudrücken, dass die Beschreibung eines Systems auch die Beschreibung des Beobachters und seiner Beobachtungskriterien einschließen muss, wenn sie nützlich sein soll. Während der Beobachter 1. Ordnung die Landschaft beobachtet, beobachtet der Beobachter 2. Ordnung, wie der Beobachter 1. Ordnung beobachtet und welche Brille dieser dabei trägt. Die Beschreibung einer Landschaft mit roten Flecken und grün-blauen Konturen verweist auf den Träger einer Infrarot-Brille. Einem Jäger wird diese nachts nützlicher sein als eine Sonnenbrille.

Heinz von Foerster schlug bereits Anfang der 70er-Jahre vor, menschliche Kognition zu definieren als nie endende, rekursive Prozesse des Errechnens[12] von Wirklichkeit (von Foerster 1999, S. 25ff). Er war in engem Austausch mit den beiden Neurobiologen Humberto Maturana und Franzisco Varela, die untersuchten, wie Erkenntnis bzw. Wirklichkeitskonstruktion mit neuronalen Prozessen zusammenhängen (Maturana/ Varela 1984). Ihre und von Foersters damals vergleichsweise einfachen neurophysiologischen Experimente sind heute von den bildgebenden Verfahren der modernen Hirnforschung bestätigt: Es gibt keine 1:1 Abbildung von Stimuli in Regionen oder Feuerungsmustern von Hirnzellen. Das Gehirn reagiert unspezifisch auf externe Reize und auch nur mit einem vergleichsweise geringen Anteil seiner neuronalen Gesamtaktivität. Die meiste Zeit ist es mit sich selbst beschäftigt: Einer einzigen Reaktion auf einen Außenreiz – z.B. der Wahrnehmung eines optischen Reizes – stehen fünf Millionen Reaktionen auf Innenreize, d.h. auf gerade laufende neuronale Prozesse, gegenüber. Wenn wir das Gehirn als nicht-triviale Maschine (s.o.) sehen, liegt also nicht nur irgendein interner Zustand zwischen einem Input und einem Output; das Gehirn ist vielmehr im Wesentlichen damit beschäftigt, eigenweltliche, innere Zustände zu produzieren.

Ihre wissenschaftliche Arbeit führte Maturana und Varela von ihrer Kognitionstheorie zu einer generellen Theorie lebender Systeme. Das Verallgemeinerbare zwischen Kognition und jedem anderen lebenden System ist ein bestimmtes zentrales Organisationsmuster, das nicht-lebende (z.B. technische) Systeme nicht aufweisen. Sie nannten dieses – für den Typus der lebenden Systeme universale, konstante – Organisationsprinzip „Autopoiese".

Das Organisationsprinzip der Autopoiese besteht darin, dass lebende Systeme sich in selbstorganisierenden Prozessen selbst erzeugen und am Leben erhalten. Sie bestimmen ihre eigenen Grenzen, sie erzeugen ihre Elemente und die diese verbindenden inneren Strukturen selbst – und zwar mittels ihrer bestehenden Elemente und Strukturen. Die Antwort auf die Frage, was zuerst da war, Henne oder Ei, wird so zum Artefakt des Beobachtungsfokus – ähnlich wie die quantenphysikalische Frage: Welle oder Teilchen? Strukturgebend und konstitutiv für lebende Systeme sind die selbstorganisierenden Prozesse, die unter anderem von der Henne zum Ei und vom Ei zur Henne führen. Autopoietische Systeme kennen keinen Unterschied zwischen Erzeuger und Erzeugnis, zwischen Sein und Tun.

Autopoietische Systeme sind operational geschlossen, d.h. was immer darin geschieht – z.B. ein Genesungsprozess von einer Grippe – bezieht sich rekursiv auf das, was gerade vorher passiert ist, bis in Selbstorganisation nach vielen rekursiven Immunreaktionen ein neuer Attraktor und ein neues Muster erreicht sind. Ob draußen die Sonne scheint, ein wichtiger Termin im Kalender steht, ist – wie andere Außenreize auch – für den Prozess bedeutungslos; es schließen keine internen Operationen daran an.

Man kann autopoietische Systeme nicht instruieren, andere Elemente hervorzubringen als diejenigen, aus denen sie bestehen, bzw. die strukturell angelegt sind. Nur das Leben eines Huhns kann das Leben eines Huhns hervorbringen (Berghaus 2003, S. 57). Kein Huhn kann sich Hufe wachsen lassen oder einen Euter. Selbst wenn die Gentechnik antritt, das Programm zur Ausprägung von einzelnen Elementen zu ändern, bleiben die konstitutiven Prozesse der Autopoiese (Simon 2006, S. 32) bei allen biologischen Systemen gleich. Der Mensch kann nicht als Greis auf die Welt kommen und immer jünger werden, er kann keinen monatelangen Winterschlaf halten. Das Leben eines Huhns funktioniert nach denselben selbstorganisierenden autopoietischen Organisationsprinzipien wie das Leben eines Nilpferds. Die Tatsache, dass sich lebende Systeme bei Erhalt und Reproduktion ihrer selbst auf ganz bestimmte, ihre Autopoiese begründende, Organisationsprinzipien und Prozesse beziehen, wird operationale Schließung genannt; die Menge der dem System zur Verfügung stehenden Operationen ist begrenzt/geschlossen in Bezug auf diese Organisationsprinzipien.

Allerdings sind lebende Systeme strukturell mit ihren Umwelten gekoppelt; Umweltereignisse können im Rahmen dieser strukturellen Koppelung ein

System bei seinen Operationen „verstören" (im Spanischen: perturbieren). Wenn die Temperatur fällt, keine Heizung da ist, das Wasser Typhusbakterien enthält usw. verändert dies das Ergebnis, das durch die Genesungsoperationen bereits erzielt wurde. Die Heilungsoperationen setzen plötzlich wieder bei 42 Grad Fieber an, ein fast genesener Mensch erleidet einen Rückfall. Grundsätzlich kann eine solche Verstörung bzw. Beeinflussung des Systems durch die Umwelt jedoch nur stattfinden, wenn das System dies strukturell zulässt; das ist gemeint mit dem Begriff der strukturellen Kopplung. Für einen Kaltblüter ist ein Temperaturabfall auf 5 Grad Celsius weitgehend bedeutungslos, wahrscheinlich kann er sowieso keine Grippe entwickeln.

System und Umwelt sind für einander Restriktionen; sie setzen einander den Rahmen der jeweils möglichen eigenen Operationen. Systeme, die strukturell miteinander gekoppelt sind, sind füreinander jeweils System und Umwelt. Sie durchlaufen eine gemeinsame Entwicklungsgeschichte, eine nicht gerichtete Co-Evolution, die Maturana und Varela „natürliches Driften" nennen. Es geht dabei nicht um das Survival oft the Fittest, sondern ausschließlich um den Fit: den Erhalt von struktureller Kopplung (deren konkrete Ausprägung sich ändern kann) und von Autopoiese (Maturana/ Varela 1984, S. 129).

Die Konzepte des Konstruktivismus und der Erkenntnisbiologie finden nach Mitte der 80er-Jahre in unterschiedlichem Ausmaß Eingang in die systOB. Das Konzept des Beobachters 2. Ordnung lässt sich leicht auf soziale Systeme übertragen: Familien und Organisationen produzieren stabile Verhaltensmuster; diese Verhaltensmuster sind in Systemikersprache „Beobachtungen 1. Ordnung". Sie sind Beobachtungsgegenstand für Therapeuten bzw. für Berater als Beobachter 2. Ordnung.

Der Theoriebeitrag des Autopoiesekonzepts wird zu dieser Zeit jedoch hauptsächlich angewandt, um Bewusstseinsprozesse – Denken, Fühlen, Wollen – radikal neu zu verstehen: als (zum überwiegenden Teil) selbstorganisierende und selbstreferenzielle interne Prozesse von Menschen. Eine Übertragung des Autopoiesekonzepts auf soziale Systeme und insbesondere auf Organisationen wird erst möglich durch die Soziologie Niklas Luhmanns.

Diese ist Mitte der 80er Jahre nur wenigen Personen in der ÖGGO und in den o.a. Wiener Unternehmensberatungen verständlich und zugänglich. Sie erarbeiten und schärfen diese –durchaus noch in Entwicklung befindlichen - Konzepte in der persönlichen Auseinandersetzung mit Luhmann.

Luhmanns Theorie sozialer Systeme

Luhmanns Ausprägung der Systemtheorie verbindet die Ansätze des US- amerikanischen Soziologen Talcott Parsons und die damals aktuellen Entwicklungen der Systemtheorie und entwickelt auf dieser Grundlage eine neue große Theorie, ursprünglich mit dem Ziel, der Soziologie eine eigene Basistheorie zu geben. Sein grundlegendes Werk „Soziale Systeme" erscheint 1984; die Bedeutung seiner Konzepte für die systemische Organisationsberatung erschließt sich einer Öffentlichkeit (an Hochschulen und in Beraterkreisen) erst ab Ende der 90er-Jahre. Seine besondere Bedeutung für die systOB ist, dass er Organisationen direkt als Gegenstand von Theoriebildung adressiert.

(handschriftliche Notiz am Rand: NCL als Soziolog)

Niklas Luhmann hat das Konzept der Autopoiese lebender Systeme vom Geltungsbereich der biologischen Systeme auf andere für die Soziologie relevante Erkenntnisgegenstände ausgeweitet. Er unterscheidet neben biologischen Systemen zwei weitere Typen von lebenden Systemen: soziale Systeme und psychische Systeme. Mit psychischem System bezeichnet er das Wirkungsgefüge, mit dem die Gedanken einer Person an deren Gedanken anschließen. Die sozialen Systeme unterteilt Luhmann nochmals in drei Aggregierungen: in die (Welt-)Gesellschaft, in Organisationen und in soziale Interaktionssequenzen. Das System Familie kommt in dieser Gliederung nicht vor; Luhmann hat es logisch auf einer anderen Ebene eingehängt[13].

Jeder dieser drei Typen lebender Systeme hat jeweils einen spezifischen Operationsmodus, mit dem er seine Autopoiese betreibt: Biologische Systeme operieren mit Lebensprozessen (wie Wachstum, Fortpflanzung, Heilung, Degeneration usw.). Psychische Systeme operieren mit Bewusst- sein; Prozesse sind Denkakte, Wahrnehmungen, Gefühle usw. Soziale Systeme operieren mit Kommunikation.

Jedes lebende System kann nur in seinem jeweiligen typischen Operationsmodus seine Autopoiese bestreiten, nicht im Modus eines anderen
Systemtypus. Jeder Systemtypus ist also operational geschlossen, d.h. in
seiner Autopoiese auf spezifische, Existenz erhaltende und fortschreibende
Prozesse begrenzt. Ein Gedanke kann keinen Krebs verursachen oder heilen,
wir können nicht spüren, wie unsere Zellen sich teilen.

Allerdings können lebende Systeme in struktureller Kopplung zueinander
sein. Jogging kann den Körper fitmachen und die Gedanken aufhellen. Die
strukturelle Kopplung besteht in diesem Fall aus körpereigenen Opiaten, die
beide Seiten in Schwingung bringen. Wertschätzende Kommunikation, die
einem Menschen Ansehen gibt, löst einen biochemischen Cocktail aus, der
den Menschen gesund hält. Kommunikationsabbruch führt beim
Gemobbten nicht nur zu Verzweiflung und schwarzen Gedanken; die
chronische Abwesenheit notwendiger Endorphine setzt auch den
Zellstrukturen Restriktionen: Sie werden geschädigt; der Mensch kann krank
werden. Aber nicht die Kränkung macht ihn unentrinnbar krank, sondern die
strukturelle Kopplung zwischen Psyche und Körper erzeugt Anschlussmuster
im Körper, die Krankheit auslösen können, aber nicht müssen.

Luhmann hat ein umfassendes Theoriegebäude entwickelt und dabei eine
Vielzahl von Begriffen und Konzepten definiert, die sich aufeinander
beziehen. In einer schier unüberblickbaren Menge von Publikationen
adressiert er eine breite Palette von Erkenntnisgegenständen. Für die systOB
sind folgende seiner Theoriebereiche von zentraler Bedeutung:

o Unsere moderne (Welt-)Gesellschaft hat verschiedene Funktionssysteme ausdifferenziert, die die Ereignisse in der Gesellschaft selektiv
   beobachten. Solche Funktionssysteme sind z.B. Recht, Wissenschaft,
   Sport, Kultur, Wirtschaft, Erziehungswesen usw. Um ihre Beobachtungs-
   aufgaben zu erfüllen, sind sie angewiesen auf Organisationen.

o Organisationen sind das Rückgrat unserer modernen Gesellschaft. Sie
   ermöglichen es ihrem jeweiligen Funktionssystem zu operieren, d.h.
   Beobachtungen anzufertigen, zu bündeln, Expertise zu erwerben,
   Entscheidungen zu treffen …

- ○ Kommunikation als Modus für die Autopoiese von sozialen Systemen besteht aus Ketten von Anschluss-Mitteilungen, die durch Kommunikationsmedien begünstigt werden.

- ○ Organisationen operieren mit Entscheidungen; das richtet den Blick auf organisationsspezifische Themen wie z.B. Entscheidungsprämissen.

- ○ Personen sind nicht Elemente von Organisationen, sondern als deren Umwelt zu verstehen; psychische und soziale Systeme (Personen und Organisationen) sind strukturell gekoppelt über Sinn als Brennglas für Erfahrungsverarbeitung.

- ○ Zentrale Begriffe der Theorie komplexer Systeme und des Konstruktivismus werden im Denkrahmen der soziologischen Systemtheorie spezifisch auf Organisationen übertragen.

Die für die systOB wesentlichen Beiträge der Luhmannschen Systemtheorie werden im Kapitel „3.3 Das Organisationsverständnis der Systemtheorie Luhmanns" (s. Seite 93 ff) behandelt.

Sprachverwirrung

Jede Generation von Systemtheorie stellt andere Fragen und beleuchtet andere Aspekte von Organisationen. Dummerweise werden dabei mitunter die gleichen Worte zu Begriffen mit unterschiedlicher, ja teils gegenläufiger Bedeutung. Diese Sprachverwirrung trägt unnötig zur Komplexität unseres Professionsfeldes bei. Man muss daher hinterfragen, ob ein Wort ein Begriff ist (oder lediglich eine Vokabel) und welchem Theoriekontext ein Begriff entlehnt ist. Dazu eine Übersicht der Begriffsbedeutungen der am meisten Verwirrung stiftenden Begriffe „offen" und „geschlossen" in den jeweiligen verschiedenen Theoriekontexten.

Zentrale Begiffe der systOB wie der Begriff der Intervention entstanden in der Mailänder Gruppe vor dem Paradigma von Konstruktivismus und Autopoiese. Der Begriff der Intervention hatte damals und hat auch heute noch einen Bedeutungshof im Sinn von „Eingreifen", obwohl später betont wurde, dass lebende Systeme nicht „instruierbar" sind, sondern bestenfalls verstörbar, so dies strukturell angelegt ist.

Abb. 1: Sprachverwirrung in der Systemtheorie

Generation der Systemtheorie	Begriff	Bedeutung
Technische Systeme …	sind offen zur Umwelt	passen sich an ihre Umwelt an, gleichen schwankende Inputbedingungen durch interne Rückkoppelungen aus, um in Homöostase zu bleiben
Komplexe Systeme…	sind: umwelt-offen, operational geschlossen	tauschen Energie und Materie mit der Umwelt aus. In ihren Operationen schließen sie an vorhergehenden Operationen an (rekursiv) und nicht an Außenereignissen (selbstreferenziell).
	von der Umwelt nicht instruierbar	Außenreize können das System nicht zu anderem Verhalten instruieren.
	offen	in chaotischen Phasen haben komplexe Systeme Freiheitsgrade. Es ist offen, wann, wie und auf welchen neuen Attraktor sie sich einschwingen.
Autopoietische Systeme …:	sind operational geschlossen	haben eine nicht veränderbare Organisation bestimmter Strukturen und Prozesse mittels derer sie ihre Strukturen und Prozesse herstellen und aufrechterhalten.
	mit ihrer Umwelt strukturell gekoppelt verstörbar	Systeme und Umwelt setzen einander Rahmen und Restriktionen. Überleben und wechselseitige Beeinflussung sind nur möglich bei struktureller Vereinbarkeit zwischen System und Umwelt.
Luhmann: soziale Systeme …	sind operational geschlossen	Jeder Typus eines lebenden Systems hat seinen eigenen Modus, mit dem er seine Autopoiese bewerkstelligt. Ein Systemtyp kann nicht im Autopoiesemodus eines anderen operieren.

Auch der Begriff der Neutralität stammt aus aus einem Kontext, in dem die emotionale Distanz beim Arbeiten mit Familien sehr betont wurde. Dahinter stand die damals revolutionäre Idee, als Therapeuten nicht die Interessen eines Teils des Systems (z.B. die Seite eines Elternteils) zu vertreten, sondern die des Gesamtsystems. Er hat sich später negativ „aufgeladen" und sorgt immer wieder für Irritation, weil ihm die Bedeutung emotionaler Kühle, fehlender ethischer Verortung und Verantwortungslosigkeit bis hin zu söldnerhafter Auftragserfüllung in der Beratung zugeschrieben wird. Später wurde hier „nachgebessert" mit den Begriffen der „Allparteilichkeit" bzw. der „allseits gerichteten Parteilichkeit". Diese Begriffe nehmen die Grundidee des Neutralitätskonzepts auf, dass BeraterInnen die Außenper- spektive wahren und sich nicht sich nicht für Partikularinteressen vereinnahmen lassen sollen. Darüber hinaus bringen sie zum Ausdruck, dass Therapeuten bzw. Berater sich dem Gesamtsystem verbunden fühlen, dass sie bestrebt sind, die Interessen aller Teile des Systems im Sinne einer Parteilichkeit, d.h. einer eigenen Interessenbekundung, eines eigenen Anliegens vertreten.

2.2 Interventionsverständnis und Methodenset der systemischen Organisationsberatung in der zweiten Hälfte der 80er-Jahre

Was macht den Ansatz der systemischen Organisationsberatung aus? Die Grundlagen für den systemischen Beratungsansatz wurden von der Mailänder Schule der Familientherapie gelegt. Mara Selvini-Palazzoli, Luigi Boscolo, Giuliana Prata und Gianfranco Cecchin entwickelten die Techniken des zirkulären Fragens, des Hypothetisierens und definierten Richtlinien für die Haltung, z.B. die Kriterien der Neutralität und der Neugierde. Vier Stränge werden in diesem Kapitel zusammengetragen:

o   der neue Begriff der Organisationsberatung

o   Methoden und Werkzeuge

o   Fertigkeiten des Beobachters 2. Ordnung: die Lenkung der eigenen Wahr- nehmung

o   Haltung und Einstellungen in der Beratung

Der neue Begriff der Organisationsberatung

Mitte der 80er-Jahre waren die Grundlagen für den systemischen Beratungsansatz aus verschiedenen Quellen zusammengetragen, das systemische Beratungsparadigma mit seinem spezifischen Methodenset und der typischen Interventionshaltung war entstanden.

Der Begriff der Organisationsberatung entsteht in der zweiten Hälfte der 80er-Jahre im Netzwerk der ÖGGO. Nach vereinzelten Artikeln erscheint 1992 mit R. Wimmers gleichnamigem Herausgeberbuch eine erste umfassende Übersicht über den State oft the Art der Organisationsberatung. Im selben Jahr publizieren die Beratergruppe Neuwaldegg und das Schweizer Gottlieb Duttweiler Institut den Herausgeberband „Das systemisch-evolutionäre Management" (Königswieser/ Lutz 1992)[14]. Kurz darauf startet die Herausgeberreihe „Managerie" von C. Schmitz, P. Gester, B. Heitger, die die Weiterentwicklung und Übersetzung des systemischen Ansatzes für Organisationen und Management verfolgt.

Der Begriff der Organisationsberatung bezeichnet „eine ganz bestimmte beraterische Herangehensweise in der Behandlung komplexer Problemstellungen von Organisationen jedweden Typs (Unternehmen, Krankenhäuser, Einrichtungen der öffentlichen Verwaltung, Schulen, Universitäten, etc.) ... Dieser Begriff zieht im professionellen Selbstverständnis damit eine dezidierte Grenze gegenüber den traditionellen Formen der Unternehmensberatung, wie sie speziell von den großen ... Beratungsfirmen seit jeher praktiziert werden. Diese konzentrieren sich überwiegend auf Unternehmen, d.h. auf Organisationen im Wirtschaftssystem, deren Management sie aus einer Expertenhaltung bei der Bearbeitung der anstehenden technischen und/ oder wirtschaftlichen Probleme unterstützen." Die Organisationsberatung orientiert ihr „Interventionsrepertoire nicht nur an der möglichst effizienten Zurichtung der Organisation hin auf das ökonomische Kalkül. Es umfasst vielmehr alle organisationsbezogenen Beratungsanstrengungen, die das Selbstentwicklungspotenzial von Organisationen mit Blick auf ihre je spezifischen Leistungsanforderungen erhöhen" (Wimmer 2008, S. 4).

Wimmer betont, dass mit dem Begriff „Organisationsberatung" auch eine deutliche professionale Grenze zur Beratung von Familien und Personen gezogen ist.

Der Begriff Organisationsberatung fungiert heute als Dachmarke für unterschiedliche professionale Orientierungen. „Dazu zählen insbesondere die Tradition der Organisationsentwicklung und des Change Managements ... die Gruppendynamik ... die Prozessberatung ... sowie unterschiedliche Weiterentwicklungen des Beratungsrepertoires aus der systemischen Familientherapie heraus ... Gemeinsam ist all diesen Herangehensweisen ein gewisses Grundverständnis, was es praktisch heißt, in komplexe Zusammenhänge zu intervenieren" (Wimmer 2008, S. 5).

Methoden und Werkzeuge

Das wichtigste Werkzeug der systOB sind die zirkulären Fragen, die helfen, ein System zu erkunden. Der Begriff „zirkuläres Fragen" meint im engen Sinn „ums Eck" zu fragen, also z.B. statt: Wie geht es dir? zu fragen: Was würde deine Freundin sagen, wie es dir geht? Im weiteren Sinn ist generell das Einholen anderer Perspektiven gemeint, z.B. die Sichtweisen relevanter Umwelten eines Problems, die Perspektiven von Vergangenheit und Zukunft oder die Perspektive, ob es sich um ein Problem oder um eine Lösung handelt. Statt den Verkauf zu fragen: Warum ist der Absatz zurückgegangen? fragt man z.B.: Was würden Ihre Mitbewerber sagen, was geschehen muss, damit Ihre Kunden heute in einem Jahr 20% mehr von Ihren Produkten gekauft haben werden? – Multiperspektivität lässt sich auch dadurch herstellen, dass man das Gute im Schlechten sieht bzw. das Schlechte im Guten, d.h. durch Umkonnotierung. Oder dadurch, dass man mit der eigenen Aufmerksamkeit bewusst zwischen Pol und Gegenpol oszilliert.

Zirkuläre Fragen bringen Informationen über die Relationen und Interaktionen im System. Sie tasten damit unmittelbar die inneren Strukturen des sozialen Systems ab, die ihrerseits Vorlaufgröße sind für Unterschiede in den jeweiligen Wirklichkeitskonstruktionen und Handlungsmustern. So fördern zirkuläre Fragen Selbstbeschreibungen des Systems aus

verschiedenen Perspektiven. Es ist quasi, als frage man die unterschiedlichen Brillenträger, nach ihren jeweiligen Landschaftsbeschreibungen, bzw.
als lade man eine Person X ein, sich einmal kurz die Brille von Y aufzusetzen.
Die zirkulären Fragen wurden von der Mailänder Familientherapie
entwickelt. Eine anschauliche Einführung in therapeutische Anwendungs-
zusammenhänge und Wirkungen von zirkulären Fragen findet sich bei
Simon, Rech-Simon, 1999.

Systemische Beratung will sich über die Erstellung vielfältiger
Wirklichkeitsbeschreibungen der Viabilität, d.h. den im Alltag brauchbaren
Wirklichkeitskonstruktionen nähern; Multiperspektivität ist angesagt. Da es
keine objektive oder normative Zweckmäßigkeit gibt, kein „richtig" oder
„falsch", versucht systemische Beratung zu ergründen, was in einem
gegebenen Kontext hilfreich oder nützlich, eben „lebbar" ist.

(2) Eine weitere zentrale Intervention der systOB ist es, Beobachtungen 2.
Ordnung zu machen und ins System zurückmelden. Dabei beobachtet man
die Muster von Interaktionen, das Wiederkehrende in den Handlungen der
Beobachter 1. Ordnung. Eine Annahme ist, dass für Beobachtungen 2.
Ordnung eine Außenperspektive hilfreich ist. Wer im System, im
Wirkungsgefüge, ist, ist möglicherweise im blinden Fleck. Ein Beispiel: Der
Unternehmer beobachtet, dass seine Führungskräfte selten das Wort
ergreifen oder mit eigenen Initiativen in Vorlage gehen. Die Führungskräfte
beobachten, dass der Unternehmer immer redet und schon gleich eine
Lösung parat hat. Alle sind als Beteiligte in einem sozialen
Interaktionssystem Beobachter 1. Ordnung. Jemand, der bezüglich dieses
Führungssystems außen steht, beobachtet das stabile Muster der Interak-
tionen zwischen Unternehmer und Führungskräften. Seine oder ihre
Rückmeldung an die Beteiligten kann lauten: „Immer wenn Sie als
Unternehmer reden und Initiativen vorschlagen, sind Sie als Führungskräfte
stumm; immer wenn Sie als Führungskräfte stumm sind, reden Sie als
Unternehmer und schlagen Initiativen vor."

(3) Die Rückmeldung einer Beobachtung 2. Ordnung kann das System verstören
und eine Musterunterbrechung auslösen. Ein Musterbruch findet streng
genommen bereits in dem Moment statt, wenn die Kontingenz[15] (die

Beliebigkeit) der spezifischen Konstruktion eines Musters sichtbar wird. Damit rückt die Möglichkeit ins Blickfeld, es einfach mal anders zu machen, der Möglichkeitsraum wird vergrößert. Muster werden z.B. beobachtbar durch gemeinsame Reflexion von Zusammenhängen, durch Rückspiegelung von Beobachtungen aus der Außensicht oder durch Beobachtung von anderen Interaktionsmustern in ähnlichen Kontexten. Eine weitere Möglichkeit, die in der Familientherapie entwickelt wurde, ist die paradoxe Verschreibung. Dabei sollen beide Seiten „mehr vom Selben" tun. Wenn der Unternehmer nur mehr redet und die Führungskräfte immer schweigen, wird das komplementäre Interaktionsmuster in purer Form als absurder Automatismus sichtbar.

Eine Beobachtung 2. Ordnung, die zu einer Verstörung von Mustern führt, ist eine Intervention. Anders ausgedrückt: Eine Intervention ist eine Kommunikation ins System die dort Muster verstört, – allerdings nur, wenn das System dies zulässt (nach Helmut Willke). Es kann sein, dass die Rückmeldung einer Beobachtung 2. Ordnung ins System keinen Musterbruch auslöst, weil das System sich eben nicht verstören lässt. Wenn die Beraterin dem Unternehmer rückmeldet: „Ich sehe, dass Sie viel reden, die Initiative ergreifen und immer wieder Vorschläge machen, während Sie (die Führungskräfte) eher zurückhaltend sind und wenig Vorschläge machen, worauf Sie (zum Unternehmer) wieder in Vorlage gehen" kann die Antwort des Unternehmers sein: „Genau, das sag ich ja, ich muss meinen Führungskräften alles kleinweise vorgeben." Umgekehrt kann die Wirkung einer Intervention ohne Interventionsabsicht von BeraterInnen eintreten. Allein, dass Berater den Aufzug nehmen, durch die Gänge gehen und im Vorzimmer zur Direktion warten, kann das Verhalten der Akteure im Unternehmen schlagartig verändern. Auch ein dritter Fall ist möglich: Dass BeraterInnen glauben, Interventionen zu setzen, z.B. indem sie gewisse Fragen stellen. Als Reaktion auf ihre Fragen kommt bei den Gesprächs-partnerInnen Nachdenklichkeit auf, sie machen Pausen, zeigen sich überrascht und interessiert – Zeichen, die BeraterInnen als Indikatoren eines Musterbruches in der Wahrnehmung der Personen deuten. Tatsächlich sind die Beraterfragen für die Beteiligten „weißer Lärm". Aber beim letzten

Downsizig hat es sich herumgesprochen, wie man am besten auf Beraterfragen im Einzelgespräch reagiert, wenn man überleben will.

Obwohl die Wirkung einer Intervention im Vorhinein nicht berechenbar ist, sondern nur eintritt, wenn das System dies zulässt, sollen Interventionen von BeraterInnen nicht ungeplant, quasi als Versuchsballons gestartet werden. Kurt Lewin's Spruch: „Nichts ist so praktisch wie eine gute Theorie" ist verbunden mit seiner Forderung, dass jegliche Arbeit „im Feld" theoriegeleitet sein soll, und zwar in Form einer aus der Praxis abzuleitenden Theorie. Die frühe Organisationsentwicklung hat darauf aufbauend das Rollenbild des sozialwissenschaftlichen Forschers für den Organisationsberater und den Prozess des Survey-Feedbacks (s.u.) abgeleitet.

Eine Intervention soll also überlegt sein und sich aus einer Schrittfolge ableiten, die in der systemischen Schleife, einem zentralen Werkzeug der systOB, beschrieben wird. Die systemische Schleife versucht das, was in Sekundenbruchteilen in unserem Gehirn abläuft, wenn wir handeln müssen, künstlich in vier getrennte Schritte zu unterteilen[16]:

o das reine Beobachten, das Sammeln von Informationen; dies geschieht z.B. durch das zirkuläre Fragen, aber auch durch die Auswertung von Unterlagen, Ereignissen, Erfahrungen usw.

o das reine Interpretieren bis zur „Sättigung". Hierzu hat die Mailänder Familientherapie ein zentrales Werkzeug beigesteuert: das Hypothesen-Bilden. Nachdem Wirklichkeit ohnedies konstruiert ist, erhebt man die Wirklichkeitskonstruktion zur Kunst und versucht sich in der Behauptung von vielfältigsten Wirklichkeitszusammenhängen,

o die Generierung verschiedener Handlungsoptionen im Brennglas eines Anliegens/ Interesses, das für einen Handlungskontext relevant ist. Ganz allgemein geht es dabei in der systOB um nützliche, hilfreiche Optionen, die den Möglichkeitsraum des Systems und damit dessen Autonomie-grad vergrößern.

○   das Handeln, das Bewerten und Auswählen bestimmter Handlungs-
    optionen und das Setzen von Interventionen, die diese
    Handlungsoptionen erschließen können.

Abb. 2: Die systemische Schleife

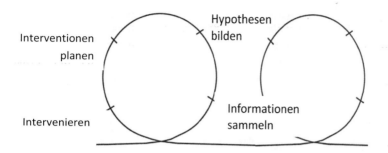

Quelle: Königswieser, Exner, 1998, S. 24

Wesentlich für die Qualität beraterischer Intervention ist es, die unterschiedlichen Ebenen des Denkens – das Beobachten, Interpretieren,
Bewerten – möglichst strikt einzuhalten. Genauso wichtig ist es, für jeden
der Schritte in der systemischen Schleife viele und vielfältige Ergebnisse zu
produzieren. In unserem Alltagsvorgehen handeln wir aufgrund von
schnellen Bewertungen, die auf wenigen, selektiven Informationen
aufsetzen. Wir halten uns an das Trial-and-Error Prinzip: Wenn unsere erste
Handlung nicht in kritische Widersprüche führt, wenn sie nur halbwegs
hinreicht, bleiben wir dabei. Wir plagen uns beispielsweise als BeraterInnen
mit Pinnwänden, auf denen keine zwei A0-Flipcharts nebeneinander Platz
haben, weil vor vielen Jahren das Format der Pinnwände nach dem Format
deas Packpaiers bemessen wurde. Packpapier hatte das Quickborner Team
verwendet, als sie die Metaplan-Technik erfanden. So pendeln sich auch
Organisationen auf suboptimierte Möglichkeitsräume ein. Indem sie diesen
Automatismus des „gut ist gut genug" außer Kraft setzt, macht die
systemische Schleife den Weg frei für neue Möglichkeitsräume und
Autonomiegrade des Systems.

Reines Beobachten – d.h. Ereignisse und Prozesse so zu registrieren wie eine
Kamera oder wie ein Aufnahmegerät – ist voraussetzungsvoll. Schließlich ist

annahme

jeder Mensch aus konstruktivistischer Sicht Brillenträger. Das Beobachten wird zwar erleichtert durch bestimmte Kriterien für die Lenkung der eigenen Aufmerksamkeit und durch bestimmte professionale Einstellungen und Haltungen (s.u.). Das sind aber nur Lesehilfen. Letztlich ist die Wahrnehmungsfähigkeit des Beraters die Vorlaufgröße für alle weiteren Schritte. Wenn er oder sie kein Arabisch versteht, nützt die beste Lesebrille nichts. Als BeraterIn ist man gefordert, nicht nur ein gegebenes soziales System als Beobachter 2. Ordnung zu sehen, sondern auch die eigene Wahrnehmung in ihrem Operieren 1. Ordnung: Nach welchen Kriterien konstruiert die Beraterin ihre Wirklichkeit? Was sind ihre Unterscheidungen, die den eigenen Strom der Ereignisse interpunktieren?

Die Hypothesenbildung kann als eine Art auf die Spitze getriebene Reflexion verstanden werden. Es geht in dieser Phase darum, möglichst vielfältige Hypothesen aufzustellen. Hypothesen sind grundsätzlich alle Annahmen über Wirkungszusammenhänge zwischen Einflussgrößen im System – egal wie konkret an Ereignissen oder wie verallgemeinernd, wie naheliegend oder unwahrscheinlich diese sind. Alle Sinnzusammenhänge, die substanziell oder interessant erscheinen, neugierig machen, werden zu Thesen ausformuliert. Das geschieht im Brainstormingmodus, d.h. alle Ideen sind zugelassen. Meist tritt nach einer schnellen Brainstormingphase eine Pause ein, bevor neue, nicht so vordergründige Hypothesen aufkommen. Es hat sich bewährt, die gewonnenen Hypothesen in einem zweiten Durchgang zu clustern nach Hypothesen, die den Kontext beleuchten, Hypothesen, die auf Interaktionsmuster und regelhafte Ereignisketten fokussieren und Hypothesen, die Aussagen machen über Auswirkungen auf ein bestimmtes Handlungsanliegen, einen Entscheidungskontext.

Der dritte Schritt in der systemischen Schleife betrifft das Generieren von Handlungsoptionen. Ausgehend von einem bestimmten Handlungskontext bzw. –anliegen des Systems einerseits und den gewonnenen Hypothesen über das System andererseits werden – wiederum im Brainstromingmodus – Möglichkeiten für die weitere Entwicklung gesucht. Auch in diesem Schritt geht es um Vielfalt.

Erst danach werden die gewonnenen Handlungsoptionen gewichtet – z.B. unter dem Kriterium der Nützlichkeit für ein bestimmtes Handlungsanliegen in einem bestimmten Entscheidungskontext. Der vierte Schritt in der systemischen Schleife betrifft die Auswahl geeigneter Interventionen, die die gewählten Optionen praktisch umsetzen.

Das Bild der Schleife soll das rekursive Vorgehen in der Beratung vermitteln: Die Ergebnisse der Interventionen werden erneut als Daten beobachtet, sie werden interpretiert, dann werden für ein bestimmtes Handlungsanliegen Optionen gesucht und bewertet, um den Zyklus von Informationen-Sammeln, Hypothesen-Bilden, Optionen-Suchen und Interventionen-Setzen erneut zu starten.

Die systemische Schleife ist das Werkzeug für theoriegeleitetes Vorgehen in der systOB. Sie modelliert einerseits das beraterische Vorgehen auf Ebene der Interaktionssequenzen. Sie gibt andererseits die Gussform für die Gestaltung umfangreicher Beratungsprozesse ab. So werden die Ergebnisse der Arbeit im Beratersystem in Form von Hypothesen und gegebenenfalls auch die Handlungsoptionen an das Kundensystem rückgespiegelt. Anders als in der klassischen Expertenberatung werden (Generieren und) Auswahl von Handlungsoptionen und Interventionen nicht vom Berater allein, sondern gemeinsam mit den Kunden durchgeführt. Das Modell der systemischen Schleife schließt an das Survey-Feedback Modell[17] (French/Bell 1984, S. 129) für den geplanten Wandel an.

So lassen sich drei Gestaltungsebenen beraterischer Intervention unterscheiden, die auch als Makroebene, Mesoebene und Mikroebene bezeichnet werden. Königswieser und Exner (1998) schlagen das Modell der „Zwiebel" vor.

Es unterscheidet vom Kern zur Außenschale drei Interventionsebenen:

o   Interventionstechniken – die Gestaltung des unmittelbaren Inter-aktionskontextes

o   Interventionsdesigns – die Gestaltung sozialer Räume (z.B. das Design eines Workshops); sie verwenden dafür die Metapher der Innen-architektur

Machen
und Anlass

- ○ Interventionsarchitekturen – die Gestaltung von gesamthaften Prozess-strukturen; sie verwenden dafür die Metapher der Architektur, die Räume schafft

Abb. 3: Gestaltungsebenen beraterischer Interventionen

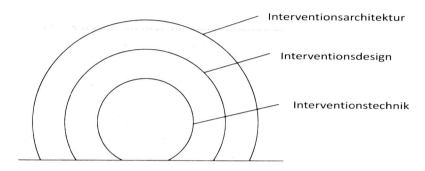

Quelle: Königswieser, Exner, 1998, S. 149

Die Gestaltungsebenen von Intervention sind in der systOB mitzudenken. Ein Workshop ist keine beliebige Kette von Interaktionen; vielmehr geht es darum, in einem smarten Design inhaltliche Bearbeitungsschritte und soziale Prozesse in geeigneter Zeitabfolge so zu verbinden, dass nachhaltige Ergebnisse mit Lösungstiefe produziert werden können. Ein Workshop steht nicht allein; er ist einzubetten in vor- und nachbereitende Prozesse, wenn die dort getroffenen Entscheidungen gelebt werden sollen.

Spielregeln

Die Gestaltung des Beratungsprozesses in der systOB umfasst eine Reihe bestimmter Interventionen (nach Wimmer 1992, S. 84ff):

- ○ die Klärung der Frage: Wer ist mein Klient? (eine Abteilung, das ganze System?),

- ○ die Schaffung eines geeigneten Beratungskontextes,

- ○ „neue Formen der Vernetzung von Rollenträgern und Organisations-einheiten zur Problembearbeitung" (neu im Vergleich zu den in der Aufbaustruktur vorgesehenen Vernetzungen in Linie und Regel-kommunikation),

- o „die wechselnde Fokussierung auf bestimmte Themenschwerpunkte" (um Perspektivenvielfalt zu organisieren),

- o „das Etablieren von Selbstreflexionsmechanismen" um in der Organisation Selbstthematisierung und in Folge Lernen, Selbstentwürfe und Entscheidungsvoraussetzungen zu ermöglichen,

- o „den Prozess der Informationsschöpfung im System", durch Fragetechniken, Erhebungsmethoden und Einbringen von Außenperspektive,

- o „die gezielte Verknüpfung von Personal- und Organisationsentwicklungsprozessen",

- o „die Entwicklung von Kooperationsfähigkeit innerhalb des „Beratungssystems". Das Beratungssystem ist der Rahmen von Interaktionen, die das Beratersystem und das Klientensystem im Beratungsprozess miteinander aufrecht erhalten.

Abb. 4: Das Beratungssystem

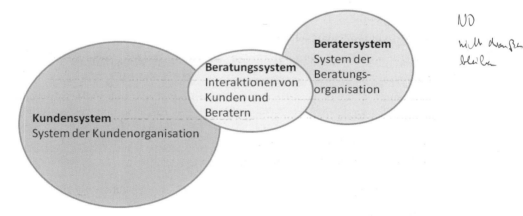

Streng genommen können BeraterInnen nicht in das Klientensystem intervenieren, sondern nur ins Beratungssystem. Es gilt, zweckmäßige Interaktionsmuster zu entwickeln; hier sind Fragen der Kooperation und Vertrauen, von Nähe und Distanz so wichtig wie eine professionelle Klärung von Kontext, Auftrag und Rollen.

Die Aufmerksamkeit des Beobachters 2. Ordnung

Jochen Schweitzer und Arist von Schlippe haben die „systemischen Prämissen"[18] formuliert (von Schlippe/ Schweitzer 1996), jene Kriterien, nach denen in der systemischen Beratung beraterisch interveniert wird. Es ist hilfreich, die eigene Aufmerksamkeit nach diesen Kriterien zu lenken – sowohl beim Beobachten als auch beim Bilden von Hypothesen.

Hier eine kurze Zusammenfassung und Ergänzung:

o Den Fokus legen auf Interaktionen, auf das, was zwischen Personen an Handlungen und Anschlusshandlungen läuft; Verhaltensweisen nicht auf vermeintliche Eigenschaften von Personen zurückführen; Personen lassen sich nicht ändern, Interaktionsmuster möglicherweise.

o Die eigene Aufmerksamkeit auf Handlungs- und Lösungsorientierung lenken statt in die Problemtrance zu fallen; nur so viel wie nötig, aber so wenig wie möglich vom Problem ergründen.

o Auf Ressourcen achten, auf die Gegebenheiten, die Dinge möglich machen, statt sich von Defiziten und Mängeln faszinieren zu lassen.

o Die Zweckmäßigkeit der Verhältnisse ergründen, statt nur die Dysfunktionalitäten in den Blick zu nehmen.

o Primat des Kontextes: Das Loslassen von Verallgemeinerungen und Stereotypen, stattdessen Ereignisse und Interaktionsmuster in ihrer Funktionalität für bestimmte Kontexte sehen; für einen gegebenen Kontext Vieldeutigkeit und viele Optionen herstellen.

o Das Mobile-Prinzip, d.h. das Verständnis, dass jede Art von Intervention ganzheitlich ist, d.h. im ganzen System Wellen schlagen kann, wenn nur an einem Ende gezupft wird.

o Das Prinzip der Multiperspektivität: Die gezielte Erkundung möglichst vielfältiger, strukturell bedingter System- und Umweltperspektiven sowie der Perspektiven von Vergangenheit und Zukunft, Problem und Lösung, Gelungenem und Missglücktem usw.

- o Das bewusste Oszillieren zwischen Perspektiven; besonders dann, wenn die Aufmerksamkeit auf eine Seite polarisiert, bewusst auf den Gegenpol fokussieren.

- o Ganz generell auf die Seite des Unwissens bzw. Wenig-Wissens gehen, so entsteht Unbefangenheit und Neugierde.

Die hohe Kunst der Beobachtung und der Hypothesenbildung ist letztlich, wenn der Beobachter zum Beobachter 2. Ordnung auch seiner eigenen Beobachtungen wird. Das heißt, wenn der Beobachter die eigene Aufmerksamkeit auch auf die eigenen Beobachtungspräferenzen und –muster richtet. Das wäre dann logisch gesehen eine Beobachtung 3. Ordnung. Es geht darum, die Selbstreferentialität und Rekursivität des eigenen psychischen Apparats zu überlisten. Man und frau kann Vorkehrungen treffen, die eigene Wahrnehmung so zu lenken, dass Perspektivenvielfalt entsteht, die neue Unterscheidungskriterien produziert und die üblichen eigenen Wahrnehmungsmuster wieder kontingent setzt.

Durch Beobachtung und Selbstreflexion kann man manche Muster selbst sehen. Perspektivenvielfalt beim Anfertigen von Beobachtungen 2. Ordnung heißt konkret auch Teamarbeit: Datenerhebung und Auswertungen zu mehreren, Staffarbeit unter Beratern, bei der man sich mit den eigenen Wahrnehmungskriterien auseinandersetzt. Die Aufmerksamkeit auf die eigenen Wahrnehmungsmuster zu lenken, kann zusätzliche Informationsquellen erschließen. So werden in der Staffarbeit z.B. Resonanzphänomene beobachtbar, plötzliche Heiterkeitsausbrüche, Hyperaktivität, bleierne Müdigkeit, Konflikte, kurz: Bestimmte Stimmungslagen im Staff können auf Affektlagen und Kommunikationsmuster im Klientensystem hinweisen.

Lenkt man die eigene Aufmerksamkeit nach den systemischen Prämissen, so beugt man damit den typischen Denk- und Verhaltensmustern bei Komplexität vor, wie sie Dörner beschrieben hat (Dörner 1992). Sie beugen den von der Hirnforschung bestätigten Stress- und Affektmustern vor, die von Erwartungsenttäuschungen ausgelöst werden und rekursiv wiederum Wahrnehmung einschränken auf den Bereich dieser Stress- und Affektmuster. Sie helfen, vielfältige, differenzierte, angemessene

Erwartungen über ein gegebenes komplexes System zu bilden – die beste Medizin gegen Stress aus Erwartungsenttäuschung. Insofern steigert Wahrnehmen und Denken nach systemischen Prämissen direkt die Autonomie der Denkenden. Deshalb sind die systemischen Prämissen für die Lenkung der Aufmerksamkeit hilfreich für jeglichen Reflexionsprozess.

Das Interventionsverständnis: Haltung und Einstellungen

Die eigenen Einstellungen und inneren Haltungen beeinflussen, was in den Blick des Beobachters geraten kann. Eine Haltung der Neugierde, der Empathie, des Zugeneigtseins ist anerkanntermaßen Voraussetzung für eine „theoretische Sensibilität", wie sie auch als Forschungshaltung in der Methode der Grounded Theory gefordert wird (Strauss/ Corbin, 1996, Kap.3). Ironie, Killerphrasen, übermäßige Kritik, lange Mängellisten – all das weist auf eine defensive Haltung des Beobachters hin und führt dazu, dass er/sie höchstwahrscheinlich wieder nur Wahrnehmungen und Gedanken produzieren wird, die diese defensive Haltung bestätigen.

Zum professionellen Rüstzeug der systOB gehört deshalb nicht von ungefähr ein bestimmtes Set von Einstellungen und Haltungen. Die meisten wurden von der Mailänder Gruppe der Familientherapie erstmals genannt (z.B. die Neutralität, die Neugierde) und dann von den Heidelberger Familientherapeuten weiter geschärft (z.B. die Allparteilichkeit, die „Respektlosigkeit"). Diese Einstellungen und Haltungen sind eine methodische Voraussetzung für die Wirkung systemischer Beratung. Dies aus zwei Gründen: Erstens erweitern und stärken sie die Wahrnehmungsfähigkeit von BeraterInnen und zweitens gehören sie zu den förderlichen strukturellen Bedingungen im Beratungssystem, die Vertrauen und Kooperation erst möglich machen. Hier eine Zusammenfassung dieser für die Wirkungen der systOB konstitutiven Haltungen und Einstellungen:

o Wertsschätzung von Systemen, dessen, was ist und der Leistungen, die dazu geführt haben.

o Zuversicht, Optimismus, Glaube an die Selbstorganisation des Systems.

○ Allseits gerichtete Parteilichkeit oder Allparteilichkeit oder Neutralität. Gemeint ist: Nicht in eine spezifische Interessenlage oder in eine wertende Haltung zu gehen, was bestimmte Beziehungen (z.B. hierarchisch höheren Personen mehr Aufmerksamkeit zu geben), bestimmte Problemlösungen (z.B. es ist höchste Zeit, dass hier was geschieht) oder bestimmte Wirklichkeitskonstruktionen (z.B. wie „effizient" oder „rational" „normale" ManagerInnen bei bestimmten Entscheidungen vorgehen) betrifft. Das ganze System ist der Auftraggebe; es hat seine eigene, geschichtlich gewachsene Art, Wirklichkeit zu konstruieren.

○ Eng mit dem Thema Allparteilichkeit verbunden ist das Thema von Nähe und Distanz: Es braucht Distanz für eine wirksame Außenperspektive, die Beobachtungen 2. Ordnung ermöglicht; es braucht Nähe, um sich an das System anzukoppeln.

○ Die Haltung einer helfenden Beziehung: Empathie und Präsenz gegenüber dem System und seinen handelnden Personen. Nur so wird man als BeraterIn menschlich greifbar und vertrauenswürdig; nur so kann man selbst Informationen aufnehmen und bekommt sie von anderen zugetragen.

○ Unabhängigkeit im Denken und eine gewisse Respektlosigkeit gegenüber geltenden Normen, Denkmodellen und Hierarchien.

○ Es geht um die nachhaltige Stärkung des Systems, nicht um kurzfristige Effekte oder um die Suboptimierung auf Einzelinteressen bzw. Subsysteme.

○ Neugierde, Forscher- und Erkenntnisdrang; der Wunsch, zu beobachten, zu verstehen, ohne selbst prägen und Richtung geben zu wollen.

○ Die Fähigkeit, Unwissen, Widersprüche und Ambivalenzen auszuhalten.

○ Eine gewisse Demut, der Verzicht auf Allmachtsfantasien.

○ Ein reflektierter Umgang mit eigenen Emotionen und Konflikten. Eine liebevolle und wohlwollende Einstellung zu sich selbst.

○ Vertrauen und eine gewisse Gelassenheit. Ein Schuss Humor.

Buhnen am Strand von Rantum, Sylt, Fotografie by Joana Krizanits ©

3 Das Organisationsverständnis
in der systemischen Organisationsberatung

Der systOB wird oft vorgeworfen, hauptsächlich aus einem Bündel von Methoden zu bestehen (z.B. in der Diskussionsplattform „Forum Zukunft der OE, ZOE, 1-4/99). Und tatsächlich üben die mächtigen Methoden und die Überraschungen der Dekonstruktion nachhaltig Faszination aus. Die Frage, auf welchen Zielzustand hin Organisationen zu entwickeln sind, wurde damals und wird heute im Feld nur von einer Minderheit gestellt.

Der Begriff der Organisationsberatung, der seit Ende der 80er-Jahre in den Wiener Gruppen im Diskurs ist, zieht zwar eine deutliche Grenze zwischen der Beratung von Familien und der von Organisationen. Zu diesem Zeitpunkt sind die Wiener und Heidelberger Gruppen aber bereits in einer Phase der jeweiligen sozialen Schließung; bis der Begriff Organisationsberatung seinen Bedeutungshof ausgebildet hat, gehen weitere Jahre ins Land.

Davor haben bereits etliche Ausbildungsinstitute ihre Tätigkeit aufgenommen. Sie vermitteln den systemischen Beratungsansatz bald auch unter dem Label „systemische Organisationsberatung", ohne dass damit eine einheitliche, spezifische Theorie über den Beratungsgenstand Organisation einhergeht.

Bis heute werden zwar die systemischen Methoden und das Interventionsverständnis einigermaßen „standardisiert" angewandt, auf welche Ziele und Zwecke hin Organisationen zu beraten und entwickeln sind, aber wird von ganz unterschiedlichen Theorierahmen abgeleitet:

o Einerseits sucht man Antwort im Denkrahmen der von Gruppendynamik, Action-Research und Human-Relations-Ansatz geprägten Organisationsentwicklung[19;] das von der frühen Organisationsentwicklung vertretene Organisationsverständnis wird noch immer in vielen Ausbildungen zum/zur systemischen OrganisationsberaterIn vermittelt.

o Auch aus der Theorie komplexer Systeme in Verbindung mit Konstruktivismus und Autopoiesekonzept lässt sich ein Verständnisrahmen für Organisationen ableiten. Allerdings setzt eben dieser Verständnisrahmen allein keine spezifischen Entwicklungsziele für Organisationen, die nicht auch für Familien gelten würden.

o Erst ab Mitte der 90er-Jahre bzw. mit Anfang des neuen Jahrtausends verbreiten sich die Organisationskonzepte der Luhmanschen Systemtheorie in der Hochschullehre und unter OrganisationsberaterInnen.

Im Folgenden seien diese drei Theoriezugänge für das Verständnis von Organisation beschrieben, auf die sich die VertreterInnen der systOB in der Praxis bis heute mehr oder weniger explizit beziehen.

3.1 Die frühe Organisationsentwicklung

Dieses Kapitel trägt den Beratungsansatz und das Organisationsverständnis der frühen Organisationsentwicklung zusammen. Obwohl beides bereits in den späten 50er-Jahren entstand, verbreitete sich die OE als Beratungszugang erst in den 70er-Jahren in den USA. Dies ist vor dem Hintergrund der wirtschaftlichen Entwicklungen zu sehen: Die großen Konzerne mit ihren ausgepägten Hierarchien und bürokratischen Entscheidungsprozessen mussten plötzlich gegen die neue, wendige japanische Konkurrenz antreten. Die OE wurde gerufen, um in diesen Organisationern Wandel im Sinn von Integration und Partizipation herbeizuführen. Im Gegensatz zu anderen Beratungsansätzen, die sich mit den „hard facts" beschäftigten, wurde die OE bald zur Methode der Wahl, wenn es um die sogenannten „soft facts" ging: um Einstellungen und Verhaltensmuster. Mitte der 80er-Jahre hatte sie sich mit ihrem speziellen Beratungsfokus des Kulturwandels etabliert.

Beratungsansatz und Organisationsverständnis der frühen Organisationsentwicklung

Richard Beckhard, einer der Pioniere, definiert Organisationsentwicklung als geplanten, organisationsweiten Wandel, der die Effizienz und Gesundheit der Organisation durch geplante Eingriffe in die organisationalen Prozesse steigern soll. Voraussetzung für eine Veränderung der Organisationsstrukturen ist eine entsprechende Veränderung von Ansichten, Einstellungen und Werten. Damit soll auch für die MitarbeiterInnen ein Gewinn verbunden sein: Sie können sich humanere Arbeitsbedingungen und mehr Räume zur Selbstentfaltung schaffen. Als ein gemeinsamer Nutzen für Organisation und Mitarbeiter soll die Mitarbeiterzufriedenheit und als Folge davon die die Effektivität und Effizienz der Organisation gesteigert werden.

Beckhard formuliert damals eine Reihe von Thesen über das Wesen und Funktionieren von Organisationen bzw. über daraus abzuleitende Interventionsstoßrichtungen für Organisationsentwicklung als Methode für geplante Veränderungsprozesse:

o   Die Bausteine der Organisation sind Gruppen. Gruppen bilden die Brücke zwischen Individuum und Organisation, denn Menschen können Zugehörigkeit nur zu Gruppen empfinden, nicht zu einer abstrakten Größe wie der Organisation. Das Verhalten der Organisationsmitglieder wird wesentlich durch Gruppenprozesse und -dynamik bestimmt. Deshalb ist die Veränderungseinheit die Gruppe, nicht das Individuum und nicht die Organisation selbst.

o   Entwicklungsziele für eine gesunde Organisation sind: allgemein offene Kommunikation, gegenseitiges Vertrauen und Selbstvertrauen innerhalb und zwischen den Hierarchiestufen.

o   Bei der Entwicklung von Organisationen geht es um den Abbau unangemessener Konkurrenz und um die Entwicklung von mehr Kooperation.

o   In einer „gesunden" Organisation sollten Entscheidungen von denjenigen getroffen werden, die im Besitz der Information sind – nicht von einem bestimmten Rollenträger oder einer bestimmten Hierarchiestufe.

o   Menschen unterstützen die Lösungen, die sie mitentwickelt haben. Wenn Menschen von Veränderungen betroffen sind, soll man ihnen in der Planung und Durchführung des Wandels eine aktive Beteiligung und Ownership einräumen.

o   Organisationen, Organisationseinheiten und Individuen richten ihr Verhalten immer an Zielen aus. Kontrolle dient der Messung zwischendurch; sie darf nicht die Grundlage für Führungsstrategien sein.

Warren Bennis (Bennis 2008, S. 5 ff) führt zwei Kriterien an, die Organisationen kennzeichnen, die sich erfolgreich an ihre Umwelten anpassen: „geistige Gesundheit" und „wissenschaftliches Vorgehen".

Unter dem Begriff „Gesundheit" werden Konzepte aus der Psychotherapie auf Organisationen übertragen: Organisationsgesundheit wird festgemacht an drei Kriterien:

o   Identität als Analogie zur Fähigkeit eines Individuums, eine bestimmte Persönlichkeitseinheit aufrecht zu erhalten. Hiermit ist gemeint, in welchem Ausmaß die Organisationsziele von den Mitarbeitern verstanden und akzeptiert werden und in welchem Umfang die Mitarbeiter die Organisation als „wahrheitsgemäß" empfinden.

o   Anpassungsfähigkeit als Analogie zur Fähigkeit eines Individuums, „seine Umgebung zu meistern". Hiermit ist die Fähigkeit der Organisation zu Problemlösung und zum Lernen aus Erfahrungen gemeint.

o   Realitätsorientierung und –test als Analogie zur Fähigkeit eines Individuums, die eigene Lage und die Welt korrekt wahrzunehmen.

Bennis hebt hervor, dass Organisationen, die effektiv sind im Austausch mit und in der Anpassung an ihre Umwelt, ähnliche Methoden einsetzen wie Wissenschafter (Bennis 2002):

o   Sie zeigen Forschergeist, hypothetischen Geist, eine allgemeine Art des Nachdenkens über Probleme und deren angemessene Untersuchung.

o   Sie sind bereit zu experimentieren, Ideen empirisch zu testen

o   Sie teilen in ihrer sozialen Struktur und in ihrer Kultur die Charakteristika wissenschaftlicher Organisationen. „Wahrer Forschergeist" entsteht in einer bestimmten Kultur, die „Rationalität, Vielseitigkeit, Individualität, Gemeinsamkeitsgrad und Selbstlosigkeit" pflegt. Eine solche Kultur akzeptiert keine andere Autorität als eine wissenschaftliche.

Obwohl ihre Wurzeln in die 50er-Jahre zurückreichen, gewinnt die Organisationsentwicklung erst Ende der 60er- und in den 70er-Jahren Breitenwirkung. Ab 1969 geben Edgar Schein und Richard Beckhard die

Addison-Wesley Reihe zur Organisationsentwicklung heraus. Organisationen beginnen, interne Funktionen für Organizational Development (OD) bzw. für OE einzurichten.

Die Krise der großen Hierarchien

Die spezifische normative Ausrichtung der Organisationsentwicklung – antiautoritär, partizipativ, Steigerung der Integrations- und Problemlösungsfähigkeit von Organisationen, Änderung der Kooperationskultur, Sinn- und Identitätsstiftung – bildet die Nachfrage nach Beratung eines speziellen Organisationstyps zu dieser Zeit ab. Die „großen Tanker" werden zunehmend manövrierunfähig, ein Trend, der sich in den siebziger Jahren verstärkt. In einigen Branchen wie der Fotografie und der Unterhaltungselektronik erschüttern japanische „Schnellboote" bereits das Selbstverständnis einer Weltwirtschaftsmacht und ihr „Rückgrat", die Corporations.

Die Großkonzerne leiden unter Bürokratie, Koordinationsmängeln und Qualitätsproblemen, an einem Mangel an Innovation und unternehmerischer Initiative. Unüberschaubare Hierarchiepyramiden tragen zu schwerfälligen, verschleppten Entscheidungsprozessen bei. Bei extremer Arbeitsteilung mit hohen Informationsverlusten an den Schnittstellen, hochrepetitiven Routinen und Silodenken erleben die Mitarbeiter ihr Tun in diesen Corporations als fremdbestimmt und sinnentleert. Man erkennt, dass man mit dem Menschenbild der großen Bürokratien – dem Arbeitsverweigerer, der kontrolliert und sanktioniert werden muss – in einer zunehmend kompetitiver werdenden Wirtschaft nicht mehr das Auslangen findet. Man will Organisationen schaffen für den Typ Y, der selbstmotiviert nach Selbstentfaltung strebt (McGregor 1960). Denn auch das gesellschaftliche Umfeld ändert sich Ende der 60er-Jahre: Vor dem Hintergrund des nicht enden wollenden Vietnamkriegs, der Verelendung der Dritten Welt und der neuen Rolle der Massenmedien, insbesondere des Fernsehens. In der Alten und Neuen Welt kommt es zu Massenprotesten gegen Autorität, Willkür und Entfremdung. Die Menschen fordern Teilhabe an Entscheidungen oder sie wenden sich alternativen Lebensentwürfen wie der Hippiebewegung in den USA zu.

Der erste und für lange Zeit überwiegende Einsatz der OE hat also zum Ziel, einen bestimmten Typus Organisation von den Dysfunktionalitäten überregulierter, bürokratischer Strukturen zu befreien. Viele große Organisationen sind damals am Ende einer anhaltenden, fortgeschrittenen Differenzierungsphase (s. Seite 92) angelangt. Die OE wird nachgefragt, um Organisationen bei ihrem Wandel in die Integrationsphase zu begleiten. Genau hier liegt der Change Impact, den die OE mit ihren Methoden realisieren und abfedern soll: Im Übergang von einem Operationsmodus und einer Organisationskultur der Differenzierungsphase auf den neuartigen Operationsmodus und die Organisationskultur der Integrationsphase. Auf diese Aufgabe sind ihre damaligen Methoden zugeschnitten: Hierarchiereduzierte Kommunikationsräume über die Linie und Funktionen hinweg, in denen Organisationsmitglieder gemeinsam Prozesse optimieren und sich um Kooperation und Sinnstiftung bemühen. Diese Zielsetzungen fordern die gewohnten mentalen Modelle über Kooperation und Konkurrenz heraus; ihre Umsetzung braucht Zeit.

Von der Beratung des Wandels zum Kulturentwicklungsansatz

Diese Umstände stehen Pate, als die Organisationsentwicklung ihren ersten Aufschwung nimmt; sie prägen seitdem ihr Selbstverständnis. So wird Organisationsentwicklung zunehmend mit Kulturwandel konnotiert. 1971 beschreibt Burke (Burke 1971, zitiert in Staehle 1999 S. 929) OE als planmäßigen Prozess kulturellen Wandels; ab Anfang der 80er-Jahre gewinnt das Konzept der Organisationskultur Bedeutung, Mitte der 80er-Jahre veröffentlicht Edgar Schein, Lehrstuhlinhaber für Organizational Development am MIT, seine Theorien zur Organisationskultur. Über die Jahre kommt es zu einer Bedeutungsverschiebung und –verdichtung: Ziel und Gegenstand von Organisational Development (OD) bzw. OE wird immer mehr die Entwicklung einer bestimmten, normativ ausgerichteten

Organisationskultur, wie sie für die Integrationsphase großer, komplexer Organisationen zweckmäßig ist.

Mit der Zielsetzung des Kulturwandels und auf Basis des von Schein 1969 bereits ausdifferenzierten methodischen Ansatzes der Prozessberatung[20] (Schein 1969) als Gegenentwurf zum Rollenverständnis des Experten-beraters wird die OE abgegrenzt von anderen Formen des geplanten Wandels, die eher auf Veränderung der harten Organisationsstrukturen abzielen. Soft Facts versus Hard facts – das wird ein gängiges Begriffspaar zur Unterscheidung dieser zwei grundsätzlich unterschiedlichen Beratungs-ansätze bei – zunehmend häufiger werdendem – geplanten Wandel in Organisationen.

Dyer/Dyer (1986, S. 20, zitiert in Staehle S. 928) finden für die zwei Typen geplanten Wandels das Begriffspaar Systemwandel und Kulturwandel und beschreiben die Unterschiede so:

Abb. 5: Die zwei Typen des geplanten Wandels

System change	Culture change
problemorientiert	wertorientiert
leichter steuerbar	weitgehend nicht zu steuern
inkrementale Veränderungen	Veränderung grundlegender Annahmen
Effizienz- und output-orientiert	Lebensqualität in der Organisation
Analyse von Störungen in der Organisation	Analyse der negativen Folgen des Wertesystems
Führungswechsel ist nicht unbedingt notwendig	Führungswechsel ist zwingend geboten

Quelle: Staehle, 1994, S. 928

Dyer beschreibt 1985 den typischen Verlauf eines Kulturwandels mit den folgenden Phasen:

o   Die herkömmlichen Interpretations- und Handlungsmuster führen in die Krise.

o   Es tritt Verunsicherung ein. Die Symbole und Riten verlieren an Glaubwürdigkeit, werden kritisiert.

- o „Schattenkulturen" treten hervor, oder einen neue Führungsmannschaft versucht, neue Orientierungsmuster aufzubauen.

- o Alte und neue Kulturen kommen in Konflikt.

- o Wenn es den neuen Orentierungen gelingt, die Krise zu meistern, werden sie akzeptiert.

- o Eine neue Kultur entfaltet sich mit neuen Smbolen, Riten usw.

(Entnommen aus Steinmann/Schreyögg 1997, S. 652.)

Durch die Verbindung der damaligen Organisationsentwicklung mit dem Kulturentwicklungsansatz kommt es zu einer Vermengung eines bestimmten methodischen Vorgehens für die Gestaltung geplanten Wandels mit einem hoch normativen Bild von Organisation, das urspünglich einem bestimmten Beratungskontext und einem bestimmten Zeitgeist entlehnt wurde.

Wie sich systemische Beratung und Kulturentwicklung verbunden haben

An genau dieses Organisationsbild der frühen OE und des Kulturentwicklungsansatzes koppelt sich in der zweiten Hälfte der 80er-Jahre der systemische Beratungsansatz. – Ist das nicht paradox, dass sich hier ein positivistisches, normatives Organisationsbild mit einem durch und durch konstruktivistischen Beratungsansatz verbindet? Wie lässt sich das erklären?

Eine Erklärung ist sicherlich, dass der Kulturentwicklungsansatz Mitte der 80-er, als sich der systemische Beratungsansatz festigte, die beherrschende Theorie für die Entwicklung von Organisationen war. Die damalige OE hatte zwar mit dem sozio-technischen Ansatz des Londoner Tavistock Institute durchaus eine entsprechende systemische Organisationstheorie zur Verfügung[21]. Allerdings hat sich dieser Ansatz nicht wirklich in das frühe Selbstverständnis der von Gruppendynamik und Action-Research Ansatz geprägten OE integriert; die sich entwickelnde systOB bezieht sich nicht darauf. In ihren organisationstheoretischen Ableitungen aus der Theorie komplexer Systeme (s.Seite 82) kommt sie zwar schließlich zu einem ähnlichen Organisationsverständnis, wie es schon im sozio-technischen

Ansatz expliziert ist. Das geschieht allerdings als „Doppelerfindung" in einem parallelen Theorieentwicklungsprozess, der kaum Bezug auf den sozio-technischen Ansatz nimmt.

Eine andere Erklärung mag darin liegen, dass mit Ausnahme weniger Personen von den Systemikern (wie von der frühen OE) Mitte der 80er-Jahre noch nicht zwischen den sozialen Systemen Familie und Organisation unterschieden wird. Die Entwicklungsziele aus der Therapie von Familiensystemen – Gesundheit, Entwicklung/ Wachstum, Kooperation, Loyalität, demokratische Partizipation usw. – finden sich widerspruchslos in den Zielen der OE wieder. Dies begünstigt die nicht hinterfragte 1:1 Übertragung der Entwicklungsziele von einem Systemtyp auf den anderen.

Möglicherweise war – und ist? – aber das spezifische Organisations-verständnis der frühen OE für die Heidelberger Familientherapeuten grundsätzlich schwer hinterfragbar. Gesundheit, Lebensqualität, Selbstent-faltung usw. – das sind zentrale Pfeiler der ärztlichen Professionsethik. Sie sind so nah am Kern der eigenen Professionsidentität, dass sie wohl nicht so mir-nichts, dir-nichts als Reflexionsobjekt abgespalten und in einen beliebigen Vergleich mit anderen Zielsetzungen gestellt werden können.

Die Profession der Organisationsberater, die zwar die eigenen Wurzeln auch in einem Strang der frühen OE – in der Gruppendynamik – hat, tut sich leichter, ihr Verständnis von Organisationen so fluide zu halten, dass es den sich ändernden Zeitgeist und unterschiedliche Entwicklungskontexte von Organisationen aufnehmen kann. Sie entwickeln in den 90er-Jahren andere Antworten auf die Frage wie und auf welchen Zielzustand hin eine Organisation zu entwickeln sei (z.B. unter dem Begriff des Change Managements), müssen mitunter aber stärker um eine ethische Selbstverortung ringen.

Festhalten lässt sich jedenfalls, dass sich in der zweiten Hälfte der 80er-Jahre, zum Zeitpunkt der Festigung des Paradigmas der systOB, zwar die Beratungsmethoden aus der Theoriegeneration komplexer, autopoietischer Systeme und des Beobachters 2. Ordnung ableiten. Der Beratungs-gegenstand Organisation ist damals aber theoretisch nur bei wenigen

Personen der Wiener Organisationsberatungsszene eigenständig ausdifferenziert. Bezüglich der Entwicklungsziele wird nicht zwischen den sozialen Systemen Familie und Organisation unterschieden. Wenn die Organisation überhaupt als Erkenntnisgegenstand verortet wird, dann überwiegend als Konstrukt einer ineffizienten Kultur, die im Sinne bestimmter normativer Vorgaben zu korrigieren ist.

3.2 Ableitungen aus der Systemtheorie in der zweiten Hälfte der 80er-Jahre

Aus der Systemtheorie bzw. den vielen Impulsen unterschiedlicher Disziplinen, die dort zusammenlaufen, werden in der zweiten Hälfte der 80er-Jahre Ableitungen für eine Theorie von Organisation vorgenommen. In der Folge sind die wesentlichen Ableitungen angeführt.

Grenzziehung zwischen System und Umwelt

Soziale Systeme – Familien und Organisationen – prägen eine Unterscheidung, eine Grenze zu ihrer Umwelt aus. Welche Grenze wo gezogen wird, ist eine Eigenleistung des Systems. Eine Familie bekennt sich zu den Zeugen Jehovas, sie versteht sich als Großfamilie oder als Lebenspartnerschaft. Ein Unternehmen entscheidet, Staubsauger oder Rasenmäher zu produzieren, ein Verein widmet sich der Brieftaubenzucht oder dem Tausch von Elvis-Memorabilien, eine Waldorf Schule versteht sich als eine besondere Art von Schule. Über die Grenzziehung definieren soziale Systeme ihre Identität. Sie entwickeln spezifische Handlungen, Begriffe, ihren eigenen Sinn bzw. Eigensinn. Sie trachten, sich selbst gleich zu bleiben und stimmig mit ihrem Selbstverständnis bzw. ihrer Identität zu handeln.

Organisationen sind in ihren Handlungen selbstbezüglich und rekursiv, d.h. sie schließen in ihren Handlungen an Handlungen an, die in der Vergangenheit hinreichend erfolgreich für den Weiterbestand des Systems waren, bzw. an Handlungsmustern, die sich irgendwie eingespielt haben. Die systOB richtet den Blick auf Wirkungen und Wirkungsgefüge, um die oft zirkulären Funktionsmuster, die Baupläne des Systems, zu verstehen. Aus

Anlass einer schwachen Nachfrage für Produkt x entscheidet man sich für eine Marketingoffensive. Die Nachfrage nach Produkt x steigt dramatisch. Die Produktion stampft in kürzester Zeit große Mengen des Produkts aus dem Boden. Um den Output zu ermöglichen, nimmt man Qualitätsmängel in Kauf. Diese dämpfen die Nachfrage. Eine neue Marketing-Offensive wird angesetzt – von einem neuen Marketingmanager. Denn die wiederholten Nachfrageeinbrüche ziehen regelmäßig den Austausch der Marketing-verantwortlichen nach sich, die anfangs Hoffnungsträger, im Endeffekt aber doch wieder herbe Enttäuschungen sind. Der regelmäßige Austausch der Personen im Marketing gehört zum Funktionsmuster und stabilisiert dieses: Das System immunisiert sich so gegen Lernen.

Selbstbezüglichkeit und begrenzte Rationalität

Selbstreferentialität und Rekursivität sind die zwei Säulen der operationalen Geschlossenheit von Organisationen: Ein anderes Vorgehen als das praktizierte ist kaum vorstellbar. Organisationen beziehen sich in ihren Handlungen fast ausschließlich auf ihre inneren Zustände bzw. sie verarbeiten Reize von Außen mit Logiken, die sich aus ihrer Geschichte der Organisation ergeben, nicht aus der Natur des Reizes.

So prägen Organisationen ihre eigenen „Brillen" aus. Ihre Beobachtung von Innen- und Umwelten ist bedingt durch ihre inneren Strukturen wie Kommunikationswege, Managementsysteme, Verfahren oder besondere Kompetenzen. Sie ist geprägt durch besondere Ereignisse, Erfahrungen mit vergangenen, hinreichend erfolgreichen Handlungen, durch Konventionen und oft genug einfach durch beliebige Verfahrensweisen, die in der Praxis nie widerlegt werden[22]. Peter Senge drückt dies mit dem Konzept der „mentalen Modelle" (Senge 1990, S. 213 ff.) aus. Mentale Modelle sind in der Vergangenheit erworbene, kollektive, implizite Anleitungen zur Wahrnehmung, Interpretation und Bewertung von Ereignissen. Die besondere Tragweite liegt darin, dass Organisationen sich immer wieder auf ihre selben mentalen Modelle beziehen und dadurch immer wieder zu denselben Sichtweisen und Handlungsmustern kommen, die wiederum diese mentalen Modelle bestätigen. Neuartige oder widersprüchliche

Interview mit Dipl. Ing. Alexander Exner, 2009

1978 wurde die Conecta gegründet. Ich sollte dort neben Herbert Schober, Richard Timel und Richard Lerner der vierte Gründer sein, entschied mich aber dagegen. Wir haben unsere langjährige Kooperation als Personen dann als Kooperation zwischen zwei Beratungsfirmen am freien Markt weitergeführt; auch nach der Gründung der Beratergruppe Neuwaldegg 1980. Die Conecta stand für die „soft facts" Psychologie, Gruppendynamik, Humanisierung der Arbeit, Konfliktmanagement usw., Neuwaldegg für die „hard facts" Betriebswirtschaft, Technik, Rationalität. Unsere Beratungs-unternehmen waren einerseits eigene ökonomische Systeme andererseits in der Projektarbeit sehr verschmolzen; wir hatten gemeinsame Jour Fixes und haben gemeinsam in Staffs zusammengearbeitet.

Anfang der 80er Jahre kamen die ersten Vorläufer des Systemischen. Wenn ich mir anschaue, wie das Ganze gewachsen ist, dann ist auffallend, dass es zumindest zwei Strömungen gegeben hat, die sich – in einer Mischung von Kooperation und Konkurrenz - gegenseitig befruchtet haben. Das waren auf der einen Seite Beratungsunternehmen – im Wesentlichen die Conecta und Neuwaldegg, die zunehmend an Gewicht gewonnen haben. Auf der anderen Seite waren es Personen, die in der ÖGGO eher netzwerkförmig etwas aufgezogen haben. Die ÖGGO hat als Institution eine wesentliche Rolle gespielt; sie war der Treffpunkt, wo sich alle wiedergefunden haben; das Ganze hat sich unglaublich osmotisch da hineingearbeitet. Rudi Wimmer als Vorstand gründete dort eine Gruppe, die sich Leute eingeladen hat und regelmäßig mit dem Peter Fürstenau arbeitete, der ja eigentlich Psychoanalytiker war. Sie luden auch Niklas Luhman, Helmut Willke und Dirk Baecker ein. Aus dieser Gruppe ist 1985 die OSB hervorgegangen.

1983 begannen wir eine dreijährige Ausbildung mit dem Familienthera-peuten Siegi Hirsch. Daran nahmen von der Conecta Herbert Schober, Leo Bernardis, Eva Dachenhausen, von der Conecta Deutschland Wolfgang Looss und Heinz Lüders teil; als eigenes Paar waren Roswita Königswieser und Stefan Titscher dabei sowie ich als Neuwaldegger. Ich hab mich damals sehr engagiert, dass auch andere Neuwaldegger Berater reinkommen – aber die haben das abgelehnt. Richard Timel und Helga Raunikar von der Conecta →

Ereignisse werden von den Beobachtungsanleitungen der mentalen Modelle ausgefiltert und bleiben unbeobachtet.

Das Konzept der mentalen Modelle beleuchtet ein Phänomen, das der US-amerikanische Managementtheoretiker Herbert A. Simon „begrenzte Rationalität" (bounded rationality) genannt hat (Simon 1982). Gemeint ist: In ihrem zirkulären und selbst-referentiellen Operieren entwickeln soziale Systeme ihre eigene Systemrationalität: Das, was sich hinreichend bewährt hat, ist per Definition rational, zweckmäßig. Der Zweck wird quasi im Nachhinein definiert (Weick 1995 S. 24 ff). Rückblickend sieht es dann aus, als sei ein Zweck mit einem bestimmten, rationalen Verhalten angestrebt worden. So pendeln sich soziale Systeme auf bestimmte eigensinnige Funktionsmuster ein und schaffen sich ihre eigene Wirklichkeit. Jedes System spielt seine eigene Melodie und hört nur seine eigene Musik, sagen die Systemiker. So wie Menschen bestimmte Frequenzen nicht hören können, die z.B. Hunde hören, so sind Organisationen auf bestimmte Sende- und Empfangsfrequenzen eingestellt.

Damit schränken Organisationen ihren tatsächlichen Möglichkeitsraum ein. systemische Beratung zielt darauf ab, den Möglichkeitsraum wieder zu vergrößern und neue Optionen aufzumachen – nach Heinz von Foersters „ethischem Imperativ": Handle stets so, dass die Anzahl deiner Möglichkeiten größer wird.

Die Herausforderung an Beratung ist, dass – systemtheoretisch betrachtet – Organisationen sich in ihrem Verhalten ja nicht instruieren oder determinieren lassen. Bestenfalls lassen sie sich durch kritische Widersprüche, durch Störgeräusche perturbieren, d.h. in ihren Mustern und Gewohnheiten irritieren. Dies wiederum kann nur gelingen, wenn die Verstörbarkeit strukturell angelegt ist, wenn die Frequenzen im für das System hörbaren Bereich liegen. Ist das nicht der Fall, werden sie als Rauschen ausgefiltert. Egal wie laut die Hunde bellen, das System wird bestenfalls danach trachten, sie zum Schweigen zu bringen, statt zu versuchen, die Signale zu hören, die die Hunde zum Bellen bringen.

haben sich dann zu der von Rudi-Wimmer-geführten Gruppe in der ÖGGO orientiert.

Die Siegi Hirsch Gruppe hat bis 1986 sehr dicht gearbeitet. Parallel dazu haben wir in der Beratergruppe Neuwaldegg begonnen, mit Luhmann zu arbeiten; Stefan Titscher als Soziologieprofessor war extrem Luhmann-minded; das hat uns von der Theorie her zusammengeschweißt.

Mit dem Systemischen haben die Conecta und die Beratergruppe Neuwaldegg die Leitdifferenz Organisation versus Mensch verloren, die die Firmen untereinander differenziert hatte. Latent war es mittlerweile längst so, dass die Neuwaldegger begonnen hatten, sich im Bereich der Kommunikation und Selbsterfahrung zu qualifizieren - ich hab z.B. über fünf Jahre lang eine klassische Psychoanalyse gemacht und auch eine Gruppendynamik-Ausbildung - die Conecta hat sich den Fredl Janes dazu genommen, der Techniker und Betriebswirt ist. Wir haben so betrachtet schon früher begonnen, unsere Kompetenzen innerhalb der jeweiligen Firmen rund zu machen und uns daher als Firmen auseinander zu entwickeln. Etwa 1985 fiel die Entscheidung, dass Roswita und Stefan zu Neuwaldegg kommen. Man hat gespürt, dass die beiden Kraft, Kompetenz und einen Professionalitätsanspruch hatten. Das war eine mächtige Irritation und das Ende der Kooperation zwischen Conecta und Neuwaldegg.

Parallel zur Siegi-Hirsch Gruppe haben Roswita, Stefan, Hella (Exner) und ich eine eigene Arbeitsgruppe gebildet. Das war einerseits eine Freundschaftsbeziehung zwischen zwei Paaren und andererseits eine professionelle Verbindung. Wir sind jedes zweite Wochenende zusammengesessen und haben aufgearbeitet, weiterentwickelt und übersetzt, was die systemische Familientherapie für Beratung heißt: Stefan als Soziologieprofessor und –theoretiker, Roswita mit ihrem Gruppendynamik-Hintergrund, Hella mit Soziologie-, Philosophie- und Psychologiehintergrund und ich als betriebswirtschaftlicher Techniker. Daraus ist der Artikel „Unternehmensberatung systemisch" (s.o.) in der Betriebswirtschaft entstanden.

In Neuwaldegg haben wir dann die Idee der Forschergruppe Neuwaldegg (FGN) geboren, die Hella anfangs leitete. Die FGN hat sich sehr schnell   →

Strukturelle Kopplung

Mit der Grenze zwischen Organisation und Umwelt entsteht ein Komplexitätsgefälle: im System gibt es weniger Varietät von Verhalten, weniger Möglichkeiten als in den Umwelten jenseits der Grenze. Der Organisationsvorteil – dass Organisationen qualitativ und quantitativ höhere Leistungen erbringen können als die Summe der beteiligten Individuen – ergibt sich durch den jeweiligen Blueprint des Organisiert-Seins, der auf den Prinzipien der Spezialisierung und Arbeitsteilung, auf Skaleneffekten usw. aufbaut. Organisationen müssen aber nicht nur in ihrer Verfasstheit einen optimalen Organisationsvorteil realisieren nach dem Motto: Das Ganze ist mehr als die Summe seiner Teile. Sie müssen auch ein angemessenes Komplexitätsgefälle zwischen Umwelt und Binnenstruktur herstellen. Einerseits muss die Komplexität organisatonsinterner Verhaltensprogramme soweit reduziert werden, dass Verhalten Zweck-effektiv und -effizient wird. Andererseits darf zu stark stereotypisiertes Verhaltensrepertoire nicht dazu führen, dass man sich von der Vielfalt der Entwicklungen in den Umwelten abkoppelt.

Nur wenn eine Organisation in ihren inneren Strukturen in ausreichendem Maß an die Strukturen ihrer Umwelten gekoppelt ist, kann sie evolutionsfähig bleiben. So hat beispielsweise IBM die Entwicklung des PC verschlafen. Mit seinen bestehenden Produkten war das Unternehmen Ende der 80er-Jahre auf die IT-Landschaften großer Unternehmen optimiert, seine MitarbeiterInnen kamen aus der US-amerikanischen Suburbia rings um die Firmenstandorte und trugen die sprichwörtlichen blauen Nadelstreifdoppelreiher. Es gab keine strukturelle Koppelung – nicht über Technologie und nicht über Mitarbeitertypen – zu der entstehenden Garagenkultur mit ihren völlig neuartigen Kommunikationsbedarfen.

Die strukturelle Kopplung von Organisation und Umwelten ist eine überlebensnotwendige Prämisse. Die spezifischen Strukturen, die diese Kopplung ausmachen, werden immer wieder nachgestellt – und zwar auf beiden Seiten. Denn System und Umwelt sind wechselseitig Umwelt und System füreinander. Ihre Geschichte wechselseitiger Verstörung bildet den

positioniert. Die Auseinandersetzung zwischen Theorie und Praxis war ein wesentliches Merkmal unserer Gründungsidee der FGN. Wir haben nun begonnen, das Systemische auch in die Beratergruppe Neuwaldegg hinein-zubringen. Das war eine heftige Auseinandersetzung, weil auch dort ja noch das andere Paradigma vorherrschte. Langsam ist Neuwaldegg systemisch geworden. Auch deshalb, weil man gesehen hat, dass es am Markt etwas bringt. Das war schlichtweg Pragmatik. Man hat gesehen, dass das stabile Kundenbeziehungen schafft, was für mich ein großer Qualitätsbeweis ist. Man hat gespürt, dass sich eine Szene aufmacht, dass es eine Nachfrage gibt. Es war spannend, es war was Neues, das hat Kraft gehabt. Wir haben schöne Umsätze gehabt und zufriedene Kunden – oder eben keine, das hat sich beim Erstgespräch immer in der ersten halben Stunde herausgestellt.

Dann entwickelte sich das evolutionär weiter. Die systemische Organisa-tionsberatung hat sich sehr professionalisiert und dadurch hat sich viel bewegt. In der ÖGGO gab es einen massiven Konflikt, da dort nun einerseits Mitglieder von Beratungsunternehmen waren, die gut im Geschäft waren und andererseits Personen, die eher ideologisch motiviert, gesellschaft-spolitisch und personenorientiert waren. Diese Konfliktlinie hat lange Zeit die ÖGGO beherrscht. Bei einer Generalversammlung wurde damals die Frage gestellt: Passen Gruppendynamik und Systemik zusammen? Die Antwort war: nein. Das hat natürlich die Systemiker zusammengerückt. Roswita und Jürgen Pelikan schrieben damals den Artikel „Anders - gleich - beides zugleich" (Königswieser/ Pelikan 1990). Roswita, Traugott Lindner, Peter Heintel und ich begannen, systemische Gruppendynamik am Schweizer Gottlieb Duttweiler Institut (GDI), „Gruppendynamit" anzubieten.

Das Schöne war, dass das alles einerseits einen massiven Theorieanspruch gehabt hat, und andererseits eine ganz anwendungsorientierte Pragmatik in der Beratung. Ich war von Anfang an in wichtigen Gruppierungen dabei, die sich unglaublich befruchtet haben. Das hat tief ins persönliche Leben einge-griffen, in die Partnerbeziehungen, in die Kindererziehung, in existenzielle Fragen hineingespielt. Für uns war das Systemische eine Lebensfrage.

Bald stellte sich in Neuwaldegg auch die heiße Frage: Geben wir dieses Wissen weiter oder versuchen wir das möglichst allein für uns zu halten? →

Rahmen für ihre Co-Evolution, die in Form eines nicht-gerichteten „Drifts" verläuft, bei dem es nur darauf ankommt, dass ein Fit zwischen System und Umwelt erhalten bleibt. Ein Beispiel für ein co-evolutionäres Driften zwischen Unternehmen und Kundenumwelt ist, wenn die Mobilfunkunternehmen ihre jungen Kunden zur Nutzung von Datendiensten erziehen wollen und zu diesem Zweck Handys verschenken, die Kunden in Folge das SMS zur beliebtesten Kommunikationsform küren, was es wiederum den Mobilfunkunternehmen ermöglicht, unterschiedlichste Pay-Service-Anwendungen – vom Parkschein bis zum e-banking – auf den Markt zu bringen.

Das Konzept des co-evolutionären Driftens kann ein aktuelles, weitverbreitetes Steuerungsproblem von Konzernen beleuchten. Anfang der 90er-Jahre wurden die meisten Großunternehmen in Form von Strategischen Geschäftsfeldern organisiert. Diese voneinander unabhängigen Produkt-Marktfelder sollten mehr Kundenähe und schnellere Marktinnovationen ermöglichen. Genau dies ist eingetreten, allerdings mit dem Effekt, dass die einzelnen SGFs in den vergangenen fünfzehn Jahren sehr unterschiedliche Co-Evolutionen mit ihren jeweiligen Umwelten durchlaufen haben. Dadurch haben sich ihre Relationen untereinander und zur Holding verschoben. Für die Holding entsteht ein neuartiges Steuerungsproblem, das viel mehr Informationsaustausch und vielfältige Übersetzungsleistungen zwischen unterschiedlichen Logiken erfordert. Das wird oft als Wiederkehr des Zentralismus gedeutet. Tatsächlich ist das Steuerungserfordernis aber nicht zentrale Zielvorgabe mit dezentralem Rollout und Umsetzungskontrolle, sondern eine Koordination vielfältiger Entwicklungslogiken – die oft genug komplexe Aushandlungsprozesse und völlig neuartige polyzentrische Steuerungslogiken erfordert.

Organisationen als komplexe Systeme – typische Funktionsmuster

Organisationen weisen die typischen Funktionsmuster komplexer Systeme auf: Es gibt lange Phasen stabiler Ordnung und inkrementeller Veränderung. Durch die wiederholte Anwendung derselben Operationen auf die Ereignisse

Dies zu tun war eine zwar heftig umstrittene aber richtige Entscheidung, weil sie uns gezwungen hat, die Auseinandersetzung über Professionalisierung auf einer sehr breiten Ebene zu führen und uns permanent weiterzuentwickeln. Stefan, Roswita und ich haben gegen Ende der Siegi-Hirsch-Gruppe 1986 mit einer Gruppe von Beratern am Wifi (Wirtschaftsförderungsinstitut Wien) eine erste Beraterausbildung gemacht. Aus dem heraus ist 1989 die Systemische Berater-Langzeitgruppe (SBL) entstanden, die Roswita und ich viele Jahre durchgeführt haben und nun jeweils mit anderen Partnern machen..

Seit 1989 trage ich zwei Hüte. Seitdem war ich die eine Hälfte meiner Zeit Berater und die andere Hälfte Manager. Die Managerseite habe ich immer in mir gehabt; in meinem ersten Beratungsjob war ich nach 2-3 Jahren Bereichsleiter und habe zehn Berater geführt; obwohl ich der Jüngste war.

Seit 1974 habe ich die Firma Palfinger als Kunden. Herbert Schober und ich haben dort anfangs ganz extrem Organisationsentwicklung gemacht und ab den 80ern auch systemisch gearbeitet Hubert Palfinger, der Eigentümer, hat mich immer wieder gefragt, ob ich nicht ins Management kommen möchte.- Ich habe gesagt, ich will das nicht, weil ich als Person eigenständig sein will. Die Rolle als Berater ist natürlich in dieser Situation auch kritisch zu hinterfragen, denn wenn du über viele Jahre bei einem Kunden arbeitest, verschwimmen die Funktionen Beratung und Management, einfach weil du in den Entscheidungsstrukturen einen fest verankerten Platz bekommst.

Als Berater war ich bei Palfinger zuständig für strategische, Organisations- und Personalthemen. 1989 wurde die Firma in strategische Geschäftseinheiten (SGE) umstrukturiert, also portfoliomäßig angelegt. Vorher war Hubert Palfinger als Eigentümer überall im Unternehmen drinnen, jetzt ging es darum, eigenständige Geschäftsfelder und eine Managementholding zu etablieren, die das Ganze steuert. Das war eine völlig neue Rolle für ihn und klarerweise auch völlig neu für das Unternehmen. Da ist in mir die Idee entstanden: Eigentlich könnte ich in diese Managementholding als Vorstand hineingehen. Meine Hauptfunktion war, die neue Struktur organisatorisch und personell zum Leben zu bringen. Ab diesem Zeitpunkt habe ich begonnen, explizit nachzudenken: Was ist eigentlich der Unterschied, wenn ich →

eben dieser Operationen werden kleine Abweichungen hochgeschaukelt. Nach langen Perioden stetigen, stabilen Verhaltens wird das System plötzlich turbulent, dann chaotisch, um sich umbruchartig auf einen neuen Attraktor für Verhalten einzupendeln. So lassen sich die in der Managementliteratur vielfach beschriebenen Wechsel zwischen stetiger Entwicklung und Umbrüchen in neue Organisationslogiken (siehe z.B. Greiner 1972, S. 41, Glasl/Lievegoed 2004, Rüegg-Sturm 2003) mit der Theorie komplexer Systeme erklären. Das soll am Beispiel des Modells der Entwicklungsphasen von Organisationen nach Glasl und Lievegoed veranschaulicht werden:

In der Pionierphase einer Organisation gibt es z.B. folgende typische rekursive Muster: Vollkommunikation für gegenseitige Abstimmung und Koordination, schnelle Bauchentscheidungen mit Konzentration der Entscheidungsmacht auf den/die Gründer, unmittelbares Feedback vom Markt, Weiterentwicklung und Verbesserung der Produktion von Gütern und Dienstleistungen, Wachstum. Was lang stetig verläuft, läuft irgendwann aus dem Ruder: Der Gründer kann sich nicht mehr um alles kümmern, er ist in seiner Entscheidungskompetenz überfordert, die Organisation wird chaotisch. Es braucht einen neuen Attraktor für Entscheidungs- und Steuerungsprozesse.

In der Differenzierungsphase entsteht eine effiziente Arbeitsteilung mit dazugehörigen begrenzenden Führungs- und Kommunikationsstrukturen. Schriftlichkeit, Standards und leistungsfähige Routinen sind gefragt, Spezialfunktionen und Systeme differenzieren sich aus. Diese selben Operationen auf das eigene Organisiertsein werden so lang rekursiv ausgeführt, bis die Organisation in Überregulierung zu ersticken droht. Silodenken, das Fachchinesisch diverser Königreiche, schwarze Löcher an den Schnittstellen erschweren Kooperation. Die Systeme verursachen mehr Aufwand als Nutzen; ein Zuviel an tayloristischer Arbeitsteilung führt zu sinnentfremdeter, fehleranfälliger Routine. Nach Zeiten stetiger Entwicklung führt das fortgesetzte Operieren unter der immer gleichen Steuerungslogik zu Instabilitäten, Turbulenzen bzw. in chaotische Zustände. Am Beispiel der

als Manager oder als Berater tätig bin? Aber ich habe es lange Zeit nicht so richtig greifen können Ich habe mich aber auch als Berater immer verantwortlich gefühlt dafür, dass die Beratung Ergebnisse bringt. Und ich habe mich auch immer als inhaltlicher Experte für Strategie- und Strukturfragen gesehen, nicht nur Prozessberater. Ich achte heute auch noch mehr auf die Daten und Fakten des Business. Als systemischer Berater im Unternehmen zu arbeiten ohne die Zahlen zu kennen, kann ich mir nicht vorstellen. ◊

US-amerikanischen Corporations Ende der 60er-Jahre (s. Seite 78) wird deutlich, dass die Organisation in dieser Phase einem neuen Attraktor für Führung und Steuerung zustrebt: der Steuerungslogik der Integrationsphase.

In der Integrationsphase wird entlang der Geschäftsprozesse die Wertschöpfungskette optimiert. Die Beziehungen zu externen und internen Kunden werden auf Kundennutzen und Kooperation hin ausgelegt. Symbolisches Management, Visionen, Leitbilder – alles, was Sinn vermittelt – sind gefragt, um fragmentierte, verstreute Perspektiven zu bündeln und integrieren. Strategie und Leadership werden zu Hauptstoßrichtungen, um wieder Koordination und gemeinsame Ausrichtung herzustellen.

Sukzessive Optimierung der Wertkette nach dem Kriterium des Value Managements verringert die Wertschöpfungstiefe. Das Betriebsrestaurant ist verpachtet, Reinigung, Fuhrpark, Security sind outgesourct, die Personalverwaltung als Shared Services aufgestellt, das Logistik Hub spart Kunden und Unternehmen Lagerfläche usw. In der Folge muss sich die Organisation zunehmend mit anderen Organisationen netzwerkartig verbinden, um die notwendigen Ressourcen für alle Abläufe zu bekommen. Diese Phase hat Glasl in einer späteren Auflage nach Lievegoeds Tod ergänzt (Glasl/ Lievegoed 2004) und Assoziationsphase genannt.

Ein weiteres Beispiel für die typischen Funktionsmuster komplexer Systeme in Organisationen schildert P. Senge in seinem Buch „Die fünfte Disziplin" unter dem Begriff der „Systemarchetypen" (Senge 1990, S. 455 ff). Gemeint sind damit „archetypische" selbstbezügliche Rückkopplungsprozesse, die in Organisationen lang als stetige, gerichtete Prozesse verlaufen, irgendwann aber in Turbulenzen, ins Chaos und schließlich in einen neuen Systemzustand führen. Neben dem bereits erwähnten Bierbeispiel (s. Seite 47) beschreibt er die Muster „Gleichgewichtsprozess mit Verzögerung", „Grenzen des Wachstums", „Problemverschiebung", „erodierende Ziele" usw. Für jeden dieser Archetypen gibt er ein Beispiel für ein Frühwarnsignal, das darauf hinweist, dass das System in die turbulente Phase tritt.

Denn in komplexen Systemen können kleine Abweichungen besonderen Signalcharakter haben: Sie können auf das Ende stetiger Phasen und auf den Begin von Turbulenzen hinweisen. Deshalb besteht die geeignete Strategie für die Steuerung komplexer Systeme darin, Widersprüche und Abweichungen scharf zu stellen. Dies ist ein völliger Gegensatz zu den kybernetischen Managementmodellen, deren Steuerungslogik – basierend auf der Annahme stetiger, über Rückkopplungsprozesse fortschreitender Entwicklung – es ist, Abweichungen von Planwerten durch Maßnahmen schnell auszugleichen. Möglicherweise chronifiziert man durch Anwendung der Steuerungslogik für technische Systeme aber in komplexen Systemen die Phase vor dem Übergang in Turbulenzen. Ein Beispiel können die immer aufwendigeren Entwicklungen in der Autoindustrie sein – etwa die Entwicklungsaktivitäten zum Thema pedestrian safety[23] – die als Versuche gesehen werden können, in einem gesättigten Markt weiter zu wachsen.

3.3 Die Organisation in Luhmanns Systemtheorie

Dieses Kapitel führt die in Kapitel 2.1. angekündigten Beiträge Luhmann's zu einer Organisationstheorie aus. Wenn man Luhmann's Konzepten das erste Mal begegnet, sind sie fast immer eine „Steilvorlage". Das liegt auch daran, das die Begriffe aufeinander verweisen, so dass sich der eine aus dem anderen erklärt, der wieder durch den einen verständlich wird. Deshalb versteht man Luhmann am besten, wenn man ihn mehrfach liest. Bei jeder Runde reichert die LeserIn die Begriffe mit Gehalt an.

Funktionssysteme, Leitdifferenzen, Organisationen

In der Soziologie Luhmanns sind Organisationen im gesellschaftlichen Zusammenhang zu sehen. Die entwickelte Gesellschaft hat Funktionssysteme ausdifferenziert, z.B. das Politiksystem, das Rechtssystem, das Wissenschaftssystem, das Gesundheitssystem, das Erziehungssystem, das Wirtschaftssystem, das Kunstsystem usw. Funktionssysteme sind jeweils spezialisiert auf eine bestimmte Leitdifferenz, eine Brille, mit der sie das Geschehen in der Gesellschaft beobachten. Die Funktionssysteme selbst sind allerdings „immateriell"; sie sind Wirkungsgefüge. Die Wirkungen selbst werden in und von Organisationen erbracht.

Jedes Funktionssystem wendet einen bestimmten Code an, um sich selbst von seiner Umwelt abzugrenzen. Dieser binäre Code ist eine schnelle Entscheidungsregel dafür, was als sinnvolle Kommunikation aufzunehmen ist und was als belanglos ausgefiltert wird. Das Wissenschaftssystem operiert mit dem Code wahr-falsch, das Rechtsystem mit dem Code Recht-Unrecht, das Wirtschaftssystem mit dem Code Eigentum Haben/Nicht-Haben bzw. Haben/Nicht-Haben von Geld. So gewinnt jedes Funktionssystem eine hohe Selektivität gegenüber Umwelteinflüssen und spezialisiert sich in seinen Kommunikationen auf bestimmte Sinnbereiche.

Streng genommen operieren nicht die Funktionssysteme, sondern die Organisationen, die sich unter der Leitdifferenz eines Funktionssystems versammeln. Im Funktionssystem Verkehr kann man beispielsweise Fluglinien, Airports, Bahnhöfe, Bundesbahnen, Straßenbauunternehmen, den Verkehrsfunk, regionale Verkehrsverbände, Autofahrerclubs, Flugrettungsdienste usw. verorten. Jede dieser Organisationen grenzt sich nochmals durch eigene Leitdifferenzen von der Umwelt ab, die ihre selektiven Beobachtungen anleiten. Der Verkehrsfunk verbreitet aktuelle Sofortnachrichten – vom Geisterfahrer über Staus bis zu gerade blitzenden Radargeräten, der Automobilclub beobachtet die Spritpreise und den Steueranteil, Fluglinien die Destinationen, Kundensegmente usw. Organisationen sind typischerweise Teilsysteme von Funktionssystemen (Luhmann 2000, S. 436).

Organisationen sind also Wesensmerkmal und Rückgrat der entwickelten Gesellschaft. In ihnen werden spezialisierte Beobachtungen gebündelt, Entscheidungen getroffen, Pläne gemacht, dort wächst Expertise. Eine auf Organisationen basierende Gesellschaft kann deshalb wesentlich komplexere Probleme prozessieren als z.B. eine auf Familienclans gebaute Gesellschaft.

Kommunikation - die Grundoperation in Organisationen

Organisationen operieren mit Kommunikation; so sind sie nach Luhmann zu denken: als Ketten ständiger Kommunikation. Es ist das Prinzip des Anschlusses von einer Kommunikation an andere Kommunikationen, die immerwährende Fortsetzung des Kommunizierens, das die Grundstruktur der Organisation ausmacht. In ihrer Funktionalität für die Autopoiese von Organisationen ist Kommunikation beides: Prozess und Ergebnis.

Kommunikation ist nach Luhmann ein komplexer Prozess, der drei Auswahlentscheidungen umfasst: die Selektion einer Information aus der unendlichen Menge aller möglichen Reize, die Selektion einer Mitteilung, bzw. eines Mitteilungsmediums (z.B. verbal, nonverbal) und die Selektion der Mitteilung aus der unendliche Menge aller möglichen Reize, die beim Empfänger aufschlagen. Kommunikation hat nach Luhmann nach dieser dritten Selektion stattgefunden: Wenn ein Ego (der Adressat einer Kommunikation) versteht, dass ein Alter (der Sender einer Kommunikation) ihm eine Mitteilung gemacht hat. Ego macht den Versuch des Sinnverstehens, d.h. er wählt aus der Fülle möglicher Daten eine Information aus. Dieser vierte Schritt ist wieder identisch mit dem ersten Schritt einer Kommunikationssequenz. Entschließt sich nun seinerseits Alter, darüber eine Mitteilung zu machen, so hat Anschlusskommunikation stattgefunden. Ob Ego und Alter inhaltlich, d.h. in ihrem Sinnverstehen, aneinander anschließen, ist für den Erfolg von Kommunikation bedeutungslos. Denn der Erfolg der Kommunikation besteht in Luhmanns Definition einzig in der zirkulären Form des Aneinander-Anschließens von Informationsauswahl, Mitteilungsentscheidung und Mitteilungsverstehen.

Die Menge möglicher Informationen und Mitteilungen, auf die Ego nicht reagiert, ist unendlich groß; d.h. Anschlusskommunikation ist sehr unwahrscheinlich. Es braucht also gute Gründe, dass Anschlusskommunikation zu Stande kommt – gute Gründe oder Wahrscheinlichkeiten, die die Erwartungen von Alter und Ego, eine Mitteilung zu bekommen, kanalisieren. Es braucht Medien, die Erwartungen lenken und Kommunikation vermitteln.

Die wichtigsten Kommunikationsmedien sind nach Luhmann Sinn und Sprache. Ein Sinnzusammenhang, ein Begriff, eine Sprachwendung erhöhen die Wahrscheinlichkeit, dass Ego merkt, dass Alter ihm eine Mitteilung gemacht hat und umgekehrt. Ein Controller, der den Terminus „Balanced Score Card" im Betriebsrestaurant hört, wird es grundsätzlich für wahrscheinlich halten, dass er eine Mitteilung bekommt; bei einer Beraterin mag der Terminus „Intervention" ähnliche Effekte haben. Beide melden sich dann mitunter schnell zu Wort; sie haben da auch etwas mitzuteilen.

Auch die Massenmedien spielen eine wichtige Rolle, um die Wahrscheinlichkeit für aneinander anschließende Kommunikation zu erhöhen: Was abends im Fernsehen war oder morgens in der Zeitung steht, bildet den Kern für die frühmorgendlichen Interaktionssequenzen in der Kaffeeküche und am Schreibtisch. Die Massenmedien haben das Problem, immer Neuigkeiten bringen zu müssen. Neuigkeiten bringen den eigentlichen Kommunikationsanschluss nach dem Motto: „Hast du schon gehört ..." über den man sinnmäßig völlig unzusammenhängende Inhalte aneinander koppeln kann.

Anschlusskommunikation wird auch durch die „symbolisch generalisierten Kommunikationsmedien" wahrscheinlich: Macht, Geld oder Eigentum, wissenschaftliche Wahrheit, Liebe – all das kann in einem gegebenen Kontext Anschlusskommunikation wahrscheinlicher machen und einem Ego helfen, zu verstehen, dass ein Alter ihm gerade eine Mitteilung gemacht hat. Angesichts der Macht einer Vorgesetzten erwartet die Mitarbeiterin höchstwahrscheinlich, Mitteilungen von ihr zu bekommen. In einer Liebesbeziehung kann ein Stirnrunzeln als Mitteilung verstanden werden, die Anschlusskommunikation auslöst.

Die Kopplung von Person und Organisation

Luhmann trennt die Kommunikation, d.h. den Prozess des Aneinander - Anschließens von Kommunikationsakten von den agierenden Personen, den psychischen Systemen. Kommunikation ist der Modus für die Autopoiese sozialer Systeme, Bewusstseinsprozesse sind der Modus für die Autopoiese psychischer Systeme.

Die Prozesse, die lebende Systeme erhalten und reproduzieren, sind jeweils operational geschlossen, d.h. begrenzt auf einen für ein lebendes System typischen Modus. Organisationen haben kein Bewusstsein; psychische Systeme können nicht kommunizieren. Das mag im Alltags-Sprachgebrauch provokant klingen, ist aber eine reine Definitionssache Luhmanns. Wenn er sagt, dass psychische Systeme nicht kommunizieren können, ergibt sich dies schlüssig aus seiner Definition von Kommunikation, die er ja als Kette von Anschlussmitteilungen versteht. Eine einzelne Person kann per Definition nicht eine solche Anschlusskette bilden – außer vielleicht im inneren Zwiegespräch mit sich selbst. Das wäre dann allerdings per Definition wieder den Bewusstseinprozessen zuzurechnen, dem Autopoiese-Modus psychischer Systeme.

Das ist der Hintergrund dafür, warum Personen nicht als Basiselemente oder Teilmenge von Organisationen verstanden werden – wie dies in der Theoriegeneration der technischen Systeme der Fall ist. Personen werden vielmehr als eigene Systeme konstruiert, die sich zur Organisation wie Umwelten verhalten. Ob in der Firma XY Jörg oder Edith die Buchhaltung macht, ist gleichgültig; es geht um das In-Gang-halten der Kommunikationen, um das Entscheiden und Planen in der Buchhaltung. Diese Prozesse lassen sich unabhängig von einer bestimmten Person beobachten.

Personen als psychische Systeme und Organisationen als soziale Systeme sind also getrennte Systeme (bzw. Systemtypen), die jeweils operational geschlossen sind um ihren eigenen Operationsmodus (Bewusstseins-prozesse bzw. Kommunikation). Sie sind aber auch jeweils Umwelt zueinander und miteinander strukturell gekoppelt. Luhmann nennt die Kopplung von zwischen psychischen und sozialen Systemen

Interpenetration; damit bringt er zum Ausdruck, dass psychische und soziale Systeme strukturell besonders eng gekoppelt sind.

Die strukturelle Brücke zwischen Person und Organisationen, zwischen Bewusstsein und Kommunikation, ist Sinn. Sowohl soziale Systeme als auch psychische Systeme sind sinndeterminiert. Jede Art der Erfahrungsverarbeitung wird durch Sinn organisiert und Sinn kann sich nur in sozialen und in psychischen Systemen konstituieren. Sinn ist die effektivste Möglichkeit, Komplexität und Kontingenz zu reduzieren.

In jedem sinnkonstituierenden und -konstituierten System artikuliert und manifestiert sich Sinn in drei Dimensionen: in der sachlich-inhaltlichen Dimension (über was kommuniziert wird), in der sozialen Dimension (die Perspektivenvielfalt und Interessengeleitetheit der verschiedenen Personen) und in der zeitlichen Dimension (mit den Projektionen von Vergangenheit und Zukunft).

Selbstbeobachtung und Fremdbeobachtung

Ein System, das sich von seiner Umwelt durch eine Grenzziehung unterscheidet und sich in seiner Identität erhalten will, muss sich selbst beobachten (Luhmann 2000, S. 46). Mit Heinz von Foerster sagt Luhmann: Die Unterscheidung selbst ist der blinde Fleck der Beobachtung (Luhmann 2004, S. 145). Luhmann spricht hier von Latenz und meint damit die beobachtbare Unbeobachtetheit. Um nämlich eine Unterscheidung aufrecht halten zu können, muss die ausgegrenzte Seite mitgeführt werden. Der Volksmund kennt dieses Phänomen unter dem Begriff des „barfüßigen Schusters": Eine Kirchenorganisation, die sich auf die Beobachtung von Seelenheil und Erlösung spezialisiert, wird intern immer wieder Unheil und Leid inszenieren; die antiautoritäre Schule wird immer wieder von oben herab Willkürakte setzen, die Abläufe in der Unternehmensberatungsfirma sind alles andere als geschäftsprozessoptimiert. Da Organisationen selbstreferentiell und rekursiv agieren, müssen sie immer wieder auch für „Fremdbeobachtung" Sorge tragen, d.h. sich aus den Perspektiven ihrer Umwelten betrachten. Fremdbeobachtung, ist eine Voraussetzung dafür, die strukturelle Kopplung mit den Umwelten aufrecht zu erhalten.

Über Reflexion, d.h. wenn die Einheit des Systems und die Differenz zwischen Innen und Außen zum Thema der Kommunikation werden, kann ein Re-Entry – ein Begriff aus dem Formkalkül Spencer Browns (1969) – stattfinden. Re-Entry bedeutet, dass die Unterscheidung, die dazu geführt hat, das System von der Umwelt abzugrenzen, eben wieder in die Kommunikation des Systems eingeführt wird. Das Wissenschaftssystem z.B. grenzt sich von nicht-wissenschaftlichen Systemen dadurch ab, dass es wissenschaftliche Nachweisbarkeit fordert und nicht „nur Glauben". Die Frage: „Was ist wissenschaftliche Nachweisbarkeit, woran glauben wir, wenn wir davon reden?" ist ein Re-Entry. Die ausgegrenzte Dimension Glaube wird wieder zur Selbstdefinition herangezogen.

Unterwegs in der Gegenwart

Eine Grundunterscheidung in allen Organisationen ist die zwischen Vorher und Nachher, eine Unterscheidung, die laufend durch Ereignisse oder Vorfälle markiert wird. Auch diese Unterscheidung setzt Selbstbeobachtung voraus. Die Fähigkeit eines Systems, Vorher mit Nachher zu vergleichen heißt bei Luhmann Reflexivität[24].

Organisationen operieren immer in der Gegenwart. Sie können nicht wieder in einen früheren Zustand geraten; sie schreiten in der Zeit fort. Panta rei – alles fließt und der Fluss ist zu zwei Zeitpunkten nicht derselbe. Mit dem Fortschreiten in der Zeit ändern Organisationen die Art, wie sie sich selbst beobachten; sie beobachten sich heute mit anderen Augen als gestern. Mehr noch: Sie beobachten das Gestern mit den Augen von heute. Luhmann hat das organisationale Gedächtnis (Luhmann 2000, S. 192 ff) als eine ständige Konstruktionsleistung definiert. Organisationen müssen ununterbrochen (neu) entscheiden, was sie vergessen und was sie erinnern wollen. So bauen sie sich ständig aus den Augen der Gegenwart für eine bestimmte Zukunft die passende Vergangenheit. Die Archivbunker der 90er-Jahre mit ihren riesigen Speichern für Datenbänder und Floppies werden nicht benötigt; darum braucht es niemanden zu beunruhigen, dass Magnetbänder, Floppies, Disks und Minidiscs heute praktisch nicht mehr lesbar sind.

Dass Organisationen in der Zeit fortschreiten, heißt nicht, dass ein Außen-

Interview mit Dirk Baecker im Juni 2005

Luhmann ist über viele Jahre regelmäßig mit systemischen Organisationsberatern und Therapeuten zusammengetroffen; welche Impulse hat er von da mitgenommen?

Luhmann hat in Begegnungen mit Beratern ähnlich wie in Begegnungen mit Künstlern, Theologen, Juristen oder Pädagogen die Resonanzfähigkeit seiner Theorie erprobt, und dies in zwei Hinsichten. Erstens hat er ausprobiert, ob es für seine Fragestellungen in den jeweiligen Sozialmilieus Verständnis und was es für ein Verständnis gibt. Und zweitens hat er ausprobiert, ob seine Theorie in der Lage ist, die Problemstellungen des jeweiligen Milieus zu erkennen und sie so zu rekonstruieren, dass Luhmann lernen konnte, worum es ging. Je sozial umgänglicher und lebendiger sowie konzentrierter es dabei zuging, wie etwa bei seinen Besuchen in der Wiener Szene der Organisationsberater, desto lieber war es ihm. Miteinander übereinzu-stimmen war ihm nicht wichtig, aber voneinander zu lernen, war ihm, nach meinem Eindruck, sehr recht.

Sie haben ja einmal gesagt, dass Luhmann alles gesagt hat. Was fällt Ihnen trotzdem noch zu diesem besonderen sozialen System Organisation ein?

Ich würde dazu neigen, zum einen die Verankerung des uns bekannten Typs der routinierten, aber auch der innovativen Organisation mehr in einer Theorie der Bürokratie, verstanden als Theorie eines spezifischen Typs der Herrschaft im Sinne von Max Weber, zu verankern als Luhmann dies getan hat. Und ich interessiere mich, auch im Rahmen einer Theorie der Bürokratie, mehr für Managementfragen als Luhmann. Das liegt nicht zuletzt daran, dass ich gerne wissen möchte, worin sich Unternehmens-organisationen von anderen Organisationen unterscheiden. Management als Anwendung des Gewinnprinzips als Stop- und Go-Regel in organisationalen Prozessen aller Art kann es so ja nur in Unternehmen geben. Also dürfen wir nicht glauben, dass man Behörden, Theater, Kirchen und Universitäten so managen kann wie Unternehmen. Ihnen fehlt ja das Gewinnprinzip, und gerade deswegen muss man nach funktionalen Äquivalenten für Management suchen. Was bewegt und bremst eine Behörde, eine Schule, eine Armee?   →

ereignis die folgenden grundsätzlich determiniert oder prägt. Nach Luhmann produzieren Organisationen als autopoietische Systeme grundsätzlich mit jedem einzelnen Kommunikationsereignis einen Überschuss an Möglichkeiten (Luhmann 2000, S. 46). Die Engführung auf die geschichtliche „Pfadabhängigkeit" (Wimmer) ist vielmehr in den Momenten der Rekursivität und Selbstreferentialität begründet. Mit dem Blick auf die Vergangenheit und das Bewährte werden nur bestimmte Anschlussereignisse ausgewählt, die egal welchem Außenereignis folgen.

Organisationen und Entscheidungen

In Organisationen werden insbesondere bestimmte Klassen von Ereignissen reflexiv – d.h. mit der Unterscheidung von Vorher versus Nachher – in Beobachtung gehalten, nämlich Resultate und Entscheidungen. Um die Anschlussfähigkeit ihrer Operationen zu sichern, vergleichen Organisationen Entscheidungen und Resultate.

Entscheidungen bzw. die dahinter liegenden Entscheidungsprämissen ermöglichen es Organisationen, Unsicherheit zu absorbieren. Denn bedingt durch ihre Selbstbezüglichkeit und ihr Rekurrieren auf die Vergangenheit befinden sie sich in einem „Dauerzustand der Unsicherheit über sich selbst im Verhältnis zur Umwelt" (Luhmann 2000, S. 47). Wenn eine Organisation Innen und Außen vergleicht, wenn sie zwischen Selbstbeobachtung und Fremdbeobachtung wechselt, nennt Luhmann dies Reflexion.

Entscheidungsprämissen haben für Organisationen dieselbe Funktion wie die binären Codes für die Funktionssysteme: Sie stellen schnelle Daumenregeln dafür auf, was in einem gegebenen sozialen System zulässige Entscheidungen sind und was als nicht-relevant auszufiltern ist. Sie lenken also die Kommunikation; dabei dienen sie aber nur als „Oszillatoren". Sie legen künftige Entscheidungen nicht fest (Luhmann 2000, S. 224). Entscheidungsprämissen führen für den Umgang mit Ereignissen eine gewisse Redundanz ein und entlasten die Organisation von überfordernder Einzelfall-Informationsverarbeitung (Luhmann 2000, S. 227).

Wie erklären Sie sich – aus systemtheoretischer Sicht – dass Personen und soziale Systeme trotz ihrer operationalen Geschlossenheit so leicht in der Lage sind, neue Perspektiven einzunehmen?

Organisationen sind es gewohnt, jeden denkbaren Sachverhalt, so er geeignet erscheint, zum Gegenstand einer Entscheidung zu machen und Organisationen sind darauf angewiesen, ihre eigenen Routinen zu sichern, indem man das Neue rasch genug entweder als das Alte und zu Vernachlässigende oder als das Vielversprechende und damit zu Verstärkende behandelt. Beides macht hochgradig empfindlich gegenüber Perspektivenwechseln, Innovationen, Kreativitäten aller Art – nur meist und zur Sicherung der Routinen auf der negativen, der ablehnenden Seite. Dafür ist jedoch auch ein gerüttelt Maß an Intelligenz erforderlich.

Wie erklären Sie sich diese selbe Fähigkeit zur schnellen Dekonstruktion von Wahrnehmungen und Mustern bei psychischen Systemen?

Personen sind in Organisationen unter der Bedingung ihrer Konkurrenz untereinander an ihrer Karriere interessiert. Deswegen müssen sie, ähnlich allergisch wie die Organisation, auf alles reagieren, was diese Karriere entweder zu fördern vermag oder sie zu gefährden droht, um wiederum rechtzeitig auf den Zug aufzuspringen oder ihn ein für alle Mal entgleisen zu lassen.

Glauben Sie, dass Luhmann auch einmal außerhalb des deutschen Sprachraums rezipiert werden wird – im Sinne eines Meta-Modells, wie man es eigentlich doch bei uns beobachten kann?

Luhmann gilt vielfach und vielerorts immer noch als eine Art Geheimtipp, auch wenn es um sein Werk in Ländern an der Peripherie der Moderne ganze Fangemeinden gibt. Luhmann wird ja an der Peripherie der amerikanisierten modernen Gesellschaft stärker rezipiert; nicht nur in Italien und Frankreich, auch in Lateinamerika, in Japan, Taiwan, Korea usw., auch übrigens in einigen Balkan-Ländern wie Slowenien und Ungarn. Aber diese Länder an der Peripherie rezipieren Luhmann nicht zuletzt deshalb, weil er eine europäische Alternative zum amerikanischen Meta-Modell zu bieten scheint und in vielen Dingen auch tatsächlich bietet.   →

Luhmann unterscheidet drei Arten von Entscheidungsprämissen: Entscheidungsprogramme, Kommunikationsstrukturen und Personen.

o   Entscheidungsprogramme lassen sich in die Input-orientierten Konditionalprogramme und die Output-orientierten Zweckprogramme einteilen (Luhmann 2000, S. 261). Konditionalprogramme unterscheiden zwischen Bedingungen und Konsequenzen nach dem Motto „immer wenn ... dann ...", Zweckprogramme unterscheiden zwischen Zwecken und Mitteln nach dem Motto „um ... zu erreichen, mache ...". Entscheidungsprogramme sind entweder formalisiert wie z.B. Businesspläne oder Strategien. Sie können aber auch nicht formalisiert sein, wie z.B. mentale Modelle oder wie das Bauchgefühl der Unternehmerin.

o   Mit Kommunikationsstrukturen sind die in der Organisation angelegten sozialen Räume gemeint, die für die Regelkommunikation in der Aufbau- und Ablauforganisation bestimmt sind. Man müsste die Kommunikationsräume in Projekten und anlassbezogene (Nicht-Regel-Kommunikationsräume (z.B. Betriebsversammlungen) ergänzen.

o   Luhmanns dritte Kategorie von Entscheidungsprämissen betrifft Personalentscheidungen und Stellenbesetzungen. In dem Maß wie sich in Organisationen die Anforderungen an Führung enttrivialisieren und verändern, werden Personen selbst zu Entscheidungsprämissen. Ihre Personmerkmale, z.B. ihre Entscheidungsstile, machen sie zu einer Art „vorgeschalteten Kompetenz" für das „Erkennen von Gelegenheiten" (Luhmann 2000, S. 282). Personen sind Umwelten der Organisation, aber – im Unterschied zu anderen Umwelten – in besonders enger struktureller Kopplung mit dieser.

Luhmann hat eine Fülle von Begriffen und Konzepten entwickelt, die konkrete autopoietische Prozesse in Organisationen beleuchten: Prinzipien für die Organisation der inneren Strukturen, selbstorganisierende Prozesse, Selbst- und Fremdbeobachtung, die Konstruktion des organisationalen Gedächtnisses, die Gestaltung des Komplexitätsgefälles zwischen Umwelt und System, Unsicherheitsabsorption, das Generieren von Entscheidungsprämissen usw. Am Ende seines Lebens hat er eine hochkomplexe Organisa-

Was man dann dabei übersieht, ist, dass die abstraktesten Punkte, auf die es bei der Luhmannschen Systemtheorie ankommt – also Punkte wie Grenzziehung, Ausdifferenzierung, Blick auf Funktionen, Detail:Ganzes-Unterscheidung, Prozessorientierung – dass diese Punkte genauso intensiv und genauso brauchbar auch in der amerikanischen Fassung von Systemtheorie thematisiert werden – die von Bateson bis Tom Cummings reicht. Dass man mit Luhmann an der Peripherie arbeitend, zwar einen eigenständigen Zugang zur Systemtheorie findet und damit auch zur modernen Gesellschaft, dass man auf einer sehr paradigmatischen Ebene aber genau da unterwegs ist, wo die Amerikaner auch unterwegs sind. Die amerikanischen Systemiker haben ein enormes Interesse an Prozessualität, an der Brüchigkeit und Notwendigkeit von Ausdifferenzierung, an der Art und Weise, wie Grenzen trennen und verbinden zugleich. Da sind sie genauso stark interessiert wie wir; da braucht man nur bestimmte Soziologen zu lesen, Netzwerktheoretiker, diesen ganzen New-Age-Bereich, der zwar unter holistischer Flagge segelt, dabei in pragmatischer und paradigmatischer Hinsicht aber in ein ganz ähnliches esoterisches Bild hineinrutscht, wie es die moderne Systemtheorie auch tut. Deshalb würde ich den Modellcharakter nicht übertreiben, denn die Systemtheorie, die Differenztheorie, ja sogar die Evolutionstheorie, wie er sie ausgearbeitet hat, kennen viele Wege, um paradigmatisch wirksam zu werden. Da muss man nicht unbedingt Luhmann lesen.

Für mich wären wesentliche Unterschiede in der Radikalität der Perspektive des Beobachters 2. Ordnung. Wie weit ist das rezipiert, wie weit leitet es Wahrnehmung?

Ja, das stimmt, aber das finden Sie auch in der Kybernetik 2. Ordnung bei Heinz von Foerster, das finden Sie in der modernen Kunsttheorie oder in großen Teilen der Therapeutenszene. Aber in der einen oder anderen Form, etwa wenn Sie Romane lesen, ist es auch in anderen sozialen Praktiken der Gesellschaft außerhalb der Arbeit mit einer spezifischen soziologischen Theorie präsent. Was ich mir wünsche, ist, dass man Luhmann mehr als Virtuosen der Konstruktion einer soziologischen Theorie schätzen lernt, von dessen Blick auf die Wirklichkeit man viel lernen kann und dessen handwerkliche Fähigkeiten beispielhaft sind.   →

sationstheorie entwickelt, die die meisten bestehenden Organisationstheorien auf den Rang einfacher, „technischer" Theorien verweist.

Organisationsberatung mit Luhmann

Luhmann war wiederholt in Kontakt mit den Heidelberger und den Wiener
Netzwerken. Sein Buch „Soziale Systeme" wurde 1984 veröffentlicht, fand
aber damals nicht wirklich Eingang in das Paradigma der systemischen
Beratung, als sich dieses vorerst konsolidierte. In den 80er- und 90er-Jahren
gab es immer wieder einen persönlichen Austausch, eine wechselseitige
Befruchtung, zwischen Luhmann und den Wiener Beratungsfirmen und über
Fritz Simon auch zwischen Luhmann und den Heidelbergern Familien-
therapeuten. So wurden seine Begriffe und Konzepte sukzessive mit der
Praxis der systOB verbunden; umgekehrt regten die Erfahrungen der
PraktikerInnen seine Theoriearbeit an. Sein posthum von Dirk Baecker
herausgegebenes Buch „Organisation und Entscheidung" (Luhmann 2000)
ist auch heute in Beraterkreisen erst ansatzweise verstanden. Die folgenden
Ausführungen beziehen sich deshalb auf Aspekte der Luhmannschen
Organisationstheorie, die heute in die Praxis der systOB Eingang gefunden
haben.

Mit Luhmanns Theorie sozialer Systeme lassen sich Organisationen erstmals
anders denken als in den Traditionen der Gruppendynamik und der
Familientherapie. Es beginnt damit, dass sich das Augenmerk von einer
beziehungsmäßigen Beschaffenheit weg und auf das Operieren von
Organisationen hin verlegt, auf das, was sie tun und produzieren, auf die
Muster und Prozesse, mit denen sie das bewerkstelligen.

Dabei ist der Begriff „soziale Systeme" angesichts von Konnotation und
Rezepiergewohnheiten irreführend. Organisationen haben nicht das Soziale
zum Kern; sie konstituieren sich lediglich über das Soziale – anders könnten
weder ein kooperativer Organisationsvorteil noch Kommunikation
überhaupt stattfinden. Die Kommunikation schließt aber nicht am Sozialen
an, sondern an der gesellschaftlichen Aufgabe des einbettenden Funktionssystems, an den Sachzwecken, an der eigenen Systemrationalität, am
jeweiligen Entscheidungskontext oder an beliebiger Kontingenz. Bestenfalls

In unserem Feld der Beratung von Organisationen gibt es häufig wechselseitige Abwertungsspiele, wenn Leute mit verschiedenen Modellen oder Paradigmen im Kopf versuchen, miteinander zu reden. Haben Sie Tipps dafür, wie die Leute ihre weltanschaulichen Anhaftungen überwinden und im Gespräch bleiben können?

Ich freue mich an den Unterschieden. Ich fände es schrecklich, wenn ich nur auf Leute stoßen würde, die genau so denken, wie ich es bei anderen Leuten schon erfahren habe. Und ich denke, dass damit der Variationspool des konzeptionellen Umgangs der Menschen mit der Welt größer wird. Andersartigkeit kann ja nur hilfreich sein, weil die Verwirrung, die zwischen einzelnen Beratungskonzepten entsteht, zu Klärungsversuchen führt, ohne die andernfalls überhaupt nicht mehr nachgedacht würde. Wir denken nur dann nach, wenn wir etwas zu klären versuchen und wir versuchen etwas zu klären, wenn wir verwirrt sind, so dass ohne Verwirrung auch das Denken eingestellt wird. Insofern ist Andersartigkeit ein elementares Medium des menschlichen Nachdenkens schlechthin.

Außerdem informiert mich jeder Unterschied, der etwa auftritt, über die Andersartigkeit des Milieus, in dem er eine Rolle spielt. Nichts wäre ja schlimmer, als laufend das Gefühl zu haben, sich immer im selben Milieu zu bewegen und ständig dieselben Dinge für wesentlich oder unwesentlich zu halten.   ◊

könnte man dem Sozialen in seinem Aspekt der Beziehungsqualität die Funktion eines weiteren Kommunikationsmediums zuweisen: Ein intaktes Kooperationsklima fördert Anschlusskommunikation, ein mieses Klima wird diese erschweren. Aber die Beziehungsdefiniertheit stellt nicht den eigentlichen Zweck des sozialen Systems Organisation dar.

Deshalb können die normativen Ziele der frühen OE – Partizipation, Gesundheit, Kulturverbesserung, Humanisierung der Arbeitswelt – dazu beitragen, die Kommunikation in sozialen Systemen zu „ölen". Die Optimierung des sozialen Systems zieht aber nicht automatisch die Anpassung jener, mit dem Aufgabenvollzug verbundenen Strukturen nach sich, die Organisationen in ihrer Kopplung mit den Umwelten ununterbrochen fit halten. Sie geben keine inhaltlichen Kriterien ab, wie eine gegebene Organisation in ihrem Main Purpose, in ihrer Individualität, ihrer spezifischen Rationalität und ihren Möglichkeitsräumen zu entwickeln sei. Genau für diese Kernfragen der Beratung bietet die Luhmannsche Systemtheorie einen hilfreichen Beobachtungsraster an. Er definiert, worauf sich Beraterbeobachtungen 2. Ordnung konkret richten sollen.

Organisationen lassen sich in ihrer Verschiedenartigkeit verstehen, wenn man auf Leitdifferenzen, Codes und die Rahmen gebenden gesellschaftlichen Funktionssysteme schaut, denen sie zuzuordnen sind. Daraus lassen sich die Ziele und Wege beraterischer Intervention ableiten. Jede Art von Beratung, die differenzieren kann zwischen Organisationen, Kontexten und Möglichkeitsräumen, kann angemessenere, nachhaltigere Lösungen entwickeln als Beratung, die nach normativen Vorstellungen alle Organisationen gleich machen will.

Im beraterischen Alltag ist das Konzept, dass Organisationen und Personen jeweils für sich Eigenwelten sind, die unterschiedlich „ticken" und für einander Umwelten sind, sehr hilfreich. Man kann damit z.B. Personen wie Systeme entlasten von der Zumutung der Personalisierung, wenn dysfunktionale Systemdynamiken als Folge persönlicher Eigenschaften erklärt werden und reihenweise Führungskräfte als Sündenböcke über die Klinge springen (s.o. am Beispiel des Reigens von immer neuen Marketingleitern). Das gilt auch umgekehrt für die Hybris von Führungskräften, außergewöhnliche Systemleistungen ihrer persönlichen Großartigkeit zuzuschreiben.

Das Luhmannsche Konzept der Kommunikation – es ist nicht nötig, dass alle dasselbe meinen, wichtig ist nur, dass man in Anschlusskommunikation bleibt – hat im Alltag eine hohe Plausibilität. In Krisen bricht die Kommunikation zusammen, man spürt es fast körperlich: Dieses soziale System wird es nicht mehr geben, wenn die Menschen nicht schleunigst wieder zu reden anfangen.

Umgekehrt zeigt sich die „Vitalität" einer Organisation daran, wenn die Menschen wie geölte Räderwerke kommunizieren – und zwar auch ohne eine Ahnung davon zu haben, was die anderen jeweils meinen. Die Güte eines Meetings oder eines Trainings wird intuitiv an der Kommunikationsbeteiligung gemessen; diese ist z.B. auch ein hartes Kriterium in der Qualitätsbeurteilung von Lehrveranstaltungen und Managementtrainings.

Die beste Voraussetzung, um eine dichte Anschlusskommunikation in Gang zu halten ist allerdings noch immer, dass es ausreichend Sinngehalt gibt, der jeweils für eine Person und für das soziale System Kontingenz reduziert und Erfahrungsverarbeitung möglich macht. Es muss aber nicht für jeden derselbe Sinngehalt sein. Im Gegenteil, unterschiedliche Teilsysteme sollen ja unterschiedliche Sinnschwerpunkte haben und unterschiedliche Operationen auswählen. Das macht es der Organisation möglich, angemessene Varietät – die wichtigste Voraussetzung für die strukturelle Kopplung zu den Umwelten – und Zukunftsfähigkeit aufrecht zu erhalten. Ab und zu muss man dann zwar wieder durch Erarbeiten von organisationssweiten Leitbildern gegensteuern – Organisationen in bewegten Umfeldern machen das alle paar Jahre – weil die vielen Sinnreferenzierungen irgendwann so breit streuen, dass keine Koordination mehr zustande kommt. Aber jede Art einer einmaligen, allgemeinen, einheitlichen Sinnverschreibung – z.B. in Form eines zeitgeistigen Wertesets– würde nur zu unendlich mühsamen, nicht wertschöpfenden, nach innen gerichteten Führungsprozessen (Überzeugungsarbeit, Veranlassung und Kontrolle) führen, die die Organisation lähmen und ob ihrer Festlegung in Zukunft verwundbar machen könnten.

Mit der Beobachtung, wie Systeme Sinn konstruieren, hört man den Pulsschlag des Systems ab. Die drei Sinndimensionen – sachlich-inhaltlich, sozial und zeitlich – sind ein hilfreicher Raster für die Beobachtung und auch eine Art Konstruktionsanleitung für jede Intervention. Denn Kommunikationsmuster verändern sich nur, wenn eine gegebene inhaltliche Aufgabenstellung sich angemessen sozial abbildet, d.h. wenn die richtigen Personen mit den nötigen Perspektiven zusammenkommen und zwar in einem angemessenen zeitlichen Rahmen.

In der Beratungspraxis zeigt sich immer wieder, dass die hochkomplizierten theoretischen Konstrukte Luhmanns unmittelbar und fast eins zu eins angewandt werden können. Nehmen wir das Konzept des Re-Entry: Jede Organisation hat ihre Sprachgewohnheiten, um ihren blinden Fleck und die ausgeblendete Seite zu markieren. Wenn jeder zweite Satz beginnt mit „in Wahrheit …" liegt die Vermutung auf der Hand: In diesem System wird viel gelogen (Boos).

Mit der Luhmannschen Organisationstheorie im Gepäck beobachtet man, wie die Organisation sich beobachtet. Als BeraterIn achtet man spezifisch auf deren Unterscheidungskriterien und auf den Schatten des blinden Flecks, den letztere werfen. Das steckt den Rahmen für die eigenen Beobachtungen 2. Ordnung schärfer ab. Gleichzeitig ist man und frau gewahr, dass die Organisation lernt, wie sie beobachtet wird, um sich in der Folge dabei zu beobachten, wie sie beobachtet wird. Jede Controllerin kann ein Lied davon singen: Spätestens wenn zweimal hintereinander alle Budgets massiv heruntergekürzt wurden, wissen die ManagerInnen im Markenartikelkonzern, dass Seminare besser in der ersten Jahreshälfte besucht werden und dass man sich bei der Planung „warm anziehen" sollte. So gilt es auch, die eigene Nützlichkeit als BeraterIn immer wieder nachzuzeichen, wenn die Organisation die gelieferte Außenperspektive aufnimmt.

Katamarane am Strand von Hörnum, Sylt, Fotografie by Wesco Taubert ©

Teil B

Die Feldforschung

Grundlage für Teil B sind individuelle Leitfadeninterviews[25] von eineinhalb bis zwei Stunden Dauer, die ich im Frühjahr 2005 und im Jahr 2007 mit VertreterInnen des Feldes führte – entweder persönlich oder telefonisch .

Die Antworten der VertreterInnen der Heidelberger und Wiener Gruppen sind in Form eines fiktiven Dialogs zusammengestellt. Hohe Übereinstimmung in Beobachtungen und Bewertungen gibt es bei der Definition des Feldes, der Einschätzung der Marktentwicklungen, bezüglich der Methoden und beim Interventionsverständnis. Was das Verständnis von Organisationen betrifft, teilen alle die aus der Theorie komplexer Systeme und dem Konstruktivismus auf Organisationen übertragbaren Thesen. Es zeigen sich aber deutliche Unterschiede darin, worauf sich Kopf und Herz beim Arbeiten richten. Systemiker therapeutischer Herkunft richten ihre Aufmerksamkeit eher auf Beziehungen und das Soziale; viele fühlen sich den Entwicklungszielen der frühen Organisationsentwicklung verbunden. Die VertreterInnen der Beratungsinstitute fokussieren Aufgabenvollzug und soziale Verfasstheit von Organisationen; sie suchen weiterführenden Verständniszugang im Rahmen der Systemtheorie Luhmanns.

Kapitel 4 gibt Interviews mit Vertretern von fünf Beratungs- und Ausbildungsinstituten wieder, die den Ansatz der systOB mit ihren bestehenden Ansätzen und Angeboten verknüpft haben, selbst aber nicht an dessen Entwicklung beteiligt waren. Ihre Antworten spiegeln die Breite des Professionsfeldes.

Hier der Überblick über die Kapitel von Teil B:
1   Das Feld der systemischen Organisationsberatung – Grenzen, Essenzen, Herausforderungen
2   Theorien und Modelle systemischer Intervention in der Praxis
3   Personen und Werthaltungen
4   Institute, die den systemischen Beratungsansatz in ihre Weiterbildungsangebote eingebaut haben

Die Sprache ist in diesem Teil bewusst nah am gesprochenen Wort belassen.

1 Das Feld – eine Standortbestimmung

Der systemische Beratungsansatz wurde in den Netzwerken der Heidelberger FamilientherapeutInnen und der Wiener OrganisationsberaterInnen entwickelt. Die interviewten Personen waren alle an dieser Entwicklungsarbeit beteiligt; sie repräsentieren die damaligen und heutigen Zugänge. Der Kreis der Personen, die sich um die Entwicklung des systemischen Beratungsparadigmas verdient gemacht haben, ist natürlich viel größer (s. Seite 13). Er umfasst jedenfalls die damaligen Mitglieder der Heidelberger und Wiener Gruppen.

Alle Interviews mit den VertreterInnen der Heidelberger und Wiener Gruppen wurden im Frühjahr 2005 durchgeführt, mit Ausnahme des Interviews mit Jochen Schweitzer, das im Dezember 2007 stattfand. Die Aussagen sind im Großen und Ganzen wohl heute, 2009, genauso aktuell wie 2005. Die Vehemenz, mit der das damals hochaktuelle Thema „Fachberatung und/oder Prozessberatung" diskutiert wird, hat inzwischen etwas nachgelassen. Dafür ist das Thema Organisation seither stärker in den Beobachtungsfokus gerückt.

Die Antworten auf die Interiewfragen sind in Form eines fiktiven Dialogs zusammengeschnitten; nicht jede/r kommt zu jedem Thema zu Wort. Das würde die Texte mühsam redundant machen. Ziel des Unterfangens ist es, die Strukturen des Professionsfeldes sichtbar zu machen. Deshalb geht es im Folgenden um die Kernaussagen und die Gemeinsamkeiten und Unterschiede in den Wahrnehmungen und Bewertungen.

Das erste Kapitel versucht eine Standortbestimmung der systemischen Organisationsberatung. Es trägt Antworten der VertreterInnen der Wiener und Heidelberger Gruppen zu folgenden Interviewfragen zusammen:

o   Wie stecken Sie das Feld systOB bzw. den systemischen Beratungsansatz ab?

o   Was ist für Sie der Erfolg, die Wirkung von systOB?

o   Worin sehen Sie die Herausforderungen und zukünftigen Entwicklungen im Feld der systOB?

Die dritte Frage schließt wieder den Kreis zur ersten.

1.1 Wie das Feld abgesteckt wird

[handschriftliche Notiz am Rand: Definition eher genug ausgeprägt]

Fragt man systemische OrganisationsberaterInnen, wie sie das Feld der systOB bzw. des systemischen Beratungsansatzes abstecken würden, referenzieren sie auf folgende Abgrenzungskriterien:

o auf den Markt der Beratungsdienstleistungen, auf dem der Begriff „systemisch" inzwischen inflationär verwendet wird und damit seine Trennschärfe gegenüber anderen Beratungsansätzen einbüßt,

o auf Methoden, Vorgehensweisen und Aspekte professionaler Identität als systemische/r BeraterIn. Dabei beschreiben einige die Verhaltensseite, den Einsatz systemischer Vorgehensweisen und Interventionen. Andere beziehen sich auf eine Art „Essenz", die ein „durch und durch systemisch" des Beraterverhaltens voraussetzt. Gemeint ist damit eine bestimmte Haltung, sozialen und psychischen Systemen gegenüberzutreten,

o und das Bemühen, sich selbst (das eigene psychische System) und die eigenen Wahrnehmungen aus einer Perspektive des Beobachters 2. Ordnung zu reflektieren.

o darauf, wie systOB ihren Gegenstand Organisation konstruiert; es wird unterschieden zwischen einem Verständnis von Organisation, das weitgehend auf die Seite des sozialen Geschehens fokussiert und einem Verständnis, das vorrangig oder gleichrangig die sachbezogene Dimension aufgabenbasierter Systeme in den Blick nimmt.

Der Hype des Begriffs „systemische Beratung"

Der Begriff „systemische Beratung" hat sich in den letzten Jahren als Markenlabel etabliert. Roswita Königswieser: „Ich finde, dass die systOB beginnt, sich aus einer Nische herauszubewegen." Mehr als den Vertretern des Ansatzes geheuer scheint. Gunther Schmidt: „Wir können das Feld einmal abstecken dadurch, dass jemand sich selber definiert: Ich bin ein systemischer Berater – durch die Selbstdefinition. Ich hab den Eindruck, dass das im Lauf der letzten zehn Jahre zunehmend eine Konjunktur kriegt, so dass sich sehr viele Menschen systemische Berater nennen." Und Rudolf

Wimmer: „Wenn man heute ins Feld schaut, empirisch, dann ist dieses Feld, das sich mit diesem Label selber kennzeichnet, eigentlich nicht mehr mit Grenzen zu versehen. Der Begriff des systemischen hat eine Karriere gemacht, die ihn sehr attraktiv gemacht hat. Jeder, der in diesem Feld irgendwie vorkommen will, kann sich mit diesem Beiwort schmücken."

Fast scheint es, als wären die Firmen, die systOB machen, ein bisschen überrascht von der Bekanntheit ihres Ansatzes am Markt. Alfred Janes: „Was die Verwendung des Begriffs „systemisch" angeht, bin ich mit mir selber in Diskussion. Bisher habe ich ganz dezidiert die Position vertreten, dass der Begriff des Systemischen den Kunden nicht interessiert, dass es sich um eine interne professionelle Vokabel handelt, die uns hilft, uns als Berater untereinander zu positionieren." Mittlerweile scheint das, was als Schulenstreit in Beraterkreisen begonnen hat und in plakative Gegensatzpaare wie „Fach- oder Prozessberatung" bzw. „Expertenberatung oder systemische Beratung" gepackt wird, auch auf die Kundenseite übergegriffen zu haben. Janes: „In der Zwischenzeit kommt eine Marketingüberlegung dazu, wenn dieser Dialog zwischen den Kunden und Beratern über verschiedene Beratungsansätze sich intensiviert – und das geht wirklich von beiden Seiten aus. Kunden haben ein Interesse daran, verschiedene Beratungsansätze zu benennen, damit sie sich auch zu unterschiedlichen internen Aufgaben verschiedene Beratungsansätze holen können."

Hier kommen bisher markierte Grenzen in Bewegung. Rudolf Wimmer: „Das Wording, das in Prospekten, Selbstdarstellungen, Homepages auf den Markt hinaus gerichtet ist, kann man auch in den Selbstbeschreibungen der klassischen Unternehmensberatungsfirmen antreffen. Auch dort wird man niemand antreffen, der sagt, er ist dezidiert nicht systemisch. Die Trennschärfe ist weitgehend verlorengegangen, der Begriff ist inflationär geworden und erlaubt keine Grenzziehung mehr." Allerdings: „Durch die inflationäre Verwendung wird die modische Kraft des Begriffs „systOB" verloren gehen, das ist prognostizierbar. Dann wird es wieder Absetzbewegungen geben, das heißt, jene Teile der Szene, die immer wieder etwas attraktiv Neues zur Selbstkennzeichnung mobilisieren, werden da was anderes finden. Meinem Gefühl nach ist der Hype dieser Attraktivität jetzt überschritten. Die Frage: „Was kommt nach dem systemischen Ansatz?" hat in den letzten Jahren deutlich zugenommen. Wenn jemand so fragt, dann outet er sich mir gegenüber schon, dass er eigentlich nicht kapiert hat, worum es hier geht."

Durch und durch systemisch

Wenn der Markt es nicht erlaubt, das Feld der systemischen Beratung abzugrenzen, welche Kriterien wendet dann die Profession selbst an?

Jochen Schweitzer: „Für mich ist Beratung eigentlich ein Oberbegriff zu fast allen anderen Settings, beginnend im Gesundheitsbereich, von Psychotherapie über Supervision hinübergehend in den organisationalen Teil, über Coaching, Teamberatung, Organisationsberatung. In meinem Sprachverständnis ist Beratung eigentlich der gemeinsame Nenner. Faktisch wird der Begriff aber häufig nicht so verwendet, sondern Beratung wird gegen Therapie abgegrenzt, da hier professionelle Unterschiede deutlich gemacht werden sollen."

Frank Boos: „Wer macht systemische Beratung? St. Gallen (das MZSG) würde sich sicherlich auch dem Systemischen zurechnen. Der große Unterschied, den ich dort sehe, ist, dass sie die Selbstreflexion nicht betreiben. Der Kunde und die Beziehung zum Kunden – das ist noch Teil des Reflektierens, aber nicht mehr sich selbst in die Reflexion mit einzubeziehen... Dann gibt es die Amerikaner, die – von diesen Tavistock-Ansätzen ausgehend oder von Lewin – auch systemisch arbeiten, die aber nicht über das Verständnis der organisationalen Geschlossenheit, Autopoiesis verfügen – über diese Dinge, die über Varela, Maturana und Luhmann gekommen sind und die auch viel stärker auf Personenebene gehen als das, was wir als systemisch definieren. Unser Verständnis von systemisch – was ja auch direkt das Interventionsrepertoire beeinflusst hat – ist stark ein deutschsprachiges Phänomen. Ich habe z.B. einem Freund in Kanada, einem Professor, der den systemischen Ansatz kennt, unsere übersetzten Artikel geschickt; der kann das in wesentlichen Punkten – z.B.

Personen als Umwelt von Systemen zu sehen, die gesamte Autopoiesis-
geschichte – nicht nachvollziehen.“

Neben den Beschreibungen dessen, was systemische BeraterInnen tun,
heben die Interviewpartner immer wieder das Wie dieses Tuns als
konstitutiven Aspekt systemischer Beratung hervor. Man ist sich einig, dass
„echte“ systemische Beratung eine durchgehende Orientierung an systemtheoretischen Konzepten voraussetzt.

So markiert systemische Beratung eine bestimmte, prozessorientierte
Vorgehensweise, den Beratungsprozess gemeinsam mit dem Kunden zu
definieren und zu strukturieren. Alfred Janes: „Das sind Berater, die quasi ins
Haus kommen und gemeinsam mit den Kunden beginnen, die Problematik
zu beschreiben und festzulegen, wer für ein bestimmtes Vorhaben in die
Kooperation einsteigt, und die gemeinsam mit dem Kunden überlegen, wie
eine sinnvolle Struktur und wie ein sinnvoller Lösungsprozess ausschaut.“

Jochen Schweitzer: „Systemische Beratung ist für mich gekennzeichnet
erstens durch Prozessorientierung gegenüber der Expertenorientierung –
das würde sie also von Beratung à la McKinsey unterscheiden. Sie ist für
mich zweitens gekennzeichnet durch den Rekurs auf die Systemtheorie. Das
heißt für mich vor allem: Durch ein kontextuelles Denken, das sich das
Verhalten der Akteure aus den Relationen zwischen ihnen und den
System:Umwelt Grenzen erklärt. Für mich gibt es innerhalb dieser allgemein
verstandenen systemischen Beratung eine ganze Reihe Unteransätze, wenn
Sie jetzt an das Lösungsorientierte, an das Narrative, an das eher
Strukturelle, Strategische denken. In dem Sinne ist systemisch für mich ein
Oberbegriff für eine Reihe von feiner differenzierbaren Schulansätzen, die
sich alle auszeichnen durch Kontextorientierung, Orientierung am
Kernbegriff der Komplexität, Orientierung an der Idee, dass soziale Systeme
aus Kommunikation und nicht primär aus Mitgliedern bestehen.“

Gunther Schmidt: „Eine konsistente, konsequente Orientierung an
systemischen Ansätzen ist für mich dann gegeben, wenn eine systemtheoretische Basis dahinter steht und wenn auch die ganze Praxis konsequent

durchkomponiert ist an konstruktivistischen Modellen, an Modellen von Wechselwirkungsprozessen."

Wolfgang Looss stellt den Begriff schärfer: „Im äußeren Feld nennen sich viele Systemiker, die die Wechselwirkungen eines sozialen oder eines psychischen Systems im Blick haben. Das werden wahrscheinlich viele für sich in Anspruch nehmen, aber Wechselwirkung, Dynamik zu sehen, Veränderung, Komplexität zu sehen, das ist für mich noch nicht der systemische Beratungsansatz. … Im engeren Sinne ist das Feld des systemischen Ansatzes dadurch gekennzeichnet, dass ich mich als Berater konsequent der Kategorien der Systemtheorie bediene bei der Beschreibung dessen, was ich tue und bei der Beschreibung des Gegenstandes – soziale oder psychische Systeme – und bei meiner Konzeptbildung als Berater. Dass ich Beobachtungen 2. Ordnung zur Verfügung stelle, dass ich also Beobachter beim Beobachten beobachte und dabei die klassischen Grundkategorien systemischen Denkens, also System:Umwelt-Wechselwirkung, operationale Geschlossenheit bei Umwelt-Offenheit, prinzipielle Unbestimmtheit, autopoietische Selbsterzeugung usw. benutze. Damit wäre für mich das Feld der systOB abgesteckt."

Heinz Jarmai: „Systemische Beratung im engeren Sinn würde ich diejenige Beratung nennen, wo es darum geht, über konstruktive Verstörung, paradoxe Interventionen – all die klassischen Begriffe aus der systemischen Welt – dort zu unterstützen, wo rigide Schleifen in Systemen auftauchen. Wo sich Muster etabliert haben, die das System immer wieder in einen als problematisch erkannten Zustand zurückführen – trotz tätiger Anstrengungen."

Diese durchgehende, ja radikale Orientierung an systemtheoretischen Konzepten betrifft nicht nur die Beobachtung des Beratungsgegenstands. Sie richtet sich auch auf den Berater als Beobachter selbst: Es geht um ein systemtheoretisches Selbstverständnis als Beobachter. Als BeraterIn ist frau selbst das eigene Werkzeug; das Sich-Selbst-Mitdenken als selbstreferenzielles psychisches System, ist Voraussetzung, um auch für die eigenen Wahrnehmungsmuster zur BeobachterIn 2. Ordnung werden zu können.

Gundi Vater: „Ein essentiell konstituierendes Element ist eine bestimmte Beraterhaltung im Sinne von Bescheidenheit und Demut, sich von Machbarkeitsphantasien ein Stück weit zu verabschieden, gleichzeitig mit Mut in diese Unsicherheitssituation hineinzugehen, in die Aktion zu gehen und sich auf eine gemeinsame Klärung einzulassen. Dann gehört für mich dazu, sich einem System in der Form anzunähern, dass man eher schaut, welche Spielformen, welche Muster welche Lösungsformen die Organisation bisher zu diesen Problemen oder Anliegen entwickelt hat. Es gehört für mich eine starke Ressourcenorientierung dazu, eine Wertschätzung für die Geschichte und für das Gewordensein. Wenn Veränderungen angesagt sind, gehört dazu die Prüfung: Was spricht tatsächlich für eine bestimmte Veränderungsanstrengung? Also eher von der Zukunft her zu schauen und dann den Weg miteinander zu gehen. Systemische Beratung hat auch damit zu tun, das Management nicht zu sehr zu entlasten von den eigenen Entscheidungen, wie dies die Expertenberatung häufig tut. Von Beratern fordert systemische Beratung, die Bereitschaft, sich immer wieder selbst zur Disposition zu stellen und zu schauen: Was bewirkt denn mein Profil (im Sinn von David Kantors Boundary Profile[26]), was lös ich denn aus, was dann möglich wird?"

Im Grunde geht es darum, das systemische Paradigma zu leben. Roswita Königswieser: „Die Haltung ist das Herzstück der systemischen Beratung." Mit dem Begriff Haltung nimmt sie Bezug auf Aspekte wie Kontextbezug, Multiperspektivität, Offenhalten von und Oszillieren zwischen Widersprüchen, Ressourcenorientierung, holistische Erklärungsansätze, Wertschätzung, Gelassenheit, Vertrauen usw. „Ich finde, man kann es auch beschreiben mit dem systemischen Paradigma selbst: Eine Haltung einzunehmen wie lebende Systeme, die zwar Grenzen haben, aber durchlässig sind und immer in einer Balance von Offenheit und Geschlossenheit sein müssen."

Systemische Organisationsberatung
– für Organisationen!

Ein weiteres Abgrenzungskriterium für das Feld der systOB betrifft die Art und Weise, wie der Beratungsgegenstand, die Organisation als System, konstruiert wird. Wer in der Tradition der Herkunftsysteme Familientherapie und Organisationsentwicklung steht, nimmt überwiegend soziale Geschehnisse in den Blick. Wer in der Tradition der Organisationsberatung steht, fokussiert eher auf Zwecksetzung und Aufgabenbezogenheit.

Rudolf Wimmer: „In seiner Konzentration auf Problemstellungen, die in irgendeiner Weise aus der zwischenmenschlichen Dynamik herauskommen, – also systemtheoretisch gesprochen in seiner Fokussierung auf die Sozialdimension des Geschehens – ist das Paradigma der systOB noch in der Tradition sowohl der OE als auch der Familientherapie verhaftet geblieben. Die sachliche Dimension des Geschehens, der Aufgabenaspekt von Organisationen – das, wofür eine Abteilung, eine Businessunit oder eine Organisation da ist und wie sie sich mit diesen Aufgaben, Zwecksetzungen, Aufgabenerledigungsprozessen, Leistungsprozessen umgeht – ist weitgehend ausgespart geblieben. Aus unterschiedlichen Gründen: Bei der Familientherapie, die beziehungsdynamisch gestaltet ist, weil sie mit Familien zu tun hat. Und bei der OE-Tradition, weil sie sich professionell immer im Gegensatz zur Managementorientierung auf diese Sozialdimension spezialisiert hat.

Ich denke, dass die Arbeitsteilung zwischen den Prozessberatern als Experten für die sozialen Prozesse des Miteinanders und den sich auf die Businessthemen spezialisierenden, klassischen Unternehmensberatern beginnt, sich aufzulösen – sowohl vom Markt d.h. vom Bedarf her als auch von den professionellen Orientierungen. Mein Anliegen ist zu zeigen, dass das systemische Theorierepertoire, über das wir verfügen, genau das Komplexitätsniveau hat, um diese Herausforderung gut zu bewältigen."

Fritz Simon: „Alle Businessthemen lassen sich natürlich auch systemisch behandeln. Mit einer systemischen Brille kann ich einfach auf viele im

Business interessante Themen von der Strategieentwicklung bis zur Personalarbeit draufschauen.“

Gegenstand der systOB ist die Entwicklung eines Systems Organisation. Heinz Jarmai: „Systemische Beratung in einem zweiten Sinn könnte man vielleicht eher Systemberatung oder Beratung von Systemen nennen, wo aus einem systemtheoretischen Grundverständnis heraus die Steuerungs- und Entwicklungsfähigkeit von Systemen – sei es Personen, sei es Organisationen – unterstützt wird. Bei Systemberatung würde ich von der Konstruktion oder Co-Kreation einer Systemverfassheit sprechen. Das ist, glaube ich, eine völlig unterschiedliche Beratungssituation und erfordert auch unterschiedliche Beratungsarchitekturen.“

Frank Boos: „Es geht um ein gewisses Verständnis davon, was die Entwicklung von Organisationen ausmacht. Welche Art von beraterischer Unterstützung, Managementunterstützung oder von Entwicklungsimpulsen Organisationen nützlich sind. Das Territorium sind für mich Organisationen, die sich in Veränderungsprozessen befinden – von Schulen angefangen über jegliche Art von Non-Profit Organisationen bis zu großen Konzernen inklusive ihrer relevanten Umwelten, der Personen, die darin Mitglied sind, der Bürger, anderer Teilfunktionen wie Politik oder anderer relevante Umwelten, die dafür Dienste zur Verfügung stellen oder von den Ergebnissen, die da auftreten, in irgendeiner Art und Weise beeinflusst werden.“

Fritz Simon: „Ich halte den systemischen Ansatz für ziemlich universell verwendbar und wende ihn nicht nur auf den Bereich der Beratung an. Ich denke, er ist angemessen zur Beschreibung dessen, was passiert, auf allen Ebenen bis hin zur Politik. Es ist einfach ein anderes Paradigma, das sich auf alle relevanten Themen anwenden lässt. Ich neige nicht dazu, das abzutrennen, sondern predige den systemischen Größenwahn.“

1.2 Wann ist systemische Beratung erfolgreich
- woran merkt man das?

Gundi Vater: „Das eine Erfolgskriterium ist, wenn es gelingt, Dinge besprechbar zu machen, klare Entscheidungen miteinander zu treffen, Commitment herzustellen, Risikoabschätzungen zu machen, Personen und Organisationen miteinander zu verknüpfen, so was wie Sinn miteinander zu kreieren. Wenn es gelingt, destruktive Muster, die möglicherweise das Weiterlernen behindert haben, transparent zu machen und zu schauen, ob man die Energien darin anders nutzen kann."

Allgemeine Wirksamkeit und tatsächliche Umsetzung gelten als Erfolgsmerkmale der systOB. Alfred Janes: „Erfolg ist, wenn die Innovationen oder die Lösungen, die entwickelt worden sind, auch realisiert werden. Ich glaube, dass das die Kraft der systemischen Beratung ist."

Die meisten InterviewpartnerInnen schränken ein, dass systemische Beratung nicht unbedingt spezifisch andere Erfolge zeigt als andere erfolgreiche Beratung. Zusammenfassend sehen sie den Erfolg der systOB in den folgenden Wirkungen:

o   Systemische Organisationsberatung weist den Weg aus dysfunktionalen, einschränkenden Mustern, entlastet damit und macht neue Optionen und Freiheitsgrade auf.

o   Sie verändert die Strukturen der Kommunikation,

o   und soll einen Beitrag zur nachhaltigen Lebensfähigkeit von Organisationen liefern.

Die Dinge mit anderen Augen sehen
– die Dinge anders sehen – andere Dinge sehen

Für die praktizierten Handlungsmuster in Organisationen gilt: „Gut" bedeutet „gut genug". Eingeschwungene Routinen, die in sich ändernden Kontexten viel von ihrer ursprünglichen Zweckmäßigkeit einbüßen, schränken Handlungsspielräume ein; sie haben andere Optionen aus dem

Drnilns, Mglbl sebsvan ↑ ⇒P Verbesm Stuchn ↑

Möglichkeitsraum verdrängt. Systemische Intervention verstört; durch Verstörung werden bestehende Handlungsmuster markiert und damit beobachtbar und reflektierbar. Neue Optionen können wieder sichtbar werden, die Freiheitsgrade des Systems werden wieder größer.

Roswita Königswieser: „Für mich geht's eigentlich immer um die Veränderung dysfunktionaler Muster, um Lernschleifen und Reflexionsprozesse wie die der Selbststeuerung, um bessere Problemlösungskapazitäten, um das Freisetzen von Potenzialen, die eben dann Überleben, Erfolg, Zukunftskompetenz – so nenn ich das immer – wahrscheinlicher machen."

Heinz Jarmai: „Im engeren Sinn ist es das Erleben für Klienten. Die Beobachtung, dass sich neue Bezugsmöglichkeiten und neue Entwicklungsmöglichkeiten auftun. Es gibt im System so etwas wie eine Lösung von Verklammerungen, in einer als unbefriedigend erlebten Situation einen Ausstieg zu finden mit einem jeweils offenen Ende."

No

Eine andere Art von Kommunikation…

Systemische Organisationsberatung konstruiert Organisationen als soziale Systeme, deren lebens- und strukturerhaltende Grundoperation Kommunikation ist. Und sie wirkt direkt auf diese Grundoperation ein: Durch Multiperspektivität, Reflexion und Einspielen von Beobachtungen 2. Ordnung entstehen neue Bedeutungskriterien, Informationen, Mitteilungen, neues Sinnverstehen im System.

Frank Boos: „Für mich ist systemische Beratung dann erfolgreich, wenn sie in der Alltagkommunikation des Systems einen Unterschied zu vorher darstellt. Den würde man daran merken, dass die Kommunikations-strukturen anders aufgebaut sind, dass Regel-Kommunikationsprozesse anders aufgesetzt sind, dass Informationen über den Markt anders verarbeitet werden, dass offener kommuniziert wird, weniger Angst und Unsicherheit im System ist, dass man kreativer und freier miteinander umgeht. Die Annahme dahinter ist, dass das Kernstück von sozialen

Systemen Kommunikation ist und dass die Art und Weise, wie Unternehmen kommunizieren, quasi ihr Wesen zum Ausdruck bringt."

Gundi Vater: „Erfolg systemischer Beratung liegt vor, wenn's gelingt, dass die Organisation selbst Kommunikationsformen entwickelt, ohne die Berater. Wenn Wissen miteinander generiert wird, wenn man im Unternehmen redet – über den Markt, über sich selbst als Organisation – und im Sinne der Nachhaltigkeit auch gesellschaftliche Positionen miteinander integrieren kann."

Die systOB fördert die Entwicklung neuer Kommunikationsmuster, indem sie die Klienten zu neuen Erklärungen anleitet, mit denen diese ihre Welt angemessener konstruieren können. Fritz Simon: „Mein Modell ist, dass Leute ihre Probleme nicht lösen, sondern dass der systemische Ansatz in erster Linie darin besteht, dass sie andere Erklärungen konstruieren für das, was in der Welt passiert oder nicht passiert. Wenn ich eine Erklärung konstruiere, die die Dynamik von Systemen besser beschreibt, dann habe ich höhere Chancen, mein Ziel zu erreichen und Probleme zu lösen. Die Grundannahme ist: Jeder Mensch und jedes System löst dauernd Probleme und ich muss immer erklären, warum das Problem nicht von allein weggeht. In dem Moment, wo ich da draufschaue, gebe ich den Beteiligten Möglichkeiten, etwas zu tun, was sie bisher nicht getan haben oder auch zu lassen, was sie bisher getan haben und sich damit weiterzuentwickeln. D.h. sie kriegen einen neuen Blick."

Wolfgang Looss: „Ich denke, was den Erfolg ausmacht, ist, dass es eine hinreichende Differenz zwischen Klientensystemen und Beratungssystemen gibt in der Art und Weise, die eigenen Beobachtungen zu organisieren. Die Systemiker haben eine eigenständige Musterbildung entwickelt, wie sie ihre Beobachtungen organisieren und liefern über ihre Sprache und ihr Begriffssystem den Zugang zu einer anderen Art von Beobachtungen als die Kategoriensysteme, die die Klienten selber verwenden. Luhmann hat ja mal diesen verrückten Aufsatz geschrieben „Kommunikationssperren in der Unternehmensberatung" (in Fuchs 1989, S.209-227). Die Systemik ist eine Form, diese Kommunikationssperre in der Unternehmensberatung zu etablieren und aufrechtzuerhalten. Dieses eigene Kategoriensystem zu haben, das ich als Beobachtungen 2. Ordnung zur Verfügung stellen kann, hilft dem Klientensystem. Es gibt dazu ein paar Interventionsmuster, wie man das machen kann – die hat die Systemik aus der Familientherapie zusammengeklaut."

Looss sieht es auch als Erfolg, dass systemische Berater durch ihren Ansatz eine gewisse professionale Konvention haben, über die sie sich koordinieren können: „Metatheoretisch gesprochen, ist ein Erfolg der systOB auch, unter Beratern eine hinreichend ähnliche Konvention von Sprache und Unterscheidungspositionen ausgeprägt zu haben, sodass man nicht immer mit der Kontingenz anfängt. Und das macht das Auftreten von systemischen Beratern nützlich für das Klientensystem."

Lebensfähigkeit und Zukunftsfähigkeit steigern

Die Stärkung des Systems für die Zukunft wird als eine wesentliche Dimension des Erfolgs der systOB genannt.

Für Gunther Schmid ist systOB dann erfolgreich, wenn sich eine neue Kommunikationskultur einstellt: „Ich persönlich sehe den Hauptpunkt in der Art wie eine andere Kultur sich ausprägt. Damit meine ich z.B. transparente Kommunikationsprozesse, wie die Unterschiedlichkeit der verschiedenen Interessen, Positionen usw. zumindest mal relativ mit mehr Wertschätzung kommuniziert wird. Wie Entscheidungsprozesse transparenter gemacht werden zwischen den verschiedenen Ebenen der Hierarchie und den verschiedenen Teilbereichen im System – wie Rückkopplungsschleifen systematisch eingebaut, ritualisiert und sehr wichtig genommen werden."

Auch Jochen Schweitzer betont – neben einer gesteigerten Fähigkeit zur Selbstorganisation – den Aspekt der Organisationskultur als Erfolgskriterium für die systOB: „Ich denke, dass der Selbstorganisationsgedanke auch bedeutet, dass der Erfolg erreicht ist, wenn das beratene System selber den Eindruck hat, dass sein Jetzt in einem von ihm als hinreichend beurteilten Gleichgewicht ist. Im Organisationsbereich ist ein Erfolgskriterium für mich, dass die Balance gewonnen wird zwischen den Effektivitätswünschen der Organisation, also ihrer Produktivität und dem Respekt, der Würde, dem

Wohlbefinden der Mitarbeiter. Also diese Balance zwischen meistens den Interessen der Geschäftsleitung bzw. der führenden Akteure an Effizienz einerseits und andererseits dem Gefühl der Mitarbeiter, dass sie eine zumindest hinreichend befriedigende Arbeit tun. Das ist mir ein großes Anliegen. Ich erlebe, dass das in den letzten Jahren häufig zu Gunsten der organisationalen Effektivität einseitig vernachlässigt worden ist."

Für die Personen, die hauptberuflich in der Organisationsberatung tätig sind, ist mit Stärkung des Systems für die Zukunft weniger eine bestimmte Kulturausprägung gemeint. Ihnen geht es um die umsichtige Gestaltung der System:Umweltkopplung, die durch Öffnung für und Aufrechterhalten von Widersprüchen gezielt betrieben wird. Das soll ein Mitwachsen der inneren Strukturen sowie ein angemessenes Komplexitätsgefälle bewirken. Durch die vorher beschriebene Veränderung der Kommunikation wird ganz generell die Kontingenz von Wahrnehmungen und Mitteilungen wieder größer; damit steigt auch die organisationsinterne Komplexität. Idealerweise wird dadurch in Folge auch die Umweltkomplexität des Systems angemessener abgebildet.

Versteht man systemische Beratung mit Heinz Jarmai als Systemberatung, geht es darum, eine für die Zukunft stimmige Systemverfasstheit herzustellen, die als Entwicklungspotenzial angelegt ist. Heinz Jarmai: „Wenn es nach meiner Definition um die Systemberatung geht, ist Erfolg, dass es gelingt, dass sich Systemstrukturen und Systemverfasstheiten konstituieren, damit das ganze System ein relativ stimmiges Zukunftsbild und Entwicklung für sich bauen kann."

Frank Boos: „Die Ansprüche aus den Umwelten, die jetzt auf Systeme zukommen, wie Globalisierung, die Deregulierung, die Tatsache, dass Situationen sehr widersprüchlich sind, bringen es mit sich, dass es keinem System gelingt, das völlig friktions- und widerspruchsfrei abzubilden und dass die Strukturen in der Regel dem nicht nachkommen, was sich an Komplexität Außen aufbaut. Es ist eine permanente Anpassungsleistung von Systemen zu erbringen, damit sie im Wettbewerb den Anforderungen standhalten können. Insofern ist die Meta-Leistung systemischer Beratung, Systeme dabei zu unterstützen, ihre ständige Anpassungsleistung an die

Herausforderungen des Umfeldes weiterzuentwickeln. Ich würde gern den Begriff Anpassungsfähigkeit durch „Fit" ersetzen. Der Begriff „Anpassungs-fähigkeit" impliziert, dass das eine aufs andere reagiert; der Begriff „Fit" lenkt die Aufmerksamkeit auf die Frage: Wie können beide – Organisation und Umfeld – einander befruchten und stärken?"

Rudolf Wimmer: „Es sind Problemstellungen in den unterschiedlichen Managementdimensionen, an die wir andocken, wo wir mit dem Kunden eine Bearbeitungsarchitektur finden, die das System ausstattet, mit dieser inhaltlichen Dimension zielorientiert und lösungsorientiert zu arbeiten. Also wenn es z.B. um Strategieentwicklung geht, tatsächlich eine strategische Ausrichtung zu finden und zwar so zu finden, dass man die verteilte Intelligenz dieses Systems für diesen Problemlösungsprozess mobilisiert und miteinander vernetzt. Damit wird das inhaltliche Problemlösungsrepertoire des Kunden mobilisiert, in Folge teilweise auf Dauer gestellt und somit später wieder abrufbar. Denn es sind dann Bearbeitungsroutinen entstanden – wir nennen das z.B. die Strategiefähigkeit des Managementprozesses. Der Outcome ist nicht nur ein einmaliges Strategiepapier, sondern Prozesse, in denen revolvierend, rekursiv, so etwas wie strategische Selbsterneuerung stattfinden kann. Dazu gehören das methodische Repertoire und die Festigung der Bearbeitungstools und – routinen. Das ist für uns ein wichtiger Outcome."

1.3 Herausforderungen und Entwicklungen

Naturgemäß wiederholen sich hier viele Themen, die als Antworten auf die Frage nach der Abgrenzung des Feldes angesprochen wurden: Es handelt sich ja um die Entwicklung genau dieses Feldes in seinen Leitdifferenzen. So finden Sie im Folgenden:

o Einschätzungen dazu, wie es auf dem Markt für systemische Beratung weitergeht: Wird die systOB schrumpfen, eine Nische bleiben oder wachsen?

o Thesen zur weiteren Diskussion des Themas Fach- oder Prozessberatung o Mit dem Blick in die Zukunft bekommen aber auch neue Themen Gewicht:

o Die Funktion des Containments[27] wird zunehmend wichtiger, weil die Arbeit mit dem System die Arbeit mit Personen voraussetzt.

o Die Frage nach dem gesellschaftspolitischen Bezug der systOB angesichts der Auswirkungen von Neoliberalismus und Finanzkapitalismus in Organisationen wird gestellt.

o Darüber, dass Beratungsansatz und Interventionsmethoden „rund" sind und dass es sich beim systemischen Ansatz um ein weitgreifendes, nachhaltiges Paradigma handelt, herrscht Einigkeit.

Nische – Wachstum – Schrumpfen?

Gunther Schmidt: „Insgesamt glaube ich einfach, dass im Bereich der OE in den letzten 10 Jahren doch mehr und mehr deutlich wurde, dass man überhaupt nicht ohne systemische Konzepte weiterkommen kann, weil die Komplexität der Systeme so groß ist, dass man um diese Theorien dynamischer Systeme nicht mehr herum kommt. So gesehen kann man natürlich sagen, praktisch alle größeren OE Prozesse – ob sie wollen oder nicht – kommen nicht um Systemisches herum."

Heinz Jarmai: „Systemische Beratung ist eine exotische Randerscheinung 95-97% der Beratung wird von nicht-systemischen Beratungen gemacht." Frank Boos: „Diese spezifische Form der Beratung, die wir machen, wird ihren Markt haben und in dieser Art und Weise klein aber konstant weiter wachsen."

Ganz anders Roswita Königswieser: „Für mich ist die Herausforderung, dass man aus einer Nische heraustretend in eine andere Liga kommt, also mit den Großen verglichen und gemessen wird. Da braucht es einen absoluten Professionalitätsschub, angefangen von der Fähigkeit, komplexe Großprojekte – vom Projektmanagement bis zum Controlling – abzuwickeln und einer anderen Rollenaufteilung im Beraterstaff, um den gestiegenen Ansprüchen der Klienten Stand zu halten – Stichwort Selbstprofessionalisierung. Die Kunden entscheiden nicht mehr so wie früher. Sie vergleichen, sie wissen viel besser was sie einkaufen, sie können mitreden, denn das systemische Gedankengut ist ihnen von der Uni her bekannt. Die Anforderungen steigen."

Die hohen Anforderungen an systemische BeraterInnen sieht Frank Boos auch als Marktregulativ. Frank Boos: „Ich glaube auch, dass der Markt durch die wachsende Unsicherheit auf Marken zurückgreifen wird und dass es darauf ankommen wird, innerhalb der systemischen Marke wieder Branding zu betreiben. Ich glaube allerdings, dass der Zustrom nicht grenzenlos sein wird, weil die Voraussetzungen, diese Art von Beratung zu machen, sehr anspruchsvoll sind; das wollen sich nicht alle antun. Das ist einfach nicht durch schnelles Lernen oder durch kognitive Leistungen allein machbar, man muss sich mit sich selbst auseinandersetzen, durch Lernschleifen gehen. Weil diese Anforderungen relativ anspruchsvoll sind, wird die systOB sicherlich nicht zu einem Boom werden. Methoden lassen sich besser verkaufen als Haltungen."

Fritz Simon sieht das ähnlich: „Die systemische Beratung wird oft verglichen mit anderen Modellen, wo man eine Methode neben eine andere setzt, als wäre das Systemische halt nur eine Methode. Und das ist der Grund warum der Fachberater dann schnell wieder wegkommt davon. Aber der hat das dann auch nicht kapiert, worum es dabei geht."

Für Gundi Vater ist hingegen mit einer weiteren Verbreitung des systemischen Ansatzes zu rechnen: „Über systemische Beratung und den systemischen Ansatz ist in der Zwischenzeit relativ viel populärwissen-schaftlich geschrieben worden; die Sprache ist sehr durchgängig geworden."

Das löst auch Befürchtungen aus. Alfred Janes: „Ich glaube, dass die Vielfalt der Postmoderne auch in das Systemische Einzug halten wird. Dass BeraterInnen es z.B. nicht mehr so genau nehmen werden mit dieser mehrfach gerichteten Parteinahme[28], dass sie etwa auch Aufträge im Schulterschluss mit dem Management übernehmen werden. Eine andere Entwicklung sind die Ausflüge in das eher Spirituelle, mit dem Bedürfnis dahinter: Wie kann ich mich persönlich entlasten? Wie kann ich strukturell geschaffenes Leid durch individuelle Lösungen bewältigen? Da werde ich ganz krank, wenn Berater so zu denken beginnen und sich nicht mehr mit strukturellen Fragen auseinandersetzen."

Die Gründer des systemischen Beratungsansatzes sind in die Jahre gekommen; auch das bringt spezifische Herausforderungen für die weitere Entwicklung des Feldes mit sich. Alfred Janes: „Die nächste Herausforderung wird sein, den Generationenwechsel in den systemischen Beratungsfirmen zu bewältigen. Wenn wir die Wiener Schule hernehmen – völlig egal, ob das Neuwaldegg, Conecta oder OSB ist – stellt sich die Frage: Wie gelingt es, diese Idee, diese Konzeption des systemischen an die nächste Generation weiterzugeben? In der ÖGGO haben wir erlebt, dass das ganz, ganz schwierig war. Ich glaube, dass es auch in unseren Beratungsfirmen immer wieder Leute gibt, die sehr schnell mit einem Beratungsansatz abcashen wollen und nicht mehr dieses cleane, theoretisch sauber ausformulierte und oftmals sehr sperrig anmutende Systemisch-Konstruktive suchen. Da wird es jede Menge Konflikte in den Beratungsorganisationen geben. Ich glaube aber, da muss man sich andererseits auch seitens der etablierten Organisationsmitglieder drauf verlassen, dass etwas entstehen wird: ein neues Verständnis von systemischer Beratung, das sicher vielfältiger wird."

Die neue Einheit von Inhalt und Prozess

Von praktisch allen Vertretern wird die Verbindung von Fach- und Prozessberatung als große Herausforderung für das Feld gesehen.

Alfred Janes: „Das ist in meinen Augen klar vorgezeichnet: Vom Markt her betrachtet, ist es die Frage der Integration: Wie kann man Prozessreflexion verquicken mit mehr inhaltlicher Fokussierung und Orientierung, ohne das Systemische zu verlieren? Das bedeutet auf die Beraterperson bezogen: Zu welchen Fragen oder welchen Aspekten bin ich imstande, mir wirklich fachliche Professionalität anzueignen – in Personalentwicklung oder Organisationsfragen, Strategiefragen, um nur ein paar Fachgebiete zu nennen, die in Frage kommen. Auf der anderen Seite muss man Instrumente und Beratungskonzepte finden, wo man Advising-Orientiertes[29] einbringen kann, um das System zu stören, d.h. man muss in die Lösungsorientierung der klassischen Fachberatung gehen. Ich glaube, das ist eine große

Herausforderung, die ja auch von Seite der klassischen Fachberatung her betrieben wird. Da wird sich zunehmend in der Mitte ein integrativer Rahmen etablieren müssen oder wir werden in einer „splendid isolation" untergehen."

Roswita Königswieser: „Die Integration von Fach- und Prozessberatung[30] ist für mich ein logischer Schritt und auch ein Trend. Wir forschen seit einigen Jahren zu diesem Thema und entwickeln Modelle. Weil wir einfach angesichts der Probleme, die der Kunde hat und bei dem Zeitdruck sehen: Da kann man nicht nur mit Prozess-Know-how ankoppeln. Im Feld von HR (Human Relations), das uns näher liegt, haben wir ja früher auch schon Fachberatung gemacht. Aber für andere Bereiche ist das schwieriger und auch fremder – das ist für mich ein irrer Lernprozess. Wir arbeiten jetzt mit Netzwerkpartnern, die stärker aus diesen Fachbereichen kommen, also aus dem Controlling oder Marketing z.B. Bei Beratungsprozessen kann ihr Fachwissen zu einer wirklichen Hebelwirkung werden."

Gundi Vater: „Die Herausforderung wird sein, stärker inhaltliche Themen mit der Prozessberatung zu verknüpfen, weil man sonst insgesamt nicht mehr wirklich ernst genommen wird und die großen Beratungsfirmen ja ständig betonen, dass sie auch systemisch sind und Prozessberatung bringen können. Wenn ich es zuspitze, wird entweder die Nische aufgehen – das ist drinnen – oder möglicherweise man wird von den Großen inhaliert, oder man bleibt ganz klein in der Nische."

Wolfgang Looss zieht andere Schlussfolgerungen: „Ich denke, es wird eine zunehmende Ausdifferenzierung geben. Die Unterschiede werden deutlicher werden, die Klientensysteme kompetenter – das ist wie beim Wein: je mehr Wein ich kenne, umso kompetenter wähle ich aus. Wann brauche ich gerade für welche Situation welches Beratungsverständnis und –vorgehen.? Als Kunde brauche ich einerseits Leute, die ein bestimmtes Steuerungsverständnis haben, bestimmte deklarierte Paradigmen, mit denen sie dann operieren, z.B. Projektmanagement, Change Management oder was auch immer. Andererseits brauche ich Berater, die mir einfach ihre Beobachtung zur Verfügung stellen und von denen ich mich gerne verstören lasse, um was Neues zu denken. Es wird weiter Versuche geben, Fach- und

Prozessberatung näher zusammen zu bringen. Ich halte das nach wie vor für sehr schwierig und vertrete eher die Seite, Spezialisierungen zuzulassen und gewollte Unterscheidungen in Händen zu haben, die die Klienten auch benutzen. Die Herausforderung wird sein, sich mit dem Spiel von Differenz und Ähnlichkeit über Unterschiede zu verständigen und nicht sofort auf die Verschmelzungsbahn zu rollen."

Für Rudolf Wimmer bildet die Segmentierung in Expertenberater und Prozessberater eine Aufgabenteilung der Berater zwischen aufgabenbezogenen und sozialen Aspekten der Organisation ab; die Fokussierung auf die soziale Dimension allein ist in der Arbeit mit Organisationen nicht angemessen, da Organisationen von ihrer Definition und Zwecksetzung aufgabenbezogen sind. Es geht ihm also nicht um eine Frage der Marktentwicklung, sondern um die Frage, welches Beratungsvorgehen dem Beratungsgegenstand grundsätzlich angemessen ist. „Es geht darum, einen Ansatz zu entwickeln, wo das Miteinander prozessiert wird – uno actu, in einem Prozess[31]. Ich erleb' das persönlich schon als eine sehr herausfordernde Angelegenheit, so was zu realisieren, also diese breite Professionalität und Aufmerksamkeit zur Verfügung zu haben, die verschiedenen Rollen, die da eingebaut sind, kreativ miteinander zu verknüpfen. Uno actu auf der inhaltlichen wie der sozialen Ebene zu beraten kann bedeuten, dass eine angemessene Form der inhaltlichen Intervention gleichzeitig im Sinn einer Intervention ins soziale System wirkt: Wenn z.B. im Rahmen einer Strategieerarbeitung für die Erarbeitung der Inhalte verteiltes Wissen im Unternehmen zusammengebracht wird, entsteht dadurch auch kommunikativ ein Beteiligungsprozess."

Ein Schiff mit zwei Wänden

Organisationen sind heute Dynamiken ausgesetzt, die die handelnden Personen in hohem Maß belasten und nicht selten an ihre Grenzen bringen. Eine neue immer wichtiger werdende Herausforderung ist, Räume für Personen, für das psychische System, zu schaffen, in denen Abgrenzung und Entlastung möglich sind und die „Arbeitsfähigkeit" für Reflexion erst einmal hergestellt wird, bevor oder während man sich an Problemlösungen im

System macht. Heinz Jarmai: „Vielleicht geht es in Zukunft ein bisschen mehr um Containment und Orientierung als um Irritation und Verstörung."

Frank Boos: „Organisationen drücken immer mehr Komplexität an Personen ab, auf diese Art und Weise müssen Personen diese Komplexität tragen. Es wird wichtig sein, sich vertiefend damit zu beschäftigen, welche Dynamiken das auf der persönlichen Ebene auslöst. Und wird es auch wichtig sein, Hilfestellungen zu entwickeln, wie Personen mit diesen Zumutungen zurechtkommen."

Rudolf Wimmer: „Es geht darum, diese Art von Ummantelung zu schaffen, ein soziales Feld, in dem das übliche Destruktionspotenzial des Kundensystems ein Stück außer Kraft gesetzt oder in andere Bahnen gelenkt ist. Das ist die Containerfunktion oder -rolle."

Ein Beitrag zu Containment ist nach Wolfgang Looss die bloße Präsenz – das Gegenwärtig-Sein, nicht die reine Anwesenheit – des Beraters: „Jemand, den man dazuholt und der wirklich präsent ist, schafft einen anderen Sicherheitsraum und einen anderen Kommunikationszusammenhang für die Leute. Es entsteht eine verlässlichere Grundstimmung und die können anfangen, sich auf das Terrain zu begeben, was ja aus der Unsicherheit heraus entstehen muss. Es geht um Dekonstruktion von abgehangenen Wirklichkeiten – das macht Angst und fragil, macht ja Konstrukte fragil. Deshalb braucht es Containment. Eine Form, Containment herzustellen, ist, eine solche Präsenz zur Verfügung zu stellen. Insbesondere unter dem Aspekt, dass unsere Klientensysteme eben erheblichen Orientierungsmangel haben. Die haben ja nicht mehr nur irgendein konfigurierbares so genanntes Problem, sondern die haben in diesen Zeiten der Transformation einen flächendeckenden, durchgreifenden Verlust von Orientierung stiftenden Unterscheidungen. Wir geraten durch die allseitige Turbulenz und das Außer-Kraft-Setzen von alten Mustern und Unterscheidungen sehr viel mehr in Kontingenzen – und Menschen halten das nicht gut aus, wenn so viel von ihrem Leben und ihrer Umgebung kontingent gesetzt ist. Auch Organisationen halten das nicht gut aus. Die Volatilität von Märkten bringt Organisationen in Kontingenzräume, in denen sie sich wirklich nicht mehr kompetent verhalten können."

Die hohe Übereinstimmung bei der spontanen Nennung des Themas Containment bei den meisten InterviewpartnerInnen und in den Ausführungen macht deutlich, dass in der Beratungspraxis längst bestimmte Antworten gegeben werden auf in der Theorie wenig gestellte Fragen zum Verhältnis von Organisation und Person. Gundi Vater: „In der systemischen Beratung wird es darum gehen, dass wir uns auf beschleunigte Prozesse einstellen müssen. Wir dürfen uns dabei nicht davon verführen lassen, dass auf der einen Seite ein Grundverständnis für systemisches Vorgehen da ist; wir dürfen nicht glauben, es ist alles schon gebongt. Man kommt schnell ins Reden und ins Spiel, aber ich glaub, dass die Menschen innerlich Boden brauchen, das braucht Zeit. Da gilt es, Räume zu schaffen, Tempo rauszunehmen, das mit einer Akzeptanz zu versehen, da mitzuhelfen, so was wie ein Guide zu werden dabei, mit diesen, zum Teil sehr schwer verständlichen, inneren Prozessen zurechtzukommen. Als BeraterIn soll man dazu beitragen, neben der Verpopularisierung eine gewisse Klarheit zu halten. Trotzdem präzise zu sein, den Menschen auf den verschiedenen inhaltlichen Spielfeldern helfen, eigenverantwortlich zu handeln, ein Gespür fürs Ganze zu haben, mehr Solidarität zu entwickeln – nicht mehr nur im Sinn von: Wir halten zusammen sondern ein Bewusstsein darüber, dass das Gemeinsame notwendig ist."

Containment geben – das hat damit zu tun, wie BeraterInnen die Aufmerksamkeit lenken und Aufmerksamkeitsfelder gestalten. Wolfgang Looss: „Eine der Herausforderungen ist, mehr darüber zu lernen, was Präsenz ausmacht, wie Präsenz wirkt und was das eigentlich ist. Wie häufig haben mir Klienten gesagt, nachdem ich zwei Tage mit denen gesessen hab – und während der zwei Tage vielleicht dreimal was gesagt hab – „das war wunderbar, dass Sie da waren und Sie brauchten gar nichts machen". Das find ich eins der grössten beraterischen Komplimente, die ich kriegen kann. Ich denke, das sind so Co-Präsenz-Geschichten. Wir müssen lernen, was Präsenz ist, wie sie wirkt und wie das geht – so wie wir versuchen müssen zu verstehen, wie Aufstellungen[32] wirken, müssen wir auch versuchen, zu verstehen, wie Präsenz wirkt."

Lose Enden: Baustellen für die Professionalisierung

Folgende Themen wurden genannt, die in Theorie wie Praxis zukünftig aufgegriffen werden sollten. Sie betreffen zum Einen Spezialgebiete der Beratung von Organisationen, zum anderen Anforderungen an das Selbstverständnis als systemische OrganisationsberaterInnen.

Frank Boos: „Die erfolgreiche systemische Beratung der Zukunft muss die wesentlichen Dynamiken eines Unternehmens verstehen, um da einen bewussten Beitrag leisten zu können."

Heinz Jarmai: „Eine Herausforderung sehe ich ganz eindeutig in einem Wandel in einer Entwicklung von Konzepten, die innovations- und wandelorientiert sind. Es geht darum, Wandel mitzugestalten und dafür ein Theorie- und Interventionsrepertoire zu entwickeln."

Roswita Königswieser: „Das Thema Beratung von Netzwerken z.B. – es gibt immer weniger normale Organisationen, die klare Grenzen haben, mit der Internationalisierung wird das Arbeiten in Netzwerken für Führungskräfte alltäglich. Wie kann ich Netzwerke beraten?"

Welche Fragen des professionalen Selbstverständnisses sollten in Zukunft vermehrt aufgegriffen werden? Rudolf Wimmer: „Für mich sind es im Wesentlichen diese drei Rollen: Die Rolle des inhaltlichen Sparring-Partners für den Kunden, d.h. auf der Businessebene der aufgabenbezogenen Geschichten soweit schlau zu sein, dass man für den Kunden glaubwürdig ist, dessen Positionen in Frage stellen, den blinden Fleck entdecken und eingeschwungene Denkmuster in Frage stellen kann. Die zweite Rolle ist die Expertenrolle, wenn es darum geht, die zentrale Systemherausforderung zu verstehen und angemessen auf die Problemstellungen typische Prozessarchitekturen mit Flexibilität für Maßschneiderei zu entwickeln. Die dritte Rolle ist die Containerfunktion – diese immer mitlaufende Beobachtung der Sozialdynamik, die Schaffung eines sozialen Feldes, das eine konstruktive Alternative zu den Destruktionspotenzialen des Kundensystems bildet.

Außerdem gilt es, sich als Berater immer wieder komplementär zum Management zu definieren, denn Beratung legitimiert sich ja aus der Lücke, die die Organisation nicht selbst stemmt. Das ist ja eine allgemeine Einschätzung, dass Organisationen und vor allem das Management in diesen letzten zehn bis zwanzig Jahren vieles an Beratungs-Know-how selber integriert haben und unsere Art von Beratung überhaupt nur eine Zukunftschance hat, wenn man immer wieder die eigene Komplementarität neu definiert, d.h. herausfindet, in welchen Themen und Vorgehensweisen wir einen plausibel glaubhaften Unterschied anbieten können zu dem, was das System eh drauf hat. Es bleibt eine zentrale Herausforderung, das weiter zu klären, denn das sind ja keine fixen Aufgabenteilungen zwischen Beratern und Management."

Fragen der Gesellschaft in der Beratung

Schließlich geht es um die grundsätzliche Einbettung des Paradigmas in gesellschaftliche und gesellschaftspolitische Bezüge. Hier ist voraus-zuschicken, dass alle Interviews vor der Finanzmarktkrise und vor dem gegenwärtigen Systemumbau geführt wurden. Sie spiegeln die seit einigen Jahren spürbaren Widersprüche und Instabilitäten des neoliberalen Wirtschaftssystems, die sich in Organisationen damals teils in krasser Weise manifestiert haben.

Für Gunther Schmidt geht es heute mehr als früher um die grundsätzliche Frage nach einer „gesundmachenden Organisation": „Ich sehe eine Herausforderung für die systemische Arbeit – ich hoffe es wird eine Veränderung – dass die Suche nach einer höheren sinnstiftenden Komponente in Organisationen ein zentraler Bestandteil der Beratung wird. Die Frage zu stellen: Wofür machen wir das eigentlich? Nur für den finanziellen Erfolg und für den Erfolg des Unternehmens, für Marktanteile ...? In einer Zeit in der noch mehr Orientierung gebende Werte selbstverständlich waren, ist das gar nicht nötig gewesen, da hatte man seine Orientierungsbasis. Jetzt leben wir in einer Welt, in der aus meiner Sicht immer mehr Werte zerfallen. So erleb ich die Sache in Deutschland mit der Arbeitsplatzverlagerung, wo über die Finanzdebatte vieles legitimiert wird, was aus meiner Sicht gar nichts mit dem zu tun hat, sondern mit einem Wertevakuum. Es ist eine Herausforderung, dass man sich in der systemischen Beratung darauf besinnt, Sinnthemen reinzubringen und eine Wertediskussion auslöst, nicht nur technokratisch einen Auftrag nimmt und abwickelt und Systemkräfte optimiert, aber ohne Stellungnahme. D.h. es geht auch darum, dass Berater hier Verantwortung und Ethik übernehmen. Systemische Beratung muss sich die Aufgabe stellen, Entscheidungsträger immer wieder anzufragen und einzuladen, sich Gedanken und Fragen zu machen, damit die Organisation eine gesundmachende Organisation wird."

Fritz Simon: „Im Beratungsbereich wird das Systemische in dem Maß zunehmen, wie es sich den Businessthemen widmet. Systemische Beratung ist ja eine Fachberatung mit Blick auf soziale Systeme und unter anderem mit Fragen verbunden, wie Gesellschaft funktioniert, wie Märkte funktionieren, wie Organisationen funktionieren. Ich meine, diese Power, die dahinter ist, ist noch gar nicht richtig auf die Strasse gebracht worden."

Heinz Jarmai: „Eine Herausforderung ist, sehr wohl an Theorie oder Theoriemodellen zu arbeiten, die Orientierungshilfen sind in einer Gesellschaft zunehmender Volatilität, Beweglichkeit und Herausforderung."

Jochen Schweitzer: „Im Bereich der Organisationsberatung erlebe ich die systemischen Berater zu begrenzt in ihrem Denken auf die Interessen des Einzelunternehmens. Ich vermisse eine stärkere Verknüpfung der Organisationsberatung mit gesellschaftspolitischen Fragen angesichts einer Wirtschaftspolitik nach dem zentralen Konzept des Shareholder Value, das im Moment die Wirtschaft absolut steuert und lenkt – mit aus meiner Sicht katastrophalen Auswirkungen. Wenn öffentliche Gelder weniger fließen, der Staat tendenziell verarmt gegenüber dem Privatkapital, soll häufig dieselbe Arbeit mit weniger Man- und Womanpower geleistet werden. Es wäre interessant, die Systemtheorie mit dem Marxismus zu verknüpfen. Also noch mal zu überlegen, wo steuert unsere Gesellschaft hin mit der jetzigen enormen Anreicherung von individuellem Reichtum in relativ wenigen Händen, wer übernimmt die Lasten bei einer zumindest in Deutschland zunehmenden Verarmung der öffentlichen Hand? Positiv gesehen bringt das eine enorme Flexibilisierung der Organisationen, da geht viel Bürokratie den

Bach runter. Aber es entsteht ja eine zunehmende Abhängigkeit von einigen wenigen großen Kapitalbesitzern. Das finde ich im Organisationsberatungsbereich die größte Herausforderung. – Wir sind ja in erster Linie im Non-Profit Bereich, Im Gesundheits- und Erziehungswesen tätig."

Nachhaltig systemisch

Übereinstimmung herrscht bezüglich der Einschätzung, dass das systemische Paradigma für die systemische Beratung „rund" ist und sich auf andere Bereiche als Beratung generalisieren lässt. Heinz Jarmai: „Ansonsten glaube ich, ist sehr viel Grund gelegt, das gilt es fortzuführen."

Fritz Simon: „Ich denke die systemische Beratung, der systemische Ansatz hat eine blendende Zukunft, wenn nicht die Bescheidenheit der Systemiker sie dazu bringt, dass sie nicht überzeugend und offensiv genug dafür eintreten, was sie tun. Im Bereich Management gibt es immer mehr Manager, die schon systemisch denken, auch wenn sie das vielleicht nicht so nennen. Je mehr Manager sich konfrontiert sehen mit solchen Modellen, desto mehr werden sie auch sehen, wie hilfreich die sind. Dass es eben nicht mehr darum geht, irgendwelche Prozesse zu steuern oder irgendwelche Workshops zu gestalten, sondern dahin zu schauen, was für eine Organisationsarchitektur für welche Art von Aufgabe hilfreich ist. ...

Ich persönlich halte das systemische Modell für intellektuell sehr überzeugend. Ich glaube, es wird weiter florieren, also zunehmen, weil es intelligent ist. Andere Modelle, die kürzere oder schnellere Erfolge versprechen oder Patentrezepte, sind einfach kurzlebiger. Insofern glaube ich, dass der systemische Ansatz noch eine große Zukunft vor sich hat. Das Spannende ist ja, dass Dinge, die bei mir vor 30 Jahren Aha-Erlebnisse ausgelöst haben, heute für andere Menschen immer noch bestimmte Aha-Erlebnisse auslösen. Dinge, die für Menschen, die systemisch arbeiten, so selbstverständlich sind, dass man nicht mehr darüber nachdenkt, sind für andere Menschen noch Paradigmenwechsel. D.h. systemisches Denken ist noch immer sehr avantgardistisch. Ich denke, Systemiker müssen nur Zeit haben, bis der Rest der Welt vorbeikommt."

Roswita Königswieser: „Wir sind nach wie vor auf einem Pionierfeld. Es ist nicht so, dass sich das verändert hätte. Mir sagt oft jemand aus der jungen Generation: „Heute ist es viel schwerer, Pionierarbeit zu leisten als noch zu eurer Zeit". Das stimmt – es stimmt aber auch nicht."

Rudolf Wimmer: „Ich glaube, dass das denkerische Vermögen, das Potenzial, das diese Theoriearchitektur beinhaltet, noch lange nicht ausgeschöpft ist. Da sind wir immer noch am Entdecken – und da sind wir alle gefordert, diese Weiterentwicklung voranzutreiben und dabei offen zu sein für interdisziplinäre Anregungen. D.h. zu schauen, was sind woanders paradigmatische Anregungen, die wir wieder in die sozialwissenschaftliche Betrachtungsweise integrieren können?"

Gundi Vater: „Natürlich ist dieser systemische Ansatz selbst ein Konstrukt. Trotzdem glaube ich, dass der tatsächlich etwas Nachhaltiges hat. Egal womit ich das vergleiche, ob ich mir die Belehrungen des Dalai Lama anschaue, spirituelle Arbeit oder das Lösungsfokussierte, wenn ich Physiker lese, im Kern ist das systemische etwas zutiefst Biologisches, Menschliches, Organisches. Ich hab nicht das Gefühl, dass sich das wieder ablösen wird. Ich hab das Gefühl, wir sind grad dran, auf die Essenz zu kommen davon, wie wir vielleicht wirklich funktionieren. Natürlich ist es ein Konstrukt. Trotzdem glaub ich, dass die Chance besteht, dass das in bestimmten Kreisen so was wie Allgemeingut wird. Und dann müssen wir möglicherweise schauen, ob wir dann noch an der Spitze sind oder nicht. Aber von der Logik her und von meinem Gespür fängt es an zu diffundieren aus dieser Nische, aus diesem Eck der systemischen Beratung hinaus. Diese bestimmte Art über bestimmte Dinge zu reden fängt an sich zu verbreiten. Möglicherweise müssen die Berater sich was Neues überlegen, wo sie sich dann sehen in dieser Entwicklung."

Strand von St. Peter-Ording, Fotografie by Wesco Taubert ©

2 Theorien und Modelle systemischer Intervention in der Praxis

Systemische Intervention hat den Anspruch, theoriegeleitet zu sein, d.h. dass die Kommunikation, die man bewirken will, theoretisch begründbar ist. Dieses Kapitel will dem Anspruch des theoriegeleiteten Vorgehens in der systOB auf den Zahn fühlen, Konkretisierung und Transparenz herbeiführen. Dazu werden zwei Ebenen der theoretischen Begründung beleuchtet:

○ Einmal die Frage, welche Meta-Theorien den befragten BeraterInnen beim Beobachten und Intervenieren Orientierung und Ausrichtung geben,

○ Und zum anderen die Frage nach der Pragmatik: Welche Modelle, Kernkonzepte, Lieblingsinterventionen verwenden sie häufig?

Auch hier ist das Anliegen, Antworten zu bekommen, die von prominenten VertreterInnen des Feldes gelebt werden, die zu ihrem Wissen und ihrer Authentizität im Handeln gehören.

2.1 Eine praktische, gute Theorie

Die Fragestellung nach den Meta-Theorien ist eigentlich eine Fragebatterie; sie lautet: Haben Sie eine Meta-Theorie von Organisation, vom Individuum, von Beratung, von Wirtschaft, von Gesellschaft? Eine Theorie, auf die Sie referenzieren und die Sie beim Beraten ausrichtet? Wie würden Sie Ihre Theorien skizzieren?

Der Theorierahmen

Jochen Schweitzer: „Eine meiner Grundtheorien, nach der ich meine Interventionen ausrichte ist sicherlich systemtheoretisch. Innerhalb des systemischen Denkens arbeite ich am stärksten mit dem Luhmannschen Denken, wie ich es aber eher von Helmut Willke her verstanden habe: Systemtheorie, Interventionstheorie, Steuerungstheorie (Willke 1993, 1994, 1995). Die liefern für mich ein sehr breites Konzept über die verschiedenen sozialen Systeme hinweg."

Heinz Jarmai: „Ich denke nach wie vor, dass die Luhmannsche Konstruktion der im Wesentlichen autopoietischen Systemverfassung entlang von Sinnkonstruktionen und grundsätzlich von evolutionären Lebensprinzipien ein ganz gutes Betrachtungs- und Beobachtungskonstrukt ist. Die Frage von eigenständigen Sinn- und Musterkreationen, die man dann halt System nennt und die einem die Möglichkeit geben, etwas von etwas anderem zu unterscheiden, ist ein ganz hilfreiches Theoriekonstrukt, dessen Mächtigkeit einfach in seiner breiten Gültigkeit liegt."

Fritz Simon: „Meine Theorie orientiert sich am Aspekt der autopoietischen Systeme, ursprünglich von Maturana und Varela entwickelt. Wie grenzen sich Systeme ab, wie finden Interaktionen zwischen Systemen statt? Das Konzept der autopoietischen Systeme – mit den Aspekten Strukturdeterminiertheit, Unmöglichkeit instruktiver Interaktion, gegenseitige Pertubation, Irritation, System:Umwelt-Unterscheidung usw. – ist von Niklas Luhmann in der Theorie weiterentwickelt worden. Seine Theorie halte ich für die konsistenteste, auch für eine Organisationstheorie."

Rudolf Wimmer: „Ich beschäftige mich jetzt doch über dreißig Jahre mit diesem Feld und bin nach wie vor unerschütterlich überzeugt, dass das Theorierepertoire, die Denkarchitektur der neueren Systemtheorie, die angemessenen Beobachtungstools, Denkinstrumente für all diese Ebenen und ihre Verbindungen zur Verfügung stellt."

Die Luhmannsche Systemtheorie bietet nicht nur den Theorierahmen für die jeweiligen Systeme Gesellschaft, Wirtschaft, Organisation und Person; sie bettet sie auch in wechselseitige Verweisungszusammenhänge ein.

Rudolf Wimmer: „Das Fruchtbare an der neuen Systemtheorie ist, dass sie uns schon eine ausgearbeitete Gesellschaftstheorie zur Verfügung stellen kann, was uns ermöglicht, Gesellschaften, wie wir sie heute vorfinden und in ihrer Einbettung in diesen Prozess des Entstehens einer Weltgesellschaft – Stichwort Globalisierung – zu beschreiben und zu verstehen.

Von der Wirtschaft sprechen wir als einem gesellschaftlichen Funktionssystem; es ist dasjenige, in dem ökonomische Austauschprozesse stattfinden. Was prägt und treibt dieses System? Was ist der Unterschied zum politischen System, wo für die Gesellschaft allgemein verbindliche Entscheidungen herbeigeführt werden? Wie differenziert sich davon z.B. das Wissenschaftssystem, das geprüftes Wissen zur Verfügung stellt oder das Erziehungssystem, das Sozialisationsleistungen herstellt, die unsere Gesellschaft allgemein braucht? Das heißt also, dass wir diese sehr komplexe Vernetzung von Funktionssystemen und ihre Eigendynamik verstehen können.

Wir kapieren, dass diese gesellschaftlichen Funktionssysteme ihrerseits nur aktionsfähig sind, wenn dort gehandelt wird, entschieden wird, d.h. dass sie in aller Regel auf Organisationen angewiesen sind. Organisationsverständnis im Rahmen der Systemtheorie ist also immer von der Gesellschaft her zu denken. Da haben wir z.B. die Wirtschaftsorganisation, d.h. Unternehmen die primär im System Wirtschaft operieren, da haben wir politische Parteien, die ihre Einfärbung, ihre Charakteristika aus dem politischen System pflegen, dann haben wir Krankenhäuser aus dem Gesundheitssystem, Schulen und Universitäten aus dem Erziehungssystem, Kirchen aus dem Religionssystem usw. D.h. man kriegt eine Landkarte für die Unterschiedlichkeit der Organisationswelt in unserer Gesellschaft und für die prägenden Einflussbeziehungen, die durch die prioritäre Zugehörigkeit dieser Organisationen zu ihren jeweiligen gesellschaftlichen Subsystemen gegeben sind. Daraus ist ein für die Beratung sehr brauchbares Organisationsverständnis zu gewinnen.

Das Individuum ist ein eigenes autopoietisches System und nicht ein Basiselement sozialer Systeme, sondern eine höchstrelevante Umwelt. Ich halte es für eines der fruchtbarsten Denkangebote der neueren Systemtheorie, als Basiselement sozialer Systeme eben Kommunikation zu definieren, also etwas, das zwischen Menschen passiert und den Menschen selbst dadurch zu einem strukturell eng an dieses System Gekoppelten, aber letztlich zur relevanten Umwelt zählend zu konzeptualisieren. Auf diese Art und Weise kann man sehr viel schärfer die eigendynamischen Prozeduren des menschlichen Bewusstseins, der menschlichen Psyche sehen und ihr Angewiesensein auf soziale

Zusammenhänge, was wir strukturelle Kopplung nennen. Umgekehrt sehen wir das Angewiesensein sozialer Prozesse auf das Mittun von Individuen, ihr Einspeisen von Eigenwahrnehmung, von Kommunikationsinputs usw."

Wie die Menschen in Organisationen verstanden werden

Fritz Simon: „In Luhmanns Theorie sind Individuen psychische Systeme, die – wie soziale Systeme, also Kommunikationssysteme – auch lebende, autopoietische Systeme sind. Immer gibt es eine System:Umwelt-Beziehung zwischen denen, was es sehr gut möglich macht, drauf zu schauen, welche psychischen Ereignisse führen zu welchem kommunikativen Handeln usw. Man kann also die Wechselbeziehung relativ gut konzeptualisieren."

Rudolf Wimmer: „Wir kriegen da erstmals die Möglichkeit, in der Zurechnung von Problemstellungen spielen zu können: Das hat stärker mit der Person zu tun, oder das hat stärker mit der sozialen Dynamik zu tun und Personen werden schlicht nur benutzt. Das Experimentieren mit unterschiedlichen Attributionen – für die Beratung ganz wichtig – wird möglich. Diese Konzeption vom Individuum als eigenes autopoietisches System in Umwelt zum sozialen System erleichtert die diagnostische Arbeit und bereichert das Interventionsrepertoire sehr. Weil man sehen kann: Da muss ich Personen eher entlasten, weil das System auf die Personen losgeht und Personalisierung benutzt, um organisationale Zusammenhänge auszutragen. Dann gibt es andere Fälle wo man Personen belasten muss, weil sie sich selber zur Problemursache hochstilisiert haben."

Gundi Vater: „Dass Luhmann sagt, dass Menschen die Umwelt von Organisationen sind, hilft, dass man manchmal ein bisschen sorgfältiger mit dem Ankoppeln, Integrieren, Binden der Leute umgehen muss."

Alfred Janes: „Als Berater bewegen wir uns im Feld von kommunikativen Akten. Eigentlich koppeln wir über die Kommunikationsprozesse immer am psychischen System, an den Personen, an. Was da nicht angesprochen ist, ist natürlich die Frage: Welchen Stellenwert haben die Emotionen? Wir leben ja in der Beratung nicht sprachlos. Ich glaube, dass das Vorsprachliche – wie wir es in der Aufstellungsarbeit eindrucksvoll erleben – zunehmend mehr Stellenwert in der Beratung braucht. Ich glaube, dass wir jetzt alle grad dabei sind, die Grammatik des Vorsprachlichen zu lernen. Luhmann ist natürlich auch in diese Grenze hineingegangen mit seinem Begriff des „basalen Psychischen", womit er auf eine Verständigungsebene hinweist zwischen Personen und Vorsprachlichem."

Für Wolfgang Looss ist die Meta-Perspektive beim Thema Individuum „der Konstruktivismus im Sinn von Heinz von Foerster und Glasersfeld: Die Frage, wie Individuen ihre Welt konstruieren, d.h. wie die das machen."

Jochen Schweitzer: „Aus den verschiedenen Schichten meiner Biografie verwende ich auch noch ein paar andere Theoriezugänge. Gerade in den heutigen Zeiten finde ich Elemente des marxistischen Denkens wieder sehr nützlich, wenn ich mir versuche zu erklären, wie denn die handfeste materielle und ökonomische Basis hier das Organisationsgeschehen erklärt oder auch das Familienleben erklärt. Im Coaching arbeite ich z.B. mit dem Begriff der Charaktermaske."

Frank Boos: „Das Menschenbild, das hinter der Systemtheorie steckt und meiner Meinung nach auch lange Zeit versteckt gehalten wurde, ist ein von der humanistischen Psychologie geprägtes Menschenbild, mit einer demokratischen Grundhaltung – allerdings nicht normativ verwendet."

Zugänge zum Thema Organisation

Mit welchem Theorieverständnis nehmen die systemischen Organisations-beraterInnen die Organisation in den Blick? Worauf achten sie? Woran richten sie ihre Interventionen aus? Die Beobachtungsperspektiven sind vielfältig:

o   Einige schauen mehr oder weniger differenziert auf die Zwecksetzung, die Organisationen verfolgen,

o   andere auf die Identität bildenden Muster,

o   wieder andere auf die Bestand gebende Struktur des Organisiert-Seins

o   oder auf Entwicklungsphasen und Typologien.

Jochen Schweitzer: „Eine Organisation ist ein aus Menschen und nicht-menschlichen Ressourcen bestehendes System, ein soziales System, das zur Erreichung eines Zweckes gegründet wurde, der über die einzelnen Mitglieder hinausgeht. Dagegen ist die Familie ein soziales System, das keinen definierten Zweck hat, außer zu sein und eventuell auch sich fortzupflanzen, aber nicht unbedingt. Mit dem Unterschied, dass in der Organisation eben die Mitglieder leichter austauschbar sind als in Familien. Das sind sie in Familien faktisch auch, ist aber sehr viel schwerer."

Rudolf Wimmer: „Organisationen sind soziale Systeme, die von ihrem Wesen her darauf ausgerichtet sind, ihr Umfeld auf Problemstellungen hin abzutasten, die organisationsintern genutzt werden können, um das eigene Weiterexistieren wahrscheinlicher zu machen. D.h. Organisationen sind Ziele suchende, Ziele produzierende, sich selbst zwecksetzende soziale Systeme, die diese Zielfindung durch das Abtasten ihrer relevanten Umwelten generieren. Unternehmen, als Organisationen des Wirtschaftssystems, greifen ungelöste wirtschaftliche Themen auf – das ist ja das Kreative des Unternehmers. Sie sind in der Lage, das in organisationsförmige Leistungsprozesse zu transformieren und dadurch einen wechselseitigen Austauschprozess zu stabilisieren, der in der Lage ist, ein Unternehmen als Unternehmen zu reproduzieren; d.h. Kapitalbildung zu ermöglichen, Zukunftsinvestitionen sicherzustellen, die unterschiedlichsten Anspruchsgruppen zu bedienen. Diese Zukunftsfähigkeit von Organisationen ist kein Automatismus, nicht etwas, das erwartbar ist, sondern etwas, das sehr unwahrscheinlich ist. Wenn man das verstanden hat, versteht man auch, dass Organisationen im Unterschied zu Familien- oder Freundschaftsgruppen oder eben Systemen, die im Wesentlichen um die Befriedigung ihrer Mitglieder herumgebaut sind, den Aufgabenvollzug zum Ausgangspunkt haben."

Gundi Vater nennt drei Anker, die sie in ihrer Beratungsarbeit ausrichten: „Organisationen sind um bestimmte Aufgabenstellungen herum gebaut, das ist meinem Gefühl nach die Ursprungsidee, das Grundbedürfnis: Um ein gesellschaftliches Grundbedürfnis abzudecken. Mich beschäftigt die Frage, wie müssen Strukturen aufgebaut sein, um rasch auf die Marktbedürfnisse reagieren zu können, ein passendes Tempo finden zu können für Anpassung. Abgrenzung und Stabilität. Die Aufgabe der Führungskräfte ist es, permanent mit diesen Widersprüchen, Paradoxien umzugehen, einerseits Innen und Außen zu verknüpfen, andererseits eine Balance herzustellen zwischen Zukunft und Gegenwart. Ich hab den Eindruck, dass es heute in Organisationen verstärkt wieder um Sinnstiftung geht, d.h. auch, dass die Menschen in Organisationen bewerten müssen, was sie eigentlich da tun und wofür sie gut sind. Was ist der Sinn von dem was ich tue, und wie kriegt man, mit Arie de Geus gesprochen, einen gemeinsamen Sinn, der wieder Energie bringt?"

Fritz Simon: „Unternehmen sind Systeme, die um überleben zu können, hinreichend Einnahmen machen müssen. Was sie mit ihren Kunden, Lieferanten und Mitarbeitern verbindet, sind Zahlungen. D.h. sie haben eigentlich eine sehr lose gekoppelte Beziehung. Und die Frage ist, wie man – unter diesem Zwang laufend Zahlungen zu erwirtschaften – Prozesse organisieren kann, dass darüber hinaus die Mitarbeiter halt ihre Ziele erreichen, dass das Kapital Renditen bekommt und der Staat die Steuern, die er braucht. So wie ein Organismus ganz komplexe Strukturen aufbaut, damit er weiter essen und trinken kann, so baut ein Unternehmen hochkomplexe Strukturen auf, damit es weiterhin Zahlungen erhält. Aber dazu muss es Autos verkaufen und Leuten die Rente bezahlen und die Krankenversicherung."

Wolfgang Looss: „Ich bin auf der Suche nach Mustern und in dem Sinne auf der Suche nach einem organisatorischen Selbst – was natürlich eine Abstraktion ist – nach Mustern, die hinreichend stabil und konsistent und schwierig zu stören sind, dass man von einem organisatorischen Selbst reden kann."

Alfred Janes: „Wenn man Organisation versteht als bestehend aus Interaktionen, Kommunikationen und Entscheidungen, dann löst sich ja die Differenz zwischen formaler, hierarchischer und informeller Organisation auf. Dann sind das Formale, alles Institutionelle, der Rahmen, die Spielregeln, die Ebenen – alles das – relevante Umwelten. Dann ist eigentlich diese relevante Umwelt ein Interpretations- und

Erklärungsprogramm. Dann kann man doch so herangehen: Wie kann eine Struktur ausschauen, die dem sozialen System Ordnung, Verlässlichkeit und Transparenz gibt? Das ist so eine meiner grundsätzlichen Überlegungen, mit denen ich auch arbeite."

Gunther Schmidt: „Meine Meta-Theorie ist, dass Organisationen nur Sinn machen und legitim sind für bestimmte Zwecke. Die Organisation muss sich legitimieren dadurch, dass sie einem höheren Zweck dient und kein Selbstzweck ist. Für mich ist Profit nur ein Mittel zum Zweck, man muss die Spielregeln im kapitalistischen System berücksichtigen. Das Übergeordnete müsste sein, dass diese Organisation dafür da ist, dass sie es allen beteiligten Menschen in so einem System ermöglicht, mit Würde und mit einiger Sicherheit zu leben und ihre Potenziale zu entfalten. Alles andere sind darunter stehende Mittel zum Zweck. Dann geht es noch um den Wechselwirkungsprozess: Die Beteiligten sollen der Organisation dienen, damit die wiederum ihrem Zweck dienen kann. Umgekehrt sollte die Organisation natürlich – und so verstehe ich auch OE-Maßnahmen – die Individuen fördern in ihrem Potenzial, damit die Individuen sich erst mal selbst verwirklichen können, aber auch dann wieder mehr bringen können. Auf dieser Ebene gibt es eine win-win-Situation zwischen Organisation und Mitgliedern."

Die Arbeit der Beratung

Worauf richtet sich ganz generell die Arbeit als BeraterIn? Was macht die systOB eigentlich?

Heinz Jarmai: „Unter dem zentralen Beobachtungsfokus von Organisationen als autopoietischen Systemen geht es für mich darum, in Sekunden einen Blick dafür zu gewinnen, wie diese Unternehmen und Organisationen sich selbst auch in einer feindlichen Umwelt immer wieder neu konstituieren, welche generellen Musterverbindungen sich ausprägen, also z.B. Bindung zum Mitarbeiter, Bindung zu Kapitalmärkten. In welcher Art und Weise schaffen sie sich sozusagen einen Platz in der Welt? Was ist da aus ihrer Eigendynamik heraus konstituierend, was wird sprachlich beschrieben und wie kann das miteinander in ein Verständnis gebracht werden, um dann letztlich auch Strukturen von Steuerungssystemen weiter zu entwickeln?"

Frank Boos: „Die Meta-Theorie ist, dass Systeme sich selbst steuern und dass man eigentlich nur Anreize geben kann, um diese Selbststeuerung zu bereichern. Eine direkte Einflussnahme und die Vorstellung, Systeme schliessen sich dann durch Einsicht an, ist eher unwahrscheinlich. Es geht immer um das Zur-Verfügung-Stellen von Anreizen, die dazu führen können, dass ein System sich verändert, z.B. auf neue Gegebenheiten des Marktes Rücksicht nimmt, wenn neue Wettbewerber auftauchen. Es kann aber auch sein, dass das ungehört verhallt. Insofern ist eine der zentralen Fragen für den Systemansatz: Was steuert das jeweilige System – das Individuum, die Organisation, das Projekt – und woran orientiert sich die Steuerung? Das gilt im Großen und Ganzen für alle Institutionen: Krankenhaus, Schule sehen sich vermehrt einem Wettbewerb ausgesetzt, dass es Alternativen zu ihnen gibt, und dass sie sich in diesem Kontext anders aufstellen müssen, ihr Lernen anders organisieren müssen. Dadurch stellen sich völlig andere Fragen an das Selbstverständnis und die Entwicklungsfähigkeit sozialer Systeme."

Rudolf Wimmer: „Meine Definition der systemischen Organisationsberatung ist: Wir als Organisationsberater sind auf jene Problemstellungen von Organisationen spezialisiert, die diese im Versuch, ihre Fortsetzung hinzukriegen, erzeugen und wo man davon ausgehen kann, dass sie mit ihren eingeschwungenen Prozeduren Probleme zu bearbeiten keine Lösung zustande bringen."

Fritz Simon: „Aus Luhmanns Systemtheorie lassen sich Interventionen ableiten, die für die Irritation des Systems sorgen. Diese Irritation ist etwas, was nicht irgendeine geradlinige Ursache-Wirkungsbeziehung mit Blick auf das ganze System erreicht. Nach welchen sozialen Wahrscheinlichkeiten Hypothesen anzustellen sind, welche Art von Interventionen, welche – angesichts der Strukturen des Systems – wahrscheinlichen Entwicklungen erwartbar machen oder nicht, das ist alles eine ziemlich komplexe Geschichte."

Roswita Königswieser: „Organisationen mit dem systemischen Paradigma beschrieben sind lebendige Systeme, wo es zwar Grenzen gibt, die aber durchlässig sind und immer in einer Balance sein müssen von Offenheit und Geschlossenheit. Das Stichwort Oszillieren ist für mich ein Meta-Stichwort, dieses kontextabhängige Oszillieren. Das gilt für die Frage, wie offen und gleichzeitig wie geschlossen Organisationen sein müssen und ebenso für die Frage, was richtig und was falsch ist am Beraterverhalten."

Gundi Vater: „Meine Meta-Theorie von Beratung ist, dass man mit dieser Halbaußen-Position spielt: Ich spiele mit Mustern, dadurch dass ich meinen Außenblick zur Verfügung stelle einerseits, trotzdem hineingeh um zu merken, was sich da drinnen abspielt. Der Fritz Simon hat es mal so genannt: Man muss dritteln, bei Interventionen muss ein Drittel bekannt sind, um die Kontakte herzustellen, ein Drittel verstörend und fremd und ein Drittel muss neu, Neugier-machend, unverständlich sein.

Ein Berater ist für mich jemand, der mir auf Zeit kontinuierlich hilft, eine Sprache zu entwickeln, der auch Expertise zu bestimmten Themen einbringt und Entscheidungshilfen; der mich darin unterstützt, die Dinge so aufzubereiten, dass sie gut entschieden werden können und mithilft, dass Kommunikationsprozesse, wenn sie wo hängen in Organisationen, wieder durchgängig werden."

Wirtschaft

Die Frage nach der Theorie von Wirtschaft, auf die systemische OrganisationsberaterInnen sich beim Handeln beziehen, führt geradewegs in die praktisch täglich spürbaren Verwerfungen der sich zum Zeitpunkt der Interviews abzeichnenden Systemkrise des Neoliberalismus.

Jochen Schweitzer: „Wirtschaft ist derjenige Teil der Gesellschaft, der mit der Produktion von materiellem Reichtum oder zumindest dem Überlebensnotwendigem beschäftigt ist; also entlang der Luhmannschen Leitdifferenz Geld oder Nicht-Geld; wenn man Geld als den generellsten Indikator für Produktivität ansieht." Fritz Simon: „Wirtschaft ist sozusagen das System, in dem es um Zahlungen geht. Es ist ein Kommunikationssystem und eine Zahlung ist eine Kommunikation, Geld ist ein Kommunikations-mittel."

Roswita Königswieser: „Auf der Ebene Wirtschaft herrscht eine unheimliche Dynamik und Geschwindigkeit und ein nicht Begreifen können was sich jetzt abspielt – auf den Märkten, in der Ökonomie usw. Der Unsteuerbarkeit auf der anderen Seite ist wieder genau die gegenteilige Sehnsucht bzw. der Bedarf nach Steuerung gegenübergestellt. Ich denke eigentlich immer in diesen Paradoxien; das ist sehr hilfreich."

Alfred Janes: „Wirtschaft, das ist für mich zum gegenwärtigen Zeitpunkt die aufregendste Frage, weil ich persönlich äußerst unsicher bin, wohin die systemische Beratung läuft. Diese Mischung in der Wirtschaft: wir katapultieren die Gewinne in schwindelnde Höhen u.a. dadurch, dass wir Leute freisetzen. Die Entwicklung der Managergehälter über Aktienoptionen, die ganzen Deals, die da gemacht wurden, wo – wie im Beispiel Enron – Manager ihren Zugang zu Informationen am Aktienmarkt genutzt haben, sich über Prämiensysteme unfassbar zu bereichern; gleichzeitig haben die Arbeitnehmer ihre Jobs verloren; und dann sind auch die Aktien in den Keller gestürzt. Nehmen wir ein Unternehmen her, das die Gewinne in schwindelerregende Höhen schraubt, 25% – das ist die Ansage von Ackermann, Deutsche Bank; gleichzeitig werden 6000 Mitarbeiter freigesetzt. Was tut man da als systemischer Berater? Jetzt könnte man natürlich sagen: Gut, es gibt hier Gewinnoptimierung auf der Grundlage des Aktiensystems auf der anderen Seite Rationalisierung auf der Grundlage des Effizienzsystems. Jetzt kann man hergehen und sagen, allparteilich gesehen ist das kein Problem, man kann an beide Bewegungen ankoppeln; wir stehen zum System der Gewinnoptimierung genauso wie zum Problem der Mitarbeiter. Ich glaube aber, dass solche Zynismen – wie das nämlich wahrgenommen wird – Systeme energetisch aushöhlen und die Unternehmen kaputt macht im Sinn der Nachhaltigkeit. Da denke ich, ist es im Augenblick auch wichtig, die Organisationstheorie zu revidieren. Ich glaube, das ist eine wichtige Aufgabe für uns als Berater, ein Verständnis über das Funktionieren von Organisationen zu kriegen, denn wenn wir das nicht haben, können wir auch nicht gut beraten. Ich vermute, dass wir da einiges an Entwicklung leisten müssen und nicht nur sagen können, was immer passiert in den Organisationen, wir sind anschlussfähig."

Ähnlich Gunther Schmidt: „Was in den letzten zehn Jahren über die Ideologie des Shareholder Value und über die Globalisierung in Organisationen hineinkam, macht mir viele Bauchschmerzen. Da werden praktisch die Organisation und ihre Shareholder zum Vorrangigen. Die Menschen, die den Mehrwert erbringen, die das überhaupt ermöglichen, dass andere einen Shareholder Value lukrieren, die werden zum maschinellen Element. Das halte ich für äusserst fragwürdig und bin überzeugt, dass es langfristig auch nicht für die Shareholder trägt. Eine Organisation kann nicht leben ohne die Loyalität ihrer Mitglieder. Wenn die Mitglieder loyal sein sollen, die Entscheidungsprozesse in der Organisation aber nicht auch loyal sind zu denen, die sie leben lassen, dann trägt das auf Dauer nicht.

Diese Strukturen müssten geändert werden, z.B. in Hinblick auf die Verantwortlichkeiten. Kapitalistische Grundprozesse stammen aus einer Zeit, in der für die Unternehmer das, was sie an Rechten und Gestaltungsmöglichkeiten im System hatten, in Balance war mit der Verantwortung, die sie zu tragen hatten. Das seh ich zur Zeit überhaupt nicht gegeben, wenn z.B. jemand Entscheidungen trifft, die tausende von Menschen in ihrer Existenz betreffen, hinterher selbst aber mit einer Abfindung von einigen Millionen in den nächsten Job gehen kann. Da tragen andere und nicht er selbst die Verantwortung für das, was er an Gestaltungsmöglichkeit hat. Das gehört für mich zur Meta-Theorie – dass ein wechselseitiges Commitment, eine wechselseitige Loyalität gegeben sein muss und die Verantwortung immer bei denen zu verorten und anzusiedeln ist, die Antwort geben."

Gesellschaft

Jochen Schweitzer: „Die Gesellschaft ist das Suprasystem, das alle sozialen Systeme in einer bestimmten Region – im Regelfall derzeit noch in einem Nationalstaat – umfasst. In Abgrenzung zum Staat, der von zentralen Akteuren nach durchgängig modifizierten Regeln gelenkt wird, unterliegt Gesellschaft einem weitgehenden Selbstorganisationsprozess."

Frank Boos: „Auf der Ebene der Gesellschaft ist zu beobachten, dass die Steuerungsprozesse zunehmend instabiler und komplexer werden, weil stabile Beziehungen, soziale Einheiten usw. immer seltener anzutreffen sind und man deshalb ganz andere Formen der Steuerung und Beeinflussung suchen muss."

Heinz Jarmai: „Für mich ist eine interessante Frage, ob sich das Modell der funktionalen Differenzierungen von Systemen in der von Luhmann formulierten Form noch aufrechterhalten und sich die Zukunft damit noch gut beschreiben lässt, oder ob es hier sozusagen Querbrüche gibt. Es ist die Frage der Individualisierung und ein Element, was sich durch die Eigenständigkeit und Nicht-Dazugehörigkeit von Individuen auszeichnet, dass sich Teile von Gesellschaften um Individuen herum konstruieren, wobei ich sehr im Zweifel bin, ob das ein sehr tragfähiges Gesellschaftskonzept wäre. Angesichts des funktionssystemübergreifend geführten Wettbewerbs stellt sich für mich auch die Frage: Wenn permanent Politik mit Wirtschaft konfrontiert wird, oder Wissenschaft mit Wirtschaft – wieweit lassen sich diese Systemgrenzen erhalten? Dass man die Funktionssysteme miteinander in Konkurrenz, in wirkliche Vergleiche schickt, würde darauf hinweisen, dass es irgendwelche Querdurchdringungen gibt."

Gundi Vater: „Natürlich haben wir das Luhmannsche Konzept mit diesen gesellschaftlichen Funktionssystemen, wo es darum geht, einerseits die Logik der Funktionssysteme zu verstehen und dass es nicht sinnvoll ist, die miteinander zu verknüpfen, dass es da eigentlich nicht so was wie ein Metasystem gibt. Deshalb operier ich innerlich mit einer besonderen Sorgfalt, ob die Systeme überhaupt zusammenpassen bzw. wie man da überhaupt eine Kopplung herstellen kann; d.h. das Gesundheitssystem ausschliesslich mit wirtschaftlichen Metaphern oder Modellen zu beraten, finde ich zu kurz gesprungen – dass man davon profitieren kann, find ich schon ganz ok."

Alfred Janes: „Auf der Ebene von Gesellschaft ist ein interessantes Thema: Was ist die Funktion von Beratung? Da zeigt sich am Beispiel der ÖGGO eine interessante Entwicklung. Die OGGÖ ist damals entstanden vor dem Hintergrund einer kritischen Auseinandersetzung mit Gesellschaft. Im Laufe der Professionalisierung ist das verlorengegangen. Man beschäftigt sich nicht mehr mit Gesellschaft. Im Augenblick gibts da ein Defizitbewusstsein, das hat aber keine Auswirkungen. Ich vermute, dass Beratung und systemische Beratung sich von einer Reflexion gesellschaftlicher Zusammenhänge distanziert hat. Da ist eine Trendwende passiert. In dem Ausmaß, in dem sich systemische Beratung professionalisiert, wird sie selbst ein ökonomisches System. Das ökonomische System kann die Grundlagen der Ökonomie nicht selbst reflektieren."

2.2 Persönliche Kernkonzepte, Modelle, Lieblingsinterventionen

Im Anschluss an die Frage nach den Meta-Theorien, die Ausrichtung und Orientierung beim Handeln geben, gilt die nächste Frage den – auf einer konkreteren, mehr kontextbezogenen Ebene – persönlichen, häufig verwendeten Kernkonzepten, Modellen und Lieblingsinterventionen. Sie sind unter folgenden Überschriften zusammengefasst:

o   Starke Systeme stärken,

o   Sprachspiele,

o   Am Beginn der Beratung,

o   Problemdefinition und Bearbeitungsarchitekturen

o   Ein Blick in die Schatzkisten

Das sind die Überschriften, unter denen die Antworten im O-Ton zusammen-getragen sind.

Starke Systeme stärken

Heinz Jarmai: „Ein Lieblingskonzept von mir ist das der symbolisch generalisierten Kommunikationsmedien. Willke hat sie ja zu Steuerungs-prinzipien weiterkonzeptualisiert. Damit also zu verstehen, was in einzelnen Organisationen das jeweilige Grundprinzip der Steuerung ist und aus dem heraus Interventionen abzuleiten. Sicher auch ein Verständnis dafür zu haben, was die Prinzipien und auch die Zumutbarkeiten von zentralen Personen sind, Zumutbarkeiten im Sinn, dass diese Personen ihr Bestes, ihre größten Möglichkeiten entfalten. Es wäre ein Stück Ressourcenorientierung, wenn es gelingt, dass das, was Personen und genauso Organisationen wirklich gut können, Platz findet, sich in einer Stimmigkeit entfaltet, wenn diese Organisation, dieses Team, dieses Unternehmen, einfach Power entwickelt und dann auch einen Markt und eine Lebensform finden wird, die den Platz geben, was die gut können. Das halte ich für eine wichtige Aufgabe, sie dabei zu unterstützen. Statt an diesen Fehlern und Defiziten herumzubasteln, den Kopf dafür zu finden, was ein guter Weg ist."

Gunther Schmidt: „Ich bin stark der Eriksonschen Denkweise verbunden, insbesondere seiner Potenzialhypothese. Meine Beschreibung ist: Beratung hat die Aufgabe, einen Kontext herzustellen – der Berater ist praktisch der Kontext-Organisator – dafür, dass Leute Zugang zu ihren eigenen, längst vorhandenen Fähigkeiten finden und die in optimaler Weise entfalten können. Die Rolle der Berater ist nicht, die Schnellschüsse, die tollen, hippen Highlights reinzubringen, sondern eine rituelle Unterstützung, damit die Leute autonom ihre eigenen Ziele entwickeln können und ihre Potenziale nutzen, um ihre Ziele zu erreichen.

Ein Berater macht darüber hinaus immer auch Kulturträger-Beiträge. Man sollte deshalb als Berater auch reflektieren, welche Wert-Angebote man selbst macht. Ob ich will oder nicht, wenn ich Beratung mache, transportiere ich Werte. Da kann ich neutral sein oder nicht; ich hab ein bestimmtes Menschenbild, bestimmte Vorstellungen über Begegnungen, Beziehungen, wie ich ein Thema kommuniziere und diese Werte sollte ich deutlich transportieren. D.h. nicht unterschwellig, sondern transparent definieren, wo ich stehe und das zu einem Angebot zu machen; auch nicht missionarisch – der Kulturaspekt entsteht in der Begegnung.

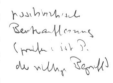

Eine zentrale Intervention ist, dass ich eine Balance von Veränderung und Nicht-Veränderung herstellen will. D.h. dass ich das, was bisher als problematisch gesehen wurde, übersetze in Kompetenz. Die Eriksonsche Kompetenzorientierung, systemisch-konstruktivistische Modelle, die

Autopoiesetheorie – das sind alles ganz zentrale Interventionsmodelle für mich. Das Wissen, dass praktisch jede Intervention auf völlig autonome Systeme trifft, die ihre eigene Bedeutung davon ableiten, bringt es mit sich, dass ich niemals wissen kann, was ich da sozusagen anrichte, es sei denn, ich frage die, wie ich bei ihnen ankomme. D.h. dass ich permanent achtungsvolle Rückkopplungsprozesse im System aufbauen muss. Ich kann keine Intervention einfach nur machen, sondern immer wenn ich sie mache, muss ich eine zweite Meta-Ebene, eine Meta-Kommunikation einrichten im Sinn von: Ich frag gleich nach, wie kommt's an, wie wird's bewertet?

Dann diese Synergetik-Konzepte, die Theorien komplexer dynamischer Systeme von Hermann Haken, dass das System einer Verstörung bedarf. Nach dem Modell muss man das System erst dazu bringen, diesen stabilen, sicher anmutenden Teilbereich zu verlassen, um diskontinuierliche Veränderung zu machen und sich dadurch neu zu organisieren und praktisch zu erneuern. In diesen Theorien wird allerdings davon ausgegangen, dass das System vorübergehend einen Leistungseinbruch hat, wenn es sich neu organisiert; das seh ich nicht so. Wenn ich Veränderung verbinde mit der Ericksonschen Kompetenzvorgehensweise, dann kann ich, wenn ich ein System in Bewegung bringe, darauf fokussieren, wo die schon mal Erfahrungen gemacht haben mit Kraft, mit guten Leistungen bei Veränderungen. Wenn ich diese Kompetenzerfahrungen reinbringe, gibts wenig oder gar keine Leistungseinbrüche."

Sprachspiele

Wolfgang Looss: „Ich stelle Risiko reduzierende Kommunikationsgefäße zur Verfügung, d.h. sicherere und Sicherheit gebende Kommunikationssituationen, so dass die Leute mehr Risiko nehmen können. Ich gebrauche immer das, was ich gesunden Menschenverstand nenne, benenne, was ist das „where all real people would agree"; das nimmt Stigma weg. Meine Klienten sind oft in schwierigen Situationen, da neigt man dazu, zu vermeiden und zu verbergen, weil man das Schwierige selber stigmatisiert – also z.B.: „Oje wir haben ein Werteproblem." Das hole ich dann von dieser Tabuisierung und Stigmatisierung runter und sage: Ja was heißt das denn? Wie machen Sie das denn? Warum ist das jetzt ein Problem? und Ähnliches mehr. Also ich erfrage auf Sicherheit und Erlaubnis gebende Weise Hintergründe, damit die Leute sich sicher fühlen.

Eine weitere Intervention ist, auf vielfältige Art und Weise, das, was die Klienten tun und machen, in einen erlaubnisgebenden Kontext zu stellen. D.h. ich mache sozusagen Sinngebungsangebote – so wie wir das aus systemischen Fragetechniken, Reframing, Kontextualisierung und Rekonnotierung kennen – das sind Erlaubnis gebende Sinngebungsangebote, so dass die Klienten aus Selbstbeschuldigungen und –befangenheiten rauskommen und damit erstmals zu Beobachtern ihrer eigenen Muster werden.

Außerdem gebe ich Angebote von Beschreibungen von Weltzusammenhängen. Ich neige gelegentlich dazu, die Welt zu erklären, wie das die Klienten nennen. Dabei gebe ich ihnen Erklärungsmuster, die ihnen erst mal Sinn machen – nicht um sie zu instruieren, sondern um sie zu ermuntern, anders zu denken oder die ganze Organisation anders zu sehen. Mit diesen Sprachspielen ermuntere ich mein Gegenüber, das System, zu musterdurchbrechenden Selbstentäußerungen. Ich biete Beschreibungen an, wo mein Klient sagt: Sie bringen das so genau auf den Punkt, so hätten wir es selbst nicht beschreiben können, aber das trifft es genau. Ich provoziere und ermuntere durchaus, sich einmal einem anderen Sprachvorrat zu nähern. So dass die Klienten sich auf eine sie selbst überraschende Art und Weise selbst entäußern in der Beschreibung des Selbst als Person oder in der Beschreibung des Selbst als Organisation. Sie werden dann zu geschulteren Beobachtern ihrer eigenen Muster. Dann kriege ich eine Basis, von der ich sie ermuntern kann, auch unter Riskierung emotionaler Beteiligung weitere Selbstentäußerungen zu machen. Dass sie sagen: Also o.k. dann können wir auch sagen, dass es daher kommt oder dass wir so sind oder dass wir das damit erreichen wollen usw. So kommt Material auf den Tisch."

Fritz Simon: „Ich hab keine Modelle. Interventionen muss man jeweils im Kontext zentral neu – ausschnapsen – hätte ich beinah gesagt, maßschneidern. Aber natürlich hat es immer damit zu tun, dass man andere Sichtweisen einnimmt, dass man zu anderen Erklärungen kommt, oder andere System:Umwelt-Unterscheidungen verwendet, als die Kunden das von sich aus tun."

Am Beginn der Beratung

Alfred Janes: „Das erste ist, dass man in der Kontext- und Auftragsklärung durch geschickte Fragen mit dem Klienten gemeinsam das System konstruiert. Wenn ich so lange frage, bis ich das System verstanden hab, dann hat der, der mir die Antworten gegeben hat, dabei auch gelernt, sein System in einer bestimmten Art und Weise zu verstehen. D. h. wir haben ein gemeinsames Konstrukt erarbeitet, das zwischen mir als Auftragnehmer und dem Kunden als Auftraggeber gleichwertig ist und unterwegs entstanden ist. Das ist für mich ein wichtiges Modell des konstruktivistischen Ansatzes der Wirklichkeitskonstruktion.

Ein wichtiger Punkt ist für mich auch die Idee der mehrfach gerichteten Parteinahme, dass – wenn man Systeme als Ganzes verstehen will – man sich nicht nur zu einer bestimmten Person, die ja nur einen bestimmten Aspekt des Systems repräsentiert, loyal verhalten darf, sondern dass gelten muss: Wenn Loyalität oder Nicht-Loyalität, dann zu allen. Das ist eine sehr weitreichende Konzeption, weil sie bedeutet, dass für mich der Auftraggeber eigentlich nicht die Person des Auftraggebers ist, sondern das System als Ganzes. Das heißt in der konkreten Arbeit, dass ich Personen, die mir Aufträge geben, vermittle, dass es für mich keine spezialisierten Beziehungen gibt, sondern nur ein Interesse und eine Möglichkeit, zu allen auf dieselbe Art Nähe und Distanz, Loyalität und Nicht-Loyalität aufzubauen. Das ist für mich der crucial point in der Phase, einem Auftraggeber den Wert der Allparteilichkeit und nicht nur die Zurückweisung zu vermitteln. Dass der Auftraggeber verstehen kann, dass diese mehrfach gerichtete Haltung ein bestimmtes Lösungspotenzial beinhaltet, das er nicht aktivieren kann, wenn die loyale Beziehung von mir zu ihm die Priorität ist.

Ein drittes Modell wäre dann zu sagen, Wenn wir gemeinsam arbeiten, dann lass uns gemeinsam überlegen, welche Repräsentanten des Gesamtsystems in einer „kleinen Welt", die das Ganze repräsentiert, daran arbeiten sollen, das Ganze zu verändern. Der wichtige Punkt in dieser Suche nach

Repräsentanz ist, sich nicht auf Personen zu beziehen, sondern auf systembeschreibende Kriterien. Dazu muss man erst einmal gemeinsam mit dem Auftraggeber Merkmale finden, die für dieses System beschreibend sind, bis der dann sagen kann: O.k. jetzt muss ich – ausgehend von der Systembeschreibung – noch Personen dazu finden. Dann kann man die Namen der Personen veröffentlichen, die sind dann nicht geheim, sondern in einem kommunizierbaren Verfahren bestellt.

Damit sind wir beim nächsten Thema, dem Konzept der basalen Transparenz. Ich glaube, dass die Idee des Symmetrischen oder Asymmetrischen auf der Interaktionsebene ein konstituelles Element von systemischer Beratung ist. In dem Moment, wo ich in die Asymmetrie gehe, entstehen verdeckte Optimierungskreise, nicht benennbare Loyalitäten, dann ist man gekettet und gebunden und verliert seine Gestaltungskraft für das Ganze. Diese Frage der Haltung zur Symmetrie und damit zur basalen Transparenz ist für mich in der ästhetischen Dimension an die Beraterpersönlichkeit gekoppelt, weil entweder ist diese Arbeitsfigur schön, dann wird sie auch gehaltvoll, oder nicht."

Problemdefinition und Bearbeitungsarchitekturen

Rudolf Wimmer: „Beratung ist für mich die Schaffung eines problem-defined-systems, d.h. eines eigenen Systems mit dem Kundensystem zusammen, das um eine leitende Problemstellung herumgebaut ist; sonst ist Beratung sinnlos. „Beratungssystem" haben wir dieses zeitlich befristete Problembearbeitungssystem genannt, das Beratersystem und Kundensystem in eine gemeinsame Klammer stellt. Dieses Herstellen eines arbeitsfähigen Interaktionssystems ist selbst eine der zentralen Interventionen.

D.h. es gilt zunächst einmal herauszumodeln, was das treibende System-problem ist, mit dem das Unternehmen im Moment prioritär zu kämpfen hat bzw. das für die Überlebensfähigkeit hier besonders getriggert werden muss. Es kann sein, dass es um Zukunftsentwürfe geht, um Strategieentwicklung oder Organisationsdesign, um einen Change Prozess, um Problemstellungen aus dem Personalbereich, um teamorientierte

Lernarchitekturen oder was immer. Es ist eine eigene Leistung dieses Beratungssystems, das für die Beratung relevante Systemproblem für den Beratungsprozess überhaupt erst herauszuarbeiten. Denn das Problem, das der Kunde schildert, ist immer eine Symptomatik. In der Phase der Problemdefinition hat man als Berater die Geburtshelferrolle und inhaltlich gesehen eine Sparring-Partner-Rolle.

Die nächste zentrale Interventionsschiene – wo ich den Berater sehr viel stärker in der Expertenrolle sehe – ist die Definition der Bearbeitungsarchitektur, der Prozessarchitektur für die Bearbeitung der Problemstellung. Nehmen wir z.B. die Frage: Wie geht man unter systemischen Prämissen einen Strategieentwicklungsprozess an? Da haben wir sehr sauber ausgearbeitete Vorgehensweisen hinsichtlich der Schrittfolge – welche Themen bearbeitet man sinnvollerweise vorher, was kann daran anknüpfen, wen bezieht man ein und an welcher Stelle, welche Formationen wählt man zur Bearbeitung, wie viel Zeit muss man dafür verwenden. Für die Schlüsselproblemstellungen, für die ich als Berater steh, habe ich mir im Laufe der Jahre – auch durch theoretische Auseinandersetzungen – solche Vorgehenskonzepte entwickelt, die ich dann flexibel und variantenreich einsetzen kann. Auf das greife ich zu. Das habe ich auf Wissensvorrat für Strategieentwicklung, für eine Reorganisation, für die Erarbeitung eines angemessenen neuen Organisationsdesigns (wie müssen wir uns denn aufstellen intern?) und die dazu passende Segmentierung von Führungsstrukturen usw.

Die Prozessarchitektur ist für mich etwas, wo der systemische Berater seine Expertise zeigen und den Kunden entlasten muss, denn der holt mich, weil er weiß, der macht das nicht zum ersten Mal, da gibt es ein gerüttelt Maß an geprüftem Wissen, wie solche Problemstellungen in einer Organisation bearbeitet werden können. Was nicht heißt, dass man das nicht wieder maßschneidert auf die jeweilige Organisation, aber so eine Prozessarchitektur hat ja einen mittleren Abstraktionsgrad und ist flexibel auf die konkreten Gegebenheiten anzupassen.

Eine Stufe darunter geht es dann um die Wahl der konkreten Bearbeitungsschritte. In einem Strategieprozess z.B. um die Frage: Wie bearbeite ich jetzt im Detail eine Kernkompetenzdiagnose meines Unternehmens? Was sind da die einzelnen Fragen? Dann bin ich schnell im Mikroprozess der Bearbeitung von Problemstellungen: Wie interveniere ich jetzt, wenn das Team Probleme hat, das zu bearbeiten? Oder wie löse ich einen hässlichen Konflikt, wenn in der Phase der Optionsentwicklung heftige Interessensunterschiede im Managementteam aufbrechen? Da kann ich dann durchaus auf das herkömmliche Konfliktmanagementrepertoire greifen. Auch da hat man im Laufe seines systemischen Beraterlebens Modelle entwickelt, für Konfliktmanagement z.B. oder Kreativitätsmethoden um bestimmte nächste Bearbeitungsschritte, lösungsorientiert greifbarer zu kriegen. Wir spielen da z.B. mit dem Repertoire aus der lösungsorientierten, -fokussierten Therapie Steve de Shazers. Wir operieren auch an manchen Stellen mit angepassten, variierten Interventionsformen aus der systemischen Aufstellungsarbeit z.B. dem Tetralemma bei der Arbeit mit strategischen Optionen."

Roswita Königswieser: „Das sind die Ebenen der Intervention: Architektur, Design und Technik. In dem Buch mit Axel Exner (Königswieser/ Exner 1998) und in unserem neuen Buch (Königswieser/ Hillebrand 2004) habe ich ja eine Fülle von Interventionen auf der Designebene und der Prozessebene beschrieben. Übergreifend dazu gibt es für mich zentrale Kriterien für Intervention: Jenseits der normalen Abläufe in der Linie Plattformen und Schleifen für Kommunikation, Reflexion und Respekt zu institutionalisieren, die eben eine andere Sicht herstellen und Reflexivität hineinbringen. Ob ich eine Steuergruppe mache oder ein Vorstandscoaching – im Grunde sind auf einer Metaebene diese Sicht, diese Kriterien immer wichtig."

Ein Blick in die Schatzkisten

Frank Boos: „Das Modell der systemischen Schleife – beobachten, Hypothesen bilden, Interventionen überlegen, dann Interventionen setzen, Wirkungen wieder angucken ... Das Schleifenmodell begleitet mich ständig, weil ich gern auch mit dem Modell von Pacing-Leading[33] des Systems arbeite. Also nicht die große Intervention setzen; ich habe in den letzten Jahren eher die Erfahrung gemacht, dass Veränderung durch stetige, kleine

Interventionen besser verarbeitbar ist. Das ist sicher etwas, das mich leitet: Die nachhaltige Wirkung ist mir wichtiger als ein emotional sehr aufregender Prozess. Die Frage; wie gelingt es dem System nachher erfolgreich die veränderten Muster zu implementieren? Das ist für mich eine Veränderung gegenüber dem Beginn der systemischen Arbeit vor zwanzig Jahren, dass der Fokus mehr auf diese spätere Phase verlegt ist. Früher gabs mehr die Hypothesenbildung und dann die große Intervention – heute gibts eher viele kleine Interventionen und die Absicherung, dass das auch fürs System verarbeitbar ist und umgesetzt werden kann."

Gundi Vater: „Was mir hilft, ist das Basismodell bei Veränderungsprozessen mit den zwei Seiten: das Ist auf der einen Seite, und auf der anderen Seite irgendetwas Attraktives in der Zukunft. Man braucht da einen Spannungsbogen. Mir hilft das Konzept, dass Führung ein Grenzgängertum ist. Das ist eine Basis, Führungskräften zu helfen, mit diesen Widersprüchen in Organisationen zurechtzukommen. Was mir auch sehr hilft, ist das innere Bild, Führung unter zwei Aspekten zu sehen: Sich einerseits nützlich zu machen für das Funktionieren der Einheit, für die man verantwortlich ist, aber gleichzeitig eindeutige, klare Entscheidungen zu treffen. Es sind ein paar Modelle dieser Art, im Moment sicherlich auch sehr stark diese Ressourcenorientierung, die von de Shazer kommt."

Jochen Schweitzer: „Die Intervention, auf die ich am meisten stolz bin, sind die von mir entwickelten Sprechchöre. Das ist ein Versuch, sich problemerzeugende Ideen von einem Chor vorsingen zu lassen, was ich sowohl in der Familientherapie aber hauptsächlich in der Teamberatung entwickelt habe. Ich arbeite gern mit Zeitlinien, z.B. wandere ich mit sozialen Systemen durch ihre Geschichte, beginnend mit dem Eintrittsdatum des dienstältesten Mitglieds bis heute und gucke, zu welchen Jahreszahlen gab es bedeutsame Umbrüche, wo haben sich Kulturen verändert, wo gab es traumatische Erlebnisse, die heute noch für bedeutsam gefunden werden? Ich lege viel Wert auf eine sorgfältige Auftragsklärung, wenn ich beratungsunerfahrene Menschen habe. Wenn ich das Gefühl habe, ich arbeite als Berater sehr hart, aber je mehr ich arbeite, umso schlechter wird's, hat für mich die gepflegte Resignation oder das systemisch inspirierte Nichtstun einen hohen Charme bekommen, die eigene Beratungstätigkeit in Frage zu stellen: Ist es denn sinnvoll, mit mir weiterzuarbeiten? Ich mache eigentlich immer nur Zeitverträge, wo alle Beteiligten jederzeit wieder aussteigen können. Das führt häufig dazu, dass sich die andere Seite einfach mehr bewegt. Was mir in der Organisationsberatung im Moment wichtiger wird, ist die Wertschätzung, was Mitarbeiter in einer Einrichtung jetzt schon gut machen.

3 Die Personen und ihre Werthaltungen

Ziel dieses Beitrags ist es, das Personensystem des systOB-Ansatzes zu beleuchten. Denn es sind die Personen und Marken, die die Attraktoren im Beratungsfeld bilden und wie Landmarks den Kunden und neu dazukommenden systemischen OrganisberaterInnen Orientierung geben. Außerdem ist es nur naheliegend, die Perspektive des Beobachters 2. Ordnung auch auf das eigene Professionsfeld anzuwenden.

Wer sind die Personen, die den systemischen Beratungsansatz geprägt haben? Wer und was hat sie geprägt? Und welcher Art ist — was Einstellungen und Werthaltungen betrifft — die Prägung dieser Personen? Welche für diesen Beratungsansatz typischen Werthaltungen schreibt sich das Professionsfeld selbst zu? Um diese Fragen geht es im Folgenden Kapitel.

3.1 Pioniere…

Ausgangspunkt für die folgenden Seiten waren die zwei Fragen: „Welche Personen haben Sie geprägt?" Das „Sie" steht einmal im Akkusativ, einmal im Nominativ. In der Du-Form heißt es: Welche Personen haben Dich geprägt? Und welche Personen hast Du geprägt?

In diesem Kapitel wird deutlich, wer mit wem welche Wege gemeinsam gegangen ist, wo sich Wege getrennt haben und was unterwegs im Gehen entstanden ist. Es wäre unmöglich, das in Co-Kreation Geschaffene ideenmäßig und urheberrechtlich auf Personen aufzuteilen. Ein unendlicher Rosenkrieg und steinreiche Anwälte wären die Folge. Bezüglich der sozialen Beziehungen weist das Feld eine bunte Gemengelage auf. Es gibt manche tiefe Kränkungen zwischen Personen genauso wie manche enge persönliche Beziehungen trotz der Konkurrenz zwischen den Unternehmen, denen sie angehören. Bei allen prägenden Personen zeigt sich, dass sie selbst lebensgeschichtlich durch ihre Profession und das systemische Beratungparadigma geprägt wurden. Sie bilden eine Inspirations-, Gesinnungs- und Bekenntnisgemeinschaft, in der jede und jeder ihren / seinen Anteil hatte, die heute gewordene Community der systOB zu schaffen.

Paul Watzlawick sagt: Man kann nicht nicht kommunizieren, Matthias Varga sagt: Man kann nicht nicht aufstellen. Wenn im Folgenden Personen vorgestellt werden sollen, machen unsere Rezipiergewohnheiten aus einer Voranstellung schnell eine Vorrangstellung. Eine alphabetische Reihenfolge wäre deshalb besonders unpassend, haben doch tragende Personen des systemischen Ansatzes dummerweise Namen, mit denen sie nie zu einem Auftrag kämen, würden Kunden Beratungsleistungen in den gelben Seiten nachschlagen.

Mit Blick auf das jugendliche Alter des Professionsfeldes soll im Folgenden bewusst die soziale Reichweite der tragenden Personen als Kriterium für die Reihung der Personen dienen. Denn in einer Pionierphase konfiguriert sich das Geschehen immer um Personen herum; sie geben Sprache, Begriffe und Strukturen. Dazu kommt, dass der Path of Desire, dem das Feld der systOB in seiner Entwicklung gefolgt ist, in besonderem Maß durch die Attraktion von Personen und sozialen Gruppierungen bestimmt war. Von den Personen, die den Ansatz entwickelt haben, stehen manche regelmäßig im Rampenlicht großer Events, andere wirken über ihr Auftreten im „Seminarzirkus" verdienterweise als Multiplikatoren, wieder andere schreiben und publizieren gern, scheuen aber das Bad in der Menge oder sind zu faul zum Reisen. Es gibt Personen, die stetig und gut vor sich hinarbeiten und – leider nur – einen engen Umkreis von KollegInnen und Stammklienten befruchten.

Univ.Prof. Dr. Fritz B. Simon

Simon, Weber & Friends, systemische Organisationsberatung GmbH, Heidelberg, Berlin

Was die Inhalte angeht, war für mich in den 70er-Jahren der Wichtigste Paul Watzlawick. Er hat mir den Theorierahmen gegeben; die Mittel, zu verstehen, was ich in den Organisationen tue, wo ich arbeite. In unserer Zusammenarbeit hat er sich mir gegenüber als Mentor erwiesen. Was die konkrete Arbeit und die Menschenführung angeht, hat mich sicher mein damaliger Chef Helm Stierlin am meisten geprägt. Ihm hab ich viel zu verdanken, was die tägliche Auseinandersetzung

> Es ist wahrscheinlich so, dass ¾ des systemischen Feldes bei mir durch irgendeinen Workshop oder einen Kurs gegangen sind. Was da als Prägung haften geblieben ist, weiß ich nicht."

mit Dingen betrifft; er hat mir vieles ermöglicht. Wenn man das als Prägung bezeichnet, war er sicherlich professionell ganz wichtig.

Aber ansonsten denke ich, gibt es niemanden, wo ich sagen würde: Der war derjenige, dem ich nachgearbeitet habe. Ich hab immer mit verschiedenen sehr imposanten und interessanten Leuten aus dem internationalen Feld in Workshops, Therapien und Beratungen zusammen gearbeitet, bin ihnen begegnet. Auch die jetzt schon fünfundzwanzig Jahre andauernde Zusammenarbeit mit meinen Kollegen ist hier zu nennen. Wir haben gemeinsam das Systemische kennengelernt und teilweise entwickelt, weil wir gemeinsam Therapien und Workshops durchgeführt und Forschung betrieben haben. Ich habe mir also sicher hier und dort was abgeguckt. Aber da ist keine einzelne Person, wo ich sagen würde, sie ist mein Rollenmodell.

Wen ich geprägt habe? Es ist wahrscheinlich so, dass drei Viertel des systemischen Feldes bei mir durch irgendeinen Workshop oder einen Kurs gegangen sind. Was da als Prägung haften geblieben ist, weiß ich nicht. Was ich oft an Rückmeldung bekomme, ist: Seither hat sich mein Leben geändert und ich seh die Welt anders. Warum weiß ich nicht und in welcher Hinsicht auch nicht.

Univ. Prof. Dr. Rudolf Wimmer

OSB international, systemische Organisationsberatung,
Wien, Tübingen,Hamburg

Mitte der 70er-Jahre hat mich der Peter Fürstenau, den ich von meiner Gruppendynamik Ausbildung am EIT her kannte, auf den Weg der Familientherapie und die Aktivitäten der Mailänder Schule aufmerksam gemacht. Mein Einstieg war das Buch „Paradoxon und Gegenparadoxon". Ich habe dann begonnen, diese Themen in die ÖGGO hineinzubringen. 1979 haben wir eine erste Veranstaltung mit Peter Fürstenau gemacht. Damals hat die sich transformierende Neuwaldegger Gruppe zusammen mit der Conecta begonnen, mit dem Siegi Hirsch zu arbeiten; da war ich nicht dabei. Mit Peter Fürstenau haben wir zehn Jahre in einer firmenübergreifenden, ÖGGO-basierten Supervionsgruppe Fallsupervision gemacht. Er kommt aus der Psychoanalyse mit soziologischem Hintergrund und hat versucht, unter dem Namen „psychoanalytisch-systemische Beratung" diese Brücke zu schlagen. Für uns war das kein Gegensatz, sondern spannend zu sehen, was sich da an Emergenz im Miteinander der zwei Paradigmen produziert.

Stefan Titscher hat damals den Kontakt mit Niklas Luhmann organisiert, mit dem wir 83 die erste Veranstaltung in Wien hatten. Ab 1985 bis kurz vor seinem Tod haben wir jährlich ein dreitägiges Theorieforum mit ihm in Wien gemacht. Wir in der ÖGGO haben seine denkerische Entwicklung genutzt und er unser Praxis-Tun. Ich war bis zu dem Zeitpunkt für den erkenntnistheoretischen Hintergrund vorwiegend an der Frankfurter Schule ausgerichtet, die ja die Gruppendynamik- und die OE-Tradition hat. Wir waren philosophisch auf die Aufklärung, Hegel, auf den Marxismus hin ausgerichtet, also gesellschaftskritisch. In dieser Tradition war Luhmann für viele nicht interessant oder sogar abzulehnen.

> Für uns war das kein Gegensatz, sondern spannend zu sehen, was sich da an Emergenz im Miteinander von psychoanalytischem und systemischem Paradigma produziert. Wer das systemische eben in seiner nicht dogmatischen Art versteht, für den ist das ohnehin sozusagen Natürlichkeit.

Auf der praktischen Ebene haben wir unser Interventionsrepertoire mit den unterschiedlichen Denkrichtungen der damaligen Familientherapie erweitert. Da ist eine Workshopserie entstanden wo wir uns einerseits mit den Heidelbergern auseinandergesetzt haben – wir haben den Fritz Simon eingeladen – andererseits mit den Mailändern, Cechin. Über Luhmann habe ich den Helmut Willke nach Wien geholt und im Rahmen eines Forschungsprojekts Dirk Baecker – noch als Assistenten Luhmanns – kennengelernt. Wir haben damals den Maturana für mehrere Tage nach Wien geholt; auch mit Heinz von Foerster ist ein intensiverer Kontakt entstanden.

Mich hat das Netzwerk geformt; das war die Kombination zwischen diesen sozialen Events – d.h. dass man die Leute auch in Interaktion erleben konnte – und natürlich viel Lektüre und wissenschaftliche Auseinandersetzung. So sind die ersten Arbeiten entstanden, die wissenschaftlichen Publikationen; ab 87 hab ich dann publikatorisch das Feld bestellt.

Die Frage, wen ich geprägt habe, ist schwieriger zu beantworten. Die Historie zeigt schon, dass viel im Netzwerk der ÖGGO entstanden ist. Ich hatte damals als Vorsitzender gestalterische Möglichkeiten, dieses Netzwerk zu verlebendigen – z.B. durch den ersten großen Welser Kongress der ÖGGO. Das hat auf die Professionalisierungsbemühungen der ÖGGO einen erheblichen Einfluss genommen – auch wenn das dort bedauerlicherweise auch eine gewisse Polarisierung herbeigeführt hat, die sich bis heute nicht wirklich aufgelöst hat. Die besteht zwischen den loyalen Gruppendynamikern der Klagenfurter Szene einerseits, die sich aufklärerischen, philosophischen Traditionen verpflichtet fühlen und andererseits sehr vielen, die sich in die systemische Richtung schon schlau gemacht haben.

Nach zehn Jahren bin ich aus der Obmannrolle ausgestiegen. Zu der Zeit hatte sich aus dem ÖGGO Netzwerk schon die OSB gegründet und ich hab mich dann mehr auf die OSB konzentriert. Damals bin ich in die „Zeitschrift für Organisationsentwicklung" berufen worden, die ich zehn Jahre unter dem Gesichtspunkt der Professionalisierungsbemühungen deutlich mitgeprägt habe. Wahrscheinlich ist ein gewisser Einfluss über meine Publikationen erfolgt. Das Buch „Organisationsberatung, Neue Wege und Konzepte", das ich im Anschluss an den ersten ÖGGO-Kongress gemacht hab, hat sich erstaunlich verbreitet und eine gewisse Orientierungsfunktion gekriegt, was möglich war, weil das Feld sozusagen noch in einer Formingphase war und nach Orientierung gesucht hat.

Dr. Roswita Königswieser

Roswita Königswieser & Network, Organisationsberatung, Wien

Von den Lehrern hat mich Traugott Lindner stark beeinflusst, der – aus der Gruppendynamik kommend – immer schon diese Funktionalität von kollektiven Prozessen gespürt hat. Großgruppen, Kontexte wie Open Space, das haben wir auf der Uni schon gemacht. Als nächster würde ich sagen, der Siegi Hirsch, mit dem ich wieder intensiv Kontakt habe. Er lebt noch immer als systemischer Familientherapeut in Brüssel. Den hab ich gekannt, wir haben eine Gruppe zusammengestellt und er hat uns drei Jahre begleitet. Damals war ich noch nicht bei Neuwaldegg, da waren die Conecta Berater dabei. Der Siegi Hirsch hat uns die wertschätzende Haltung beigebracht – das war das Wesentliche: paradoxe Interventionen zu setzen und eben nicht aufdeckend zu intervenieren. Fast zeitgleich waren wir bemüht, diese Virtuosität in Wirtschaftskontexte zu übersetzen. Ich hab mit dem Axel Exner und dem Stefan Titscher 1987 den ersten Artikel „Unternehmensberatung – systemisch" geschrieben.

Stark beeinflusst haben mich auch Capra, Luhmann, Varela, Maturana; diese Leute haben wir dann zu uns Neuwaldeggern eingeladen und es haben sich für mich z.B. zu Luhmann auch langfristige Beziehungen ergeben. Bei Luhmann war es einfach die Theorie sozialer Systeme, die Art des Denkens, die mich geprägt hat; das Thema Ordnung. Was bringt Ordnung in soziale Systeme, wie ist Ordnung möglich? Er hat ja Begriffe wie Autopoiesis selber übernommen –

> Es ist so spannend zu sehen, wer wen wo getroffen hat, welche Menschen, die man gar nicht zusammengibt, miteinander diskutiert, haben, wie sich das wechselseitig befruchtet hat.

das ganze Durcheinander, von dort ein Begriff und von da. Es ist so spannend zu sehen, wer hat wen wo getroffen, welche Menschen, die man gar nicht zusammengibt, haben miteinander diskutiert, wie hat sich das wechselseitig befruchtet. Die Systemtheorie der Soziologie, die sehr trocken und abstrakt ist, und die man immer erst dreimal um die Ecke übersetzen muss, um zu einer Praxissteuerung zu kommen. Capra hat mir von seiner Haltung als Naturwissenschaftler eröffnet, dass es fast egal ist, aus welcher Disziplin man kommt, es lassen sich ganz ähnliche Gedanken und Denkfiguren verfolgen, wenn man in Dimensionen von Komplexität über den Tellerrand hinaus denkt. Das waren meine wichtigsten Lehrer, wo es auch eine persönliche Beziehung gab. Natürlich gab es auch Bateson und Watzlawick. Ich hab auch mit der Mailänder Schule zu tun gehabt; die haben gezeigt, mit welcher Pfiffigkeit sie intervenieren.

Auf die Frage, wen ich geprägt habe: Ich kriege immer wieder Schreiben von Leuten, die sagen, dass sie das aufgenommen haben, die Leute, die durch unsere Ausbildungen gehen, ich kann jetzt niemanden nennen, der berühmt ist oder wo ich sagen kann, das sind meine Schüler ... Die Tatsache, dass ich

zu Symposien eingeladen werde, ist vielleicht ein Zeichen, die Ehrenmit-
gliedschaften in verschiedenen Organisationen.

Dr. Wolfgang Looss

LaLoSta, Organisationsberatung, Darmstadt (2005)

Ich bin damals in der systemischen Fortbildung mit dem Siegi Hirsch geprägt
worden durch diese konsequente Betrachtung der Operationen eines
sozialen Systems, zunächst einmal von Familien und dann von
Organisationen. Ganz konsequent die Operationen anzuschauen, aus denen
das System sich konstituiert und mich auf die Suche nach Mustern zu
begeben, um diese zu erfassen und zu beschreiben. Und um Wege zu
beschreiten, wie man aus den Operationen – d.h. aus den Kommunikationen
und Interaktionen – dem auf die Spur kommt,
was das System in diesem jeweiligen Muster
ausmacht oder wie das System sich herstellt. Das
war die frühe Prägung durch Siegi Hirsch. Seit
damals bin ich von Theorieansätzen geprägt
worden, die Unternehmen als soziale Systeme
sehen, von Maturana, Luhmann und später Dirk
Baecker, dessen Buch „Die Form des
Unternehmens" mich beeinflusst hat. Das sind
neben vielen anderen Sachen die hauptsächlichen Dinge.

> Was mich immer interessiert
> hat, war der Zusammenhang:
> Wie entstehen die Verhält-
> nisse aus dem Verhalten, wie
> bestimmen andererseits die
> Verhältnisse das Verhalten
> und was ist die Wechsel-
> wirkung zwischen
> psychischen Systemen und
> sozialen Systemen?

Was ich selber geprägt habe: Ich glaube ich habe gar keinen sehr großen
prägenden Anteil, außer dass ich mich mit dem Phänomen der strukturellen
Kopplung versucht habe, einfach deswegen, weil ich aus der Gestalttherapie
komme und weil in der Gestalttherapie mit der zentralen Kategorie von
Kontakt das untersucht worden ist, was wir in der Systemtheorie
strukturelle Kopplung nennen: Also was passiert eigentlich genau an den
Grenzen psychischer Systeme, wenn sie in Interaktion treten, an der Grenze
des Feldes, da, wo das Ich aufhört und die Umwelt anfängt? Die
Gestalttheorie nimmt da natürlich vorwiegend Individuen in den Blick. Was
mich immer interessiert hat, war der Zusammenhang: Wie entstehen die
Verhältnisse aus dem Verhalten, wie bestimmen andererseits die

Verhältnisse das Verhalten und was ist die Wechselwirkung zwischen psychischen Systemen und sozialen Systemen? Die Systemtheorie ist ja weniger deutlich elaboriert in der Darstellung von psychischen Systemen – es gibt eigentlich keine ausgearbeitete Theorie.

Ansonsten – die Leute würden sagen, der Looss kann diese komplexen Konstrukte verfügbar machen für das wahre Leben, Brücken schlagen von der Theorie zum ganz normalen positivistischen Alltag von Beratung. Ich hab mal gesagt, ich bin ein Ameisenhändler in Sachen Know-how, der letzte Kleinhändler in Sachen systemischer Herangehensweise.

Dr. Gunther Schmidt

Milton Erickson Institut, Ausbildung und Beratung, Heidelberg

Mich hat natürlich der Helm Stierlin sehr geprägt und mich zentral gefördert. Er war so was wie ein väterlicher Freund und ist es eigentlich noch. Neben dem Helm Stierlin und den Gründerpersönlichkeiten der Familientherapie waren es sicherlich der Ivan Borszomenyi-Nagy, der Minuchin, auch die Virginia Satir, und dann natürlich der Milton Erickson – der war für mich die zentrale Person – die mich geprägt haben.

> Wir haben uns gegenseitig stark geprägt, wir haben ja 10-15 Jahre fast täglich zusammengearbeitet, viele Ideen zusammen entwickelt, wo man eigentlich gar nicht mehr weiß, von wem die sind.

Durch den Helm Stierlin war das so, dass alle Größen in dem Feld – auch die Mara Selvini und der Luigi Boscolo – bei uns ein und aus gingen und ich viel mit denen zusammen gearbeitet habe. Auch der Steve de Shazer, aber das war dann eine andere Ebene, wie zwei Brüder oder sowas, während die anderen eher Vaterfiguren waren.

Von den Gründerpersönlichkeiten haben mich auch Heinz von Foerster und Paul Watzlawick sehr stark beeinflusst. Bei uns war ständig was los, das war ein ständiges Brainstorming. Für die OE – das ist aber rein theoretisch, den kenn ich gar nicht so persönlich – sind für mich die Beiträge vom Hermann Haken, sein Synergetikkonzept, seine Theorie dynamischer Systeme usw. wichtig. Der Peter Kruse mit seiner next practice hat lang mit dem Hermann Haken zusammengearbeitet.

Was jetzt die zweite Bedeutung der Frage "Welche Personen haben Sie geprägt?" betrifft: Das war sicherlich wieder der Helm Stierlin und dann diese ganze Gruppe, der Fritz Simon, der Gunthard Weber. Wir haben uns gegenseitig stark geprägt, wir haben ja zehn bis fünfzehn Jahre fast täglich zusammengearbeitet und viele Ideen zusammen entwickelt, wo man eigentlich gar nicht mehr weiss, von wem sie sind. Wenn wir uns dann treffen, behauptet jeder im Spass zum anderen, dass er diese Idee eingebracht hätte und der andere sie geklaut hätte. Aber das ist reine Blödelei, weil wir davon ausgehen, das kann man gar nicht trennen. Und es ist auch nicht so, dass jemand so was vorhätte.

Weitere Personen, die vielleicht sagen würden, dass ich sie beeinflusst habe, sind der Matthias Varga, der Klaus Mücke. Ich glaub überhaupt, im Feld der systemischen Therapie ganz viele, die könnte ich gar nicht benennen. Ich glaube z.B. auch, dass der Bernd Schmid das sagen würde, der Fritz Simon sicher auch. Wir haben lang miteinander gearbeitet, sind aber von der Persönlichkeit sehr unterschiedlich. Viele Interventionstechniken, wie das Splitting haben wir entwickelt, weil wir die einzigen waren, die praktisch täglich miteinander gearbeitet haben. Auch in vielen Forschungsprojekten und Veröffentlichungen haben wir zusammengearbeitet.

Univ.Prof. Dr. Jochen Schweitzer

Helm Stierlin Institut, Heidelberg

Ich komme aus der Psychotherapie, speziell der systemischen Familientherapie und bin erst seit Anfang der 90er, heftiger seit Ende der 90er- in der Organisationsberatung tätig. Meine formativen Jahre hatte ich im familientherapeutischen Bereich. Salvador Minuchin ist eine Startperson gewesen 1979, 1980, als ich in den USA war. Dann war für mich die enge Zusammenarbeit mit Gunthard Weber besonders wichtig, der ja damals in engem Austausch mit Boscolo und Cecchin dabei war, eine Heidelberger Rezeption des Mailänder Ansatzes zu entwickeln. In kleinerem Umfang damals auch Helm Stierlin und Michael Wirsching. Theoretisch hat mich Gregory Bateson unheimlich fasziniert, den ich 1979 auch kurz vor seinem Tode noch einmal bei einem Vortrag kennengelernt habe.

Meine Prägungen sind dieses Denken in Strukturen und Grenzen, das Denken in Zirkularität: das Bestreben um eine neutrale Position und der Spaß an handlungsorientierten Ansätzen wie sie Virginia Satir bekannt gemacht hat. Jetzt, in den späteren Jahren fällt es mir eigentlich schwer, meine Prägungen auf Personen zu beziehen. In den letzten Jahren fühle ich mich nicht mehr so generalistisch, sondern in Bezug auf bestimmte Arbeitsfelder geprägt.

Wenn es darum geht, wen ich geprägt habe: Ich bin seit 1984 in der Weiterbildung tätig. Bis 1989 an der Evangelischen Fachhochschule in Darmstadt, seit 1989 in der Heidelberger Gruppe, das sind wahrscheinlich um die 1000-1500 Kollegen, vielleicht sind es auch nur 800, denen ich da in ein- bis dreijährigen Weiterbildungskursen begegnet bin. Es gibt einige jüngere KollegInnen, von denen ich denke, dass ich deren Stil mitgeprägt habe, da wir zu einem früheren Zeitpunkt in deren systemtherapeutischen und systembera-

> Meine Prägungen sind dieses Denken in Strukturen und Grenzen, das Denken in Zirkularität und das Bestreben um eine neutrale Position, und der Spaß aber an handlungsorientierten Ansätzen.

terischen Entwicklung sehr dicht zusammengearbeitet haben in Therapien, Beratung, praxisnaher Forschung und Weiterbildung. Die würden mich, glaube ich, als einen undogmatischen, untechnischen Systemiker beschreiben und von mir sagen: Der hält sich immer nur zu 50% an das, was er in seinem eigenen Lehrbuch geschrieben hat. Und der geht davon aus, dass jeder sehr stark seinen eigenen Stil finden muss und wird. Sie würden mich als jemanden beschreiben, der ein intensives und auch nonverbales Joining macht.

Univ. Prof. Dr. Alfred Janes

Conecta, Wiener Schule der Organisationsberatung, Wien

Ich war ein ganz tougher Wirtschaftsingenieur, hab Maschinenbau an der HTL und dann an der Uni Graz Bauwesen studiert. Dann hat es eine Gruppendynamik-Veranstaltung mit Traugott Lindner als Trainer gegeben und das hat mich ziemlich auf den Kopf gestellt: Das war ein Eintauchen in eine völlig neue Welt; das hat mich elektrisiert. Dann hat der Per

Pesendorfer den Ansatz der Emanzipation und Auseinandersetzung mit Hierarchie hereingebracht. Man kann den Peter Heintel noch dazunehmen; da hat es viele philosophische Gespräche gegeben.

Das ist für mich eine ideologische Basis geworden, die mich vom Technischen weggebracht hat. Ich hab das Studium zwar fertig gemacht, dann aber stehenden Fußes Soziologie in Graz studiert und mich mit Arbeitswissenschaften, mit Fragen der Dezentralisierung, Autonomie von Mitarbeitern beschäftigt. Ich war dann eigentlich nicht mehr imstande, in ein Unternehmen zu gehen. Als ich

> Dann hat es eine Gruppendynamik Veranstaltung mit Traugott Lindner als Trainer gegeben und das hat mich ziemlich auf den Kopf gestellt. Das war ein Eintauchen in eine völlig neue Welt; das hat mich elektrisiert.

1975 fertig wurde – damals hat man ja alle Möglichkeiten gehabt – hab ich einige Vorstellungsgespräche gehabt und mir gedacht: Um Gottes Willen! Wie willst du überleben in diesen Hierarchien?

Der nächste prägende Einfluss war 1985 als ich in die Conecta gekommen bin. Das war die Zeit als das Buch „Paradoxon und Gegenparadoxon" der Mailänder Schule erschien mit der Idee, dass homöostatische Systeme durch Irritation in Bewegung gebracht werden – Irritation als Intervention. Im Wiener Kreis haben wir mit dem Cecchin gearbeitet. Die Idee, dass Krankheit nicht die Eigenschaft einer Person, sondern eines Systems ist, war für mich der Beginn der Systemtheorie. In dem Kreis war Kurt Buchinger dabei, die Conecta, die Gundi Vater, Leute von der Wirtschaftsuniversität.

Auf die Frage, wen ich geprägt habe: Das ist die ÖGGO, wo ich seit vielen Jahren die Ausbildung mit gestaltet habe. Wir haben versucht, ein systemisches Beratungsverständnis und eine Beratungsprofession aus einer systemischen, einer prozessorientierten Perspektive zu etablieren. Mit Eva Dachenhausen war ich der Meinung, dass die Kernkompetenz, die man in der Beratung braucht, die Fähigkeit ist, in inhaltlich, zeitlich und sozial offene Situationen kraftvoll zu intervenieren – in ein offenes Feld hineinzugehen, das in Bewegung zu bringen, zu schauen, wie das System reagiert, den nächsten Schritt zu setzen und im Dialog mit dem System einen Weg zu beschreiten. Ich glaube heute noch, dass die Gruppendynamik wirklich dafür qualifiziert. Ich kenne eigentlich keine andere professionelle

Gemeinschaft, die ihren Ausbildungskandidaten diese Möglichkeit gibt: Ohne vorgegebene Strukturen, kraftvoll intervenieren zu lernen. Wenn man diese Kernkompetenz hinübernimmt in eine Profession, die dann nicht mehr Gruppendynamik-Trainer heißen kann – davon kann man nicht leben, das ist kein Beruf – dann kann eine eigene Berateridentität entstehen. Das wird angereichert mit vielem Systemtheoretischen.

Dr. Frank Boos

Beratergruppe Neuwaldegg,
Unternehmensberatung und Organisationsentwicklung, Wien

Heute im Rückblick auf mehr als 25 Jahre würde ich sagen, dass mich die Seminare und Cotrainings bei Alfred Zauner – und später die Freundschaft mit ihm – maßgeblich geprägt haben. Sie haben mich im Zusammenhang der Betriebswirtschaft, die ich studiert habe auf ein neues Feld aufmerksam gemacht und zur Gruppendynamik, zur Gestalt- und Psychotherapie und zur ÖGGO hingelenkt. Dies war dann die Tür in einen für mich bis dahin völlig unbekannten Raum, der mich persönlich angesprochen, erschüttert, neugierig gemacht und begeistert hat. Diese Kombination aus betriebswirtschaftlichen und sozialwirtschaftlichen Wissen hat mich fasziniert und tut es auch heute noch. Nachdem ich dies als Assistent auf der Universität und dann in einem Konzern nicht so umsetzten konnte, hatte ich das Glück mit Neuwaldegg zusammenzukommen. Dies war drei Jahre nach der Gründung und Neuwaldegg hatte gerade gemeinsam mit der Conecta begonnen sich mit den ersten systemischen Ideen auseinanderzusetzen. Das Buch von Mara Selvini-Palazzoli „Paradoxon und Gegenparadoxon" war damals ein wichtiger Meilenstein. Ich weiß noch, wie wir begonnen haben Fragen zu diskutieren, wie z.B. was ist eine erfolgreiche Beratung, die für uns bis dahin völlig klar schienen (nämlich den nächsten Auftrag zu bekommen). Die vielen Diskussionen und das Feedback zu den Projekten, aber auch die vielen Theorieseminare u.a. mit Niklas Luhmann (als er noch relativ unbekannt war), Fritjof Capra, Ervin Laszlo, Humberto.

> Dies war dann die Tür in einen für mich bis dahin völlig unbekannten Raum, der mich persönlich angesprochen, erschüttert, neugierig gemacht und begeistert hat.

Maturana und vielen anderen haben mich begleitet und geprägt. Was meine Haltung anbelangt hat mich Steve de Shazer als Person und mit seinen Schriften (vor allem Clues to Solutions), mit seiner Haltung auf den Nutzen des Klienten zu achten und sein Humor immer sehr angesprochen.

Selbst werde ich wohl meine Kollegen und unsere Netzwerkpartnern mit denen ich über Jahre viele Projekte gemacht habe mitgeprägt haben. Als Trainer habe ich mit sehr vielen Menschen gearbeitet; über die Artikel und Bücher sind noch mehr angesprochen worden. Prägungen, also nachhaltige Eindrücke entstehen oft anders und ungewollt und letztlich „entscheidet" der/die andere, ob es eine Prägung ist. So habe ich z.B. einmal einen Herrn im Flugzeug getroffen der zehn Jahre vorher in einem meiner Seminare war. Er konnte sich wohl an mich und eine meiner Interventionen dort aber nicht mehr an das Thema des Seminars, geschweige denn an einzelne Inhalte oder Modelle erinnern. Die Prägung, man kann ja auch sagen, die Wirkung, die wir als Berater erzielen, ist mir ein wichtiges Anliegen. Es ist der eigentliche Grund warum man uns braucht. Auf Personenebene sind wir am nachhaltigsten, wenn wir die Haltungen berühren, auf Ebene der Organisationen, wenn wir helfen Strukturen zu verändern. Beides geht leichter in Übergangssituationen und der Job als Berater schafft die Möglichkeit da mitzuwirken.

Mag. Heinz Jarmai

Beratergruppe Neuwaldegg,
Unternehmensberatung und Organisationsentwicklung, Wien

Wenn ich's von der Ideengeschichte her sage, hat mich sicher einmal die Idee der Gruppendynamik geprägt, das Erkennen von generalisierbaren Mustern in einem sozialen Beziehungsgeflecht – nicht nur das intellektuelle Erkennen, sondern auch das emotional-persönliche Erleben. Mich hat der Marxismus geprägt als erste große Gesellschaftstheorie, die mir begegnet ist. Das war irgendwie ein Leitfaden, über konkret Gesehenes hinauszudenken. Aus dem systemischen im engeren Sinn, sicher Niklas Luhmann und andererseits Steve de Shazer. Zwei ganz unterschiedliche Persönlichkeiten mit einem ganz anderen Blick auf die Welt.

In der Geschichte von Neuwaldegg und auch dessen, was man die Wiener Schule genannt hat, war der Siegi Hirsch, den ich selbst nicht persönlich erlebt habe, der erste systemische Lehrer für Leute, mit denen ich sehr stark gearbeitet habe. Was Richard Timel, Herbert Schober, Axel Exner, Roswitha Königswieser, Stefan Titscher dort gelernt haben, dort erlebt haben, hat sicher in meine Arbeit hineingewirkt. Der Siegi Hirsch hat viele Dinge, die in der Theorie Mara Selvini-Palazzoli beschrieben hat – die Konstruktion eines Berater-Klienten-Systems, paradoxe Interventionen, Hypothesenbildung, ein ausgeprägtes, ausdifferenziertes Interventionsverständnis – in die Beratungswelt hineingebracht. Wir haben uns sehr intensiv damit beschäftigt und experimentiert. Wir haben sehr sorgfältig Hypothesen gebildet und dann Rückmeldungen und Abschlussinterventionen an Kunden geplant, eine halbe Stunde lang Wort für Wort niedergeschrieben und dann auch genauso eingebracht. Die Idee des Getrennt-Sitzens z.B., jede dieser sehr ausgeprägten, systemisch-familientherapeutischen Interventionen, hab ich über Zweite, aber letztlich von ihm kennengelernt.

> Mich hat der Marxismus geprägt als erste große Gesellschaftstheorie, die mir begegnet ist. Das war irgendwie ein Leitfaden, über konkret Gesehenes hinauszudenken. Aus dem systemischen im engeren Sinn, also direkt sicher der Luhmann und andererseits Steve de Shazer.

Die Ausbildung bei Siegi Hirsch war irgendwann zu Ende, die Leute haben sich gefragt, ob sie gemeinsam eine Firma machen, dann haben sich neue Relationen ergeben und bald danach sind der Stefan und die Roswita zu Neuwaldegg gegangen, es gab heftige Trennungen und Neupositionierungen und dann kam eher die Phase der Auseinandersetzung mit Niklas Luhmann. Nach dem Marxismus war die Luhmannsche Systemtheorie in meiner Geschichte die nächste große Gesellschaftskonstruktion, mit der ich was anfangen konnte – weil das Habermassche Gedankenkonvolut mich nie besonders angetörnt hat.

Kein neuer Bedeutung mehr, sehr gläubige
Syst OSB ist etwa, dass zu einer bestimmt Zeit in einem bestimmt Milieu
entstanden ist, inzwischen unschlüssig geworden ist und man allmählich aussteigt

Dr. Gudrun Vater

OSB international, Organisationsberatung, Wien (2005)

Vom Beginn her war es sicherlich der Traugott Lindner, weil er für mich ja in der gruppendynamischen Ausbildung extrem wichtig war und ich die ersten Beratungsprojekte mit ihm gemacht habe. Hilfreich war, dass ich damals am Beginn mit relativ unterschiedlichen Trainern und Beratern gearbeitet habe, weil ich auf der Suche war: Was ist meins? Dann war sicherlich die Gemeinschaft in der OSB prägend, das Miteinander-Lernen Das war einfach eine sehr fruchtbare Zeit, wo sicherlich der Rudi wichtig war aber auch der Richard Timel. Das war auch die Zeit der ÖGGO Intervisionsgruppen, diese kontinuierliche Auseinandersetzung mit Beratung und mit dem systemischen Ansatz parallel zur Organisationsentwicklungsschiene und -praxis.

> Es geht drum, für dich selbst zu entdecken, dass man gleichzeitig ganz allein aber völlig integriert in etwas anderes Größeres ist. Ich hab den Eindruck, ich bin eine Grenzgängerin, oder mein Job ist es, diese Dimension ins Management zu bringen.

Ich hab in Deutschland beim Fritz Simon und Gunther Schmidt eine Ausbildung für systemische Familientherapie gemacht. Es hat mich total beeindruckt, aber der eine war mir zu schnell, der andere war mir zu distanziert. Ein paar Jahre später gabs die Möglichkeit, eine Intensivausbildung für systemische Familientherapie beim ÖAGG zu machen. Da hab ich gemerkt, was ich in der Zwischenzeit an systemischem Wissen völlig selbstverständlich integriert hatte. Danach waren es immer unterschiedlichste Kooperationspartner von deren Art „zu tun" ich immer sehr profitiert habe, etwa Wolfgang Looss oder andere in dem Feld. Wenns ums Lernen geht, hab ich auch von meinem Mann sehr viel gelernt, als Unternehmer und Manager; dadurch dass wir so verschieden waren, dass es einfach notwendig war, die Fremdheit zu akzeptieren und davon zu lernen.

Und in den letzten Jahren prägen mich meine spirituellen Erfahrungen. Ich hab angefangen mich sehr intensiv mit dem Ursprung von Religionen zu befassen, z.B. mit Buddhismus. Der Kern ist überall relativ ähnlich. Es geht darum, für sich selbst zu entdecken, dass man gleichzeitig ganz allein aber völlig integriert in etwas anderes, Größeres, ist. Ich hab den Eindruck, ich bin eine Grenzgängerin, oder mein Job ist es, diese Dimension – ohne es an die große Glocke zu hängen – ins Management zu bringen; dort hab ich einen Zugang und eine hohe Reputation.

Wen ich geprägt habe: Ich kann keine bestimmten Personen nennen, aber es gibt einige, die sagen würden, dass sie sich sehr gefördert, ermutigt fühlen.

3.2 Die gelebten Werte und Haltungen

Im öffentlichen Diskurs – in Ausbildungen, Interviews, Publikationen – sprechen VertreterInnen der systOB immer wieder von „der" Haltung oder „den" Werten der systOB. Was hat es damit auf sich? Gibt es spezifische professionale Werthaltungen in der systOB? Welche sind das?

Die Antworten, die hier zusammengetragen sind, galten den Fragen: „Was ist der Kanon der Werte, die den Erfolg der systOB ausmachen? Was sind für Sie die gelebten Werthaltungen, die „theories in use", im Feld der systOB? Können Sie diese in Form von Geboten – wie die zehn Gebote – nennen?" und der Nullfrage, ob es überhaupt für den systemischen Beratungsansatz spezifische Werthaltungen gibt.

Zeitgeist und prägende Werthaltungen

Um es vorwegzunehmen: So eindeutig und spezifisch sind die Aussagen nicht. Tatsächlich werden durchaus unterschiedliche Schwerpunkte gesetzt. So lassen sich unterschiedliche Bündel von Werthaltungen unterscheiden, die allerdings miteinander gut vereinbar sind. Aufs Erste lassen sie sich Professionsströmen zuordnen: z.B. der Gruppendynamik, der Familientherapie, der frühen OE. Man kann sie auch unterschiedlichen Strömungen gesellschaftlichen Zeitgeistes zuordnen, die jeweils für die ProponentInnen biografisch bedeutungsvoll waren.

Im Folgenden seien vier zeitgeistige Strömungen unterschieden, in denen sich die von VertreterInnen der systOB genannten professionalen Werthaltungen verorten lassen.

Das ist einmal die Bewegung der 68er mit ihrer Kritik an Hierarchie, Willkür ①
und den entfremdenden Lebens- und Arbeitsumständen der Menschen, mit ihrer Utopie von Demokratie, Emanzipation und Selbstverwirklichung. Diese Bewegung manifestiert sich in den USA als Hippiebewegung und in Europa als antiautoritäre Bewegung. Vor diesem Hintergrund wandeln sich damals das Verständnis psychischer Krankheit und das Selbstverständnis von Psychiatrie und Psychotherapie. Die Gruppendynamik – Kurt Lewins empirische Antwort auf seine Forschungsfragen nach dem autoritären Charakter und dem Wahnsinn von Faschismus und Genozid – erlebt um diese Zeit ihren Boom; sie wird – insbesondere in ihrer Weiterentwicklung der Encounter groups – zu einem ähnlichen Attraktor wie es heute die Aufstellungsarbeit ist.

Ein zweiter Strang ist die frühe Organisationsentwicklung, die in den 70er- ②
Jahren Breitenwirkung in großen, überbürokratischen Organisationen erlangt. Sie orientiert sich am US amerikanischen Human-Relations-Ansatz. Über die Humanisierung der Arbeit, über kollektive Beteiligungs- und Lernprozesse solle Mitarbeiterzufriedenheit und Effizienz der Organisation gesteigert werden. Über diesen Weg sollen Organisationen „gesund" im Sinn von anpassungsfähig an ihre Umwelten werden.

In der „Wendezeit" (Capra 1991) der End-70er- Jahre führen eine Reihe von ③
Impulsen aus Disziplinen wie Physik, Philosophie, Erkenntnisbiologie zum Denken in Systemzusammenhängen und letztlich zur Ausprägung des systemischen Paradigmas in der Erkenntnistheorie. Ganzheitlichkeit, vernetztes Denken, Beschreiben und Ergründen von Zusammenhängen, Selbstorganisation statt Allmachtfantasien linearer Steuerbarkeit und Positivismus – das sind die neuen Pfeiler für Werthaltungen im Umgang mit der Welt.

Nach einer gewissen Zeitverzögerung entfaltet – vor dem Hintergrund der ④
Postmoderne – der radikale Konstruktivismus seine Macht als

Orientierungsstifter für Werthaltungen. Pluralismus, die Option auf vielfältige Lebensentwürfe, der Verlust glaubwürdiger ideologischer Geschichten bei steigenden Konfliktpotenzialen und neuem Fundamentalismus verlangen dem Individuum eine neue Art von Autonomie in Verantwortung ab, Wachsamkeit und den respektvollen Umgang mit dem Andersartigen. Vor dem Hintergrund anhaltender Kontingenzerfahrungen ist es nur ein kleiner Sprung zur Forderung, das eigene Denken und dessen Prägungen beim Denken mitzudenken. So spannen die in den Interviews referenzierten Werthaltungen in der systOB den Bogen, wie Organisationen in den Blick zu nehmen sind:

o   von einem klaren Set emanzipatorisch-utopisch ausgerichteter Werthaltungen der 68er Jahre – z.B. Emanzipation und Persönlichkeitsentwicklung statt Marginalisierung in der Therapie, Hierarchiekritik in der Gruppendynamik,

o   über die normativen Prämissen der frühen OE und des Kulturentwicklungsansatzes, d.h. dass Organisationen zu gesundmachenden Werten und Kulturen hinentwickelt werden müssen,

o   über spezifische professionale Werthaltungen als Organisationsberaterin – z.B. Neugierde, Multiperspektivität, allseits gerichtete Parteilichkeit bzw. Neutralität, Wertschätzung, Selbstreflexion usw.

o   bis zur postmodernen Position: Es gibt keine Wertestory in der systOB.

Abb. 6: Werthaltungen in der systemischen Beratung und zeitgeistiger Hintergrund

Werthaltungen aus der Gruppendynamik und der Familien/Therapie	Frühe OE, Kulturentwicklungsansatz	Programmatisches abgeleitet aus der Systemtheorie	Es gibt keine Werte-Story
			Werthaltungen aus der spezifischen Arbeit mit Organisationen
Zeitgeist der 68er	Anfang der 80er bis „Wendezeit"		Postmoderne

Altersmäßig gehören die VertreterInnen der systOB zur selben Kohorte. Sie verankern sich jedoch individuell mehr in der einen oder anderen Strömung – je nachdem, wo sie ihre jeweils individuell prägenden Wachstumserfahrungen gemacht haben. Werthaltungen bildet das Individuum im Laufe seiner Sozialisationserfahrungen aus; sie werden auf einer ganz persönlichen Ebene integriert, damit konsistentes Handeln mit dem Erleben von Identität möglich wird. Was widersprüchlich aussehen mag – z.B. die Kombination konstruktivistischer Haltungen, die Überzeugung von der Bedingtheit und Mehrdeutigkeit der eigenen Weltsicht und die engen weltanschaulichen Normen der früheren OE – ist für die Personen offensichtlich vereinbar und handlungsleitend.

Gemeinsam ist den interviewten VertreterInnen der systOB, dass sie alle ein hohes Interesse an gesellschaftlichen und politischen Entwicklungen haben; sie stellen ihre Tätigkeit in der Organisationsberatung immer wieder in einen gesellschaftspolitischen Rahmen. So gibt es trotz der Verschiedenheit der Standpunkte zwischen den Personen viele Übereinstimmungen.

Die Breite der Orientierungen zeigt deutlich, dass jede Art Monopolisierung von Werthaltungen das Feld nicht abbilden würde.

Hitparade der Werthaltungen

Die meisten der genannten Werthaltungen lassen sich in die folgenden Top-five einordnen:

1. Reflexivität – das eigene Denken mitdenken

2. Neutralität /Allparteilichkeit

3. Multiperspektivität, aktiver Umgang mit Unterschieden und Widersprüchen, Neugier

4. ein systemisches Verständnis von Intervention/Einflussnahme

5. der Glaube an Entwicklungspotenziale

Häufigst genannter und von fast allen vorangestellter Wert ist die Reflexivität, das Mitdenken des eigenen Denkens und der Bedingtheit der eigenen Wahrnehmung. Der Begriff wird in seiner umgangssprachlichen Bedeutung verwendet, nicht in der Bedeutung, die Luhmann ihm gibt (s. Seite 99). Hier stimmen alle völlig überein, auch wenn die Forderung nach

Radikalität der Selbstreflexion unterschiedlich weit gesteckt wird. Es geht darum zu reflektieren, wie man

o als systemische/r BeraterIn Organisationen wahrnimmt und für diese Beobachtungen 2. Ordnung organisiert,

o Prozesse und eigene Emotionen verarbeitet und die eigenen Erlebnisprozesse „utilisiert", d.h. daraus Kompetenzen aufbaut bzw. in Kontakt mit dahinter liegenden Kompetenzen kommt,

o sich der eigenen ideologischen Vorprägungen bewusst wird und sich ent-ideologisiert,

o das systemtheoretische Modell als Modell reflektiert und nicht als Glaubenssystem nimmt,

o die eigene expressive Ästhetik versteht, die Kriterien, nach denen man die eigene Biografie gestaltet, um „Schönes neben Schönes zu stellen"

o Reflexivität als Meta-Wert immer mitführt.

Die zweithäufigst referenzierte Werthaltung ist die der Neutralität/ Allparteilichkeit. Hier gibt es divergierende Ansichten, Ambivalenz und Emotionalisierung darüber, wie „gut oder schlecht" und wie „machbar oder nicht lebbar" diese Werthaltung ist. Auch die Frage, mit welchen Steuerungswirkungen Neutralität bzw. Allparteilichkeit verbunden ist, wird heiß diskutiert. Angesprochen werden – in der Rangfolge der Häufigkeit der Nennung die Aspekte der Neutralität gegenüber:

o Beziehungen – Stichwort Nähe oder Distanz

o der Art und Weise, wie Organisationen ihre Wirklichkeit konstruieren – Stichwort ethisch-moralische und politische Standpunkte beziehen

o inhaltlichen Positionen, z.B. der Problemstellung „Veränderung herbeiführen" gegenüber.

Ein klarer und reflektierter Umgang mit Nähe und Distanz zu Personen und ihren Schicksalen wird einerseits als Voraussetzung gesehen, die eigene Energie zu steuern, nicht „ins System zu fallen" und in der Folge als BeraterIn wirkungslos zu werden. Andererseits ist Nähe zu Personen

Voraussetzung für die Ankopplung an Systeme und nicht zu leugnender Teil der eigenen Authentizität in der Beziehungsgestaltung.

Ein mehrfach angesprochener Teilaspekt der Frage von Nähe:Distanz ist das Verhältnis zur Hierarchie. Bei den Personen, die sich dazu zu Wort gemeldet haben, herrscht Einigkeit, dass ein kritisch-reflektierter Zugang nötig ist, dass BeraterInnen – für nachhaltige Ergebnisse – Hierarchie in Frage stellen und gegebenenfalls konfrontieren müssen.

„Gute" Allparteilichkeit hat mit der Loyalität gegenüber dem Gesamtsystem als Auftraggeber zu tun. Sie hilft, politische Vereinnahmung durch Teile des Systems zu verhindern und wird als Voraussetzung für wirkungsvolle Beratungsarbeit gesehen. „Schlechte" Neutralität ist die Abwesenheit eines eigenen ethisch-moralischen Standpunktes zum Tätigkeitsfeld der Organisation (Stichwort Militärbranche) und dazu, wie sich die Organisation zu ihren Umwelten, insbesondere zu ihren MitarbeiterInnen in Bezug setzt (Stichwort Shareholderorientierung und Mitarbeiterabbau). Diese Art von Neutralität könne zum Feigenblatt für eine technokratische Anwendung systemischer Beratungstechniken werden, die der „systemischen Grundidee" widerspricht.

Was den Aspekt der Neutralität gegenüber Inhalten und Problemstellungen in der Beratung betrifft, wird mehrfach hervorgehoben, dass Neutralität gegenüber der Veränderung nötig ist, verbunden mit der Wertschätzung dessen, was ist.

Häufig angesprochen wird die Haltung, Unterschiede und Widersprüche offen und aktiv zu halten und – angetrieben durch die eigene Neugier und Freude am Verstehen – für Multiperspektivität zu sorgen. ③

Unter der Überschrift „systemisches Verständnis von Intervention/ Einflussnahme" werden folgende Werthaltungen zusammengefasst:

o   theoriegeleitetes Vorgehen

o   Angebote machen und mit dem Klientensystem auswerten

o   Kontextsteuerung und Vertrauen in Ressourcen und Selbstorganisation stärken statt Kontrolle ausüben o   Bescheidenheit und Demut statt Allmachtsfantasien

Unter der Überschrift „Glaube an Entwicklungspotenziale" sind folgende Werthaltungen zusammengefasst:

o   als BeraterIn eine positive Grundeinstellung zur Welt haben

o   die Überzeugung, dass Entwicklung in Systemen angelegt ist, angestrebt und möglich

o   die helfende Beziehung, soziale Systeme (nachhaltig) in ihrer Zukunftsfähigkeit unterstützen zu wollen.

O-Ton

Die Personen mir ihren Werte-Bekenntnissen sind im Folgenden in der Reihenfolge angeführt, in der man ihre Werthaltungen auf dem Zeitstrahl der o.a. Gafik verorten könnte.

Alfred Janes: Das, was wir an operationaler Welt leben und tun, ist eigentlich gesteuert durch eine moralisch-normative Ebene. Und das, was wir auf einer moralisch-normativen Ebene äußern, ist gesteuert durch etwas, das man expressive Ästhetik nennen kann – etwas, womit es gelingt, die Kriterien der Gestaltung des eigenen Lebens zu erreichen. Diese Reflexion (der Konstruktion) der eigenen Biografie wäre für mich ein Gebot für systemische Berater.

> Jede erfolgreiche systemische Beratung braucht einen kritisch reflektierten Zugang zur Hierarchie, sonst kriegt sie per Definition keine Kraft.

Wenn man systemisch berät, muss man eine sehr liebevolle Beziehung zu Bildung und eine Freude daran haben, die Dinge zu verstehen und noch nicht zu verändern; man muss neugierig sein. Das Vergnügen am Verstehen, an der Erkenntnis – und noch nicht aus einem finalen Gestaltungszweck – ist eine Voraussetzung, um wirklich gut und erfolgreich fragen zu können.

Ein guter systemischer Berater hat ein Vergnügen daran, alles das, was stattfindet, auch allen zugänglich zu machen. Das geht in Hypothesen hinein, die zurückgemeldet werden und in Prozessarchitekturen, die alle Repräsentanten eines Systems teilhaben lassen, statt irgendwo hinter versteckten Türen Lösungen durchzuziehen, die nicht abgestimmt sind. Ohne diese Freude an der Transparenz hat man kein Standing gegen Vereinnahmung durch die politischen Spiele der Organisation.

Ich glaube, dass man als systemischer Berater vor Ort immer sehr sauber mit Nähe und Distanz umgehen muss und sich nicht über Gebühr für die Schicksale der Menschen interessieren darf, sonst kommt man zu nah an Menschen und Personen heran und beginnt, unterschiedliche Nähen und Distanzen aufzubauen. Es braucht eine sinnvolle Distanz, um die eigene Energie steuern zu können. Und es braucht Peergroups, Bezugssysteme und emotional verankernde Systeme, wo man sich selbst entlasten kann, „alle Viere von sich strecken" und die „Sau rauslassen".

Ich glaube, dass systemische Beratungsfirmen nie groß werden können, weil jede erfolgreiche systemische Beratung einen kritisch reflektierten Zugang zur Hierarchie braucht, sonst kriegt sie per Definition keine Kraft. Wenn man das ganze System als Auftraggeber hat, braucht man einen leichtfertigen, sehr spielerischen, reflektierten Umgang mit Hierarchie. Ich glaube, Menschen, die diesen reflexiven Zugang zu Hierarchien haben, können nicht in Hierarchien leben. Und darum glaube ich, dass Systeme systemischer Berater nie Konzerne werden können. Das ist das Glück oder Unglück systemischer Beratung. Für mich ist das kein Problem, ist es auch schön, so zu leben, aber auf der Ebene professioneller Bedeutung wird systemische Bedeutung deshalb immer in Nischen leben.

Gunther Schmidt: Man kann systemische Beratung rein technisch. strategisch, technokratisch machen, wo man den Aspekt der Werte nicht drin hat. In dieser Art systemischer Beratung wird der Aspekt der Neutralität sehr hoch gehalten. Egal was die Auftraggeber damit verbinden, welche politischen Werte, welche Umgangsformen oder welche Ziele die vertreten, manche Leute können das praktisch von einer Position abstrahieren, um wertfrei systemische Arbeit zu machen, ohne den Kultur- und Werteaspekt reinzubringen.

Was ich selber leben will und bei Leuten sehe, mit denen ich mich austausche, ist, dass es der systemischen Grundidee entspricht, die persönliche Stellungnahme, wie man mit Menschen umgehen sollte, auch als Position zu vertreten. Dass man Stellung bezieht, die Entscheidungsträger darauf hinweist, dass sie eine andere Werthaltung einnehmen sollten. Das ist für mich der Unterschied, ob man versucht, systemische Arbeit, das Systemische, zu leben.

Ein anderer Punkt, wo sich für mich das Feld teilt, ist, wenn systemische Arbeit – in Veröffentlichungen und in manchen Weiterbildungsangeboten – so interpretiert wird, dass man individuelle Prozesse und Dynamiken, was Bedürfnisse, Sehnsüchte, emotionale Prozesse angeht, ausblendet. Das war ja lange Zeit eine Position: Das Individuum braucht man gar nicht extra zu berücksichtigen, wenn man Kommunikation im System ändert, ändert sich das Individuum automatisch mit. Systemische Arbeit wird aber erst richtig tragfähig, wenn sie den Fokus auf die individuelle Persönlichkeitsentwicklung innerhalb eines Systems legt. Letztlich spielt sich alles in einem Individuum ab, das sich auseinandersetzt mit Kontext und System. Wenn ich nur auf die Wechselwirkungen fokussiere und nicht auf das, was innerlich in einem System passiert, glaube ich, greift das zu kurz.

> Man bezieht Stellung, weist die Entscheidungsträger drauf hin, dass sie eine andere Werthaltung einnehmen sollten. Das ist für mich der Unterschied, ob man versucht, systemische Arbeit, das Systemische, zu leben.

Gute systemische Beratung bedingt für mich, dass sich jemand mit seiner Persönlichkeitsentwicklung, mit seinen eigenen individuellen Prozessen in der Auseinandersetzung mit Systemen beschäftigt. Wie man die Organisation wahrnimmt, wie man Dinge verarbeitet, die eigenen emotionalen Prozesse. Wie utilisiere ich, wie nütze ich meine eigenen Erlebnisprozesse im Umgang mit dem, was ich tue? Wenn ich mich nicht optimal aufstelle und sozusagen rückbezüglich interveniere, dann mache ich auch ein schlechteres Angebot an Beratung und dann werden viele Chancen nicht genutzt.

Ansonsten würde ich als Gebote einmal die Folgenden nennen:

o Achtung für die Einzigartigkeit jedes Individuums in einem System, damit verbunden eine Position der Neugierde und des Staunens, was die o Unterschiedlichkeit angeht. Zelebriere Unterschiedlichkeit als das zentrale Bereicherungskriterium, statt sie aufzulösen.

o Realität ist konstruiert, deswegen sollst du eine ethnologische Position einnehmen: Wie konstruieren denn andere ihre Realitäten und dann tritt sozusagen in einen staunenden Vergleich ein.

o Organisationen sind erstmal für das Individuum da und nicht umgekehrt; auch wenn es Wechselwirkungen gibt, Organisationen dienen der Entfaltung der Individuen.

o Organisation brauchen, damit sie funktionieren können, eventuell Hierarchien, hierarchische Prozesse sind aber nicht als Herrschafts- sondern nur als Regelungsprozesse zu sehen, die für den konstruktiven Umgang mit Interessenunterschieden dienen sollen.

Jochen Schweitzer: Ich glaube, dass Heinz von Foerster's Idee, die Zahl der Möglichkeiten zu vergrößern, häufig gelebt wird. Also das Aufzeigen, wie man es auch noch machen könnte, wie man es anders sehen könnte. Ich glaube, dass die Idee, zirkulär zu denken und alles auch aus der entgegengesetzten Perspektive zu sehen, mehr oder minder gelebt wird; meistens nicht, wenn man selber beteiligt ist. In der Beratung gibt es das Konzept der Neutralität z.B. immer nur idealer Weise.

> Ich glaube, dass Heinz von Foerster's Idee, die Zahl der Möglichkeiten zu vergrößern, schon häufig gelebt wird.

Zur Frage der Lösungs- und Ressourcenorientierung, der Wertschätzung denke ich, unterscheiden sich die Systeme kolossal. Ich würde sagen, dass die wertschätzenden Ansätze in meinem Erleben stärker bei Frauen beheimatet sind, also bei den weiblichen Kollegen. Bei den Männern, die ich kenne, stelle ich doch eine stärkere Lust an der Provokation fest, auch an der dosierten Abwertung. Ich glaube, dass die Kunden- und Nutzenorientierung in der systemischen Beratung stärker ist als in anderen Ansätzen, also dem Klienten weniger übergestülpt wird oder fertige Pakete vorgesetzt werden als woanders.

Wolfgang Looss: Es gibt klassische Gebote der Puristen, die sagen, du darfst deinem Klienten nicht zu nahe kommen oder deinem Klientensystem sonst fällst du ins System oder hebst den Unterschied auf. Das ist die eine Seite und die andere ist: Du musst mit deinem Klienten in Kontakt treten. Das ist das klassische Dilemma: Wie ähnlich mache ich mich meinem Klienten und bleibe unterschiedlich oder wie unterschiedlich mache ich mich, ohne abgestoßen zu werden. Das zweite ist: Wie egal sind mir inhaltliche Lösungswege und Lösungen oder Erfindungen im Klientensystem? Da sagen Puristen: Das ist mir völlig egal, ich habe keine inhaltliche Meinung zu dem, was das Klientensystem tut.

Andere bringen irgendeine Art von vorgefertigter kollektiver Vernunft oder als sinnvoll erkannte Praxis ins Spiel und sagen: Das ist doch vernünftig, so und so zu verfahren. Z.B. Change Management, wo der Herr Doppler sagt, Change Management macht man sinnvoller Weise so und so. Die andere Seite sagt: Viel zuviel Bindung, viel zuviel Material, ich mache nichts anderes, als das Klientensystem zu verstören bei dem, was sie sowieso nicht tun.

> Meine Erfahrung ist, dass die systemischen Berater sich ihrer eigenen ideologischen Vorprägung mit Engagement bewusst geworden sind.

Sei werteneutral im Sinn: Dir soll es egal sein, was die Organisation tut und erfindet. Andererseits hast du als Berater die Verpflichtung, deine eigenen Werte zu klären damit du entscheidungsfähig werden kannst, mit wem du arbeitest und mit wem nicht. Es gibt Berater, die arbeiten nicht mit Waffen-Lieferanten und es gibt andere, die sagen: Was solls?

Meine Erfahrung ist, dass die systemischen Berater sich ihrer eigenen ideologischen Vorprägung mit Engagement bewusst geworden sind und in dem Sinn ein äußeres Feld der Beratung abdecken können, weil sie da nicht so gebunden sind. Ich sehe andererseits jede Menge Berater und Richtungen, die sehr stark ideologisch geprägt sind – z.B. die Expertenberater, die mit dem Mythos von Rationalität arbeiten oder mit dem Mythos vom Wirtschaftlichen arbeiten oder mit dem Mythos von technischer Expertise im Projektmanagement. Die systemisch geprägten Leute sehe ich da auf angenehme Art und Weise entideologisiert.

Roswita Königswieser: Also wenn ich versuche, das zusammenzufassen, ist sicher einmal eine Basis die Wertschätzung dessen was ist– dass es ist wie es ist. Voraussetzung ist, dass man sich selbst akzeptiert, weil wenn ich mich selbst nicht akzeptiere, kann ich alles rundherum nicht akzeptieren. Der Umgang mit Widersprüchen, kontextabhängig, also, dass es ist, wie es ist.

Die positive Grundhaltung drückt sich auch in der Annahme aus, dass Lernen und Veränderung möglich sind, dass Bewegung möglich ist. Zur Werthaltung gehört das Vertrauen in die Ressourcen, dass man nicht unbedingt alles unter Kontrolle haben muss und das auch gar nicht kann. Wenn man nur Kontextsteuerung macht, also für den Rahmen sorgt, dann kann man davon ausgehen, dass sich schon alles zurecht ruckelt und Prozesse in Gang kommen.

> Ein Meta-Wert ist sicher die Reflexivität.

Die Haltung, dass man nicht alles gleich wissen und verstehen kann. Stattdessen die Haltung zu fragen, wo die Blockaden sind und zu überlegen, wie man deblockieren kann, weil dann die Energie eh wieder fließt. Und die Haltung: Schuldige im alltagssprachlichen Sinn gibts nicht, sondern das Schuld-Thema ist eigentlich immer ein Wegweiser in tiefere Muster und latentere Dynamiken in einem System. Damit meine ich, sich nicht mit einfachen Zuschreibungen zufrieden zu geben. Ein Metawert ist sicher die Reflexivität.

Frank Boos: 1. Gebot in dem Kontext, in dem wir uns befinden, ist: Sei reflexiv und bezieh dich selbst in die Reflexion mit ein. Also nicht nur reflektieren, was beim Kunden los ist und was sich in der Beziehung zueinander aufbaut, sondern auch über das Beratersystem selbst.

2. Gebot: Betrachte Systeme immer in Relation zu ihren Umwelten.

3. Gebot: Achte auf deine momentanen Lieblingsinterventionen und – hypothesen.

4. Gebot: Überschätze nicht die Wirkung deiner Anwesenheit (auch Abwesenheit kann hilfreich sein).

5. Gebot Veränderung braucht Zeit, um sich wirkungvoll entfalten zu können.

6. Gebot: Das Denken in Ebenen ist in der Regel hilfreich (die Wirklichkeit ist mehrschichtig).

7. Gebot: Schlüpfe in unterschiedliche Perspektiven, bevor du zu Interventionen kommst (halte nicht fest an Hypothesen).

Gundi Vater: Ich tu mir immer dort schwer wo ich den Eindruck habe, es geht kurzfristig um Aktienkurse, Shareholder-Interessen, was dazu führt, einfach Mitarbeiter beliebig zu entlassen, weil man meint, es sei ein guter Stellhebel zur Kostensenkung. Im Prinzip werden die Kosten ja nur ins große weite Auffangbecken der Volkswirtschaft hinausgeschleudert. Das macht mir sehr Mühe und ich helfe mit, unter dem Kriterium: Was müssen wir tun, um das Unternehmen nachhaltig abzusichern? eine Balance zu finden zwischen der Frage: Was ist ein verantwortungsvoller Umgang mit der Ressource Mensch und dessen Wissen? und der Frage: Wo muss ich sinnvoller Weise mit den Anforderungen der Shareholder Value Idee mitspielen?

> Ich helfe mit, für die nachhaltige Absicherung des Unternehmens eine Balance zu finden zwischen dem verantwortungsvollen Umgang mit der Ressource Mensch und den Interessen der Shareholder.

Da schau ich sicherlich – auch durchaus konfrontierend – hin, da gut abgesicherte und abgewogene Entscheidungen zu treffen. Personalreduktion ist noch keine besonders strategische Entscheidung; o.k. das ist ein Mittel, um Kosten zu reduzieren. Da geht's mir eher darum, zu bewerten, wo die überhaupt hinwollen, auch möglicherweise schwierige Prozesse zu steuern und dann an Bord zu bleiben, sich dem auch zu stellen. Das ist Aufgabe von Führungskräften, sich dem zu stellen.

o   Respektiere die Eigendynamik des Systems.

o   Sei neutral der Veränderung gegenüber.

o   Lege Interventionen als Feedback-prozesse an, d.h. glaube nicht, es gibt eine Intervention, sondern mache ein Angebot und werte es miteinander aus.

> Veränderung braucht Zeit, um sich wirkungvoll entfalten zu können.

o   Denke dich selbst mit.

Rudolf Wimmer: Ich fühle mich primär verpflichtet, dieses soziale System, mit dem ich es zu tun habe, in seiner Zukunftsfähigkeit zu unterstützen. Da habe ich eine hohe Loyalität und das bringt mich dann dazu, zu den handelnden Figuren und Subsystemen, mit denen ich zu tun hab, so etwas wie eine Allparteilichkeit zu haben und in niemandes Dienst der Loyalität einzutreten.

Die zweite Antwort ist: Ich bin lösungsorientiert oder erfolgsorientiert. Wenn ich das Gefühl kriege, dass wir hier nachhaltig nicht wirklich weiterkommen, dann muss es zum Thema werden.

Eine weitere Wertorientierung ist für mich, dass das Preis-Leistungsverhältnis sowohl aus Kundensicht, wie auch aus meiner Sicht stimmig ist. Also dass das Geben und Nehmen – und zwar auf allen unterschiedlichen

> Ich fühle mich primär verpflichtet, das soziale System in seiner Zukunftsfähigkeit zu unterstützen und in niemandes Dienst der Loyalität einzutreten.

Ebenen, das ist nicht nur monetär gemeint – sich in einem stimmigen Verhältnis bewegt. Das heißt, dass ich keine Abzockermentalität goutiere – z.B. die Überlegung, wie baue ich in eine Prozessarchitektur Beratertage ein, damit ein Projekt aus Beratersicht möglichst ausgeschöpft wird? Auf der anderen Seite lasse ich mich aber auch nicht auf Angebote ein oder Zumutungen, wo ich das Gefühl habe, da zahl ich nur drauf. Diese Art Zumutung kommt ja von der anderen Seite genauso – das wird immer stärker.

Eine wichtige weitere Werthaltung ist, dass es mir immer darum geht, einen Container, einen Schutzraum vor persönlichen Verletzungen zu bauen. Ich werde nirgends zulassen, dass Leute irgendwie an den Pranger gestellt oder instrumentalisiert werden. Das sind soziale Entlastungsrituale, die passieren, wo man dann Leute zum Opfer macht. Hier ist die Haltung, sich um eine nachhaltige Förderung von sozialen Prozessen zu bemühen, in denen wechselseitige Wertschätzung möglich ist bzw. wird. Das stellt sich her durch das eigene Tun, wie man selber mit Leuten umgeht, worauf man sichtlich Wert legt.

Es gibt auch übergeordnete Werte. Ich arbeite halt nicht in Rüstungsfirmen. Solange ich mir das aussuchen kann, arbeite ich eben nicht in der Militärbranche, aber auch da bin ich nicht dogmatisch, weil Du weißt ja nicht, ob nicht ein Lastwagen auch militärisch genutzt wird.

Heinz Jarmai: Ich für mich hab die Grundidee, dass Entwicklung und Wachstum möglich sind, dass es Systemen inne liegt, sich zu entwickeln. Entwicklung kann auch heißen, so zu bleiben wie sie sind, wenn sie dabei glücklich sind. Der Wertekanon ist zukunftsoptimistisch. Ich trau den Leuten ziemlich viel zu, begegne den Verantwortlichen mit dem Grundgefühl, dass sie im Stande sind, ihre Verantwortung wahrzunehmen und habe Vertrauen, dass Lösungen und Entwicklungen möglich sind.

> Ich hab eine Grundidee, dass Entwicklung und Wachstum möglich sind, dass es Systemen inne liegt, sich zu entwickeln

„Gebote" sind für mich:

o   Denk nach

o   Hab eine Theorie

o   Sei fundiert

o   Sei ernsthaft

o   Engagier dich um die Sache

Aber das sind sehr persönliche Grundsätze, ich glaub nicht, dass das sehr systemische Kategorien sind: Es sind Grundsätze auch von Nicht-Systemikern – man könnte sie auch Kant zuordnen.

Fritz Simon: Ich glaube, aus der Systemtheorie lassen sich keine Werte ableiten im Sinne der Moral und des Zeigefingers, den man erheben kann. Wer das annimmt, hat die Systemtheorie und den Konstruktivismus nicht verstanden. Das ist weit verbreitet in der systemischen Beratung – vor allem bei den Leuten, die aus einer OE-Tradition kommen und sich emanzipatorisch verstehen. Ich finde das sehr ehrenwerte Werte.

Ich finde aber das Spannende an Systemtheorie und Konstruktivismus, dass man nicht umhinkommt, die Verantwortung für seine Werte selber zu behalten, weil man sie nicht auf eine höhere Ebene der Verantwortung abwälzen kann. Man muss Werte haben, und um diese Werte zu realisieren, kann man systemisches Denken nützen. Aber man kann mit systemtheoretischen Überlegungen genauso gut ein Kinderheim funktionsfähig machen wie ein KZ. Und insofern kommt man nicht aus der Verantwortung für das, was man tut.

> Aus der Systemtheorie lassen sich keine Werte ableiten; das Spannende an Systemtheorie und Konstruktivismus ist, dass man nicht umhinkommt, die Verantwortung für seine Werte selber zu behalten. ... das systemische Feld hat nicht irgendwelche gemeinsamen Werte. Das ist ein enorm breites Spektrum.

Ich persönlich ziehe für mich daraus die Konsequenz, dass ich mehr Raum lasse für alternative Sichtweisen als ich sie habe, dass ich mich manchmal mehr einmische als ich denke, dass das andere tun, dass ich weiß, dass auch kleine Interventionen große Wirkung haben können, und dass ich die Verantwortung habe für die Welt so wie sie ist, auch wenn ich sie nicht kontrollieren kann. Und manchmal halte ich mich mehr zurück, weil ich denke, dass die Mühe den zu erwartenden Effekt nicht lohnt. Ich versuche, Form und Inhalt einigermaßen zur Deckung zu bringen; ich versuche nicht, etwas zu erzählen, was ich nicht mache, ich versuche authentisch das einigermaßen zu leben, was ich predige. Wenn man die Frage jetzt mal sachlich fachlich nimmt, versuche ich, das, was ich tue, gut theoretisch begründbar zu halten. Außerdem versuche ich, weder mich noch die Systemtheorie, noch das, was ich damit tue, als eine Einladung in ein Glaubenssystem zu nehmen, sondern als ein Modell, bei dem ich – wie bei jedem anderen Modell auch – den Ansatz mitreflektiere.

Was die gelebten Werte im Feld anbelangt, kenne ich ganz unterschiedliche Systemiker, die durchaus unterschiedliche Werte praktizieren. Ich kenne Leute, die sind geldgierig und machtgeil und andere, die sind altruistisch und opfern sich auf. Es ist eine so große Palette da, dass sie mich dazu verleitet zu sagen: Das systemische Feld hat nicht irgendwelche gemeinsamen Werte, das ist ein enorm breites Spektrum.

Vielleicht tun Systemiker manche Dinge nicht, die andere machen würden. Richtige Klotzköpfe, solche Ekelpakete – das hab ich eigentlich selten erlebt in der systemischen Landschaft. Offenbar ist es nicht für jedermann attraktiv, sich ins systemische Feld zu begeben, weil Leute, die darauf aus sind, einen Egotrip und Machtstrategien zu fahren, offensichtlich selten beim systemischen Feld angedockt haben; ich vermute, dass das nicht attraktiv ist. Also ich kanns eher negativ definieren: Ich glaube nicht, dass Leute, die wirklich hoch narzisstisch gestört sind, sich vom systemischen Modell angezogen fühlen. Die Systemiker sind eher bescheiden aus meiner Sicht. Ich persönlich schätze die Leute, mit denen ich da zu tun habe, sehr.

Katamarane am Strand von Hörnum, Sylt, Fotografie by Wesco Taubert ©

4 Institute, die den Ansatz der systemischen Organisationsberatung in ihre Weiterbildungsangebote eingebaut haben

In der zweiten Hälfte der 80er-Jahre, als sich der Ansatz der systemischen Beratung festigt, bildet sich auch ein Markt für Aus- und Weiterbildung in systemischer Therapie und Beratung. Dieser wächst und boomt seit nunmehr 25 Jahren. Ohne große Zäsur wird ab Anfang der 90er-Jahre auch Qualifizierung zu systemischer Organisationsberatung angeboten.

Die Wiener Organisationsberatungsfirmen machen viel Beratung, bieten aber vergleichsweise wenige einschlägige Ausbildungen dazu an. Die Gruppen des Heidelberger Netzwerkes geben früh und in größerem Umfang ihr Wissen weiter. Ihre Angebote richten sich zuerst an TeilnehmerInnen aus psychosozialen Einrichtungen, später – unter dem Label der systemischen Organisationsberatung – auch an TeilnehmerInnen aus der Wirtschaft.

Wirkliche Breitenwirkung bekommt die systOB aber durch Institute, die schon damals Therapeuten, Trainer, Berater und Organisationsentwickler ausbilden und nun den systemischen Ansatz in ihre Angebote integrieren. So trifft der systemische Ansatz auf Gestalttherapie, Transaktionsanalyse oder Organisationsentwicklung und vermischt sich in ganz unterschiedlichem Maß mit diesen bestehenden Beratungsansätzen: fast gar nicht, als „Bindestrich-Zusatz" oder als neuer Zugang, der die bisherigen verdrängt.

4.1 Wie sich der systemische Beratungsansatz vermischt

Diese Institute sind meist um einzelne Personen organisiert – anders als die Heidelberger und Wiener Gruppen, die als Peergroups aufgestellt sind. Während die Netzwerke der Heidelberger und der Wiener Gruppen über die Entwicklung des systemischen Ansatzes einen öffentlichen Diskurs führen, finden weitere Befruchtungen des systemischen Ansatzes innerhalb dieser Institute ohne öffentlichen Austausch statt. Wiewohl auch die Inhaber dieser Institute publizieren, schließen andere jeweils wenig daran an. Sie selbst sind in die Kongresse, die zentralen Foren für Austausch und Weiterentwicklung der systOB-Community, nicht eingebunden. Die Auswirkungen dieser neuen Strukturen sind sowohl förderlich als auch hinderlich für die weitere Entwicklung des Professionsfeldes.

Einerseits wird der Ansatz unscharf. Außenstehende tun sich schwer, die Unterschiede zu verstehen, da ab Mitte der 90er-Jahre alle mit dem Label „systemische Beratung" bzw. „systemische Organisationsberatung" arbeiten. Begriffe werden vieldeutig, der ohnedies nur wenigen zugängliche differenzierte Theoriekern erodiert, der Fokus auf Methoden verstärkt sich; das Thema Organisation wird zum blinden Fleck in der systemischen Organisationsberatung.

Andererseits können sich durch die Qualifizierungsangebote dieser Institute sehr viele Personen mit wesentlichen Aspekten des systOB-Ansatzes auseinandersetzen – das wäre von den Strukturen der Heidelberger und Wiener Netzwerke nicht zu leisten gewesen. Ihre VertreterInnen arbeiteten ja weiter als Therapeuten bzw. Organisaionsberater. Der schwer zugängliche Begriff der systemischen Organisationsberatung verbreitet sich in Organisationen, die Methoden finden dort Eingang in die Kommunikation.

Fast alle Ausbildungsinstitute leisten eine überzeugende, grundlegende Sozialisation in systemischer Haltung und eine Verbreitung von Beratungsmethoden. Die neu zugemischten Inhalte sind meist stimmig und hilfreich für das Handeln als BeraterIn. Die theoretischen Befruchtungen, die die systOB auf diesem Weg erfährt, sind es durchaus wert, expliziert und allgemein zugänglich gemacht zu werden.

Der non-direktive Ansatz von Carl Rogers, auf dem die Transaktionsanalyse aufsetzt, war immer konstruktivistisch: Respektiere die eigene Wirklichkeit des Klienten. Das aktive Zuhören, die von der TA beschriebenen typischen Anschlussmuster in der Kommunikation, die Prämisse der Gestalttherapie, in eine dialogische, symmetrische Ich-Du-Beziehung einzutreten, das Prinzip der „Awareness", der Präsenz – all dies sind Zugänge, die die Wirksamkeit von Beratung signifikant erhöhen. Sie helfen, in den Kontakt mit Personen zu kommen und die kopfigen zirkulären Fragetechniken zu erden. Eine ganzheitliche Sicht auf Dinge ist Voraussetzung für die Wahrnehmung von Mustern. Die im Sozialen wurzelnden Prozesse komplexer Sinngebung, das Prinzip des Hier-und-Jetzt, des Kontextbezugs, der Blick auf die strukturelle Verbindung von Organismus und Umwelt als eigenes Wirkungsfeld – diese Prämissen der Gestalttherapie können den systemischen Zugang verfeinern. In der Tat sehen sich ja führende Vertreter der systOB wie Wolfgang Looss von den Ansätzen der Gestalttherapie geprägt.

Ähnlich verhält sich dies mit den US-amerikanischen Ansätzen der Organisationsentwicklung. Viele Konzepte haben ohnedies ihren Eingang in die systOB gefunden, auch wenn sie mitunter dopplet erfunden wurden. Die systemische Schleife entspricht der Action-Research Schleife bzw. dem Survey-Feedback Modell, das Rollenverständnis als BeraterIn hat schon Edgar Schein in seinem Modell der Process Consultation expliziert und alle systemischen Change Management Ansätze gehen (ohne Quellenverweise) von der Hockeyschläger-kurve[34] der Systemleistung während des Defreeze-Move-Refreeze-Dreischritts von Kurt Lewin aus.

Allerdings tragen Transaktionsanalyse, Gestalttherapie, Organisationsentwicklung und andere Ansätze, mit denen sich die systOB vermischt hat, jeweils auch positivistische, zeitgeistige Annahmen im Gepäck, die die Komplexität heutiger Beratungsthemen nur bedingt aufnehmen können. Für die frühe Organisationsentwicklung wurde dies ja bereits ausführlicher beschrieben (s. Seite 78 ff).

Bleibt also die Herausforderung, das Feld in seiner Vielfalt zu beschreiben und die Vermischung und Anreicherung des systOB-Asatzes mit den Ansätzen führender Weiterbildungsinstitute nachzuzeichnen.

Dies soll im Folgenden versucht werden. Fünf Institute werden vorgestellt:

 1. Institut für systemische Beratung, Wiesloch

2. Professio GmbH, Ansbach

3. Trias Institut, Grüningen, Schweiz

4. Trigon Organisationsberatung und Organisationsentwicklung, Wien,

5. Hephaistos, München.

4.2 Die Institute

Natürlich ist der Kreis der Ausbildungsinstitute, die systOB anbieten heute wesentlich größer; es ist unmöglich, alle wesentlichen anzuführen. Diese fünf habe ich ausgewählt, weil sie einen Bekanntheitsgrad in Organisationen haben. Teilweise werden sie von Organisationen eingeladen, interne Beraterstäbe in geschlossenen Curricula zu qualifizieren. Die Ansätze, für die diese Institute stehen, scheinen mir auch tyische Strömungen im Feld abzubilden.

① Das ISB von Bernd Schmid ist meines Wissens nach das größte Ausbildungsinstitut in systemischer Organisationsberatung. Bernd Schmid führt im Interview seine eigenen Prägungen als TA-Ausbilder und im weiteren Sinn einen von ihm persönlich geprägten systemischen Ansatz an.

② Auch Rolf Ballings Professio war in Zeiten vor der systOB ein Ausbildungsinstitut für TA. Balling vertritt den Ansatz, dass das systemische im Beratungsansatz sich wie ein Bindestrich-Wort vor jede Art von Beratung setzen läßt. Er sieht dies also eher als generelle methodische Anreicherung, denn als einen auf Organisationen zugeschnittenen Beratungsansatz.

③ Das Schweizer Trias Institut von Gerhard Fatzer war eines der ersten Ausbildungsinstitute für Organisationsentwicklung im deutschsprachigen Raum. Es bringt seither die US-amerikanischen Ansätze nach Europa und aktualisiert sie nach den US-amerikanischen Entwicklungen. Der Begriff „systemisch" bezieht sich auf den Verständnisrahmen, wie ihn die US-amerikanische OD-Szene absteckt.

④ Auch die Wiener Trigon Gruppe definiert sich auf dem Fundament der Organisationsentwicklung, hat aber immer wieder unterschiedliche Zugänge integriert. Über die Kooperation mit dem N.P.I. in anthroposophischer Tradition geerdet, wurden so Edgar Scheins Weiterentwicklungen in der Prozessberatung und Unternehmenskultur aufgenommen sowie später die systemischen Beratungsansätze. Die Publikationen der Trigon, allen voran die von Fritz Glasl, sind zwar in den normativen Rahmen der OE und Antroposophie gestellt, räumen dem theoretischen Verständnis von Organisation aber immer eine zentrale Stellung ein. Sein mit Bernhard Lievegoed erarbeitetes Modell der

Entwicklungsphasen von Organisationen, das Modell der sieben Wesenselemente und das U-Kurve-Vorgehen von der Diagnose zur Fassung der Entwicklungsziele in den drei Subsystemen der Organisation[35] geben OrganisationsberaterInnen konkrete Orientierung.

Das Institut Hephaistos fällt als junges Institut aus dem Rahmen der hier beschriebenen Selektionskriterien. Sein Inhaber beschreibt sich als „Enkel" des systemischen Ansatzes und beschreibt die voraussetzungsvolle Entwicklung, die ihn dorthin geführt hat. Hephaistos repräsentiert einen neuen Typ von Beratungsinstitut, das Weiterbildung anbietet: profunde, anspruchsvolle Wissensweitergabe im Umfeld von Kunden und per Mundpropaganda erreichter Klientel. Inzwischen gibt es viele solcher kleinen Beratungsfirmen, die mit hoher Qualität ohne marktüberstrahlendes Image aber in Summe mit Breitenwirkung arbeiten. Die Beschreibung des Hephaistos Instituts schließt den Kreis und führt wieder zum Theorieansatz der systOB zurück.

In der Darstellung der unterschiedlichen Institute wird die Buntheit des Feldes der systOB deutlich. Weitere Bewegungen sind zu erwarten.

Im Folgenden wird jedes Institut durch die Antworten seines Gründers bzw. Repräsentanten vorgestellt. Grundlage war ein persönliches oder telefonisches Interview mit denselben Leitfragen, die auch den VertreterInnen der Heidelberger und Wiener Netzwerke gestellt wurden.

Institut für systemische Beratung

Interview mit Dr. Bernd Schmid, Gründer und Inhaber des ISB, Institut für systemische Beratung, Wiesloch

Die drei Schwäne in unserem Logo symbolisieren, dass wir was tun, dass wir im Tun reflektieren und dass wir darüber reflektieren, wie das Tun und das Reflektieren darüber zusammen spielen. Wir entwickeln die Reflexivität und bedenken, dass wir unsere Wirklichkeit aus unseren Interessen heraus entwerfen. Die Erkenntnisbiologen Maturana und Varela haben klar gemacht, wie sehr Erkenntnis von der Selbstorganisation der Erkenntnissysteme abhängt, wie man anthropologisch eigentlich das Zusammenspiel studieren muss und nicht den Gegenstand. Das heißt, dass man Aussagen nur im Zusammenhang mit dem Lebensvollzug der Systeme verstehen kann.

Systemisch – das sind in erster Linie Haltungen, die überall vorkommen. Das ist die Ressourcen- und Lösungsorientierung, eher die Entwicklungsorientierung als eine Störungsbeseitigungsorientierung, die Würdigung des Gewachsenen als sinnvolle Antworten auf Entwicklungsherausforderungen. Unser Gegenstand sind komplexe, lebendige Systeme, für die gibt es keine Beschreibungsraster, die sie einigermaßen kontrollierbar erklären. Die wirklichen, lebendigen Systeme sind hintergründig. Wenn man das oft genug erlebt hat, hat man eine Haltung im Sinne von Demut und gleichzeitig großen Respekt vor der eigenen Begrenztheit.

Wir betreiben Systemwissenschaft nicht als Universitätswissenschaft, sondern als Perspektiven, wie Menschen ihre professionelle Steuerung und ihre Entwicklung voranbringen können. Für mich ist das vor allem eine kulturelle Perspektive. Wenn mich Leute fragen: Was ist eigentlich das Systemische an eurer Ausbildung, sage ich: Systemisch ist eine didaktische Form des Arbeiten und des Lernens. Ganz im Sinne Wittgensteins, der das Sprachspiel unabhängig vom jeweiligen Inhalt beschrieb, beschreiben wir den Lern- und Kulturstil als essentiell und die Spezifikation bestimmter Inhaltskonzepte, Gesellschaftsfelder und Vorgehensweisen als nachrangig. D.h. wir versuchen so zu lernen, dass die Menschen diese Haltungen erwerben und diese Kompetenzen, mit Systemen umzugehen.

Inhaltlich schließe ich an die Begriffe der Systemtheorie und der klassischen Interventionen der Familientherapie an, weil ich ja von da komme. Was die Luhmannsche Systemtheorie betrifft: Seine Kontingenzvorstellung und die Frage der Leitdifferenzen sind bei uns in allen Programmen drinnen. Ich habe das sehr pragmatisch in das Kulturbegegnungsmodell der Wirklichkeit eingepasst; auch Varelas und Maturanas Ergebnisse, dass jedes System selbstbezüglich ist, und das erkenntnistheoretische Problem, dass jedes wahrnehmende System die Außenwelt nicht wahrnehmen kann. Auch Wittgensteins Prämisse, dass man eigentlich nur eigene Zustände beschreiben kann, die sich durch Kontakt mit irgendetwas verändern.

Andererseits gibt es auch Gewissheiten. Irgendwo dazwischen muss man sich bewegen.

Personen, die mich geprägt haben, gibt es viele. Von der Theorie her Francisco Varela, Niklas Luhmann, die Mailänder Gruppe und die Heidelberger Systemiker um Helm Stierlin. Milton Erickson, den ich noch persönlich erlebt habe; sein Verständnis von conscious mind als Störfaktor, der eher ausgeblendet werden sollte, sodass dieses schöpferische Bewusstsein, unconscious mind, freigesetzt werden kann. – Ich habe viel Hypnose gemacht und gelehrt. Ich fand es faszinierend, dass man eine ganze Gruppe in eine geleitete Phantasie führen kann, auch wenn der Presslufthammer draußen arbeitet – wenn man diesen nicht als Störung, sondern als Utilisation nutzt. Dass es möglich ist, Geschichten in der anderen Person direkt zu kommunizieren. Da hat es einen seelischen Kontrakt, eine Bereitwilligkeit, sich auf die Wirklichkeitsvorschläge einzulassen und diese co-kreativ mitzugestalten. Dass das möglich ist, das habe ich zwar seit meiner NLP-Ausbildung einigermaßen gewusst, aber dass mein eigener seelischer Apparat sich so aufrichten kann, dass der wirklich ein großes, sehr einladendes Kraftfeld erzeugen kann, wo die Technik gar nicht wichtig ist... Dieses Willkürlich-Unwillkürliche und was da alles möglich ist an Wirklichkeitsfindung – das hat mich tief beeindruckt.

In der Gruppe um Helm Stierlin habe ich nur zeitweilig mitgearbeitet. Ich war nie ein reiner Systemiker, ich bin immer lehrender Transaktions-analytiker geblieben und war immer tiefenpsychologisch orientiert. Von den Systemikern werden Stereotype produziert, wodurch man die mit dem systemischen Ansatz als höherwertig erklären will. Da habe ich mich aufgerufen gefühlt, sozusagen die Bernd-Schmid-Version des systemischen in Worte zu fassen. Mein eigener integrierter Ansatz verbindet sich auch mit einer eigenen Sprache. Das ist ein Nachteil, aber auch ein Vorteil. Den Nachteil sehe ich darin, dass man schon immer wieder fragen müsste: Wie steht das im Zusammenhang mit anderen Sprachen und Gewohnheiten? Andererseits: Viele eigene Ansätze haben ihre eigene Sprache. Und eines kann ich nicht leisten: Gleichzeitig auch die überall sonst gültige Sprache, die ja auch eine andere Kultur, eine andere Wirklichkeit repräsentiert, dabei zu verwenden oder die Bezüge immer herzustellen.

1984 haben Gunthard Weber und ich gemeinsam das Institut für systemische Therapie und Transaktionsanalyse in Wiesloch gegründet. Wir haben acht Jahre lang zusammen Familienberatung gemacht, ich als TA-ler und er als Systemiker. 1993 bin ich in den Wirtschaftsbereich gegangen, er blieb familientherapeutisch unterwegs. 1994 habe ich den Beruf des Psychotherapeuten an den Nagel gehängt; ich habe gemerkt, dass ich diese professionelle Identität nicht mehr halten kann. Dann habe ich das Institut umbenannt in ISB. Das kann man jetzt Gründung nennen, aber es war ja ein Übergang; ich hatte ja schon eine ganze Zeit begonnen, Leute im Organisationsbereich auszubilden.

Mir ist es wichtig, zu zeigen, wie Kulturmerkmale eine große Rolle spielen. Auch C. G. Jung hatte einen systemischen Ansatz in seiner tiefenpsychologischen Arbeit. Bei ihm ging es immer schon um Individuation, um die unverwechselbare Entwicklung eines lebendigen Systems. Die Zukunftsorientierung, woraufhin entwickelt sich das, war ihm wichtiger als die Frage: Welche Störung findet man in der Vergangenheit? Auch das fruchtbare Zusammenspiel von Bewusstem und Unbewusstem hat bei ihm eine große Rolle gespielt, wie auch in seiner Archetypenlehre die Einbindung von einzelnen Entwicklungen in einen mythologischen Zusammenhang.

Die TA ist aus Intuitionsstudien hervor gegangen. Eric Berne hat nicht auf Schulmeinungen geachtet, sondern auf real people and real life, um die Sache ganz nah am Lebensvollzug zu halten. Daran muss sich bewähren, wie du intervenierst. Dafür hat er eine Sprache gefunden, eine ganz einfache Pragmatik. – Also das sind Gründer, an denen ich mich orientiert habe, deren Haltungen ich heute unter meiner Version des systemischen integriert habe.

Den Begriff Lebensvollzug hat Hellinger oft verwendet; ich weiss nicht, wo der Begriff herkommt. Psychotherapie muss sich daran messen lassen, ob sie das Leben besser macht; Organisationsberatung muss sich daran messen lassen, ob sie Organisationskultur besser macht, ob sie Leistungsfähigkeit und Wohlfahrt der beteiligten Menschen und die Zukunftsfähigkeit der Organisation stärkt. Mit Lebensvollzug meine ich auch Organisationsvollzug, also Lebensalltag.

Systemische Beratung ist dann erfolgreich, wenn signifikante Dritte – Partner am Arbeitsplatz, im Privatleben, in der professionellen Szene – sagen, das Kraftfeld von jemandem ist verändert, sie sind in Situationen mit ihm flexibler, arbeitsfähiger, beziehungsfähiger. Natürlich haben Klient und Berater dazu auch Meinungen, aber die sind befangen. Man muss dann fragen: Wer sind die relevanten Anderen in meinem Feld, weil das sind natürlich auch immer Angehörige von guter oder schlechter Kultur. Jede Beurteilung ist subjektiv, im Lichte einer bestimmten Kultur. Wir müssen – das ist konsequent systemisch – die Kultur derer mitbeschreiben, die Veränderung oder Nicht-Veränderung beurteilen. Es geht nicht nur um das Verhalten von Personen; es hat auch etwas mit Dingen zu tun, die wir intuitiv wahrnehmen. Wir merken, dass Leute, die bei uns ausgebildet werden, wenn sie mit sich selbst noch in einer Verwirrung, in einem Identitätsübergang sind, diese Aufträge kriegen, mit denen sie werden, was sie werden wollen. Das Umfeld hat intuitiv schneller begriffen, dass sich bei denen was tut, als dass sie das schon selbst in eine Identität für sich gefasst hätten.

Wen ich geprägt habe... Ich bin schon sehr lange unterwegs. Als TA-Lehrer habe ich über zwei Dutzend Berater und Therapeuten zur internationalen TA-Prüfung gebracht. Ich habe mehrere Lehrtrainer ausgebildet, auch die Lehrtrainer hier am Institut; wir haben hier zwölf Lehrtrainerinnen und Lehrtrainer. Ich habe dreißig Jahre Gruppen geleitet, unzählige Menschen haben ein paar Anregungen von mir aufgenommen. Wir haben (im Mai 2005) ca. 1500 Absolventen an diesem Institut, die in einem lebendigen Netzwerk als professional Community agieren, sich über Internet-Plattfomen austauschen. Wir haben regelmäßige Master-Treffen von Leuten, die auch bei anderen Systemikern in Ausbildung waren, bei Fritz Simon oder bei Backhausen. Es ist eine lebendige Kultur, die natürlich durch das geprägt ist, was ich als Kristallisationspunkt für diese Kultur bin. Zu unseren Ausbildungen kommen immer mehr Interne. Die arbeiten nachher weiterhin in den in der Organisation üblichen Berufsidentitäten, angereichert um die Perspektiven, die wir vom Systemischen her zu bieten haben.

In meinen Ansätzen bin ich mir absolut einig mit dem Gunter Schmidt, der ein enger Freund ist. Ich bin im Deutschen Bundesverband Coaching, der für Qualität im Coaching Bereich steht. Was ich weniger mache, ist dieses typische Konferenz-Hopping der systemischen Konferenzen.

Metatheorien (von Organisation, Individuum, Beratung, Wirtschaft und Gesellschaft)... Ich habe mich nie so verstanden, dass ich hier mal ein Axiom einschlage und die Welt von da vermesse; insofern weiß ich gar nicht, ob ich eine Metatheorie habe. Systemiker sehen ja überhaupt eine Organisation, wie ein Individuum, wie eine Gruppe, einfach als lebendiges, komplexes System. Die Konsequenz ist, dass wir nur eine Teilperspektive bewusst gestalten können und eine vollkommene Kontrolle und Beschreibung nicht möglich ist.

Was komplexe Systeme organisiert und am Leben hält, ist beim Individuum der Persönlichkeitsstil. Also was für ein Stil im Umgang mit Wirklichkeit wird gelebt? Im Organisationsfall nenne ich das Kultur. Wenn ich den Kulturbegriff verwende, ist das eine eigene Prägung. Ich meine mit Kultur die Art und Weise, wie gewirtschaftet wird mit Strukturen, Prozessen, mit Ressourcen; wie mit menschlichen Ressourcen umgegangen wird. Welche Lebensqualität die beteiligten Menschen bei dieser Kultur, bei dieser Wirtschaft haben und welche Lebensqualität die Gesellschaft hat. Ich habe Vorstellungen von einer Menschenwürde stärkenden oder schwächenden Wirtschaftskultur.

Kultur ist nicht vollständig beschreibbar. Man kann sie nicht mit einem Etikett definieren, und es geht hier auch weniger um ein erkenntnistheoretisches Problem. Kultur ist, wenn man merkt: Das hat einen tiefen Hintergrund. Insofern kann man Kultur nur begreifen, wenn man selbst an Kultur teilnimmt. Das ist meine Metaposition zum Thema Kultur. Kultur organisiert durch Sinn all diese Systeme, die beteiligten Menschen. Ich glaube, dass komplexe Systeme letztlich nur durch Kultur und Sinn integriert gehalten werden können. Sinn muss immer wieder neu ge- und belebt werden, sonst erstarrt er. Das hat zur Auswirkung, dass man immer wieder fragt, welchem Sinn auch unglückliche und destruktive Kulturmuster zustreben, und welche alternativen konstruktiveren und sinnstiftenderen Formen es dafür gäbe. Dies erlaubt keinen Rückzug in einen radikal konstruktivistischen Liberalismus, der nur für wissenschaftliche Betrachtungen nützlich ist. Für gelebtes, wertorientiertes Leben reicht er nicht.

Die Haltungen und Wertorientierungen, der systemischen Beratung sind für mich:

o   Versuche die Lebensdynamik deines Gegenübers zu verstehen, zu respektieren und ihn nicht in deine Professionskulte einzupassen.

o   Organisiere deine Dienstleistungen so, dass sie möglichst wenige Ressourcen deiner Klientensysteme verbrauchen.

o   Halte dich nicht neutral, denn dies ist unmöglich. Wirklichkeit ist Beziehungswirklichkeit, an der die Partner unentrinnbar mitwirken; jede Begegnung ist Kulturbegegnung.

o   Keine Selbstimmunisierung! Alle deine Ansichten müssen hinterfragbar bleiben und als Angebote erlebt werden. Unterscheide Gewissheit von Wahrheitsanspruch.

o   Sorge für einen professionellen Kontext, indem du deine eigenen Wirklichkeitsvorstellungen immer wieder einer konstruktiv-kritischen Konfrontation aussetzt.

o   Bringe deine Sinnvorstellungen, Dein Lebensverständnis und deine Erfahrung aktiv und explizit ein, doch bleibe wach, ob sie dem Gegenüber dienen.

o   Erlaube dir, früh und kreativ zu intervenieren, aber überlasse die Bewertung dieser Suggestionen (Wirklichkeitsvorschläge) dem Adressaten.

o   Die Figuren professionellen Handelns müssen dem Leben angepasst werden und nicht umgekehrt.

o   Versuche nicht, aus deinem Wissen eine prinzipiell überlegene Position irgendwelcher Art zu machen, sondern nimm deine Privilegien als besondere Verantwortung.

o   Bleibe dem Gegenüber als Mitmensch verbunden und gewogen. Am Ende müssen alle in die Kiste. Ohne Liebe bleibt nichts.

Auf die Frage nach den Kernkonzepten: Ich arbeite gern mit meiner Methode, Dialog zu halten mit sinnstiftenden Hintergrundbildern. Auch die Arbeit mit Träumen ist ein wundervolles Medium, um schöpferischen Dialog mit den hintergründigen Intuitionen und Strebungen der Seele zu üben. Meine Betrachtung von Dilemmadynamiken hilft zu verstehen, wie Menschen sich in Dilemmazirkeln verfangen und welche Auswege in Richtung Sinnzirkel es gibt. Ich arbeite gern mit der Analyse und kreativen Ergänzung von Wirklichkeitsstilen (Theatermetapher) und auf der Identitätsebene, weil Systeme dauernd damit beschäftigt sind, wer zu werden und damit Anerkennung in der Welt zu finden. Ich biete Auflösungen von Einseitigkeiten an; statt Teiloptimierungen, Polarisierungen fördere ich die Integrierbarkeit oder zumindest Komplementarität und Verantwortung fürs Ganze.

Was die Herausforderungen an das Feld der systOB betrifft, denke ich, wir haben immer damit zu tun, aus interessanten Aspekten nicht dogmatische Konzepte zu machen. Die Anfälligkeit der Systemiker für Überlegenheitsattitüden ist für mich ein Ärgernis, wenn sie in Anspruch nehmen: Wir haben was rausgefunden, was es vorher nicht gegeben hat. Die Systemiker müssen echte Dienstleister werden, zu Demut finden. Derzeit ist der Markt systemischer Produkte, der ganze Beratermarkt völlig aufgebläht. Um berechtigter Weise übrig zu bleiben, ist mehr Integrationsfähigkeit, weniger Selbstinszenierung nötig.

Eine weitere Herausforderung wäre, sich mehr an die Wirtschaftungsprozesse der Organisation anzukoppeln. Nämlich daran, dass da ein Kulturzusammenhang ist, dass es hintergründige Zusammenspiele gibt, die entscheidend sind, ob Systeme gut funktionieren oder nicht. Man muss die Internen schulen und auf deren Fragen eingehen: Wie kann ich das jetzt jeden Tag einbringen? Wie kann ich diese Erkenntnisse in einem Reorganisationsprozess einbringen, der nach technischen und finanzwirtschaftlichen Gesichtspunkten gesteuert wird? Wie kann ich Kommunikationsprozesse so anreichern, dass diese Dinge im Hintergrund wirklich mit berücksichtigt werden? Nicht im Nachhinein als Abpufferung und Repariermaßnahme. Da ist noch enorme Entwicklungsarbeit nötig. Ich glaube, dass die guten Organisationen nicht mehr sehr lange mitmachen. Die Leute berichten zum Teil, dass die immer mehr verlangen, dass man ihnen ganz nahe zuliefert.

Professio

Interview mit Dkfm. Rolf Balling,
Gründer (1990) von Professio und Lehrtrainer des Instituts

Das Feld der systemischen Beratung ist im Prinzip das Feld der Beratung. Was „systemisch" genannt wird, ist eher eine bestimmte Denkrichtung, eine bestimmte Methode, eine bestimmte Haltung, mit der man Beratung macht. Ich würde die systemische Beratung nicht als speziellen Markenartikel definieren, sondern mit dem Gegenstand definieren, den man eigentlich berät. Man kann systemische Lebensberatung machen, systemische Unternehmensberatung und systemische Therapie und was sonst noch alles.

Wenn ich mir das historisch ansehe, war die erste Person, die mich geprägt hat, Dr. Hans Jellouschek; bei ihm habe ich klassische TA gelernt, wie man an schwierige Fälle herangeht, die Kunst der Diagnose. In systemischer Denke gesprochen: Kontraste zu bilden: Was sehe ich als krank, was sehe ich als gesund, was sehe ich als dysfunktional, was als funktional, wo muss man etwas tun, wo muss man nicht etwas tun, wirklich kognitiv und emotional beteiligt, scharfsinnig zu sein, aber immer in einer Weise auch distanziert. Mit der Idee: Es geht hier um den Klienten. Wie können wir einen guten Service machen, in einer guten Weise hilfreich sein? Ohne jetzt – in TA Sprache – „retterisch" zu sein. Der Retter bringt die alte Frau über die Straße, obwohl sie gar nicht will. Also hier wieder Distanz, indem man sich die Frage stellt: Wann arbeite ich doch wieder mehr für meine eigenen Liebingsideen als für mein Gegenüber?

In dem Zusammenhang fallen mir auch Fanita English und Richard Erskine ein. Fanita English hat eine intellektuelle Brillianz; ihre Stärke liegt auch in ihrer Vertragsarbeit. Richard Erskine hat etwas Kreatives, Intuitives; er lässt eine Fallschilderung auf sich wirken und findet dann in einer überraschenden Weise einen Hebel, der am meisten bewirken kann. Er hat eine sehr hohe Treffsicherheit, ist aber trotzdem nicht guruhaft und lässt den anderen in seiner Verantwortung. Außerdem möchte ich Bernd Schmid erwähnen. Er kann ein großes Feld abdecken, von der Person bis zur Organisation, von der TA bis zum Systemischen; dazu viel von der Hypnotherapie von Milton Erickson. Heinz von Foerster muss ich noch erwähnen. Für ihn war seine systemisch-konstruktivistische Art kein intellektuelles Spiel, sondern er hat das wirklich gelebt. Für mich war er wirklich ein Weiser, sehr inspirierend und Erlaubnis gebend, selber diesen Weg zu gehen.

Wen ich umgekehrt selbst geprägt habe – da möchte ich eher keine Namen nennen. Als Ausbilder habe ich viele Trainees gehabt und viele zum TA Examen geführt, viele auf Level 1 und auch einige auf Level 2, die mir jetzt von der Hierarchie der TA ebenbürtig sind. Da fühle ich manchmal Stolz, wie gut die geworden sind. Ich denke, ich habe 10-15 Personen teilweise zehn Jahre und mehr betreut, 200-300 Personen zwei bis sechs Jahre lang und teilweise mit Examensabschlüssen und 500 Personen habe ich 1-2 Jahre begleitet; in Summe 700-800. Ein Drittel bis die Hälfte davon sind firmeninterne BeraterInnen. Ich würde da nicht trennen zwischen TA Ausbildung und systemischer Ausbildung.

Auch was die Erfolgskriterien betrifft, unterscheide ich nicht zwischen systemischer Beratung und anderer Beratung, Wenn man sich die Meister einer Beratungsmethode jeweils ansieht, wie die arbeiten und wie erfolgreich die sind, dann sind die einander erstaunlich ähnlich, während ihre Schüler teilweise eher unterschiedlicher arbeiten. Die Differenz zwischen sehr guten Beratern und sagen wir mal Anfängern ist viel größer als die Differenz zwischen Meistern und ihren jewilgen Methoden. Aber wenn Sie fragen, wann ist systemische Beratung erfolgreich... Ich glaube, eine gute systemische Beratung hat nicht so viele Symbiosegefahren. Also, dass jemand zum Guru wird oder dass eine Beziehung entsteht, die in einer Weise einengt, statt Autonomie zu steigern. Bei der systemischen Beratung ist diese Distanz gut eingebaut; mit Ideen zu arbeiten, hier Anstöße zu geben, mehr Optionen zu geben. Da ist die Wahrscheinlichkeit relativ hoch, dass der Klient sich in einem Status von Autonomie bereichern lässt und selber neue Optionen entwickelt. Das könnte man jetzt definieren für eine Person und analog für Systeme...

Der Erfolg systemischer Beratung zeigt sich manchmal sogar eher negativ: Wenn jemand zum Guru wird und andere eher in eine emotionale Abhängigkeit bringt, ist die Wahrscheinlichkeit hoch, dass man den Guru preist, aber aus der abhängigen Position. Wenn man genau hinhört, wird man sehen, dass Klienten den Berater erwähnen in einer Anerkennung, wo man jetzt nicht viel Glanz in den Augen sieht oder große Jubelrufe hört, aber wo man den Eindruck bekommt, da ist wirklich etwas gelaufen, die haben wirklich selber etwas erarbeitet. Das ist auch die Gefahr von systemischen Beratern, dass sie in ihrer manchmal beiläufigen Art unterschätzt werden gegenüber denjenigen, die viel Show machen. Aber auch andere Beratungen können einen wirklich sehr guten Job machen und bewusst nicht in diese Symbiosegefahr laufen. Auch beim Systemischen gibt es durchaus Leute, wo das Systemische die – sagen wir mal – methodische Luftüberlegenheit errungen hat, wo man sich aber nicht so verhält.

Metatheorien... Ich bin tief im Systemischen, im Konstruktivistischen, mit der Idee, dass komplexere Systeme wie Teams, Organisationen so etwas wie einen lebendigen Kern haben, der sich der genaueren Analyse manchmal entzieht. Ich gehe gerne mit einer inneren Haltung an solche Systeme, als wenn sie für mich in einer analogen Weise Persönlichkeit wären. Ich kenne die Begriffe von Homöostase, Transformation, die eine lebendige Kraft zur Weiterentwicklung ist. Ich lasse mich als Berater von Systemen überraschen, entwickle eine Idee, wo die Kraft in einem System vielleicht hin will. Ich versuche eher, die neuen Grünpflänzchen, die schon im System sind, genauso wie Personen, zu fördern, als die Haltung einzunehmen, an einem

System rumzuschrauben oder neue Lösungen einzuführen. Wenn ich eine originäre, lebendige Kraft unterstelle, krieg ich mehr Distanz und bin mehr in einer guten staunenden Haltung des Beraters gegenüber einem Klientensystem.

Wenn ich einer Organisation Persönlichkeit in dem Sinne unterstelle, muss man natürlich eine Rangfolge sehen. Der Mensch als Träger von Bewusstheit müsste immer von einer ethischen Warte gesehen werden. Darf eine Organisation Menschen einordnen in ein Alignment? Welches Recht hat diese Organisation, sich Menschen zu Nutze zu machen? Insgesamt denke ich, hat eine Organisation auch ein Recht, Menschen einzuordnen. Aber wo ist eine sinnvolle Grenze, wie stark darf eine Organisation auch mit ihrer Kultur sein? Die Idee von Heinz von Foerster, hinterher sollten mehr Optionen da sein als vorher, die gilt eigentlich für diese Fragestellung auch. Manche Organisationen haben einen sehr starken Zusammenhalt, gemeinsame Werte und kriegen eine so starke Außengrenze, dass die Autonomie von Einzelnen eingeengt wird. Systeme werden in dieser Wiese rigide, das kriegt dann etwas Sektenhaftes, was meistens mit einem schleichenden Realitätsverlust von Statten geht. Insofern bekommen solche Systeme früher oder später Schwierigkeiten. Hier wäre als Berater mutig, mit Positionen entgegenzutreten. Die Grenze, wie stark eine Organisation Menschen in eine Kultur einordnen darf, sehe ich diagnostisch in der Frage: Wenn jemand aus einem solchen System rausgeht, kann er das in Würde tun oder ist er dann ein Verräter und gibts einen Kommunikationsabbruch?

Mein Zugang zu Wirtschaft und Gesellschaft ist so: Das Wichtigste wäre – und das passt jetzt denke ich gut zum Systemischen – dass man erst mal distanziert sieht: Wirtschaft findet statt und Gesellschaft findet statt. Und im Einklang mit Ken Wilber sehe ich da schon so etwas Evolutionäres; etwas sich Entwickelndes, Entfaltendes, was ich mit einer Grundhaltung von Optimismus und Zuversicht ansehe. Evolution findet statt, ohne dass es eine steuernde Gruppe oder Zentrale gäbe, die hier großen Einfluss nehmen könnte. Wir sind als Berater, genauso wie als Bürger oder Politiker schon aufgerufen, da selber Position zu beziehen und wirksam zu werden.

Wenn ich selbst Position beziehe, dann eher integrativ. Unter dem Stress von Strömungen, die Angst machen, ist die Gefahr von Polarisierung sehr groß: Das sind die Bösen, die Guten, die Dummen usw. Mein Ansatz wäre es, immer wieder zu sehen, wie hängt denn das zusammen und zu vermitteln, dass man nicht in eine ungute Trivialisierung geht, sondern in Management, Politik oder in der Gesamtgesellschaft der Komplexität angemessen gegenüber tritt. Sich auf schwankendem Boden zu positionieren, nicht genau zu wissen, was eine gute Lösung ist, diese Unsicherheit auszuhalten – das dürfte das sein, was Manager, Berater, Bürger und Politiker am meisten lernen müssen.

Meine Kernkonzepte und Lieblingsinterventionen… Aus der systemischen Sicht würde ich das Kernkonzept von Homöostase, Transformation nennen; das ist immer wieder hilfreich. Man kann immer wieder schmunzelnd feststellen, dass, was sich erstmal als Transformation darstellt, vielleicht eher homöostatisch ist und dass Homöostase transformatorisch wirkt. Auch die Orientierung an Grenzen – Außengrenzen, Innengrenzen – wie können die Klarstellungen von Grenzen Kooperationen erhöhen? Aus der Transaktionsanalyse arbeite ich gerne mit dem Passivitätskonzept von der Schiff-Schule[36]. Dieses Konzept beschreibt, wie Personen oder auch Systeme – statt sich in progressiver Art und Weise mit den Herausforderungen auseinander zu setzen – etwas Regressives kriegen und sich der Herausforderung verweigern. Da wird sehr genau differenziert, welche Erscheinungsformen dort auftreten könnten und mit welchen inneren Mechanismen diese Verweigerungen aufrecht erhalten werden.

Ich versuche, die Intuition mit den Konzepten zu versöhnen. In einem Bild gesprochen: Der Sturzflug von abstrakten Konzepten in die Praxis hinein um zu sehen, wie sich die Konzepte bewähren. Dann aber wieder die gegenläufige Bewegung: Aus der Praxis abstrahieren, zu neuen Konzepten, zur Revidierung von Konzepten und im Prinzip durch eine Evaluation gehen.

Was die gelebten Werte in der systemischen Beratung betrifft, glaube ich, ist das vor allem der Respekt vor Klientensystemen. Und die Idee, sich nicht zu sehr zu verwickeln, oder wenn man sich verwickelt, sich dann auch wieder zu distanzieren; das hat viel mit Respekt zu tun. Das haben wir in anderen Beratungsformen auch, z.B. in der TA. Beim Systemischen ist die Verführung stärker, mit Ideen manipulativ zu arbeiten, also Interventionen zu setzen, wo das Klientensystem nicht wirklich merkt, was denn eigentlich läuft, oder was der Berater will. Da sind andere Beratungsformen vielleicht ein bisschen aufmerksamer, wie ich mich verantworte, wenn ich mit dem Klienten in einer Weise arbeite, wo er selber nicht checken kann, was ich so tue. Der systemische Ansatz impliziert auch, dass mögliche Veränderungen vom Klientensystem selber kommen können; dass es wichtig ist, Geduld zu haben, Informationen zu geben, auch Erfahrung möglich zu machen, aber wenn sich etwas verändert, produziert es das Klientensystem aus sich heraus. Das heißt, dass man sich so mit den transformatorischen Kräften im Klientensystem verbinden muss und mit denen im Dialog sein muss. Diese innere Haltung begrenzt die Beratermacht. Es ist wichtig, dass ich als Berater nicht auf einem Ego-Macht-Trip bin. Mit dieser Haltung können auch Fachberater arbeiten; es ist teilweise schwieriger, man kommt mehr in eine innere Machtdynamik hinein.

Die systemische Beratung ist manchmal wenig wertschätzend gegenüber Beratungsformen, die eher lehren, anleiten und eine eigene fachliche Meinung vertreten. Da wäre eine Integration wichtig. Wie man auch als systemischer Berater anleiten, lehren und implementieren kann; sich also auch mehr verwickeln kann mit einem Klientensystem, ohne die heiligen Kühe der systemischen Beratung zu verletzen. Hier sehe ich die Herausforderungen für die Zukunft systemischer Beratung. Systemische Beratung ist für mich teilweise etwas Elitäres: Wir machen etwas, das die anderen noch nicht verstehen, das ist das neue Wahre. In der ersten Phase ist die Abgrenzung, denke ich, sehr wichtig. Aber ich sehe die Zukunft eher darin, von einer systemischen Haltung zu reden, aber systemische Beratung als Methode, wie man denn konkret irgendwas machen darf, wieder stärker aufzuweichen. Aus einer systemischen Haltung heraus auch fachliche Beratung, strukturelle Beratung zu machen. Wir müssen uns daran orientieren, was Kunden brauchen und weniger Angst davor haben, uns zu verwickeln, Meinungen zu vertreten, die sich als falsch herausstellen könnten und in dieser Weise „normale Berater" zu werden. Die Kunst wird sein, auch in der systemischen Beratung, immer wieder in die Metaposition zu gehen und auch den Kunden dazu einzuladen, das gemeinsam zu tun. Denn der kann unendlich viel lernen, wenn er die Mixtur von bestimmten Beratungsformen bekommt, wenn er sich selbst autonom fühlt, aber mit dem Berater zusammen reflektieren kann in welcher Verantwortung und Vorgehensweise Berater unterschiedliche Beratungsformen übernehmen.

Das ist eine ziemliche Herausforderung. Wir merken ja: Unsere Klienten entwickeln sich weiter und sind viel differenzierter als vor zehn Jahren. Manager haben inzwischen Supervisionserfahrung, haben systemische Beratung irgendwo kennengelernt. Mit denen kann man ganz anders partnerschaftlich reden, leichter zusammen auf eine Metaposition gehen und sich das ganze Beratungsfeld aus dieser Position dann mal ansehen. In einer lernenden Organisation könnte das ein sehr wichtiger Teil von jeder Form von systemischer Beratung sein. Ich glaube an Methodenintegration. Das wären dann die Methoden mit dem Vorzeichen systemisch, also systemische Transaktionsanalyse oder systemische Gruppendynamik oder meinetwegen auch die ganze systemische Gestalt. Ich sehe da eine große integrative Kraft, dass unter den gemeinsamen Sichtweisen des Systemischen diese Schätze, die die einzelnen Kulturen angesammelt haben, integrativ aus einer Haltung heraus besser zusammen passen.

Trias Institut

Interview mit Dr. Gerhard Fatzer, Inhaber des Trias Instituts, Grüningen, Schweiz

Ich würde systemische Beratung als Organisationsberatung oder Systemberatung benennen. D.h. dass du auch beispielsweise bei einem Coaching die Person in ihrer Funktion als Veränderungsagent, Veränderungsmanager im Fokus hast. Für die amerikanischen Organisationsberater stand Coaching nie als eigene Disziplin im Vordergrund. Ed Schein hat gesagt: Das haben wir eigentlich immer gemacht. Jedem Organisationsberater systemischer Herkunft ist klar, dass er im Grunde das Gesamtsystem berät. „Unsystemische" Beratung sind beispielsweise jetzt die ganzen modernen Vorgehensweisen, die ich als quick fix bezeichnen würde, z.B. Kurzzeitcoachings und diese Hypno-

Ansätze. Das ist ein Stück weit die Übersetzung von NLP-Prinzipien, denen fehlen die Hintergrundfolien von Organisations- und Veränderungstheorien. Wenn es rein darum geht, bei der Person und ihrer Befindlichkeit anzusetzen, ist das für mich nicht systemisch.

Welche Personen mich geprägt haben… Ich habe ursprünglich in der klassischen Gruppendynamik gestartet. Personen wie Jörg Fengler, Lothar Nelleson haben mich beeinflusst. Ein weiterer, grundlegender Einfluss war für mich der Gestaltansatz, anfangs der Ansatz vom Fritz Pearls Institut, 1980 durch den Kontakt mit Ed Nevis die Ansätze des Gestaltinstituts Cleveland und dann über George Brown, einem Schüler von Pearls, seine Übersetzung auf pädagogische Kontexte, Schulen und Lernerfahrungen. Dann habe ich die UCLA Gruppierung kennengelernt, den Tannenbaum, den Maserik, den Warren Bennis. Die haben damals intensiv mit Carl Rogers zusammen gearbeitet, der hat mich in seiner Sichtweise und Haltung stark beeinflusst. Am Center von Carl Rogers waren die Leute vom Mediation Center von San Diego; der Ansatz der Mediation hat mich dann beeinflusst. Mit dem Wechsel an die Ostküste waren es Ed Schein und Chris Argyris. Über Argyris gibt es wieder den Rückbezug zu Kurt Lewin, denn Schein, Argyris und Bennis sind für mich eigentlich Übersetzungen von Lewin-Ansätzen in die Moderne, viel differenzierter halt. Auch Wolfgang Looss hat mich mit der Gestalt-OE-Kombination geprägt; er war für mich der Brückenkopf von der deutschsprachigen Gestaltszene zur amerikanischen. Frank Wolf hat als Schüler von Ruth Cohn den Ansatz der themenzentrierten Interaktion in den OE Bereich hinein gebracht. Wir haben das in Projekten in Afrika über fünfzehn Jahre praktiziert und so die Anwendung amerikanischer, humanistischer Konzepte auf ganz andere Kulturbereiche eingeübt.

Meinerseits habe ich primär die Personen geprägt, die durch unsere Ausbildungen gingen. Und in den 80er-Jahren durch die Übersetzung auf das ganzheitliche Lernen die Pädagogen, die über unsere Arbeit den Zusammen-hang zwischen gestaltorientiertem Lernen und Organisationsentwicklung wahrgenommen haben. Mit der Übersetzung auf das Feld der Supervision haben wir den ersten Bezugsrahmen hergestellt, das alles miteinander zu verbinden. Dort, denke ich, habe ich vor allem die deutschsprachigen Kollegen beeinflusst, von der DGSv und in Kassel, die Ausbildungsstätten. Es gab eine längere Zusammenarbeit mit Cornelia Rappe Giesecke in der Übersetzung von Supervision auf den Bereich der Organisationsentwicklung. Neuestens sind es primär Leute, die im Coaching tätig sind und die Sichtweise der Organisationsentwicklung überhaupt kennenlernen. Das sind 30-50 Personen, die selber Ausbildung betreiben und etwa 2000 Leute, die wir seit 1983 ausgebildet haben.

Ich denke, systemische Beratung ist dann erfolgreich, wenn es gelingt, in einem Kundensystem – das kann jetzt eine Person sein oder eine ganze Gruppierung – ein Bewusstsein dafür zu schaffen, wie Zusammenhänge in Systemen wirken. D.h. Handlungs- oder Verhaltensmuster aufzuzeigen und ihren systemischen Kontext zu verstehen. Und dazu Konzepte benützen wie skilled incompetence oder defensive routines oder die Systemarchetypen, die den Betroffenen aufzeigen, dass ihre Handlungen, die in einem Systemkontext stattfinden, bester Absicht sind, aber zum Teil mit sehr unerwünschten oder sogar negativen und destruktiven Resultaten. Der Schritt, der da stattfinden muss, hat vier Stationen: Von der unbewussten Inkompetenz zur bewussten Inkompetenz, indem man benennen kann, was nicht richtig läuft, obwohl man es in bester Absicht macht. Dann geht man von der bewussten Inkompetenz zur bewussten Kompetenz mit der Aufforderung: Ihr habt jetzt sozusagen die Wahlmöglichkeit; ihr könnt die Muster weiterhin so betreiben oder ihr könnt versuchen, ein anderes Muster zu wählen. Nachher geht's wieder zurück in die Routine bis zur unbewussten Kompetenz. Der Kunde merkt daran, dass es ihm gelingt, die stärksten strukturellen Fallen, eingeschliffene Verhaltensmuster und Routinen zu vermeiden. Gemeinsam geht es darum, Hebelwirkungen zu eruieren und durch Angehen der 20% Kernprobleme 80% Hebelwirkung zu erzeugen.

Ein System ist für mich ein Ensemble von Beziehungen, Eigenschaften, die miteinander in Relation stehen. Wenn ich da Akteure drinnen sehen will, sind das die Personen, die in einem System agieren. Damit ein System langfristig entwicklungs- und überlebensfähig ist, muss es Regeln,

Steuerungsmechanismen, Normen entwickeln und die haben häufig natürlich die Tendenz, kontraproduktiv zu werden. Ed Schein redet von einer „cultural DNA"; d.h. es gibt sozusagen ein „Genogramm" in jedem Team, was seine kulturellen Grundannahmen generiert und damit seine eigene Lerngeschichte oder seinen Erfolg aber auch den möglichen zukünftigen Misserfolg programmiert und eben System ist. Wenn man diese Definition von System nimmt, müssen wir die Beziehungen, die die Elemente untereinander haben, verstehen und versuchen, sie dann zu beeinflussen und zu steuern.

Zu meinen Metatheorien, beginnen wir mit dem Konzept der Organisation: Du musst im Grunde genommen ein Bild davon haben, was eine gute oder gesunde Organisation ist. Das hat mich in den vielen Gesprächen mit Chris Argyris verbunden, dass er gesagt hat, wir sind wahrscheinlich unverbesserliche Optimisten, indem wir daran glauben, dass es so was wie eine gute und funktionierende und vor allem gesunde Organisation gibt. Unser Ziel ist zu versuchen, den Kunden auf eine funktionierende Organisation hinzuführen.

An der Schnittstelle Individuum:Organisation operiere ich hauptsächlich mit dem Rollenkonzept; d.h. die Person als Auftragnehmer und Erfüller von Aufgabenstellungen, die von der Organisation stammen – das ist die soziologische Sichtweise. Dazu stelle ich das Verständnis des Individuums von meinem Hauptbezugsrahmen – dem Gestaltansatz – her: Dass ein gesundes Individuum wahrnehmungsfähig ist, die eigenen blinden Flecken, seine möglichen Einschränkungen aber auch Stärken kennt, einen guten Kontaktprozess herstellen kann. Kontakt ist im Gestaltansatz definiert als Anerkennung von Unterschieden zwischen mir und anderen Personen. Das können viele Leute nicht. Hier ist meine eigene Präsenz ein wichtiges Element.

Außerdem gibt es das auf die Person bezogene Konzept der Marginalität. Wie zentral oder wie randständig ist eine Person? Gute Beratung ist per Definition eine Tätigkeit entlang der Marginalität, d.h. ich muss ein Stück weit außerhalb des Systems stehen, aber nicht so weit außerhalb, dass es keine erkennbaren Gemeinsamkeiten gibt. Nevis nennt das den Fremdheits-

oder Exotenfaktor. Wenn ich zu nahe dran bin, entsteht personenmäßig Konfluenz, d.h. Zusammenfließen zwischen mir und dem Kundensystem. Das Gegenteil davon ist sozusagen die totale Distanz.

Ich stehe ein Stück außerhalb des Feldes rein systemischer Beratung. Eine der wichtigsten Metatheorien von Beratung ist sicher Schein's Unterscheidung von Prozessberatung versus Expertenberatung. D.h. es muss definiert werden, in welcher Rolle werde ich da instrumentalisiert. Prozessberatung ist der Versuch, mit dem Kunden zusammen herauszufinden, was für ihn hilfreich ist. Manchmal bin ich in der Experten-rolle, wenn ich mit ihm versuche, Probleme oder ausfallende Funktionen in seinem System zu übernehmen, zu ersetzen oder bewusst zu machen.

Ansonsten ist die Metatheorie der systemischen Beratung natürlich die Systemtheorie. Ich operiere systemtheoretisch mit Katz, Kahn und James Miller, mit diesen zentralen Grundlagen über living systems. Bei aller Art von systemischer Intervention ist für mich das Kulturkonzept zentral. Unsere Beratungstätigkeit besteht im Verständlich-Machen und im Bewusst-Machen von kulturellen Grundannahmen oder von kulturellen Prozessen; ob das jetzt Fusionen sind, Joint Ventures oder was auch immer die Konstruktionen sind. Konzeptionell kommen die Ansätze der action science dazu, die letztlich beschreiben, wie Handlungen in Systemen sich auswirken. Die Instrumente von dort – beispielsweise die Abstraktionsleiter – beschreiben wie Kommunikationsprozesse in Systemen funktionieren. Das ist in popularisierter Form bei Senge zu lesen oder bei Scharmer mit seiner Weiterentwicklung des Presencing, wo noch die Zukunft und die Kreativität reinkommen.

Was die Theorie von Wirtschaft betrifft: Die Organisationen, die wir beraten, finden im wirtschaftlichen Kontext von Kapitalismus, Spätkapitalismus oder Neoliberalismus statt, angereichert durch die Globalisierung. Autoren wie Sennett und Stieglitz haben das Gesellschaftsbild beschrieben, das hinter unserem Kapitalismus und der Globalisierung steht. Da orte ich ein Problem: Im Unterschied zu den Grundlagen in den 50er- und 60er-Jahren stellen die BeraterInnen im OE-Feld den politischen Kontext nicht mehr in Frage, sondern nehmen ihn als gegeben hin. Das nimmt der Beratung das aufklärerische Element. Berater, die so agieren und ein solches Verständnis haben, werden immer zur Optimierung oder allenfalls Modifikation der Verhältnisse eingesetzt. Sie sind von sich aus nicht in der Situation, dass sie den Unternehmen einen Spiegel vorhalten im Sinne einer Quasi-Utopie. Der kritische Zeitgeist der 60er-Jahre mit dem Glauben an Veränderbarkeit ist heute völlig aufgelöst. Du hast den Eindruck, es geht nur noch um die letzten Optimierungen eines absterbenden Systems, Globalisierung als letzter Kampf, wo man den Markt sozusagen ungehindert entscheiden lässt.

Meine Theorie von Gesellschaft... Die Soziologen beschreiben ja pointiert, welchen Preis wir für die Globalisierung zahlen. Im globalisierten Kapitalismus sind keinerlei Steuerungs- und Korrekturmechanismen eingebaut. Das ist das brutale Recht des Stärkeren. Im Sinne der Gesellschaftsvorstellung kann man sagen: Momentan hat es keine Utopie, weil sich kein anderes System irgendwo zu entwickelt. Heute zählt die Logik der Börse und die Logik der Wirtschaftskraft, sonst nichts. Am Horizont sieht man die Bewegung von Klimawandel und Nachhaltigkeit in der Ökologie. Das hat Schockpotential; spätestens wenn die Leute mitbetroffen sind, kann man Bewusstsein schaffen. Ich denke, die politischen Veränderungen werden über direkte Betroffenheit kommen und ein Stück weit über das Neu-Eintüten der Bürgerrechte.

Meine Kernkonzepte und Lieblingsinterventionen... Was immer eingesetzt werden kann, sind die klassischen Diagnoseinstrumente. Das kann eine SWOT-Analyse sein, das können kreative Methoden sein. Das muss man je nach Kunde abschätzen, ob die beispielsweise auch einen Zugang haben, ihr System oder ihre Organisation mit Klötzen oder Systemkästen zu stellen oder mit Zeichnungen darzustellen. Dann noch mal das Element der Präsenz, ich selbst als mein Instrument. Ich setze das bei jeder Diagnose ein: Was sind z.B. mein Phantasien, was sind meine Körperempfindungen, meine Hypothesen dazu? Und dann zu überlegen: Gibt es Aspekte, die der Kunde möglicherweise nicht wahrnimmt, die ihm nicht bewusst sind? Und ihm das dann rückzuspiegeln oder zu entscheiden, wann ich das nicht rückspiegle, weil es beispielsweise zu früh ist, dass der Kunde sich das überhaupt anhören könnte. Bei Teamentwicklungen arbeite ich mit dem Konzept der

Entwicklungsphasen von Teams, mit den Lerngeschichten und den Annahmen über Veränderung, Erfolg und Misserfolg, die sich daraus ergeben. Was ich auch sehr gerne mache, sind halt Großgruppen-interventionen wie preferred futuring oder die Interviewtechniken.

Auf die Frage nach den zehn Geboten der Beratung: Für mich sind die Regeln zur Prozessberatung von Schein sehr systemisch relevant. z.B. access your ignorance, nutze dein Nicht-Wissen, der Prozess, der Weg ist wichtiger als der jeweils konkrete Inhalt, systemische Muster sozusagen bewusst zu machen, aufzudecken und wenn sie tabuisiert sind, auch besprechbar zu machen. Eine solide beraterische Ausbildung braucht eine gewisse Intensität, weil es um das Kennenlernen und Einüben seiner eigenen Person geht. Das kannst du nur erfahrbar machen, indem du dich sehr vielen solchen Prozessen auslieferst und das gemeinsam im Rahmen von Intervision und Fallbearbeitung kritisch reflektierst.

Die Herausforderungen an die systOB… Eine Riesenherausforderung ist primär in den Hochgeschwindigkeitsbranchen, inwieweit es uns gelingt, einer solchen Organisation aufzuzeigen, dass das Bewusstmachen und Entschleunigen von Prozessen ein Mehrwert an und für sich ist. Systemische Beratung muss den Kunden aufzeigen können, dass es trotz empfundener Verlangsamung oder manchmal auch Verkomplizierung einen langfristigen Gewinn gibt. Wenn ich Automatismen bewusster benennen kann, dann habe ich nachher die Wahlmöglichkeit und kann intervenieren.

Bezogen auf das Coaching ist eine sehr zentrale Herausforderung, dass die systOB professionellere und nachhaltigere Konzepte in die Diskussion bringt. Inwieweit können die Entwicklungs- und Lernprozesse eines Individuums zusammengebracht werden mit den Entwicklungs- und Lernschritten der Gesamtorganisation? Und auszuloten, was ist das Beeinflussungsfeld, das die Person in ihrer Organisation hat. Heute sehe ich Coaching häufig als fragmentierte, abgeschnittene Maßnahme, die einer Führungskraft hilft, sich nicht mit der Organisation zu beschäftigen, sondern mit sich selbst. Dadurch ist Coaching nicht nachhaltig. Die Herausforderung ans Feld der systemischen Beratung ist, da den Bezug herzustellen. Längerfristig ist die Hauptherausforderung für das systemische OE Feld, den Bezug zum Thema

Führung herzustellen, dass gute Führungskräfte im Stande sind, aus einer Linienposition die Organisation mit ihren wichtigsten Mitarbeitern zusammen zu entwickeln. Systemische OE wird sich theoretisch auch mit Fragen befassen müssen wie: Was findet in der Gesellschaft statt oder in der Wirtschaft? Wie kann das ganze zurückübersetzt werden auf Führung? Was kann intern über die Führungskraft geleistet werden und was kann nur von externen Beratern unterstützt werden?

Trigon

Interview mit Dr. Hans Glatz, Geschäftsführer und Gesellschafter der Trigon Entwicklungsberatung, Unternehmensberatung GmbH, Wien

Das Feld der systemischen Organisationsberatung ist für mich nicht klar absteckbar. Es gibt ein paar Dinge, an denen ich es merke, dass jemand systemisch berät, z.B. wie jemand Beratungssettings gestaltet. Dazu gehört etwa die Sorgfalt in Erstgesprächen, das häufige Zu-Zweit-Auftreten in Anfangsphasen, konstruktivistische Fragetechniken. Aber sonst ist vieles aus der Systemtheorie eigentlich Allgemeingut geworden. In der Unternehmensberatung können vielleicht die Kunden besser erkennen, ob jemand systemisch arbeitet. Denn wann arbeitet man selbst denn z.B. mit einer Königswieser zusammen oder parallel? Selten hat man die Gelegenheit auf der gleichen Bühne zu stehen.

Die kleinen Beratungsunternehmen sind eigene Biotope, die sich am Markt positionieren, ihre Kunden pflegen, neue Kunden akquirieren. In der früheren Generation gibt es Leute, die sich kennen und wenn sich systemische BeraterInnen treffen, versteht man sich ja ganz gut. Aber es gibt nicht wirklich die Anforderung, sich in Projekten zusammenzutun, im Gegenteil, die Vernetzung mit anderen Beratern, die im Prinzip dasselbe machen, macht nicht viel Sinn. Wenn, dann muss man sich eher mit komplementären Partnern vernetzen, das ist zumindest bei mir so. Wenn ich jemanden brauche – z.B. in der Beratung von Krankenhäusern – dann hole ich mir spezifische Leute aus der medizinischen Beratungsszene dazu oder aus der Qualitätsmanagementszene, was gerade gebraucht wird.

Ich bin schon von der Ausbildung her geprägt, weil ich viele Systemiker am Institut für höhere Studien kennengelernt habe, z.B. den Heinz von Foerster und einiges gelesen habe. Rudi Wimmers Bruder, der mit mir am IHS war, war ein Intimkenner der ganzen Luhmann-, Habermas- und sonstigen Szene. Diese Leute fallen mir spontan ein und die „old boys" wie der Niklas Luhmann oder Dirk Baecker jetzt neuerdings. Und viele andere aus der Familientherapie, z.B. Leute, die Aufstellungen machen.

Dann haben mich natürlich meine Kollegen geprägt. Fritz Glasl ist einer unserer profilierteren Kollegen; er hat sich mit evolutionärer Entwicklung beschäftigt und kennt so ziemlich alles und jeden. Er hat sehr viel in sein Beratungsrepertoire übernommen – auf seine Art und in sein Weltbild passend. Er geht sehr systemisch an die Dinge heran, sehr respektvoll, immer darauf schauend wie man wirkungsvoll intervenieren und die Selbstheilungskräfte des Systems, dessen Selbsterneuerungsfähigkeit, nutzen kann.

Bei Trigon gibt es wenige, die sich ausgesprochen als Systemiker bezeichnen würden. Es gibt keinen Zwang, sich irgendeiner Schule zuzuordnen, sondern es werden Leute gerne gesehen, die verschiedene Hintergründe haben und diese auf individuelle Art bündeln. Wir bieten seit Langem Ausbildungen an, z.B. die Personalentwicklungswerkstatt von Trigon, die nicht speziell systemisch ausgerichtet sind. Das sind eher eklektische Zugänge, die verschiedene Ansätze kombinieren. Das Thema „Schule" im Sinne dieser Paradigmen ist nicht im Vordergrund, sondern mehr, was wirkt, was stimmig ist oder eine gute Ergänzung.

Wen ich meinerseits geprägt habe … Ich habe nicht das Gefühl, dass ich jemanden so besonders geprägt hätte; das war aber auch nie meine Absicht. Wahrscheinlich habe ich jüngere Kollegen geprägt, über die Zusammenarbeit in Projekten, sicher auch über meine Mitarbeit in den Ausbildungen. Aber ich würde das nicht hoch bewerten. Ich denke mir, die Leute haben Angebote gekriegt, haben sich genommen, was sie für sich brauchen konnten. Geprägt durch die Institution Trigon sind aber doch viele; die OE-Ausbildung gibts jetzt wahrscheinlich fünfzehn Jahre oder länger. Pro

Jahr waren das immer so 20 Leute, also sind das sicher so etwa 300 Leute, die hier durchgegangen sind.

Was den Erfolg der systOB betrifft, denke ich, Beratung ist erfolgreich, wenn die Organisation entweder weiterlebt oder besser lebt als zuvor; also wenn sie sich gewissermaßen auf ihr relevantes Umfeld besser einstellen und beziehen kann, wettbewerbsfähiger wird, Kunden- oder Klientenbedürfnisse besser erfüllt. Das ist das Um und Auf. Manchmal merkt man es auch daran, wie Manager oder Geschäftsführer agieren. Ich glaube, dass eher systemisch geprägte Leute reflektierter handeln als die Macher-Typen, dass sie genauer auf die Bedingungen schauen, unter denen etwas passiert, oder dass sie Bedingungen herstellen, die indirekt wirken. Dass sie ihren Leuten Ausbildung oder Spielräume in der Funktionsgestaltung geben, etc.

Im Großen und Ganzen hat unsere Metatheorie bei Trigon systemische oder systemtheoretische Ansätze, wobei sich das nicht nur auf den Konstruktivismus beschränken lässt: Es sind auch andere systemtheoretische Schulen hier eingeflossen., die Klassischen, wie sie etwa in den USA vertreten werden, z.B. die Schule der system dynamics von Forrester am MIT, die in den 70er-Jahren mit den ersten Systemmodellen begonnen haben. Vor einigen Jahren haben wir wieder mit verschiedensten Leuten in Boston geredet, die sich in dieser Tradition weiterentwickelt haben und sich auch systemisch nennen. Malik hat einiges aus dieser Ecke übernommen – praktisch in Nachfolge vom Forrester. Wir arbeiten auch mit seinem System:Umwelt-Modell; eine sehr pragmatische Systembetrachtungsweise, manchmal auch ein bisschen trivial. Der Systemiker in Sankt Gallen war der Gomez; der hat auch den Malik beeinflusst, würde ich vermuten. Maliks Buch (Malik 1984) hatte damals sicher eine gewisse Alleinstellung am Markt; aber dann ist nichts mehr nachgekommen.

Ansonsten sind wir bei Trigon aus der konstruktivistischen Ecke beeinflusst worden und aus der systemtheoretischen, soziologischen Literatur von Leuten wie Baecker und Co. In der Trigon vertreten außerdem viele einen organischen Ansatz: Die Zusammenhänge mehr mit lebenden Systemen zu vergleichen, weniger mit konstruierten. Glasl betont z.B. für Organisationen das Organische, den Aspekt der Interdependenz – wie bei Organen. Organe kann man nicht einfach so entfernen und durch andere ersetzen.

Ob es einen spezifischen Trigon-Zugang gibt, das ist für den Kunden möglicherweise stark von persönlichen Erfahrungen geprägt. Wir werden geholt, wenn es darum geht, komplexe Veränderungen zu bewirken, weil die Leute wissen, dass wir die Problemlösungsfähigkeit des Managements stärken und nicht als Ersatzmanager auftreten. Weil die Leute wissen, dass wir Unternehmensentwicklungsprozesse gut gestalten können. Die Kunden holen uns, weil sie die Personen kennen, die das machen. Welche Schule oder Schulen bei uns vertreten sind – ich kann mich nicht erinnern, dass mich ein Kunde das jemals gefragt hätte. Vielleicht ja. Auch diejenigen, die zu uns in die Ausbildung kommen, kennen uns meistens von der Beratungsseite her und würden ähnliche Dinge schätzen. Die würden sagen: Da bekommt man nicht nur Theorien und Metamodelle, sondern auch ein gutes Werkzeug, um als Manager, als interner Berater oder auch als freiberuflicher oder spezialisierter Berater in einem Unternehmen oder in einer sonstigen Organisation wirksam tätig zu werden.

Von der Geschichte her ist bei Trigon teils ein anthroposophisches Weltbild hinterlegt. Glasl, Lievegoed – das holländische N.P.I. ist eine anthroposophisch orientierte Forscher- und Beratergruppe. Ein Viertel bis ein Drittel unserer Leute hat so einen anthroposophischen Hintergrund; sie schätzen dieses Weltbild und fühlen sich dem verpflichtet. Dabei haben sie eine ähnliche Werthaltung, wie das die Systemiker für sich beanspruchen: Die Wertschätzung, das Unterstützende, die Dinge in ihrer Komplexität sehen. Es kann schon sein, dass bei manchen anthroposophische Denkmodelle „durchkommen", z.B. die Dreigliedrigkeit von Organisationen[37] war so eine Idee aus der Anthroposophie. Auch der Zugang zur Gesellschaft; Rudolf Steiner war ein Gesellschaftstheoretiker. Es gibt das Geistesleben, das Wirtschaftsleben und das Rechtsleben in der Gesellschaft. Ich sehe das Antroposophische mehr als eine Denkrichtung, die zu ihrer Zeit spannend und interessant war, jetzt aber doch eine vormoderne Betrachtungsweise ist. Ich lehne sie nicht ab, aber sie hat sich nicht weiterentwickelt – zumindest nicht unter dem Titel Anthroposophie in der Beratung.

Bei Trigon haben wir dreimal im Jahr Studientage, um Beratungskonzepte oder dahinterliegende Annahmen zu diskutieren. Wir haben z.B. den Claus Otto Scharmer eingeladen; er kommt ja auch aus dem anthroposophischen Eck und hat in sein Denken einiges an Trigon Modellen übernommen – diese U-Kurve zum Beispiel[38]. Die ist sicher von Glasl und Lievegoed inspiriert.

Zum anthroposophischen Ansatz hatte Waldefried Pechtl einen gewissen Konnex. Er kam 1972/1973 aus der Gruppendynamik, und hat sich in Richtung Energiearbeit, Bioenergetik weiterentwickelt. Er hat so seines aus der Organismus-Methapher gemacht; sein Buch (Pechtl 1989) „Zwischen Organismus und Organisation" ist mehr eine Sammlung von Gedanken. Als Person war er faszinierend; er hat aber mehr mit Menschen als mit Firmen gearbeitet. Mit der Trigon war Pechtl über persönliche Kontakte, Beziehungen und über die Ausbildungen in Verbindung. Er hatte keine zentrale Stellung für die Firma, sondern nur für Personen. Glasl hat die Metapher des Organismus viel früher auf Organisationen angewandt. Fritz Glasl – er ist jetzt 65 – hat immer mehr die organisationale Sicht gehabt.

Unsere theoretischen Basiskonzepte sind: das Modell der sieben Wesenselemente der Organisation und das Konzept der Organisationsebenen, dass Organisationen eine geistige, eine soziale und eine physische Dimension haben. Die geistige Ebene umfasst das Thema Identität, Strategien, Programme, Policies, wie tickt eine Organisation – was ist ihr genetischer Code? Die soziale Seite in einer Organisation ist natürlich alles, was Menschen gestalten, Strukturen, wie Organisationen gebildet werden. Und die materielle, physische Seite umfasst die Mittel, sei es baulich, Layouts, Anlagen, Geld, – alles, was man angreifen kann. Das ist ein Bild, das wir im Hintergrund verwenden, wenn es darum geht herauszufinden, auf welcher Ebene etwas zu tun ist oder was vernachlässigte Aspekte sind.

Das Konzept der sieben Wesenselemente einer Organisation hat Glasl mit Lievegoed entwickelt. Die sind: Identität; Strategie, Policies, Programme; Struktur der Aufbauorganisation, Menschen, Gruppen, Klima, Einzelfunktionen, Organe; Prozesse, Abläufe; physische Mittel und der ganze Finanzbereich. Das sind sieben Aspekte, Betrachtungswinkel, unter denen man eine Organisation anschauen kann. Im Buch „Professionelle Prozessberatung" (Glasl/ Kalcher/ Piber 2005) sind die Trigon Konzepte gut zusammengefasst. Das Buch „OE-Prozesse initiieren und gestalten" (Haefele 2007) von den Vorarlbergern beruht weitgehend auf Glasl.

Zum Thema Interventionen ist uns – jetzt mehr in die systemische Ecke gedacht – bei Trigon die Frage wichtig, wie bei Changeprojekten Steuerungsstrukturen quasi neben der Hierarchie entstehen können, die ein Stück auch Stachel sind. Die die Veränderungsdynamik durchtragen können und sozusagen das Neue neben oder im Alten entstehen lassen. Auch die Arbeit mit großen Gruppen ist eine Intervention, die sich in den letzten Jahren in bestimmten Situationen als sinnvoll erwiesen hat. Im Detail gibt es sicher noch vieles mehr.

Die gelebten Werte in der systOB... Vernetztes Denken, Komplexität wahrnehmen, nicht unzulässig vereinfachen, Respekt vor Organisationen und ihrer Dynamik und das Thema: Kreativ nach dem Schalter im dunklen Raum suchen – wo kann man etwas bewegen, wo ist das System momentan empfänglich, dass es etwas aufnimmt. Die Bescheidenheit zu erkennen: Man kann viel wissen als Berater, aber ob es das System wirklich als relevant oder für sich als nützlich annimmt, ist noch lange nicht erwiesen. Ich glaube, das zeichnet reflektierte systemische BeraterInnen aus, dass sie hier mit Augenmaß handeln. Im Unterschied zu einem, der sagt, ich habe ein Konzept und ihr seid mein Opfer. Das ist eine innere Haltung, das sind innere Bilder, die Leute prägen.

Herausforderungen für die zukünftige Entwicklung der systOB sehe ich eine Menge. Ich glaube, in der systemischen Beratung wird das Thema Veränderungsgeschwindigkeit eine große Herausforderung sein. Wie kann dieser Ansatz mit diesen Prämissen der Selbsterneuerung und der Autopoiese, diesen immer mehr gewünschten schnelllebigen Veränderungen genügen? Da sind diese quick fix Konzepte – innerhalb von vier Wochen soll alles umgebaut werden. Ich bin neugierig, wie sich das entwickeln wird: Ob das zunimmt oder ob man merken wird, das funktioniert ohnehin nicht.

Man wird neue Wege gehen müssen für eine Kombination von fachlicher Beratung und prozessorientiertem Vorgehen. Das muss man bündeln, um für den Kunden Projekte aus einem Guss zu liefern. Im Hintergrund, vor Ort, wirken sehr unterschiedliche Leute zusammen. Man muss das, was systemische Beratung gut kann – Prozesse einrichten, Menschen ins Spiel bringen – verbinden mit guter externer fachlicher Unterstützung.

In welche Richtung wird sich die systemische Organisationsberatung weiterentwickeln? Wo kommen neue Impulse her? Ich habe schon manchmal das Gefühl, das ist wie im Produktlebenszyklus: In der Reifephase differenziert sich alles aus, aber die großen innovativen Sprünge kann ich nicht erkennen im Beratungszugang. Was kommt nach dem Konstruktivismus oder nach der Großgruppenintervention?

Hephaistos

Interview mit Dipl. Theologe Klaus Eidenschink,
Leiter des Hephaistos Instituts, München

Bei der systemischen Beratung ist es wie bei anderen Beratungs- oder Therapieschulen auch: Am Beginn dominieren meist Personen, dann wird die Theorie wichtiger. Eine gute Theorie zeichnet sich dadurch aus, dass die Enkel noch gut sind, und die gibt es in der systemischen Beratung eindeutig. Es gibt Schüler vom Bernd Schmid, vom Gunther Schmidt, vom Fritz Simon, vom Rudi Wimmer, von der Roswita Königswieser usw., die ja alle ihrerseits das von verschiedenen „Vätern und Müttern" erlernt haben, von der Palazzoli, dem Helm Stierlin, Minuchin, Watzlawik oder wer auch immer an prominenter Stelle genannt werden sollte.

Wer oder was zum Feld der systemischen Beratung gehört, sollte nicht über Labels abgesteckt werden. Viele, die sich systemische Berater nennen, weisen sich das Label selbst zu, weil sie dazu gehören wollen. Andere arbeiten durchaus systemisch, ohne sich mit diesem Label zu schmücken. Der Unterschied ist zunächst schwer zu erkennen; man gebraucht den Begriff und gibt dadurch zu erkennen, dass man die Theorie kennt oder gar verstanden hat und das ist natürlich mitnichten der Fall. Wenn ich mir überlege, was ich vor fünf Jahren glaubte, verstanden zu haben über Autopoiesis, operative Geschlossenheit oder strukturelle Koppelung und wie ich das heute verstehe, nachdem ich mir ein paar Jahre Zeit genommen habe, um Luhmann zu lesen, dann wir mird ganz anders.

Aber herauszufinden, ob und wer was wie durchdrungen hat, ist auch nicht möglich – weder auf einer theoretischen noch auf der Anwendungsebene. Es gibt Leute, die haben das Systemische gedanklich durchdrungen, sind aber in ihrem persönlichen Auftreten beim Arbeiten so unsystemisch wie man sich es nur vorstellen kann. Umgekehrt gibt es Leute, die in ihrem Vorgehen, ihrem Kontaktangebot und in ihren Changedesigns hochgradig systemisch sind und sie nennen es nicht mal so.

Ich sehe einen der Gründe dafür, dass die Theorie wie auch das Feld hochgradig komplex sind, darin, dass Menschen wie Fritz Simon, Rudi Wimmer, Gunther Schmidt oder Königswieser und andere ihr Leben lang Fragende geblieben sind. Die entwickeln sich ununterbrochen selber weiter. Dieses Forschen, dieses fragende Verständnis, kennzeichnet die Szene und hat eine Sogwirkung – im Vergleich zu Theorien oder Praxeologien, die ähnlich interessant wären, die aber genau diese Atmosphäre nicht hervorbringen. Ich würde sagen: Jeder, der sich systemisch beratend nennt und den man dabei erwischt, nicht eine forschende Bewegung aufrecht zu erhalten, ist seinem eigenen Anspruch unterlegen.

Was meinen Werdegang betrifft, bin ich ein Wanderer zwischen Welten. Nach Studien der Theologie, Philosophie, Psychologie war ich zunächst Bildungsreferent mit Jugendlichen. Ich komme von der Gestalttherapie, die ich nach wie vor liebe mit ihrem Schwerpunkt, dass Veränderung über Erleben verläuft. Ich habe intensive Aus- und Weiterbildungen gemacht in Verhaltenstherapie, Psychoanalyse, Hypnotherapie, Körpertherapieformen und systemischer Therapie. Fünfzehn Jahre habe ich als Psychotherapeut gearbeitet und bin schon während dieser Tätigkeit ins Managementtraining, Coaching, Organisationsberatungsfeld eingestiegen.

Ich war immer unzufrieden damit, dass alle therapeutischen Richtungen nachweisbare Erfolge hatten, aber jede Therapierichtung innerhalb ihres eigenen Gedankengebäudes bei den anderen nur Scheinerfolge sehen konnte. Die Analytiker haben den Verhaltenstherapeuten unterstellt, dass sie nur die Symptome wegtherapieren bzw. verschieben. Die anderen haben den Psychoanalytikern unterstellt, sie machen eine endlose Redekur, wo man anschließend alles weiß über die Entstehung der Ängste in der eigenen Kindheit, ohne dass sich die Ängste im Leben verändern. An diesen Urteilen gibt es einen wahren Kern. Aber theoretisch ist das unbefriedigend, denn es gibt eben doch auch Erfolge.

Mich hat bis heute die Frage beschäftigt: Welche veränderungswirksamen Stimuli adressieren die einzelnen Beratungen oder Therapieformen in den jeweiligen Systemen? Um zu versuchen, eine Art integrative Metatheorie zu entwickeln, die eben davon ausgeht, dass es nicht die Interventionen oder die Methoden sind, die wirken, sondern ein Stimulus oder eine Irritation für veränderungswirksame Faktoren im Leben. Ich habe angefangen, die metatheoretische Struktur zu erkennen, die mich zunächst auf einer philosophischen Ebene in der Auseinandersetzung mit Nietzsche, mit existentialistischer Philosophie à la Heidegger, mit der Phänomenologie Husserls und dergleichen beschäftigt hat. Insbesondere im Systemtheorie-Ansatz von Luhmann finde ich viele Anregungen und denke, dass hier noch nicht annähernd die Potenz des Ansatzes ausgeschöpft ist – weder theoretisch noch in den faktischen Konsequenzen. Wie psychische Systeme und Kommunikationssysteme wechselseitig aufeinander verweisen und voneinander abhängig sind, um das zu verstehen, wird man noch 20, 30 Jahre brauchen. Und diese Fragen lassen sich allein auf der nüchternen Ebene stellen, wo man noch völlig unberührt ist von den ganzen esoterischen Randgebieten, die sich im Kontext der Aufstellungsarbeit ergeben.

Die Frage nach dem Erfolg der systOB knüpft an die nach den Abgrenzungen des Feldes. Ich glaube, eines der wichtigsten Kennzeichen ist das Nicht-Bewerten dessen was es ist. Luhmanns Systemtheorie hält es am ehesten durch, auf einen archimedischen Startpunkt zu verzichten, der klar zwischen richtig und falsch, gut und böse und so weiter unterscheiden könnte. In Organisationen entsteht viel Stagnation dadurch, dass über etablierte, bewusste oder unbewusste Normen bestimmte Verhaltensweisen und Einstellungen belohnt und andere erschwert, bestraft, verhindert, tabuisiert werden. Nachdem die Welt ständig in Veränderung ist, muss in sozialen, gesellschaftlichen und wirtschaftlichen Systemen heute noch mehr gefragt werden: Woher kriegen wir überhaupt Stabilität? Stabilität erzeugen soziale Systeme insbesondere über deklarierte oder undeklarierte Wertungen und Normen. Ich glaube, systemische Beratung zeichnet sich unter anderem dadurch aus, auf eine wertschätzende, manchmal subtile Weise die Menschen in eine Selbstreflexion und in ein Aufweichen von Haltungen zu bringen, die unangemessen vereinfachen oder derart stabilisieren, wie es den eigenen Wünschen oder den zu bewältigenden Aufgaben nicht mehr entspricht. Wenn eine Organisation oder Gruppe oder auch ein Einzelmensch Dinge, die passieren, erlebt, tut er das mit mit einem anderen inneren Bewertungsmaßstab; also wenn Freiheitsgrade dazugekommen sind, dann würde ich sagen, ist Beratung erfolgreich.

Meine Metatheorie zu Individuum, Organisation, Gesellschaft ... Es ist schon extrem mutig bzw. an der Grenze zur Fahrlässigkeit, Organisationen zu beraten, ohne ein Verständnis davon zu haben, was sie eigentlich sind. Oder anders herum: Das eigene Verständnis von Organisationen ist bei vielen unreflektiert. Es leitet aber das, was man tut, auf was man achtet, was man überhaupt beobachten oder in Frage stellen kann. Was mein eigenes Verständnis von Organisationen betrifft, da bin ich mittendrin, mich zu entwickeln. Luhmann sagt, Menschen sind die Umwelt der Organisation. Trotzdem trifft man in Organisationen ja nicht nur auf Kommunikationsereignisse, sondern auf Menschen aus Fleisch und Blut mit Sorgen, Nöten, Eigeninteressen, Ängsten, mit mehr oder weniger groben psychischen Einschränkungen. Woran erkennt man, was jeweils der wirksame Hebel ist, an dem man ansetzen sollte, ob man in einem bestimmen Auftrag eher mit ein, zwei Schlüsselpersonen Coaching macht, eine Teamentwicklung, einen Schnittstellenworkshop oder eine Großgruppenveranstaltung, ob man oben anfängt oder unten? Das Ganze ist von einer Komplexität, die keine vorhandene Theorie nur annähernd abdecken kann.

Im Prinzip verorte ich mich auch mit meinem Verständnis von Wirtschaft und Gesellschaft bei Luhmann. Allerdings denke ich, dass im gesellschaftlichen wie im wirtschaftlichen System in den letzten fünf, sechs Jahren Entwicklungen eingesetzt haben, an die Luhmann nicht gedacht hat. Die Prinzipien, mit denen er genau diese Phänomene analysiert hätte, sind nach wie vor tauglich. Wie sich der weltweite Finanzmarkt entwickelt hat, wie diese Merkwürdigkeit zu deuten ist, dass die wichtigsten Kunden der Unternehmen heute weder die Mitarbeiter noch die Märkte mit den Endkunden sind, sondern mittlerweile die Finanzinvestoren oder die Shareholder. Was das eigentlich bedeutet, wohin das führt und welcher inneren Logik das folgt, da ist noch viel Arbeit zu leisten.

Meine Kernkonzepte und Lieblingsinterventionen… Ich versuche, mich selbst zu disziplinieren, nicht in Techniken und Tools zu denken. Nicht der Pinsel macht den Picasso. In meiner Anfangszeit als Therapeut dachte ich, eine in einer Sitzung gelungene Intervention müsste auch in der nächsten Sitzung passen, obwohl der Klient und das Problem ganz anders waren. Heute will ich maßschneidern. Ich bin neugierig auf die spezifische, unverwechselbare, einzigartige Situation in der diese Einzelperson, das Team oder die Organisation drinstecken, und bemühe mich, Vorannahmen und Ideen, wie man etwas angeht, auszuklammern.

Natürlich, auf einer rein prozessualen Ebene macht man das immer wieder gleich: Man sitzt wieder mit Einzelpersonen im Coaching, man macht wieder ähnliche Settings in einer Teamentwicklung, generiert Feedbackprozesse, Reflexionen über tabuisierte Zusammenhänge. Trotzdem würde ich sagen, ist die viel wichtigere Frage: Wie mache ich was, zu welchem Zeitpunkt, an welchem Thema, in welchem Kontext mit welcher Zielsetzung? Was ich beobachteter Weise tue, ist vielleicht das Gleiche, aber wann ich es getan habe, mit welcher Absicht, welcher Motivation usw. das ist sehr unterschiedlich. So versuche ich auch, Leute auszubilden: Dass sie nicht Interventionen kopieren und dadurch Abziehbilder werden von mir. Ich versuche, sie so auszubilden, dass sie innere Prinzipien entwickeln, aus denen heraus sie ihre eigenen Werkzeuge generieren. In dem Moment, wo man nur copy – paste machen will, verliert man die Achtsamkeit, die

Passung für eine Intervention ganz genau zu beobachten. Das kann man natürlich nun seinerseits wieder als Leitlinie für Interventionen nehmen....

Achtsamkeit oder Wahrnehmung halte ich für einen veränderungs-wirksamen Faktor. Ich operier viel damit, die Aufmerksamkeit von lebenden Systemen, von Menschengruppen oder Kommunikationssystemen zu verändern – worüber gesprochen oder worauf geachtet wird. In der Therapie sagt man: „Spür da mal hin". Man setzt eine Intervention, die mit Aufmerksamkeitsfokussierung operiert. Achtsamkeit ist an sich ein veränderungswirksamer Faktor, das wissen alle Hochkulturen und spirituellen Schulen seit tausenden Jahren. Genauso wie Bedürfnisse ein veränderungswirksamer Faktor sind, im Sinn: Was habe ich in mir? Das gilt auf der personellen Ebene – aber auch für Kommunikationssysteme. Um die veränderungswirksamen Faktoren zu verstehen, orientiere ich mich an Achtsamkeit, Bedürfnissen, Sinn, der Qualität des Kontakts, am Dialog.

Zu den Geboten systemischer Beratung gehören für mich: Die nicht wertende Neugier, das Orientiertsein am Einzigartigen, die Regel, dass man mit Regeln sehr vorsichtig sein soll. Ich denke, eine wichtige Sache ist, viel inneren Spielraum zu haben, also wenig Kontrollbedürfnisse. Im systemischen Sinn zu arbeiten, geht nur, wenn man loslässt, auch Dinge erst mal manchmal schief laufen lässt, damit Leidensdruck entstehen kann. Es fällt ja vielen Beratern schwer, die Retterrolle zu verweigern und auch nicht in eine Beobachtungsarroganz zu kommen, als ob man das eigentliche Leben durch den Einwegspiegel als ein großes Laborexperiment sieht. Die Balance zwischen Distanzierungsfähigkeiten und doch beteiligt sein ist sicher eine der größten Herausforderungen.

Für die Zukunft der systemischen Organisationsberatung sehe ich Heraus-forderungen auf der Ebene der Theorieentwicklung einerseits und in der beraterischen Praxis andererseits. Theoretisch so zu denken, dass eben nicht verdeckte Normen einfließen, mit Paradoxien umzugehen und die alogische Verfasstheit der Welt wirklich denkerisch, emotional und handelnd zu erfassen, das ist etwas, was die Menschheit glaube ich insgesamt sehr fordern wird, wenn wir uns nicht im Kampf der Kulturen auslöschen wollen.

Ich glaube, das ist auch innerhalb der Theorieentwicklung in der Beratungs- und Therapieszene die Aufgabe der nächsten 50 Jahre.

Für die beraterische Praxis ist zu sagen: Der Umgang mit hoher Dynamik und Komplexität, mit dieser wahnsinnigen Beschleunigung, dass immer weniger Leute irgendwie genügend Zeit haben, zu tun, was sie eigentlich tun müssen, die Verfallszeit mit der auch Topmanager mittlerweile in ihren Positionen sind, dass keiner mehr heute den Apfelbaum pflanzen will, der morgen die Früchte zur Ernte abgeben soll. Damit bin ich auf der Ebene des praktischen Tuns ständig konfrontiert. Die Leute brauchen Unterstützung, damit sie irgendwie zu Recht kommen. Da ist, glaube ich, die Beraterszene selbst nicht soviel besser dran, als die Kunden.

Strand von Amrum, Fotografie by Wesco Taubert ©

Teil C

Heute und Morgen

Teil C beginnt mit einer Standortbewertung: Das systemische Paradigma ist ausgereift; es etabliert sich in unterschiedlichen Zugängen als Beratungsansatz in Organisationen.

Dann werden drei Themenfelder zusammengetragen, die mir für eine Entwicklung der systemischen Organisationsberatung heute und morgen wichtig zu sein scheinen:

o Coaching als Beratung an der Kopplung Person:Organisation: Welche Themen stehen auf der Agenda und in welchem Verhältnis stehen Coaching und systOB zueinander?

o Die Ausdifferenzierung und stetig wachsende Verbreitung der Funktion der internen Organisationsberatung, die sich seit einigen Jahren beobachten lässt; sie lässt die klassische von Externen durchgeführte systOB heute schon als Minderheitenprogramm erscheinen.

o Am Ende des Buches steht der Blick in den Spiegel. Mit welchen Fragen sollte sich die systemische Organisationsberatung beschäftigen, wenn sie den Anspruch eines universellen Beratungszugangs für Organisationen einlösen will? Wie steht es um die Gretchenfrage nach dem Status als Profession heute? Wie kann eine gesellschaftliche Verortung von Organisationsberatung aussehen?

1. Wie das systemische Paradigma in die Organisation einsickert

„Die moderne Systemtheorie hat sich zum expansivsten Paradigma in allen Sozialwissenschaften entwickelt, weil in unserer hochkomplexen und zugleich hochorganisierten Umwelt nur solche analytischen Konzepte erfolgversprechend sein können, die ihrerseits eine entsprechende Eigenkomplexität haben" (Willke 2000, S. 11). Die in Teil B interviewten VertreterInnen der systOB betonen unisono, dass durch das systemische Paradigma, insbesondere mit dem erkenntnistheoretischen Hintergrund der Luhmannschen Systemtheorie, eine angemessen komplexe Abbildung der komplexen Probleme in Organisationen möglich wird.

Der Blick auf den Ausbildungsmarkt zeigt es: Der systemische Beratungsansatz ist in den letzten fünfundzwanzig Jahren stetig expandiert. Nimmt man die Perspektive der Organisation ein, zeigt sich die enorme Expansion des Paradigmas der systOB in nochmals potenzierter Weise. Denn in Organisationen laufen Entwicklungen in verschiedenen Professionsfeldern zusammen, die den systemischen Beratungsansatz in den eigenen professionalen Zugang eingewebt haben. Andersherum betrachtet: Organisationen haben sich dem systemischen Paradigma geöffnet, es sickert an allen Ecken und Enden ein.

o Zur Begleitung von Veränderungs- und Entwicklungsprozessen werden gelegentlich systemische OrganisationsberaterInnen ins Haus geholt. Obwohl der Zustrom zu Ausbildungen seit nunmehr zwanzig Jahren ansteigt, stellt die von externen Organisationsberatern praktizierte systOB im Markt der Unternehmensberatung aber eine ziemlich gleichbleibend kleine Nische dar. Wimmer schätzt 2003, dass im deutschsprachigen Raum 3000-4000 BeraterInnen mit diesem Ansatz einen Marktanteil von 3-4% an den Unternehmensberatungen haben[39].

o Die wachsende Verbreitung der systOB findet − fast unsichtbar von außen − hinter den Mauern der Organisation statt. Organisationen bauen ihre OE-Abteilungen aus; sie richten neue interne Funktionen für Organisationsberatung ein, die sie Organisationsentwicklung, Change Management, Inhouse Consulting, interne Beratung usw. nennen. Tausende sind heute hauptberuflich mit interner Organisationsberatung beschäftigt. Die tausenden AbsolventInnen langer systemischer Beraterausbildungen sind nicht auf den Beratermarkt gegangen, sondern in ihre Organisationen zurückgekehrt.

o Coaching hat Einzug in die Organisation gehalten – es ist inzwischen prominenter und weiter verbreitet als die systOB (Krizanits 2007b). Im Coaching werden die gleichen Methoden und Interventionen verwendet wie in der systOB – angewandt auf die Beratung von Funktionsträgern in Organisationen. So machen sehr viele Personen in Organisationen unmittelbare Erfahrungen mit dem systemischen Beratungsansatz.

o Immer mehr Führungskräfte machen selbst lange Coaching-Ausbildungen, oft genug auf eigene Initiative, in Privatzeit und selbst bezahlt. Sie eignen sich die dort vermittelten systemischen Interventionsmethoden an, um sich für ihre Aufgaben der Selbstführung und der Mitarbeiterführung besser zu rüsten.

o Systemische Werkzeuge wie das zirkuläre Fragen oder die Fallarbeit in kollegialer Intervision finden Eingang in Kommunikations- und Führungsseminare.

o Fachberater – Experten für IT-Lösungen, Geschäftsprozessoptimierung, PR- oder Strategieberatung – führen jetzt das Beiwort „systemisch". Dies nur als Mode oder gar Irreführung abzutun, würde der Realität nicht gerecht: Viele Fachberater gehen selbst in lange Ausbildungen, um den Change Impact ihrer Beratungsprojekte methodisch abzufedern bzw. um ihren Erfolg und den Kundennutzen aus Expertenberatung zu steigern.

o Seit wenigen Jahren gibt es berufsrechtliche Regelungen und Ausbildungen für Mediation. Auch diese Ausbildungen bedienen sich des Repertoires der systemischen Beratung – umgelegt auf einen neuen Typ sozialen Systems: das Konfliktsystem. Seither haben sich systemische Methoden schlagartig in anderen beratenden Berufen verbreitet: bei Rechtsanwälten, Wirtschaftstreuhändern, auch bei Architekten und Zivilingenieuren usw. Erstere beraten vielfach Kleinunternehmen und KMUs, die aus eigenen Stücken selten systOB anfragen würden.

Aus all diesen Quellen sickern ähnliche Begriffe, ähnliche Kommunikations-erlebnisse und ähnliche Lernerfahrungen in die Organisationen. Multiperspektivität, Dekonstruieren von rigiden Schleifen, Entdecken neuer

Optionen – so wahnsinnig verstörend ist das gar nicht, eher scheint es Faszination auszulösen.

1.1 Der Nutzen des systemischen Beratungsansatzes für Organisationen

Welcher Nutzen steht für Organisationen dahinter, dass sie ihre Schoten öffnen und sich fluten lassen? Dazu im Folgenden einige Thesen, die sich aus den Ergebnissen der Feldforschung und weiterführenden Überlegungen ableiten lassen:

o   Das systemische Paradigma bietet Organisationen Methoden und Werkzeuge, um sich selbst differenziert zu beobachten, mit den eigenen Augen und aus fremden Perspektiven. Als Metatheorie bietet es mehr Möglichkeiten zur Erfahrungsverarbeitung und höhere Freiheitsgrade für Entwicklung als jedes spezifische, positivistische Organisationskonzept. Organisationen können damit mehr Komplexität in ihren Operationen und Entscheidungen abbilden. Angesichts der wachsenden Komplexität in ihren Umwelten werden sie dadurch grundsätzlich besser gerüstet, ihre Existenz fortzusetzen.

o   Der systemische Beratungsansatz bietet den in Organisationen wirkenden Rollen- und Professionsträgern einen angemessen komplexen Bezugsrahmen, um sich in ihrer komplexen beruflichen Wirklichkeit zu orientieren und ihre Wirksamkeit zu erhöhen.

o   So lässt sich der dieses Kapitel einleitende Satz von Willke adaptieren: „Die moderne Systemtheorie hat sich zum expansivsten Paradigma in allen Organisationen und bei in Organisationen tätigen Professionen entwickelt, weil in unseren hochkomplexen und zugleich hochorganisierten Organisationen nur solche analytischen Konzepte erfolgversprechend sein können, die ihrerseits eine entsprechende Eigenkomplexität haben".

Nehmen wir als Beispiel Führungskräfte – auch Führung wird in den letzten Jahren zunehmend als Profession (Schuh 2008, S. 276) verstanden – so lässt sich feststellen, dass die gängigen, explizierten Rollenskripte – von Leadership-Ansätzen zu partizipativer Führung – heute genauso unterkomplex sind wie zu

Beginn der 70er-Jahre die platten Bilder von straff geführter Hierarchie in Militär und Kirche. Ohne Kontextbezug, ohne Tools für Reflexion und Multiperspektivität lässt sich heute eine Organisation in Kopplung zu ihren Umwelten nicht mehr beobachten und denken. Ohne Verständnis der gewachsenen, spezifischen Systemrationalität, der typischen Dynamiken und Muster lässt sich keine Kontextsteuerung aufsetzen. Ohne Wissen um die Auswirkung der eigenen, persönlichen Wahrnehmungsmuster auf Entscheidungsverhalten können Lenkungseingriffe zum Hasardspiel werden. Nur ein entsprechend komplexer Bezugsrahmen kann die Komplexität des eigenen Gestaltungsfeldes abbilden. Den beschaffen sich Führungskräfte nicht selten privat in intensiven, langen Coachingausbildungen.

Ähnliches gilt für die in Organisationen tätigen Beratungsprofessionen. Das Paradigma der systOB gibt ihnen eine Leitplanke, wie sie eine Organisation in den Blick nehmen können. Sie hilft, die Wirkungen der eigenen Interventionen zu verstehen und zu verbessern.

In all diesen Entwicklungen liegt ein großes Potenzial, Organisationen von verschiedensten Enden her methodisch und sprachlich stimmig in ihrer Entwicklung zu fördern. Angesichts der Diffusion des Paradigmas in „alle Ecken und Winkel" der Organisation scheint es aber umso mehr geboten, eine entsprechende Theorie des spezifischen Beratungsgegenstands Organisation zu explizieren.

Diese Entwicklung ist in Gang gekommen. In jüngster Zeit erscheinen Bücher neu oder in Neuauflage, die Anleitungen zur Gestaltung und Entwicklung von Organisationen geben. Das Buch „Praktische Organisationswissenschaft" von Wimmer/ Meissner/ Wolf (Hrg), 2009) ist als „Lehrbuch für Studium und Beruf" geschrieben. Nach Thomas Kuhn markiert das Erscheinen von Lehrbüchern und Handbüchern die Konsolidierung eines neuen wissenschaftlichen Paradigmas.

1.2 Story der Postmoderne? – Der Nutzen für Personen

Das Paradigma der systOB hat nicht nur eine bereichernde, eine Entwicklungen fördernde Wirkung auf Organisationen und die in ihnen tätigen Rollenträger. Auch die Wirkung der Methoden und des konstruktivistischen Denkrahmens der systOB auf Personen, d.h. mit Luhmann gesprochen auf psychische Systeme, auf das Wirkungsgefüge der Bewusstseinsprozesse, ist überaus stark.

Personen, die an langen Ausbildungen teilnehmen, sagen am Ende meist, dass sie sich verändert haben; sie fühlen sich bereichert und „neu aufgestellt". Das systemisch-konstruktivistische Paradigma koppelt radikal zurück auf die eigene Wahrnehmung: Durch die anhaltende, intensive Auseinandersetzung mit konstruktivistischen Konzepten regt man sich zu anderen Beobachtungen sich selbst betreffend an. Meine Erfahrung – die persönliche wie die als Ausbildnerin – ist, dass die Menschen in einer ersten, von Irritation begleiteten Veränderungsphase lernen, anders zu denken, eben multiperspektivisch, in Widersprüchen und mit Neugierde. In einer zweiten Veränderungsphase wird ihnen die Kontingenz ihrer eigenen Wahrnehmung und ihrer Unterscheidungskriterien bewusst. Damit treten neue Optionen auf eine stimmige, ästhetische Gestaltung (Alfred Janes) der eigenen Biografie in den Möglichkeitsraum.

Meine persönliche These ist, dass die Überzeugungskraft des systemischen Paradigmas und seine Verbreitung hauptsächlich in den Wachstumserfahrungen der Menschen begründet sind, die mit dem Paradigma in Kontakt und Reibung gekommen sind. Das kann eine Erklärung sein für den boomenden Ausbildungsmarkt für die systOB wie für Coaching: Der persönliche Nutzen spricht sich herum.

Fast alle Interviewpartner betonen ungestützt, dass das Paradigma rund ist, und dass die neuere Systemtheorie in ihrem Potenzial noch gar nicht voll erkannt ist. Die meisten sind sich einig, dass dieses Paradigma keine Modeerscheinung ist, sondern nachhalten wird. Dass man sich quasi als Menschheit in einer Phase der Erkenntnis befindet, die – über zeitgeistige Bedingtheit hinaus – Gültigkeit hat. Gundi Vater sieht Verbindungen in der Essenz des Paradigmas zu wichtigen Weltreligionen und bringt es als Lebensgefühl auf denselben Punkt wie Heinz Jarmai: „Du bist verbunden und doch allein."

Speziell bei Aspekten der Werte und Haltungen in der systOB werden und wurden immer wieder Parallelen zum Buddhismus gezogen – zwischen der Haltung der Gelassenheit und der Absage an Anhaftungen beispielsweise. Francisco Varela war – wie viele, die sich intensiv mit lebenden Systemen beschäftigen – praktizierender Buddhist[40]; er war eng mit dem derzeitigen Dalai Lama befreundet.

Ist genau das der Zeitgeist, dem man glaubt, durch eine über dem Zeitgeist stehende Universaltheorie entwischt zu sein? Ist das systemisch-konstruktivistische Paradigma, das Lebensgefühl, verbunden und doch allein zu sein, der Postmoderne auf den Leib geschnitten? Ist es so, dass in die Verstörung darüber, dass es keine großen Geschichten von Moral, vorgefertigtem Sinn, Holzschnitte für gute Lebensgestaltung mehr gibt – dass in diese Verstörung hinein die neue Geschichte vom Soviel-Möglich-Sein der (postmodernen) Welt erzählt wird? Ist das systemisch-konstruktivistische Paradigma als Rahmen für Selbsterfahrung und Selbstentwicklung eine Hilfe für Menschen in ihrer Überforderung, sich in der Postmoderne zu erden? Oder ist hier „tatsächlich" eine gesetzmäßige Gültigkeit, eine Wahrheit, angezapft? Führt sich der systemisch-konstruktivistische Denkansatz in die eigene Paradoxie?

Der Konstruktivismus in Verbindung mit den Kriterien für die Lenkung der eigenen Wahrnehmung bietet den Menschen jedenfalls einen Verständnisrahmen für die eigene Erfahrungsverarbeitung, der ihnen praktische Lebenshilfe gibt: Er ermöglicht eine differenziertere Wahrnehmung, die ihre eigene Kontingenz mitdenkt und sehr viel Komplexität verarbeiten kann. Das wird angesichts zunehmend komplexer werdender Lebenszusammenhänge zu einer Frage von Überlebensqualität. Insofern ließe sich Willkes einleitender Satz ein weiteres Mal – auf die Person angewandt – deklinieren: „Die moderne Systemtheorie hat sich zum expansivsten Paradigma unter allen Angeboten zur Weltsicht und Welterfahrung entwickelt, weil in unserer hochkomplexen und zugleich hochorganisierten Umwelt nur solche analytischen Konzepte erfolgversprechend sein können, die ihrerseits eine entsprechende Eigenkomplexität haben."

Dünenweg auf Amrum, Fotografie by Wesco Taubert ©

2 Coaching – Beratung an der Kopplung Organisation:Person

Seit einigen Jahren scheint sich der Ausbildungsboom in Sachen systemische Beratung zu wiederholen. Diesmal geht es um Coaching: die Beratung von Personen in beruflichen Kontexten. Die vermittelten Methoden und Werkzeuge, insbesondere die lösungsorientierten Frage- und Kommunikationsmethoden und die Hypothesenbildung sind zum großen Teil deckungsgleich mit denen der systOB. Der Vorteil ist, dass beide Beratungsformen – systOB und Coaching – aneinander anschließen können.

Abb. 7: Formen systemischer Beratung, ihre Zielsetzungen und Systemgrenzen

	SystemischeBeratungsform	implizite Annahmen/ Ziele	Systemgrenze	
Beratung von Personen	Psychotherapie	Störungen bzw. "Krankheit" heilen	Rekonstruktion der Entwicklungsgeschichte im familiären Herkunftsystem	**Beziehungsbasier**
	Coaching	Kopplung Schlüsselperson:Organisation verbessern	Wahrnehmungen, Entscheidungen, Kommunikationen an Schnittmenge Person:Rolle	**Aufgabenbasierte Systeme**
Beratung von sozialen Systemen	Supervision	Professionalität von (helfenden) Berufen schärfen, erweitern	Professionales Rollenrepertoire	
	Organisationsberatung	Anpassung und Professionalisierung des Organisiert-seins	Kommunikation und Entscheidungen im aufgabenbasierten, sozialen System	
	Familientherapie	Störungen in Beziehungs- und Kommunikationsmustern heilen	Beziehungen und Interaktionen im Familiensystem von IndexpatientIn	**Beziehungsbasier**

Coaching und Organisationsberatung nehmen jeweils den Aufgabenvollzug in den Blick. Dabei ergänzen sie einander: Während Organisationsberatung sich den Kommunikationsstrukturen widmet, stellt Coaching auf die Kopplung des psychischen Systems mit der Organisation ab. Coaching soll hier nicht nur von Organisationsberatung abgegrenzt werden, sondern auch von Supervision und Therapie.

Die Kopplung Person:Organisation kann als eigenes Wirkungsgefüge konstruiert werden, das eigene Systemdynamiken aufweist. Im Coaching explorieren und reflektieren Personen dieses Wirkungsgefüge und suchen nach Musterbrüchen und Optionenvielfalt in der Kopplung zwischen ihren eigenen Bewusstseinsprozessen und der Kommunikation in ihrer Organisation. Nach Luhmann sind soziale und psychische Systeme über Sinn gekoppelt: Sinn ist das wichtigste Erwartungen leitende Medium, das Anschlusskommunikation im sozialen System wahrscheinlich macht. Im psychischen System organisiert Sinn jedwede Erfahrungsverarbeitung. Im Coaching geht es daher in gewisser Weise immer um Sinnarbeit.

In den vergangenen fünf bis zehn Jahren hat sich Coaching in Organisationen aus dem Nichts zu einer weit verbreiteten Beratungsform entwickelt, in die Personen wie Organisationen heute in nie dagewesenem Ausmaß Ressourcen investieren. Das mag auf zweierlei verweisen: Dass in den letzten Jahren die Kopplung Person:Organisation für beide Seiten höhere Bedeutung gewonnen hat und dass sich diese Kopplung selbst verändert hat.

Wohland et al (2007) verwenden in diesem Zusammenhang den Begriff der Taylor-(Bade)Wanne[41]: Zur Zeit der Manufakturen und der frühen Industrialisierung ging es Organisationen darum, mit Hilfe der Taylorschen Maximen[42] vom Wannenrand hoher Verhaltenskontingenz der Menschen auf den Wannenboden stereotypen, berechenbaren Verhaltens zu gelangen. Heute geht es wieder hinauf zum Wannenrand: Organisationen wollen den autonomen, eigeninitiativen, kreativen, innovativen Mitarbeiter. Statt einiger weniger Potenzialträger im Goldfischteich brauchen sie „Talent" – die in der breiten Fläche angelegte Fähigkeit zum problemlösenden Handeln vor Ort.

Die Kopplung Person:Organisation ist loser geworden, das zeigt sich im Kleinen in unschärferen Rollen und vagem Führungsverständnis, im Großen in den Mustern prekärer werdender Zugehörigkeit. Eine Funktion dieser Lockerung ist es, mehr Kontingenz und Verhaltensvielfalt zu ermöglichen. Als Folge von höherer Verhaltensvarietät ihrer MitarbeiterInnen kann die Organisation mehr Umweltkomplexität abbilden. Frank Boos benennt das so: „Organisationen drücken heute mehr Komplexität an psychische Systeme ab."

Üblicherweise bilden Organisationen Umweltkomplexität in ihren Kommunikation leitenden internen Strukturen ab – in Aufbau- und Ablauforganisation, Entscheidungsprogrammen, Systemen, Produkten, Technologien. Hier scheint nach Matrixorganisation, Strategischer Geschäftsfeldgliederung, Netzwerkorganisation, Globalisierung usw. ein Kapazitätslimit erreicht zu sein: Explizite, ausdifferenzierte Strukturen können die steigende Komplexität nicht mehr aufnehmen; im Gegenteil, sie werden selbst zunehmend zu einem Komplexitätsttreiber. Hier kommen die Personen ins Spiel: Die Vielfalt dessen, was sie als Sinn in ihren Gedanken, ihrem Bewusstsein prozessieren, soll vermehrt Anschluss für Kommunikation in der Organisation werden.

Was sind nun die Themen, auf die sich Coaching – die Beratung an der Kopplung von Person:Organisation – richtet? Und in welchem Verhältnis stehen (systemisches) Coaching und systOB zueinander?

2.1 Die Themen im Coaching

Bei den aufgabenbezogenen Anliegen, die im Coaching bearbeitet werden, geht es um:

o   Orientierung und Gestaltungsräume in Phasen großer beruflicher Veränderungen (neues Aufgabengebiet oder neue Rahmenbedingungen z.B. nach Fusion) und um damit zusammenhängende Verhaltensdilemmata,

o   Fragen der Steuerung bzw. der Kontext-Steuerung, um in komplexen Situationen beabsichtigte Führungswirkungen zu erzielen,

o   schwierige Entscheidungen mit weitreichenden Folgen, z.B. die Wahl zwischen verschiedenen strategischen Optionen,

o   die Gestaltung und das Management von tiefgreifendem Wandel der Organisation,

o   Ordnungsfragen, wo dem Geben und Nehmen zwischen Organisation und Person der Ausgleich fehlt und Störungen bezüglich Motivation und Zugehörigkeit entstehen,

- o Fragen der Work-Life Balance, meist um nach einer Entgrenzung, die in den Burnout oder andere ernste gesundheitliche Probleme führen könnte, wieder Grenzen zu ziehen zwischen Person und Beruf,

- o den angemessenen Platz im sozialen System bzw. im Beruf und dann häufig um die Frage Gehen oder Bleiben?

Diese Beratungsfelder im Coaching werden im Folgenden kurz beschrieben.

Aufgaben gestalten statt Rollen verhandeln

In praktisch allen Organisationen ist heute ein Trend festzustellen: Die Entscheidungs- und Handlungsprogramme werden zunehmend unspezifischer und kontextabhängiger. Sie werden auch widersprüchlicher: Was für Situation A gilt, gilt nicht für Situation B, was gestern galt, gilt heute nicht und das Morgen wird überraschen. Welche Führungskraft, welche/r interne BeraterIn weiß wirklich, was von ihm/ihr erwartet wird, was wie sanktioniert werden wird? Wie allgemeine Aufträge auf konkrete Handlungen herunterzubrechen sind?

Die klassische Antwort war bislang der Versuch, Rollen zu klären oder zu verhandeln. Das ist heute nur sehr bedingt möglich. Im Gefüge der Interaktionen, in die ein Platz in der Struktur eingebettet ist, ändert sich ständig etwas. Die Plätze sind in Bewegung, die Rollengefäße bleiben diffus. Das ist zweckmäßig; es ermöglicht der Organisation Flexibilität und gibt den Personen die notwendigen Freiheitsgrade im Handeln.

Organisationen haben in den letzten Jahren eine Fülle neuartiger Aufgabengebiete ausdifferenziert; CRM (Customer Relationship Management), SCM (Supply Chain Management), interne Organisationsberatung, Talent Management … Für neu eingerichtete Aufgabenbereiche lassen sich in aller Regel die Rollen gar nicht klären; sie emergieren. Irgendwann gibt es die neue Stelle in der Struktur; irgendwann gibt es dort erste Kommunikationen und Anschlusskommunikationen, Ereignisse, die Erwartungen lenken. Erst so können die Umwelten lernen, welche Erwartungen sie an eine Stelle richten sollen. Der Weg entsteht beim Gehen als stimmige Abfolge von role-making und role-taking. Die Wirkungsfähigkeit der neuen

FunktionsinhaberInnen hängt in den Anfangsphasen dieses Prozesses zu einem guten Teil von ihrer persönlichen Vertrauenswürdigkeit und ihrer Kompetenz ab – nicht von explizierten Rollenskripten.

Wenn die höchstmögliche Konkretisierung des Rollenskripts „Gestalten statt Verwalten" heißt, ergeben sich für die Personen Freiräume, um die Arbeit im Unternehmen auch als persönliche Entwicklungsstrecke zu gestalten. Coaching wird genutzt, um für konkrete Handlungskontexte zu klären, was die eigenen Gestaltungsanliegen und die Gestaltungsbedarfe der Organisation sind. Die Organisation entlastet sich von schwerfälligen grundsätzlichen Aushandlungsprozessen und delegiert diese zuerst an die Person und im zweiten Schritt an das freie Spiel alltäglicher Kooperation.

Fragen von Führung und Steuerung

Wenn Führungskräfte oder UnternehmerInnen Coaching suchen, um ihre Führungswirkung zu verbessern, sind Fragen der Steuerung angesprochen. Welche Optionen hat Führung in einem gegebenen komplexen System, um beabsichtigte Wirkungen zu erzielen? Das reicht weit über den Rahmen der persönlichen Einflussnahme auf Mitarbeiterverhalten hinaus. Es geht um Kontext-Steuerung, die führungsrelevante Verhaltensmuster, Systeme und Prozesse in den Blick nimmt.

Voraussetzung dazu ist ein hinreichendes Verständnis dieses Kontextes und der typischen Systemdynamiken, in die er eingebettet ist. So wird Coaching zu einem Raum, in dem Schlüsselpersonen typische Muster ihrer Organisation verstehen lernen, um für ihre Lenkungseingriffe einen – Muster-fortführenden oder Muster-verstörenden – Anschluss zu setzen.

Schwierige Entscheidungen treffen

Eine der wichtigsten Beratungsleistungen von Coaching ist die Unterstützung beim Treffen schwieriger Entscheidungen. Strategische Optionen, Änderungen der Aufbau- und Ablauforganisation, größere Investitionen usw. haben wie die zwei Seiten einer Münze immer eine Fülle von Optionen und Risiken. Sie sind in einen Entscheidungszusammenhang eingebettet, in dem jedes Tun oder Nichttun Opportunitäten schafft.

Im Alltag ist es oft nicht möglich, komplexe Entscheidungssituationen so gründlich auszuleuchten, wie dies im Coaching geschehen kann. Im Unterschied zur systOB geht es nicht nur darum, viele Fragen zu finden, gründliches Explorieren unter verschiedenen Perspektiven zu organisieren, immer wieder auf die jeweils ausgeblendete Seite zu oszillieren und den Blick auf Genauigkeit der Sachzusammenhänge zu richten.

Coaching kann eine weitere, zentrale Einflussgröße fokussiert reflektieren, die Person selbst. Luhmann hat Personen den Status von Entscheidungsprämissen zugewiesen. Führungspersonen setzen Rahmen und Bahnen für die Alltagentscheidungen von Organisationen. Ihr psychisches System, ihre Bewusstseinsprozesse bestimmen mit, an welchen Sinnvorgaben die Kommunikation in der Organisation anschließen soll.

In den extremen Auswirkungen ist uns dies bekannt; Entscheidungen für große Merger werden häufig eher der Hybris des Top-Managements zugeschrieben (beispielsweise der damalige Merger zwischen Daimler und Chrysler) als dem Marktkalkül. Die positiven Extrembeispiele sind FamilienunternehmerInnen, die familienähnliche Zweckmäßigkeiten wie Bindung und Fürsorge mit einem ökonomischen Kalkül in Synergie bringen.

In kleinerem Ausmaß setzt jede Führungskraft als Person Entscheidungsbahnen; auch wenn diese nicht die großen Arterien, sondern die Gefäße für die lokale Durchblutung betreffen. Weichenstellende Entscheidungen in Organisationen sind daher immer eine sehr persönliche Angelegenheit. Die Coachingfrage: Was würde Option x für Sie persönlich heißen? führt den Beobachter 2. Ordnung an „entscheidender" Stelle ein.

Tiefgreifender Wandel

Bei evolutionärem Wandel bleibt – auch wenn Strukturen erodieren – die grundlegende Beziehungsdefinition Organisation:Person aufrecht: Durch ihre Struktur, die Form ihres Organisiert-Seins, hält sich die Organisation unabhängig von bestimmten Personen.

Je radikaler und umfassender der organisationale Wandel ist, desto radikaler verändert sich die Beziehung Organisation:Person. Wenn das Redesign der grundlegenden Strukturen des Unternehmens – Aufbauorganisation, Kernprozesse, Strategie oder gleich die normative Basis – ansteht, kann die Organisation die Veränderung ihrer eigenen Identität nur bedingt selbst antreiben. Auch wenn der case for action durch kritische Widersprüche aus den Umwelten legitimiert ist – die Organisation braucht Personen, die diese Widersprüche besetzen und Identität umbauen.

Die Akteure von grundlegendem Change sollen ihrer Zeit voraus sein. Sie sollen die Organisation aus der Gewissheit einer sicheren Zukunft durch die Turbulenzen der Gegenwart führen. Da die neuen Programme und Ziele noch keine Bedeutung haben, steht die persönliche Glaubwürdigkeit und Authentizität der Change Agenten auf dem Prüfstand. Wenn sie aber die Widersprüche auf der Werteebene besetzen – d.h. Konflikte zwischen bisher geltenden Werten und in Zukunft wichtigen Werten – kommen sie leicht ins Fadenkreuz der Abwertung: Man begegnet ihnen mit Misstrauen, Aggression, Zynismus, schreibt ihnen Unlauterkeit, Charakterschwäche, Korrumpierbarkeit zu.

Im Coaching geht es oft darum, sich mit der changeprozessbedingten eigenen Wirkung auseinanderzusetzen und sich gleichzeitig von diesen Zuschreibungen zu dissoziieren. Es geht darum, sich trotz eigener emotionaler Betroffenheit Empathie und Neugierde zu erhalten, Handlungsfähigkeit, Optionen und Augenmaß für konkrete Situationen zu gewinnen, aus Erfolgen und Rückschlägen zu lernen, Strukturen aufzusetzen, zu verstehen, dass auch Zukunft de facto unterwegs entsteht, als neues System über Entscheidungen und Rückkopplungen. Hier wird Coaching zu einem Zwischenraum, der die Aus- und Rückwirkungen von Transformationsprozessen zwischen Organisation und Change Agenten abfedert.

Die Unordnung in Organisationen

Neben den „Sachthemen" und meist sofort danach nehmen im Coaching Ordnungsstörungen viel Raum ein: erfahrene Ungerechtigkeit, Kränkungen, tiefrote Bilanzen zwischen zu viel geleistetem Einsatz und zu wenig erhaltener Würdigung, Loyalität von Zurückbleibenden mit Ausgeschlossenen. Die Scham, an einem „Vertrag" festgehalten, ihn erfüllt zu haben und dann leer auszugehen, weil plötzlich andere Kriterien für Anerkennung und Würdigung gelten, macht die Betroffenen oft sprachlos. Trotz großer Verdienste auf einmal ausgeblendet, übergangen oder gar degradiert und aufs Abstellgleis verschoben zu werden, kann in tiefe Verstrickungen führen. Kränkung, Empörung, Wut, Rache, Ultimaten-Stellen, Rückzug in die innere Emigration, alles ist möglich – außer Loslassen.

Organisationen sind zwar aufgabenbasiert, sie können sich aber nur sozial konstituieren. Das Soziale rahmt den Aufgabenvollzug; Störungen und „Pathologien" des Sozialen werden zu kritischen Engpassfaktoren für jeden Aufgabenvollzug. Personen, die in ihrer beruflichen Kompetenz öffentlich abgewertet werden, verlieren Wirksamkeit in ihrer beruflichen Rolle. Personen, deren Integrität und Zugehörigkeit öffentlich in Frage gestellt werden, sind de facto aus dem sozialen System ausgeschlossen. Ob Mobbing oder fortgeschrittene Konflikteskalation, die Folgen für die ausgeschlossenen Personen sind verheerend.

Neben den krassen Zerstörungen von Abwertung und Ausschluss gibt es eine Fülle weiterer schwerwiegender Ordnungsstörungen, die strukturelle Gründe haben. Im Laufe der organischen Entwicklungsgeschichte einer Organisation und in grundlegenden Transformationsprozessen verändert sich immer wieder das Paradigma der Ordnung, das Basis für den Ausgleich zwischen Geben und Nehmen zwischen Organisation und Person ist. Insa Sparrer hat unter dem Begriff der „systemischen Hierarchie" typische Ordnungsparadigmen beschrieben[43] (Sparrer/von Kibéd 2000, 163-170, s. auch Krizanits/Gamm 2004).

Aus Unwissen tendieren Organisationen dazu, ihren Leistungsträgern die mit strukturellen Ordnungsbrüchen verbundenen heftigen psychischen Reaktionen als persönliches, „irrationales" Verhalten zuzuschreiben. Sie nutzen Coaching als einen Raum, in den sie systematisch „Irrationales" delegieren. Das macht es ihnen möglich, diese Themen von der eigenen Agenda zu nehmen. Organisationen könnten sich viel Geld und den Menschen viel Leid sparen, wenn sie diese Ordnungsfragen aktiv führen und angemessen mit ihnen umgehen würden. Es geht hier eigentlich um ganz einfache Zusammenhänge, um „Scheinriesen", die umso kleiner werden, je näher man ihnen kommt. Das meta-systemische Prinzip „Das Gegebene muss anerkannt werden" bewirkt Wunder und die Lösung von Verstrickung. Genau genommen müsste es heißen: „Das Gegebene – und bald Gewesene - muss öffentlich gesehen und gewürdigt werden, bevor und damit es verändert werden kann".

So leicht diese Probleme von der Organisation gelöst werden könnten, so wenig lassen sie sich im Ersatzschauplatz Coaching lösen, denn hier gibt es ja diese Öffentlichkeit der Organisation nicht. Hier kann meist nur die Person dabei begleitet werden, sich abzuwenden. Der Nutzen für die Organisation ist trotzdem hoch: Ein gecoachter Ausstieg senkt das Risiko von Sabotageakten gegen die Organisation. Aber auch die Kosten für die Organisation sind hoch: Viele dieser Leistungsträger könnten gehalten werden, würden die Probleme an Ort und Stelle gelöst.

Von der Entgrenzung zur Balance

Seit fünf bis zehn Jahren lässt sich beobachten, dass sich der Kontrakt zwischen Organisation und Person in den Kapiteln Bindung und Nähe grundlegend verändert; nach dem Motto: mehr Nähe bei weniger Bindung.

Organisationen wollen nicht mehr nur Anwesenheit und Ausführung, sie brauchen „den ganzen Menschen" mit seinem Wissen, seinem Können, seinem Wollen, seiner Gestaltungskraft. Sie suchen den Zugriff auf die Kreativität des Individuums, auf seine Inspiration, Gedankenwelten und zunehmend auf seine Spiritualität. Sie tun viel, um mit Visionen, Idealisierungen, Wertestatements, Charisma, bis zur Spiritualisierung von Führung, Personen zu symbiotischer Nähe zu verführen.

Das trifft auf fruchtbaren Boden. Denn umgekehrt suchen Individuen persönlichen Halt, sinnstiftende Tätigkeit und Identität in Organisationen. Die Dichotomie von Beruf und Freizeit ist überlebt, was die Frage der Balance zwischen beiden Lebensbereichen nicht leichter macht. In dem Maß wie Primärgruppen heute „auslassen" (Stichworte: kleine Familienverbände,

Patchwork von Lebensabschnittspartnerschaften, gestiegene Mobilität, hoher Anteil an Single-Haushalten ...), werden Organisationen bzw. Gruppen in Organisationen zu den Orten, an die Grundbedürfnisse nach Zugehörigkeit, Werteverbundenheit, Erwachsenensozialisation adressiert werden.

So passiert, was man mit Jürg Willi Kollusion nennen kann (Willi 1975, S. 47 ff): Wechselseitige komplementäre Zuschreibungen, die unheilvolle Dynamiken der Überidentifikation und Selbstentgrenzung bei den Individuen auslösen. Der 0,1307%ige Marktanteilsgewinn für Staubsauger XY Type Vario-b6 in Nielsen IIIa im 2. Quartal wird zur alles einnehmenden Lebensaufgabe; Gesundheit und Partnerschaft gehen dabei drauf. Irgendwann – spätestens nach Verlust der Leistungsfähigkeit im Burnout – kommt die Bruchlandung.

Im Coaching werden die Teile wieder zusammengelesen, eine neue Integration von Person und Beruf gesucht. Was unter dem gerne angeführten Motto der Work-Life Balance von Organisationen angeblich gefördert wird, stellt sich im Coaching häufig als double bind dar. Die Botschaft der Organisation ist: Wir wollen dich mit Haut und Haaren, du sollst uns nichts vorenthalten, aber sorge bitte rechtzeitig doch noch für deine Work-Life Balance. Die Arbeit der Grenzziehung wird damit einseitig an das Individuum delegiert. Die der Entgrenzung des Individuums entsprechenden „Übergriffe" der Organisation – die Einladung zur Symbiose und eine nie dagewesene Verdichtung der Arbeit – werden ausgeblendet. Das Individuum wird psychologisiert, d.h. Verhaltensmuster, die in der spezifischen Interaktion von Organisation und Person eingespielt sind, werden dem psychischen System der Person zugeschrieben.

Coaching wird in der Tat zu einer Personen-Reparaturwerkstätte, die die strukturellen Verhältnisse in der Organisation außen vor lässt. Vom Coaching zur Therapie ist es dann nur mehr ein Katzensprung. Viele, die ins Coaching kommen, stehen bereits mit einem Fuß in der Depression oder im Burnout. Der Begriff „Psychosomatische Klinik" hat es zum Wikipedia Eintrag geschafft, ca. 150 solche Kliniken gibt es in Deutschland. Einmal dort angekommen, lässt sich der Weg nicht einfach zurückgehen; in den

Menschen ist oft auf Dauer etwas gebrochen. Der „lange Arm der Arbeit" greift auch heute oft genug nach Körper, Psyche und Seele.

Bleiben oder Gehen?

Entweder im Zusammenhang mit Ordnungsfragen oder aus anderen Beweggründen: Im Coaching geht es oft um Fragen von Lösung, Abschied, Neubeginn. Personen finden an ihrem Platz ihre Mitte nicht mehr.

Das kann daran liegen, dass die Organisation sich an neuen Werten ausrichtet, mit denen man sich nicht mehr integer fühlt: Gehöre ich da überhaupt noch dazu? Verrate ich mich nicht selbst? Es kann daran liegen, dass die sozialen Netze, wichtige Beziehungen, im Zuge von Umstrukturierungen zerrissen sind. Im Coaching geht es um den Verlust, um Loyalitätskonflikte zwischen alten und neuen Arbeitsbeziehungen oder um die Frage: Wie kann ich meinen Platz im neuen sozialen System finden? Es kann daran liegen, dass man aus den bisherigen Rollengewändern herausgewachsen ist, dass es Zeit ist für einen Neubeginn.

Die Frage: Bleiben oder Gehen? lässt sich in der Organisation nur folgenreich stellen; Mitgliedschaft ist nicht öffentlich hinterfragbar, das würde Verfügbarkeit in Frage stellen – solch eine einmal öffentlich gestellte Frage lässt sich nicht wieder löschen; man würde auf immer als Fragestellerin beobachtet werden.

Coaching ist ein Raum, in den diese Frage gut verwiesen werden kann. Das weiß jeder, aber man redet nicht drüber. Gerade in Zeiten von Change klopfen beide Seiten auf den Putz der Zugehörigkeit. Die Bindung, die Organisationen und Personen heute eingehen, ist längst kein lebenslanger Pakt mehr. Organisationen und Personen nutzen einander auf gemeinsamen Wegstrecken für wechselseitige Irritation und Entwicklung – und gehen wieder auseinander.

2.2 Organisationsberatung und Coaching
– Synergie, Ergänzung, Konkurrenz?

Coaching hat in den vergangenen fünf Jahren eine beeindruckende Verbreitung gefunden. Viele der knappen Ressourcen fließen heute ins Coaching – nicht in die Organisationsberatung (Krizanits 2007b, S. 37-44). Aus beraterischer Sicht steht eine gewisse Abgrenzung, eine gewisse Kopplung sowie eine gewisse Integration der Beratungsformen systOB und Coaching an. Wie sich das Verhältnis von systOB und Coaching denken lässt, soll unter den folgenden Überschriften angedacht werden:

o Synergiepotenziale

o Wie systemische Organisationsberatung und Coaching einander ergänzen

o Konkurrenz: Was nicht ins Coaching, sondern in die Organisationsberatung gehört

Die oben beschriebenen typischen Fragestellungen im Coaching werden in diese Kategorien gestellt; die folgende Abbildung zeigt den Überblick. In der Bewertung der Zusammenhänge wird dabei immer von der Perspektive der Entwicklung einer Organisation ausgegangen.

Abb. 8: Das Verhältnis von Organisationsberatung und Coaching

	Das Verhältnis von systOB und Coaching		
	Synergie	Ergänzung	Konkurrenz
Aufgaben gestalten statt Rollen verhandeln			
Fragen von Führung und Steuerung			
Schwierige Entscheidungen treffen			
Tiefgreifender Wandel			
Die Unordnung in Organisationen			
Von der Entgrenzung zur Balance			
Bleiben oder gehen?			

Synergiepotenziale

Verallgemeinernd kann man sagen: Organisationsberatung beschäftigt sich mit der Organisation und ihren Kommunikationsstrukturen, Coaching gibt der Person in ihrer Funktion als Entscheidungsprämisse Raum. Besonders wenn es um komplexe, weichenstellende Entscheidungsprozesse geht, kann Coaching synergetisch zur Organisationsberatung die Entwicklung der Organisation vorantreiben. Dies ist in besonderem Maß in tiefgreifenden Changeprozessen der Fall, wenn Führungskräfte Entscheidungen im Neuland treffen sollen und Coaching als Raum für intensive Exploration nutzen.

Gute Organisationsberatung ist dem gesamten System verpflichtet und orientiert sich in ihrer Professionalität an Kriterien wie Lösungstiefe, Gesamtoptimierung und Nachhaltigkeit. Das ist nicht immer einfach, hat doch der unmittelbare Auftraggeber oft ganz andere Ziele. Ein Gutteil beraterischer Intervention richtet sich bereits auf die Schaffung eines geeigneten Auftrags, der die Interessenlagen des Gesamtsystems mitführt.

Im Coaching sollte das eigentlich ganz genauso sein: Der unmittelbare Auftraggeber ist die Person, die ins Coaching kommt; das berufliche System, meist der Wirkungsraum in einer Organisation, wäre mit seinen Interessenlagen mitzuführen.

Dies geschieht sehr häufig nicht; Coaching wird allein als Raum für die Person definiert. So kann man mit Wolfgang Looss vom „Coaching als emotionalem Bordell" sprechen: Spannungsabfuhr und Entlastung für Personen bei Stabilisierung der strukturellen Gegebenheiten, die diese ins Coaching führen.

In größeren Veränderungsprozessen gehen alle Schlüsselpersonen ins Coaching, aber untereinander reden sie nicht über die Themen, die sie dort bearbeitet haben. Ethische Fragen, Fragen der persönlichen Integrität, Zweifel an der Sinnhaftigkeit von Strategien, Überforderung durch zuviel Unsicherheit und Komplexität – das wird nie jemand erfahren. Das wird privatisiert.

Je mehr diese Fragen ins organisationale Out getragen werden, desto unbelasteter kann die Organisation kurzfristig handeln, ohne die Auswirkungen auf Personen ins Kalkül ziehen zu müssen. Dem kurzfristigen Vorteil, Irrationales an die Person abspalten zu können, steht allerdings der Nachteil gegenüber, Feedbackschleifen und Lernen zu verpassen. Was aus der Kommunikation in der Organisation ausgespart bleibt, ist vielleicht relevant für die weitere Entwicklung der Organisation. Gerade diese privatisierten Themen sollten vielleicht Anschlüsse für die Kommunikation in der Organisation setzen.

Synergiepotenziale zwischen systOB und Coaching lassen sich heben, wenn es gelänge, für die Organisation entwicklungsrelevante Themen aus dem Coaching an Organisationen rückzuadressieren. Das liesse sich leicht realisieren: Als eigener Reflexions- und Agendapunkt auf den zahlreichen Coaching Kongressen oder als regelmäßige Feedbackrunde, die PersonalentwicklerInnen mit den Coaches aus ihrem Pool durchführen.

Synergiepotenziale lassen sich auch verbessern, indem Organisationsberatung und Coaching sich in ihren Methoden und Interventionen besser aufeinander abstimmen. Die Klärung des Auftrags und die Schaffung des Beratungssystems könnten z.B. zentrale Interventionen sein, die explizit nach einem gemeinsamen theoretischen Verständnis durchgeführt und so für einander anschlussfähig werden könnten.

Wann Organisationsberatung und Coaching einander ergänzen

Coaching als Beratung der Kopplung von Person und beruflichem Kontext geht immer von beiden Seiten auf die Schnittmenge Organisation:Person zu: Es leuchtet die Kommunikationsmuster der Organisation aus und die Wahrnehmungs- und Bewusstseinsmuster der Person.

Ein Großteil der Kommunikationen im Beratungssystem Coaching schließt bei der Person an. Das ist grundsätzlich ähnlich wie bei der Kommunikation in Familien, allerdings geht es nur um einen kleinen Teil der Person: um diejenigen Bewusstseinsprozesse, die mit ihrem beruflichen Aufgaben-vollzug zu tun haben.

In diesem Sinn wären systOB und Coaching bei all den Themen komplementär, die Personen zwar im Coaching beschäftigen, für die es in der Organisation aber nicht ohne weiteres Kommunikationsanschlüsse gibt. Das sind z.B. Motive und Gestaltungsanliegen, sich ändernde Werthaltungen, persönliche Wachstums- und Entwicklungsdynamiken, im Sinn einer Transition überlebte, schal gewordene Dienstverhältnisse usw. Auch die Frage: Wie kann ich meine Führungswirkung verbessern? ist in der Organisation tabuisiert. Sie dort zu stellen, wäre paradox und würde unmittelbar zu einem Verlust von Führungswirkung dieser Person führen.

Coaching fährt mit wesentlich weniger struktureller Komplexität als die Organisationsberatung – im Zweiersetting zwischen Coach und Klient fallen der operative Druck und die gesamte interaktive soziale Komplexität des beruflichen Kontextes weg. Bei soviel Entlastung von Aktionsdruck und sozialer Komplexität kann man bei der inhaltlichen Komplexität nachlegen – Arbeitsspeicher und Containment halten das noch gut aus. So lassen sich oft in zwei bis vier Stunden hochkomplexe Materien inhaltlich angemessen durchdringen und reflektieren.

Was nicht ins Coaching, sondern in die Organisationsberatung gehört

Ordnungsfragen gehören zu den häufigsten Themen, die Organisationen ins Coaching verweisen. Sie schaffen sich Entlastung, indem sie Störungen und Irrationales an Personen attribuieren und das erst einmal nicht selbst prozessieren müssen. Sie entschärfen Eskalationsdynamiken, die aus Ordnungsverletzungen entstehen, indem sie „SymptomträgerInnen" einen Raum geben, diese mit Unterstützung zu bearbeiten. So schützen sie sich vor Vergeltungs- und Sabotageakten.

Oft genug berauben sie sich damit aber der Möglichkeit, einerseits LeistungsträgerInnen zu halten und andererseits Ordnungsstörungen auf breiter Basis – auch bei Personen mit niedrigeren Eskalationsstufen – zu klären. Coaching kann nicht die Lösungen bringen, die Organisationsberatung bringen könnte, denn im Coaching gibt es nicht die organisationale Öffentlichkeit, die das Gegebene ansehen bzw. anerkennen könnte. Im Coaching gibt es eben nur den Lösungsraum, die Person in ihre Lösung von der Verstrickung zu begleiten. So bekommt Coaching die Funktion – und nicht selten den geheimen Auftrag – tief enttäuschte LeistungsträgerInnen unauffällig aus der Organisation auszuschleusen.

Absolut gegenläufig zum Grundverständnis der systOB ist die ethisch fragwürdige Reparaturbetriebsfunktion von Coaching bei Dynamiken von Übergriff und Entgrenzung. Diesen Dynamiken liegen strukturelle Veränderungen in Organisationen – siehe Arbeitsverdichtung – und in der Kopplung Organisation:Person zugrunde, die von der Organisationsberatung häufig ausgeblendet werden. Hier sind grundsätzliche ethische Fragen in der Beratung zu stellen; es braucht dazu eine andere Flughöhe, die gesellschaftliche Entwicklungen in den Blick nehmen müsste.

Man kann Organisationsberatung und Coaching als zwei Beratungsformen sehen, die beide auf den gestiegenen Beratungsbedarf von Organisationen verweisen: für die Beratung von Kommunikationsstrukturen einerseits und für die Beratung der Kopplung von Person und Organisation andererseits.

Strand von St. Peter-Ording, Fotografie by Wesco Taubert ©

3 Interne Organisationsberatung –
Organisationsentwicklung heute

2005 hat keine/r der befragten VertreterInnen der systOB von sich aus Bezug auf die internen OrganisationsberaterInnen genommen, und ich habe nicht explizit danach gefragt. Vielleicht würden die Fragen und Antworten heute, 2009, anders ausfallen, denn die interne Organisationsberatung hat sich als eigenes Aufgabengebiet in den letzten Jahren deutlich etabliert bzw. aus der Organisationsentwicklung weiter entwickelt. Trotzdem ist die interne Organisationsberatung noch immer im blinden Fleck des Feldes. Gemessen an ihrer heutigen Bedeutung wird sie im öffentlichen Diskurs, auf Kongressen und in Publikationen praktisch ausgeblendet. Die Akteure bei der Gestaltung des Feldes sind externe OrganisationsberaterInnen, die Internen haben wenig Organisationsgrad.

Dieses Kapitel will die heute stärkste Quelle untersuchen, aus der das systemische Paradigma in Organisationen einsprudelt. Was unterscheidet interne OrganisatonsberaterInnen von ihren externen KollegInnen? Wieviele interne OrganisationsberaterInnen gibt es heute? Was genau sind ihre Aufgaben? Wie gestalten sie die Zusammenarbeit mit Führung? Wie ist die Zusammenarbeit zwischen internen und externen OrganisationsberaterInnen?

Diese und andere Fragen sollen beantwortet werden. Im Unterschied zur bisherigen Praxis sollen dabei nicht die internen OrganisationsberaterInnen mit den Externen verglichen werden. Vielmehr wird eine dritte Perspektive eingenommen: die der Organisation mit ihrem Beratungsbedarf. Wie legen interne und externe OrganisationsberaterInnen ihre Funktion an, um diesen Beratungsbedarf abzudecken? In der Analyse zeigt sich viel Gemeinsames im Beratungsansatz und viel Unterschiedliches im Aufgabengebiet und im Selbstverständnis.

Begrifflich werden in den folgenden Ausführungen die Begriffe „Organisationsberatung" und „Organisationsentwicklung" gleichgestellt. So wie für die externe Beratung der Begriff Organisationsberatung zu einer Dachmarke für unterschiedliche Zugänge (z.B. frühe OE, Change Management oder systemische Beratung) geworden ist (Wimmer 2008, S. 5), so fungiert organisationsintern der Begriff Organisationsentwicklung als Dachmarke für die gleichen Entwicklungen.

Organisationen pflegen die Praxis, bei dem Begriff zu bleiben, der einmal angelegt ist, obwohl die Aufgabengebiete laufend in Bewegung sind. Der Controller bleibt auch nach Erfindung der Balanced Score Card der Controller.

3.1 Was interne Organisationsberatung anders macht

Interne OrganisationsberaterInnen definieren sich derzeit vor allem aus dem Vergleich. Sie sind anders – als Externe. Letztere haben den Vergleich angestellt, erstere haben ihn in ihre Selbstbeobachtung übernommen. Es ist kein Vergleich, der stark macht; und er trifft auch nicht ins Schwarze. Die Gründe dafür liegen in der vorherrschenden Perspektive der externen OrgansationsberaterInnen, in einer Sprachverwirrung, in erst beginnender Konturierung einer noch immer in Emergenz befindlichen Funktion.

Tatsächlich haben die internen OrganisationsberaterInnen mit den Externen Gemeinsamkeiten im Professionalitätsverständnis und im Interventionsrepertoire. In struktureller Hinsicht sind sie mit ihrem Rollenset und in der Kooperation mit Führung aber den anderen internen Beratungsfunktionen (IBF) in ihrer Organisation ähnlicher als den externen OrganisationsberaterInnen[44]. Das ist kein Grund, die Externen zu beneiden. interne OrganisationsberaterInnen haben heute zunehmend eine starke Position in ihrer Organisation. Ihr Ansehen wächst mit ihren Taten.

Interne Organisationsberatung – Zunft ohne Stimme?

Bereits 1989 weist Wolfgang Looss auf das Phänomen der „kundigen Kunden" hin (Looss, 1989). Bereits damals ist spürbar: Die „Internen", wie sie gern von externen OrganisationsberaterInnen genannt werden, schließen auf in punkto Prozess- und Methodenwissen; sie können mitreden. Trotzdem werden sie von den Externen bis heute, wenn überhaupt, nur als eine Art Miniaturvariante der externen OrganisationsberaterInnen angesehen.

Organisationsberatung wird externen BeraterInnen zugeschrieben – vor allem von diesen selbst. Definitionen wie: „Unternehmensberatung ist eine von externen Personen erbrachte Dienstleistung …" sind nicht ungewöhnlich (zitiert in Mohe 2002, S. 317). Externe BeraterInnen sind AutorInnen von Fachbüchern, sie veranstalten Symposien, sie treiben den fachlichen Diskurs. Das Know-how fließt von den Externen zu den Internen – aber nicht zurück.

Bereits der von externen OrganisationsberaterInnen geprägte Begriff „interne Berater" verweist auf die eigene Systemrationalität der Externen: Sie müssen das Problem der Ankopplung an das Kundensystem lösen. Daraus ergibt sich die erste Leitdifferenz draußen=Externe versus drinnen=Interne. Sie arbeiten mit zwei Funktionen zusammen; so ergibt sich die zweite Leitdifferenz: Führung und Beratung. Macht zusammen: „interne Beratung".

Dass dieser Begriff aus der Perspektive der Organisation wenig scharf ist, sei weiter unten ausgeführt: Interne Beratungsfunktionen gibt es in Organisationen viele; interne Organisationsberatung ist nur eine davon. Im Sprachgebrauch der Organisationen heißt sie nach wie vor meist Organisationsentwicklung (s. Seite 59), der Begriff ist als Platzhalter eingeführt. Es macht für Organisationen auch wenig Sinn, den Aspekt des Internen hervorzuheben; ihre anderen IBF heißen ja auch nicht „interne Personalentwicklung", „internes Controlling", „internes Qualitäts-management".

1999/2000 wird der Begriff Organisationsentwicklung im Fachdiskurs von externen Organisationsberatern und Vertretern von Universitäten (ZOE 1999, Hefte 1-4) auf dem Definitionsstand der 80er-Jahre eingefroren. Es wird ein Rollenbild kritisiert, das zu diesem Zeitpunkt in kaum einer Organisation mehr gelebt wird. Denn in der OE – wie in allen anderen Funktionen in Organisationen – muss sich das Aufgaben- und Rollenverständnis den sich wandelnden Bedarfen der Organisation laufend anpassen.

Diese Fachdebatte, in die Funktionsinhaber nicht eingebunden sind, führt zum Verlust von Begrifflichkeit und trägt zu Begriffsinflation und -verwirrung bei. Speziell die in Großunternehmen neu eingerichteten Beraterstäbe geben sich neue Namen: Change Management, Inhouse Consulting, interne Beratung, Business Consulting, Unternehmensberatung, Prozessberatung usw. Die bestehende Begriffsvielfalt erschwert die Identitätsbildung, Selbstbeobachtung und Artikulation der internen Organisationsberatung, die Fähigkeit, sich selbst zu organisieren bzw. nach Außen Organisationsgrad zu finden. Zwar haben sich informelle Netzwerke um die großen Ausbildungsanbieter herum gebildet, als gesamte Szene sind sie aber nicht transparent. So bleiben Entwicklungen im Feld unmarkiert und für sie selbst kaum zu verfolgen.

Trotz nie gekannter Verbreitung ist die Organisationsentwicklung heute eine „Zunft ohne Stimme". Sie sieht sich selbst durch die Augen der externen OrganisationsberaterInnen, obwohl doch die Dinge längst auf dem Kopf stehen: Im Vergleich zur Masse der internen Organisationsberatungs-prozesse läuft heute die von Externen durchgeführte Organisationsberatung Gefahr, zur Miniaturvariante zur werden.

Der Siegeszug der internen Organisationsberatung

Es liegt auf der Hand: Der Ausbildungsmarkt boomt seit zwanzig Jahren, das Segment der Anbieter systemischer Organisationsberatung ist überschaubar geblieben.

Die Anzahl der Personen, die intern Organisationsberatung – in der Regel nach einem mehr oder weniger systemischen Ansatz – machen[45], ist nicht quantifizierbar. Rechnet man die Angebote der Curricula für systemische Organisationsberatung von nur dreizehn Instituten auf Basis ihrer Terminangebote 2009[46] für die letzten siebzehn Jahre zurück, kommt man auf eine Ziffer von ca. 10.000 AbsolventInnen. Die Anzahl der Ausbildungs-anbieter ist wesentlich größer, die Termindichte war 2005 bedeutend höher als 2009, kurz, dies darf als konservative Schätzung gelten. Wo sind die Tausende von AbsolventInnen jahrelanger Ausbildungen hingegangen? Die Antwort: Zurück in ihre Organisationen.

Seit zehn bis fünfzehn Jahren lässt sich ein anhaltender Trend beobachten: Organisationen in allen gesellschaftlichen Bereich bauen Abteilungen für

Organisationsentwicklung auf oder aus; sie richten neue interne Funktionen für Organisationsberatung ein. Wie Mohe schreibt, „lässt sich zur Zeit eine explosionsartig anmutende Entwicklung interner Beratungen für den deutschen Markt feststellen" (Mohe 2002, S. 326).

Es gibt über diese Entwicklungen nur wenige Daten, die in der Regel die Welt der Konzerne beleuchten. So berichtet der Round Table Inhouse Consulting – eine Initiative der Inhouse Consulting-Einheiten von sieben deutschen Konzernen – dass zwei Drittel der DAX Unternehmen bereits eigenständige Beratungseinheiten unterhalten; 2008 haben diese ihr Personal um 28% gesteigert (www.inhouse-consulting.de). Eine gemeinsame Studie am Lehrstuhl für Strategie und Organisation der European Business School mit der Bayer Business Consulting (Bayer Business Service, 2009) schätzt, dass 100-150 deutsche Unternehmen seit 2001 Inhouse Consulting Einheiten mit insgesamt 2000 bis 2600 internen OrganisationsberaterInnen aufgebaut haben.

Die vielen Begriffe für das neue Aufgabengebiet verdecken das Gemeinsame, das sich in Organisationen verschiedenster Funktionssysteme, Größen, Entwicklungsstadien heute zeigt den „harten" Bedarf von Organisationen, ihr Organisiert-Sein professionell zu gestalten. Organisationen haben viel Geld ausgegeben, um sich die Expertise der Organisationsberatung ins Haus zu holen. Dort geht es längst nicht mehr um den einen oder anderen Changeprozess. Das Tagesgeschäft umfasst die Arbeit an Strategien, Aufbau- und Ablaufstrukturen, die Einrichtung von Systemen, das Nachstellen der Unternehmenskultur, die Steigerung der Wirksamkeit von Führung, Innovation, organisationales Lernen u.a.m.. Organisationen lassen sich nicht mehr auf das Risiko ein, ihre Strukturen auf zu lange Zeit festzulegen. Es darf heute kein großer Anpassungsdarf anwachsen, der nur mittels massiver Changeprozesse aufzuholen wäre. Im Selbstverständnis der lernenden Organisation drehen sich heute viele kleine Räder, die die eigene Verfasstheit stetig nachstellen. Das Aufgabengebiet der Organisationsentwicklung hat sich weiterentwickelt von der OE zur UE, zur Unternehmensentwicklung (Krizanits 2005, S. 303).

Dieses Aufgabengebiet ist vielseitig und reichhaltig. Entwicklungsphasen verlaufen in der Organisation nicht homogen und parallel; es ist eigentlich immer und überall etwas anderes los. Im neuen Geschäftsfeld braucht es Spielräume für Entrepreneure, im Head Office werden konzernweite SAP-Systeme eingeführt, Bereich C ist in der Krise – nichts geht mehr, erfolgsverwöhnte Führungskräfte aus Sparte A kommen nicht aus der Komfortzone, die Produktion führt SixSigma ein, die Ergebnisse der Mitarbeiterzufriedenheitsumfrage sollen in gezielte Maßnahmen überführt werden, nach dem Merger müssen Systeme vereinheitlicht werden, ein internationales Führungskräfte-Entwicklungsprogramm soll aufgebaut werden ...

Ein eigener Stamm...

Angesichts dieser Aufgabenfülle haben Organisationen die Frage „make or buy?" längst klar entschieden: Interne OrganisationsberaterInnen sind kenntnisreicher, ortskundiger, anschlussfähiger und geländegängiger. Sie sind billiger, besser zu kontrollieren und brauchen weniger Aufmerksamkeit der Führung. Die International Labour Organisation (ILO) benennt die Vorzüge interner Berater (damit sind nicht nur OrganisationsberaterInnen gemeint, s.u.) in ihrer schnellen Verfügbarkeit, ihrer detaillierten Kenntnis der organisationsinternen Praktiken, Führungsstile, Kultur und politischen Dynamiken mit der Folge höheren Einfühlungsvermögens und schnellerer Orientierung bei Aufträgen aller Art. „Deshalb ist interne Beratung besonders dann angezeigt, wenn es sich um Probleme handelt, die ein tiefes Wissen über die hochkomplexen Zusammenhänge und Restriktionen in großen Organisationen erfordern. Auch der Kostenfaktor ist bedeutsam; auch sehr gut bezahlte interne BeraterInnen kosten 30-50% weniger als externe, vorausgesetzt, die Organisation hat genügend Aufträge für sie" (übersetzt nach Kubr 2002, S. 51).

Organisationen rekrutieren heute hervorragende Leute in die Funktion der internen Organisationsberatung. In Summe gesehen, setzen sie dabei auf drei Kompetenzen: auf topaktuelles Wissen, auf Erfahrungen als Führungskraft oder auf die Fähigkeit, sich in komplexen Systemdynamiken zu bewegen.

Wirtschaftskonzerne nehmen bevorzugt externe UnternehmensberaterInnen oder UniversitätsabsolventInnen mit Diplom oder Master bzw. mit Promotion oder postgradualem PhD oder MBA. Die Inhouse Consulting Einheiten sind für den Konzern ein Talentpool: Nach drei bis vier Jahren Beratungstätigkeit wechseln viele BeraterInnen in eine Linienfunktion (Bayer Business Services 2009). Es zeigt sich – vor allem in kleineren Organisationen – auch ein umgekehrtes Muster: Erfahrene Führungskräfte wechseln aus der Linie in die interne Organisationsberatung; ProjektmanagerInnen, die lang in umfangreichen Projekten gearbeitet haben, wechseln nicht mehr zurück in die Linie, sondern in die Organisationsentwicklung.

Interne OrganisationsberaterInnen sind ein eigener „Stamm". Sie verschreiben sich mit Haut und Haaren ihrer Organisation und der Weiterentwicklung der eigenen Professionalität. Sie stellen sich den Fragen ihrer Organisation, sind eigeninitiativ bei der Auftragsauswahl, sie zeigen Ergebnisverantwortung und haben als Sparring Partner für das Management aufgeschlossen auf Augenhöhe. Gerade bei Organisationen, die die Funktion der Organisationsentwicklung erst ausprägen, zeigen sich faszinierende, quasi co-evolutionäre Muster in der Entwicklung der Organisation und der Personen, die mit der neuen Funktion beauftragt sind (Krizanits 2009). Viele dieser Organisationen würden keine externen OrganisationsberaterInnen ins Haus holen.

Für viele OrganisationsentwicklerInnen bzw. interne OrganisationsberaterInnen ist heute der Ansatz der systemischen Organisationsberatung – und damit ein systemtheoretisches Verständnis von Organisation – die selbstverständliche Bezugsbasis für die Reflexion des eigenen Tuns. Der systemische Werkzeugkasten ist nützlich, aber sie halten alles nicht so dogmatisch und so eng; Pragmatik sticht.

Einige Prämissen systemischer Beratung werden anders dekliniert. Die internen OrganisationsberaterInnen warten nicht auf klare Aufträge von oben; sie holen sich auch eigeninitiativ Aufträge oder starten in der

Unschärfe. So reagieren sie – im Sinn der lernenden Organisation – quasi auf frühe Signale. Sie halten nicht die prinzipielle Distanz zu ihren AuftraggeberInnen; ihr Erfolg, ihr Vertrauensvorschuss resultiert nicht selten aus ihrer guten Vernetzung in der Organisation – bei professioneller Rollenreflexion.

Pragmatik hat selbst bei eingeschworenen Systemikern noch einen zweiten Aspekt, wenn sie intern beraten: Es dürfen andere Beratungsansätze dazukommen, sich einmischen und vermischen. In sehr vielen Fällen gilt heute: Die Integration zwischen Expertenberatung und Prozessberatung findet längst statt – die Fäden laufen bei den internen OrganisationsberaterInnen zusammen.

Auch Aufgabengebiete dürfen sich mischen. Gerade in kleinen und mittel-großen Organisationen kommt das Aufgabengebiet der Organisations-entwicklung häufig zu bestehenden Verantwortungsbereichen hinzu – z.B. zur Personalentwicklung oder zu einer Linienverantwortung. Das eröffnet die Chance auf „interdisziplinäre", integrative Beratungsinterventionen, die ressourcenschonender und wirksamer sein können als nebeneinander herlaufende Interventionen, die häufig nicht auf einer gemeinsamen Problemdefinition aufsetzen. In der POE-Funktion, wo die Verantwortung für Personalentwicklung und Organisationsentwicklung in einer Hand liegt, lassen sich die OE-Effekte von PE-Maßnahmen und die PE-Effekte von OE-Maßnahmen[47] effektiver mitnehmen.

3.2 Wie Organisationen sich selbst beraten

Die interne Organisationsberatung ist kein Einzelfall. Organisationen aller Art haben inzwischen etliche Felder klassischer Unternehmensberatung (Kubr 2002) hinter ihren Mauern als interne Beratungsfunktionen (IBF) eingerichtet: Marketing, Personalentwicklung, Qualitätsmanagement, IT-Beratung z.B. – und eben Organisationsentwicklung im heutigen Funktionsverständnis als interne Organisationsberatung (Krizanits 2007, S. 126).

Die ILO verwendet den Begriff der „Internal Consultants". „Das sind Einheiten, die innerhalb einer Organisation – eines Unternehmens, einer öffentlichen

Einrichtung, eines Ministeriums usw. – auf Dauer etabliert sind, um Beratungsleistungen an andere Einheiten dieser Organisation zu erbringen." Es gibt viele Namen für diese Dienstleistungen; im angelsächsischen Raum herrscht der Begriff „Management Services" vor. „Diese Einheiten sind unterschiedlich im Organigramm verortet: Einige sind Consulting Abteilungen im wörtlichen Sinn; sie haben ein Mandat, auf Anfrage des Senior Managements und von Abteilungsleitungen mit ihrer Beratungskapazität zu intervenieren. In anderen Fällen ist die Beratungsfunktion nur eine Funktion von mehreren; sie sind auch verantwortlich für interne Audits, Accounting und Informationssysteme, für Dokumentation und Berichtswesen, für Organisations-richtlinien, Entwicklung des Personals (staff development) und andere ähnliche Funktionen" (übersetzt nach Kubr 2002, S. 50).

Abb. 9: Areas of Management Consulting

Consulting in general and strategic management
Consulting in information technology
Consulting in financial management
Consulting in marketing and distribution management
Consulting in e-business
Consulting in operations management
Consulting in human resource management
Consulting in knowledge management
Consulting on productivity and performance improvement
Consulting in total quality management
Consulting in company transformation
Consulting on the social role and responsibility

Quelle: International Labour Organization (ILO), Genf (Kubr 2002)

Wie interne Beratung die Organisation beobachtet

Schon 2002 schreibt die ILO: „Interne Management Consulting Services sind heute in großen Organisationen üblich geworden. Das Personal in diesen Einheiten setzt sich aus Spezialisten und Generalisten zusammen, die Erfahrungen mitbringen aus dem externen Management Consulting oder aus den großen Wirtschaftstreuhandunternehmen. Die Anzahl der intern tätigen BeraterInnen ist nicht bekannt, aber höchstwahrscheinlich ist sie hoch. Nach einigem Zögern haben die Standesvertretungen der Consultants begonnen, die internen Berater anzuerkennen. Bereits 1976 kam das britische Institut der Management Consultants überein, dass der Begriff „independent practice" (Anmerkung: ein Kernkriterium in der Definition von Unternehmensberatung[48]) auch diejenigen BeraterInnen umfassen soll, die inhouse angestellt sind, wenn diese die geltenden Standards bezüglich Wissen, Erfahrung und Kompetenz erfüllen und wenn diese dafür freigestellt sind, objektiv und unabhängig[49] zu beraten" (übersetzt nach Kubr 2002, S. 50).

Wie lässt sich der Aufwand für Schaffung und Unterhalt interner Beratung erklären, zumal solche Funktionen doch noch vor nicht langer Zeit als wertverzehrende Overheads geschmäht wurden? Dazu die ILO: „Das rapide Wachstum der internen Beratung ist ein Beleg für die Kraft des Consultingansatzes überhaupt. „Interne Einheiten sind ein Weg, Beratung in einer Organisation leichter zugänglich und verfügbar zu machen" (Kubr 2002, S. 51). Welcher Bedarf von Organisationen steht hinter der Nachfrage nach Beratung und der Ausdifferenzierung interner Beratungsfunktionen?

Nach Luhmann beobachtet eine Funktion selektiv bestimmte Umweltereignisse, bündelt sie und bildet sie intern in generalisierten Operationen ab. Durch die Ausdifferenzierung von Funktionen können Organisationen eigene, spezialisierte Expertise erwerben, die in Entscheidungsprämissen einfließt und es ihnen ermöglicht, zu planen. Funktionen in Organisationen können also als Strukturen gesehen werden, die eine gewisse Redundanz, Erwartbarkeit und damit auch Sicherheit herstellen (Luhmann 2000, S. 406). Durch Planung wiederum können Organisationen Kontingenz und Komplexität reduzieren.

Der Nutzen der IBF für die Organisation besteht darin, dass sie der Organisation Perspektiven, Kriterien und Mittel für die Selbst- und Fremdbeobachtung in Hinblick auf jeweils relevante Ereignisse an der System:Umwelt-Grenze zur Verfügung stellen. Damit wird die strukturelle Kopplung der Organisation an ihre Umwelten fit gehalten.

Was sind nun die spezialisierten Beobachtungsperspektiven der IBF? Welche Ereignisse nehmen sie in den Blick bzw. zu welchen Selbstbeobachtungen wollen sie die Organisation anleiten?

o   Die Funktion der strategischen Planung ermöglicht es der Organisation, sich in die Zukunft hinein- bzw. sich aus der Zukunft heraus zu denken.

o   Die Funktion des Controllings ermöglicht es der Organisation, sich selbst und das eigene Entscheidungsverhalten in Zahlen und Rentabilität bzw. ganz generell in Bezug auf Ziele und ökonomische Zweckrationalität zu beobachten.

o   Die Funktion der IT macht es der Organisation möglich, sich in Daten und Informationsarchitekturen zu denken. Viele dieser Daten/ Informationen kommen von Außen in die Organisation; andere bieten neue Formen von Kommunikation und In-Zusammenhang-Treten an, als die Gefäße der Regelkommunikation sie anbieten.

o   Die Funktion der Personalentwicklung ermöglicht es der Organisation, sich in Personen zu denken. Für Luhmann waren Personen eine Kategorie von Entscheidungsprämissen. Personalentwicklung hat insbesondere die Aufgabe, zu beobachten, welche Entscheidungen und welche Personen morgen gefragt sein werden.

o   Die Funktion des Qualitätsmanagements ermöglicht es der Organisation, sich in Prozessen zu denken und zu beobachten. Beherrschte Prozesse – Wertschöpfungsprozesse, Managementprozesse und Supportprozesse – sind Voraussetzung für (organisationale) Qualität – das ist z.B. die Kernaussage der EN-ISO-Normen.

o   Schließlich ermöglicht die Funktion der OE es der Organisation, sich in der Perspektive organisationaler Verfasstheit zu denken. Mit Luhmann im Gepäck würde man dabei auf die Kommunikationsmuster achten und auf die Strukturen und Prozesse, die in der Organisation für kommunikative Anschlüsse sorgen.

o   IBF liefern einen mehrfachen Beitrag dazu, die Organisation zukunfts- fähig zu halten:

- o Sie beobachten unterschiedliche Ereignisklassen an der System:Umwelt-Grenze und laden so mehr Komplexität in die Organisation. Angesichts der täglich komplexer werdenden Kontexte, in die Organisationen eingebettet sind, tragen sie zu einem angemesseneren Komplexitäts-gefälle zwischen Umwelt und System bei.

- o Durch Expertisebildung, rationelles Prozessieren ihrer spezialisierten Beobachtungen, durch Planungs- und Prognosetätigkeiten sorgen sie für interne Komplexitätsreduktion – nicht mehr jede/r muss alles beobachten und autodidaktisch Schlüsse daraus ziehen. In diesem Aspekt tragen die internen Beratungsfunktionen zur Entlastung von Führung bei – auch wenn Führungskräfte das – angesichts des hohen Abstimmungsbedarfs mit den IBF – oft genau anders herum erleben.

Abb. 10: Die Beobachtungskriterien der internen Beratungsfunktionen (IBF)

Interne Beratungsfunktion	Kriterien für die Selbstbeobachtung der Organisation
Strategische Planung	Zukunft
Marketing	Kundenbedürfnisse und –nutzen
Controlling	Rentabilität bzw. generell Zweckrationalität im Business
IT	Informationen, Informationsarchitekturen und –verteilung
Personalentwicklung	Humankapital
Qualitätsmanagement	Beherrschte, effektive und effiziente Prozesse
Organisationsentwicklung /Organisationsberatung	Professionelle organisationale Verfasstheit

Alle Mitglieder interner Beratungsfunktionen verfügen über eine Doppel-zugehörigkeit: Neben der Mitgliedschaft in der Organisation gibt es eine Art implizite dotted line zur professionalen Community. Hier werden best practices ausgetauscht; über diesen Weg organisieren die internen Beratungsfunktionen Fremdbeobachtung und Lernen für die Organisation.

Wie interne Beratung und Führung zusammenarbeiten

Die internen Beratungsfunktionen arbeiten in spezifischer Aufgabenteilung mit der operativen Funktion Führung zusammen: Die Beratungsfunktionen beobachten und beraten, die Führung entscheidet. Das bedeutet: Die internen Beratungsfunktionen sind zwar nach den Wirkungen benannt, für deren Erzielung sie jeweils verantwortlich sind. Sie können diese Wirkungen aber nicht allein, sondern nur in der Kollaboration mit Führung erzielen. Das bedeutet:

o Organisationsentwicklung ist die Wirkung, die in der Zusammenarbeit zwischen Organisationsentwicklern und Führung entsteht.

o Personalentwicklung ist die Wirkung, die in der Zusammenarbeit von Personalentwicklern und Managern entsteht.

o Qualitätsmanagement ist die Wirkung, die in der Zusammenarbeit zwischen Qualitätsmanagern und Führung entsteht.

o Informationsmanagement ist die Wirkung, die in der Zusammenarbeit zwischen IT-lern und Managern entsteht.

o Strategische Planung ist die Wirkung, die in der Zusammenarbeit von strategischen Planern und Managern entsteht.

o Usw.

Die tatsächliche Wirkung einer IBF entsteht de facto jeweils in der Interaktion zwischen Beratungsfunktion und Management. Albrecht Deyhle hat dies schon in den 70er-Jahren im Schnittmengenbild für das Controlling so dargestellt:

Im Zusammenwirken mit Führung erzielen die IBF Steuerungswirkungen in der Organisation. Diese entstehen dann, wenn die Beobachtungskriterien der IBF von Führungskräften als Entscheidungskriterien mitgeführt und kontextualisiert werden. Die IBF tragen so zu Erwartbarkeit von Verhalten

Abb. 11: Die Zusammenarbeit von Controllern und Managern nach A. Deyhle

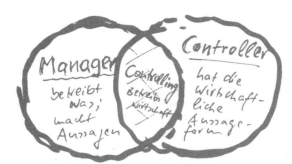

Abb. 25: Controller's Schnittmengenbild = größter gemeinsamer Teiler

Quelle: A. Deyhle, 1971, S. 177

und Entscheidungen bei. Ihre Beobachtungskriterien wirken wie Entscheidungsprämissen im Luhmannschen Sinn (Luhmann 2000, S. 224 ff): „Entscheidungsprämissen … legen die zukünftigen Entscheidungen noch nicht fest, … aber sie fokussieren die Kommunikation auf die in den Prämissen festgelegten Unterscheidungen."

Es geht letztlich um eine gewisse Integration lokaler Entscheidungen der verschiedenen arbeitsgeteilten Funktionen (und ihrer jeweiligen Entscheidungsprämissen) durch organisationsweit gültige Entscheidungsprämissen. Insofern tragen die IBF zur Koordination bei und üben selbst eine Führungswirkung aus. Gäbe es sie nicht, würde jede Fachfunktion die Kriterien der eigenen Funktionskultur beim Entscheiden anlegen.

Status und Image der internen Beratungsfunktionen

Das Verständnis der Zusammenarbeit zwischen Führung und IBF hat sich im Laufe der Jahre geändert:

o von einem sehr zentralistischen, „behördlichen" Duktus, mit überwiegenden Administrationsaufgaben in den 60er-Jahren,

o zum Status von Overheads und Gemeinkosten bis Ende der der 70er-Jahre,

- o   bzw. überhaupt zum Status des Cost Centers bis Ende der 80er-Jahre,

- o   zum Service Center bzw. zum internen Dienstleister in den 90ern,

- o   dann zum Profit Center,

- o   um mitunter bald darauf als Shared Services ausgegliedert zu werden

- o   und seit Ende der 90er-Jahre in managementnaher Funktion als „Business Partner" wieder ingesourct zu werden.

Der über die Zeit sich ändernde Status der IBF hat zur herrschenden Namensvielfalt beigetragen: Querschnittsfunktionen, interne Dienstleister, interne Unterstützungsfunktionen, interne Beratungsfunktionen. In der englischsprachigen Fachliteratur ist es ähnlich; dort werden Bezeichnungen verwendet wie Management Services, Staff Functions, Support Functions, etc.

Heute ist professionelle Zusammenarbeit von Führung und interner Beratung alltäglich und selbstverständlich geworden. Die Kooperations-modelle haben sich geändert: Heute gibt der Business Partner[50] das Rollenmodell für die IBF vor. Mit dem Begriff des Business Partner hat Dave Ulrich 1997 für HR ein neues Rollenbild skizziert, das diese eng an die Businessprozesse koppelt und ihren Beitrag zum Geschäftsergebnis in den Fokus nimmt. Allgemein geht es darum, die Fähigkeiten (capabilities) der Organisation zu entwickeln und zu pflegen, die letztere befähigen Werte für ihre Kunden, Shareholder, Mitarbeiter und die Gesellschaft zu schaffen.

Das Selbstverständnis nach dem Rollenmodell des Business Partners ist nicht auf HR beschränkt: „Alle Supportfunktionen sitzen im selben Boot. ... Alle Staff Functions versuchen heute, mehr Wertbeiträge für hohes Wachstum und eine Basis von Profitabilität zu liefern. Die Notwendigkeit für gesteigerte Business Performance legt alle Supportfunktionen unter das Mikroskop. ... Informationsmanagement, Finanzen, Recht, Marketing, Forschung und Entwicklung sowie HR stehen alle unter Beobachtung und Druck, mehr Wert für ihre Unternehmen zu liefern" (übersetzt nach Ulrich 2008).

3.3 Das Rollenset der internen Beratungsfunktionen

Im Folgenden soll ein gemeinsames Rollenset der IBF skizziert werden. Es unterscheidet acht Aufgabenbereiche: Bildung und Bereitstellung von Expertise, direkte operative Beratung, Bereitstellung und Betrieb von Systemen und Tools, Management von spezifischen Prozessen quer zur Wertschöpfung, eine edukative Funktion für Entscheidungsträger, Richtlinienkompetenz, organisationales Gedächtnis und eigene Managementverantwortung (Krizanits 2009a).

Abb. 12: Das Rollenbild der internen Beratungsfunktionen

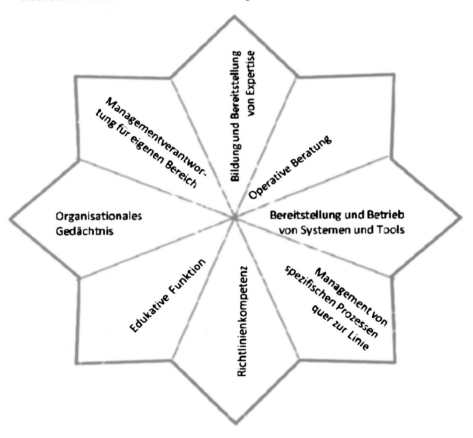

Bildung und Bereitstellung von Expertise

Die VertreterInnen der IBF werden als Experten gesehen: Es ist ihre Aufgabe, aus der Perspektive ihrer spezifischen Fachkompetenz Wissen und Methoden zu generieren, vor- und nachzuhalten. Eschbach sieht in der Wissenstransferfunktion eine zentrale Funktion von Unternehmenberatung generell (Eschbach 1984, S. 27, zitiert in Kolbeck 2005, S. 17). Berater werden angefragt, um Wissen und Expertise in die Organisation zu holen. Alle IBF sind auch „Expertenberatungen"; die Organisation nutzt ihre spezielle Expertise.

Mohe (2005, S. 305) stellt im Zusammenhang mit der steigenden Bedeutung wissensintensiver Dienstleistungen für Organisationen die Frage, „ob interne Beratungsleistung nicht längst schon den Status der unternehmensinternen Unterstützungsfunktion überwunden haben und viel mehr als organisational capability eines Unternehmens thematisiert werden müssten. Wenn man sich zudem darauf verständigt, Wissen als eigenständige und kostbarste Ressource und damit als den strategischen Wettbewerbsfaktor eines Unternehmens zu handeln und die interne Beratung eine wissensbasierte Leistung besonderen Ausmaßes darstellt, müssen interne Beratungsleistungen als organisational capability behandelt ... werden (Mohe/Pfriem 2001)."

Expertise wird vielfach in der Zusammenarbeit mit externen Beratern erworben, die häufig den Grundstein für den Zuschnitt der Funktion legen. Außerdem in aufwendigen Ausbildungen und regelmäßigen Fortbildungen durch Fachliteratur, Kongresse, Seminare. Expertise wird auch durch den systematischen Vergleich von Innen und Außen gebildet. In den professionalen Netzwerken der IBF werden best practices ausgetauscht und verbreitet. Schließlich sind das interne Wissensmanagement und die Pflege von Lernen z.B. im Rahmen von Intervision Quellen für den Erwerb von Expertise.

Operative Beratung

Alle Inhouse Beratungsfunktionen erbringen operative Beratungsleistungen. Sie werden angefragt, um Probleme zu lösen. Sie führen beispielsweise die folgenden Problemlösungen durch:

o die strategische Planung entwickelt z.B. ein Set von Prämissen für ein zu planendes Zukunftsfenster,

o das Controlling berechnet z.B. die Rentabilität verschiedener Investitionsoptionen,

o die Personalentwicklung entwickelt ein Management Development Programm,

o die IT integriert Daten in eine neue Anwendung,

o das Qualitätsmanagement evaluiert die Güte eines Produktionsprozesses,

o die OE führt Workshops im Zuge einer Bereichsentwicklung durch.

Bereitstellung und Betrieb von Systemen und Tools

Die Querschnittfunktionen sammeln nicht nur selbst Wissen, sie sorgen für organisationsweite Selbstbeobachtung, indem sie spezielle Systeme zur Er-

Abb. 13: Systeme und Tools der Querschnittfunktionen

Interne Beratungsfunktion	Systeme und Tools
Controlling	Kostenrechnung, MbO, BSC, Break-even-Rechnung, Soll-Ist-Vergleich ...
Personalentwicklung	MAG, Karrierepfade, Assessment Center ...
QM	Six Sigma, Gruppenarbeit, KVP, Audits, Selbstbewertungsprozess, ISO-Zertifizierungn
IT	Produktionsplanungen, SAP Modul, Intranet ...
OE	erst rudimentär ausgeprägt

fassung von Beobachtungen entwerfen, fabrizieren und bewirtschaften. Diese Systeme geben einen inhaltlich-sozial-zeitlichen Verhaltensrahmen vor, d.h. sie geben vor, wer wann welchen inhaltlichen Beitrag zu leisten hat. Sie verbreiten die o.a. Entscheidungsprämissen in der gesamten Organisation: z.B. Rentabilität, Fehlerfreiheit, Potenzial und Performance im Human Capital Management. Sie definieren Kenngrößen und Intervalle, mit deren Hilfe sich Unterscheidungen treffen und Informationen gewinnen lassen, z.B. Soll-Ist-Vergleiche, Fehlertoleranzlevels, Beurteilungskriterien für Potenzial und Leistung von MitarbeiterInnen.

Diese Systeme sind damit unmittelbar führungswirksam, weil sie Verhalten in Bezug auf Ziele (Beobachtungskriterien) koordinieren und kontrollieren (s. o.). Die Tools geben prozedurale Standards vor, wie mit bestimmten Problemen in einer Organisation umzugehen ist. Oft geben sie auch unmittelbare Verhaltensanleitungen für Problemlösungen (z.B. im Qualitätsmanagement für den Umgang mit Fehlern).

Management von spezifischen Prozessen quer zur Linie

Jede der IBF hat eigene Prozesse ausdifferenziert, in denen sie ihr Geschäft quer über die gesamte Organisation betreibt. In diesen Prozessen ist die

Abb. 14: Von den internen Beratungsfunktionen betriebene Prozesse

Interne Beratungs-funktion	Systeme und Tools
PE	Personalmarketing, Recruiting, Potenzialförderung, Führungskräfteentwicklung, …
QM	Audits, Zertifizierungen, Selbstbewertung nach EFQM, ständige Verbesserung
IT	Anwendungsentwicklung, Anwender-, Support- Prozesse, Systemaktualisierungsprozesse / Releaseimplementierung, Anwenderschulungen, Systemumstellungen …
OE	Change Prozesse, Entwicklungsprozesse, Feedbackprozesse z.B. Mitarbeiterbefragungen, Kommunikationsprozesse …

Kooperation mit dem Management und mit allen arbeitsteilig ausdifferenzierten Organisationseinheiten getaktet und integriert.

Richtlinienkompetenz

Mit Richtlinienkompetenz ist der Aspekt gemeint, für bestimmte Kontexte und Problemstellungen die eigene Beobachtungsperspektive zur Maxime zu erklären und organisationsweit verbindliche Prozedere für die Bearbeitung von Themen auszuschildern. Richtlinienkompetenz ist die Ermächtigung der IBF, ins betriebliche Geschehen einzugreifen – unter Beeinträchtigung der Freiheitsgrade des Managements – Ressourcen zu binden, Opportunitäten oder gar Zielkonflikte zu schaffen, wenn es aus Sicht der internen Beratungsfunktion geboten scheint.

Personalentwickler, die einen Prozess zur Potenzialträgerförderung aufsetzen, haben die Richtlinienkompetenz anzusagen, dass die Vorgesetzten selbst Potenzialträger zu benennen haben und dass sie das einmal pro Jahr in einem internationalen zweitägigen Meeting tun müssen. IT hat die Richtlinienkompetenz vorzugeben, welche Anwendungen implementiert werden oder nicht.

Dave Ulrich beschreibt den Aspekt der Richtlinienkompetenz für HR so: „General Manager sind letztlich verantwortlich für Talent und Organisationsthemen. So wie sie sich an erfahrene Spezialisten in Marketing, Finanzen oder IT wenden, wenn sie den Rahmen, die intellektuelle Agenda und die relevanten Prozesse für diese Aktivitäten setzen, genauso wenden sie sich an kompetente HR-Professionals mit Business Fokus, die ihnen die intellektuelle und die Prozessführung für Fragen von Personal und Organisation liefern sollen" (übersetzt nach Ulrich, 2008).

Die Richtlinien der IBF sorgen für die Anschlussfähigkeit von Entscheidungen entlang der Wertschöpfungsprozesse zu einem gegebenen Zeitpunkt; sie sorgen für Alignment. Es geht letztlich um die Integration der lokalen Entscheidungslogiken der verschiedenen arbeitsgeteilten Funktionen der Organisation (s.o.)

Die Beobachtungs- und Entscheidungskriterien der IBF werden vom Linienmanagement tendenziell als fremd empfunden. Der Berührungspunkt der Richtlinienkompetenz ist ein heikler, an dem sich laufend viele Konflikte entladen. Es handelt sich ja auch um eine von der Hierarchie rückdelegierte Konfliktlinie. Anders ausgedrückt: Würde die Integration lokaler Linienlogiken nicht durch die IBF mit betrieben, müssten sich jeweils höhergeordnete Instanzen der Hierarchie darum kümmern. Dort würden sich strukturell angelegte Widersprüche als manifeste, eskalierte Konflikte ansammeln und einen kilometerlangen Entscheidungsstau verursachen.

Die edukative Funktion

Um diesen Konflikteskalationen vorzubeugen, bemühen sich die IBF, ihre Beobachtungskriterien, ihren Sprachvorrat und ihre professionskulturellen Normen laufend in kleiner Dosis der Organisation einzutröpfeln: Steter Tropfen höhlt den Stein. Das ist die edukative Aufgabe der IBF.

Schon Albrecht Deyhle hat im Rollenbild des Controllers herausgestrichen, dass ein guter Controller sein betriebswirtschaftliches Wissen weiter gibt und den Manager auch zum betriebswirtschaftlichen Experten macht. So werden – über die edukative Aufgabe der IBF – die Linienmanager laufend über die Anliegen aus organisationaler Perspektive unterrichtet und auf Augenhöhe gebracht. Ziel ist, dass die Entscheidungskriterien der IBF Eingang in das alltägliche Entscheidungsverhalten der Führungskräfte finden.

Organisationales Gedächtnis

Nach Luhmann ist das organisationale Gedächtnis keine gespeicherte Vergangenheit. „Das Vergangene ist vergangen und kann nie wieder aktuell werden" (Luhmann 2000, S. 102ff), denn: Soziale Systeme können nur in der Gegenwart operieren. Das organisationale Gedächtnis kann man sich vielmehr vorstellen als einen hochselektiven „Mechanismus", der Anschlussfähigkeit und Rekursion in den Operationen und Entscheidungen der Organisation herstellt. „Das Gedächtnis ist nichts anderes als eine laufende Konsistenzprüfung von unterschiedlichen Informationen auf bestimmte Erwartungen" (Luhmann 2004, S. 102 ff).

Es ist die Aufgabe dieses Mechanismus', in einem gegebenen Kontext mit gegebenen Erwartungen und Zielen jeweils die passende – und für weitere Operationen – handlungsleitende Vergangenheit auszuwählen. „Wenn es darum geht, ausfindig zu machen, welche relevante Vergangenheit in welchen Hinsichten für welche Zukunft bedeutsam ist, beobachtet das System sich in dem Moment, in dem es operiert, selber... Das System selbst erkennt seine Struktur im Operieren und in der Festlegung auf bestimmte Sinnvorgaben, die wieder verwertbar sind" (Luhmann 2004, S. 334). Da Organisationen nur in der Gegenwart operieren können, „müssen sie sich somit auf Entscheidungen einstellen, die sie schlechterdings nicht vorhersehen können. Einzig die Gegenwart liefert Anhaltspunkte. Von dort werden dann unter Rückgriff auf die Vergangenheit, Zukünfte in Form von Prognosen, Businessplänen usw. kreiert und unter Rückgriff auf diese Zukünfte die vergangenen Ergebnisse neu bewertet" (Groth/ Wimmer 2004, S. 237).

Die IBF liefern hier einen bedeutenden Beitrag. Sie fungieren als Gedächtnis der Organisation, indem sie mit ihrem spezifischen Sprachvorrat und ihrer Expertise Beobachtungskriterien und Unterscheidungsmerkmale liefern, mit denen die Organisation sich selbst beim Entscheiden und Handeln zuschauen kann. Sie definieren Erwartungen in Bezug auf die Anschlussfähigkeit von Operationen/ Handlungen und sorgen für „Temporalisierung" von Entscheidungen, d.h. für die Anschlussfähigkeit von Entscheidungen über die Zeit. Außerdem haben sie auch explizit die Aufgabe, zeitvergleichende Statistiken zu führen, Trends und Entwicklungen aus der Vergangenheit abzulesen und daraus Prognosen für die Zukunft abzuleiten.

Managementverantwortung für das eigene Geschäft

Die VertreterInnen der IBF haben natürlich eine Führungsverantwortung für ihren eigenen Bereich. Diese beinhaltet die Zuweisung von Ressourcen, die

Bewirtschaftung der Systeme, gegebenenfalls Personalverantwortung und Verantwortung für die nachhaltige Entwicklung des eigenen Bereichs.

Beim Management ihres eigenen Geschäfts werden sie von ihren Umwelten gern besonders genau mit den Kriterien beobachtet, die sie der Organisation verschreiben. Wie wirtschaftlich ist das Controlling? Wie entwickelt die PE ihr Personal? Wie steht es um die Qualität des Qualitätsmanagements und um die Informationskultur der IT?

3.3 Externe oder interne Organisationsberatung?

Das Rollenset der internen OrganisationsberaterInnen ist umfangreicher und vielseitiger als das der externen OrganisationsberaterInnen. Sie verfügen über vielfältige Perspektiven und ein gerütteltes Erfahrungswissen. Viele sind fachlich kundiger als viele Externe.

Hinsichtlich der Vielfalt der Beratungsthemen gestaltet sich das Aufgabengebiet der internen OrganisationsberaterInnen weiter als das der Externen. Viele Aufträge, die die internen OrganisationsberaterInnen abwickeln, würden nie an Externe gehen. Denn bevor Externe gerufen werden, braucht es einen Case for Action, Budgets, Projektmanagementkapazität, Anlaufprozesse für Beraterauswahl und Beauftragung, die Bereitschaft, auf Zeit neue Kommunikationsräume parallel zur Linie aufzubauen. Interne OrganisationsberaterInnen greifen niederschwelligere Themen auf und verhindern damit möglicherweise, dass diese sich zu einem großen Case for Action entwickeln. Sie können auf die Schnelle mal hier, mal dort Kommunikationsräume einrichten, etwas das Linienmanager einander gar nicht so ohne Weiteres vorschreiben können.

Viele Organisationen, die eine Funktion für die Organisationsentwicklung einrichten, würden grundsätzlich keine externen BeraterInnen ins Haus holen. Den einen fehlt das Geld – z.B. psychosozialen Einrichtungen. Andere sind prinzipiell skeptisch gegenüber Organisationsberatung: Familienunternehmen, Organisationen im Kreativbereich, wissensbasierte Organisationen z.B. Sich sichtbar von außen „Hilfe" zu holen, käme einer narzisstischen Kränkung gleich. Interne OrganisationsberaterInnen hingegen bekommen die Chance, ihr Können unter Beweis zu stellen und bringen es zu Ansehen, Anerkennung – und

Nachfrage (Krizanits 2009b). In diesen Organisationen bekommen sie nicht zuletzt auch deshalb Vertrauen der Führung, weil sie Verantwortung übernehmen und auch nach Abschluss eines Beratungsprojekts in der Organisation „haftbar" gemacht werden können. So gibt es auf psychodynamischer Ebene eine Art gleiche Augenhöhe: Beide Seiten sind mutig, das Risiko des Gesichtsverlustes einzugehen.

Früher hieß es von Seiten der Externen oft, dass sich das höhere Management nicht von den eigenen OrganisationsentwicklerInnen beraten lassen würde, das wäre eine Zumutung an die Hierarchie. Heute hat sich nicht nur das Kooperationsverständnis zwischen Führung und IBF grundlegend geändert. Auch das Hierarchiegefälle zwischen Top Management und den internen OrganisationsberaterInnen ist kleiner geworden: Die Funktion ist inzwischen im Organigramm hinaufgewandert, z.B. zur Stabsabteilung gleich unter dem Vorstand. Nach der Kooperationslogik im Business Partner Modell ist es üblich, dass ExpertInnen aus HR oder OE direkt SpartenleiterInnen bzw. Heads von Business Units zugeteilt sind.

Vor allem in kleineren Organisationen und in Familienunternehmen des Mittelstands werden die eigenen OrganisationsentwicklerInnen oft eingeladen, Strategieprozesse zu organisieren und zu begleiten. Auch in großen Konzernen können laut Studie der European Business School 23 Prozent der Inhouse Consulting Units als „fokussierte Strategieberatungen" bezeichnet werden (Bayer Business Services, 2009, S. 9) Möglicherweise ist beim Thema Strategieberatung die Hemmschwelle für Organisationen, sich Externe ins Haus zu holen, besonders groß bzw. größer als die Zumutung, sich als Managementboard von internen ExpertInnen moderieren zu lassen.

Bei all den Vorteilen interner Organisationsberatung – was heisst das für die von Externen betriebene Organisationsberatung?

Die von Externen durchgeführte Organisationsberatung bestellt noch immer das Feld. Sie fasst und entwickelt die Themen der Profession. Sie gibt Sprache und hat einen gewissen Organisationsgrad. Sie hat ja auch quantitativ keine Aufträge verloren, sondern lediglich am starken Wachstum der Nachfrage nach Organisationberatung nicht proportional profitiert.

Wahrscheinlich ändern sich die Aufträge qualitativ, dazu gibt es wenige Daten. Man könnte vermuten, dass die Aufträge, die heute an externe OrganisationsberaterInnen gehen, komplexer sind als früher; weil nur die schwierigeren Fälle nach Außen gegeben werden.

o   Hier würde es besonders um eine höhere soziale Komplexität gehen, wenn z.B. mehrere gleichberechtigte AuftraggeberInnen im Spiel sind.

o   Die Komplexität könnte aus der politischen Aufladung resultieren, die sich aus den vielfältigen Interessenlagen unterschiedlicher Stakeholder ergibt. Auch politisch motivierte Beratungsaufträge, wo der Externe ungeliebte Entscheidungen legitimieren soll, könnten in diese Kategorie fallen.

o   Es könnte um inhaltliche Komplexität gehen, für die es intern nicht genug Wissen gibt, wenn es beispielsweise darum geht, ein Steuerungsverständnis zwischen Konzernleitung und Tochterfirmen zu erarbeiten.

o   Es kann um hohe Systemkomplexität gehen, z.B. um Phasen von Instabilität, wo die Überleitung in neue Selbstentwürfe der Organisation ansteht.

Bei all diesen Kategorien ist zu erwarten, dass sich externe Organisationsberatung durch interne Organisationsberatung nicht substituieren lässt. Wenn die Beratungsaufträge mit deutlich höherer Komplexität bei der externen Organisationsberatung landen, würde das dieser einen Platz am Learning Edge zuweisen. Was sie wiederum nachhaltig befähigen würde, Themen und Methoden zu entwickeln und das Feld zu treiben.

Aus Sicht der Organisation gibt es viele Quellen, aus denen das systemische Paradigma einströmt – neben anderen Beratungsansätzen; es gibt Interne und Externe OrganisationsberaterFür die klassische systOB ist die Herausforderung, nicht nur ihr Kooperationsverständnis mit der Führung laufend nachzustellen, sondern vor allem auch das mit den internen OrganisationsberaterInnen. Die scheint nicht nur geboten, wenn man im Sinn einer Komplementärberatung eine Integration von Expertenberatung und Prozessberatung erzielen will. Sondern vor allem auch, um die spezielle Erfahrung und Expertise der internen OrganisationsberaterInnen als Ressource produktiv zu machen. Insofern sind auch die Kooperationsmodelle von externer und interner Beratung im Umbruch: von Konkurrenz zu Kollaboration.

Strand von St. Peter-Ording, Fotografie by Wesco Taubert ©

4 Wann Organisationen gut beraten sind

Die Geschichte der systOB zeigt es: Bei Systemikern sind es Ereignisse mit Erlebnisdichte, Faszination und einer starken sozialen Tangente, die für Anschlusskommunikation sorgen – weniger die Theoriearbeit. Der path of desire der Entwicklung des Feldes verläuft entlang sozialer Zusammenkünfte, wo man sich gemeinsam ins Staunen versetzt und als Community erlebt. Das Organisationsmodell des Feldes, die Peergroup, hat genau diese Geschichte. Vielleicht ist das ein struktureller Grund, warum man lange Jahre Organisationen überwiegend als beziehungsdefinierte soziale Systeme betrachtet hat.

Neben der Logik sozialer Beziehungen gibt es immer wieder Attraktoren, die die Aufmerksamkeit fesseln. Haben in den frühen Jahren paradoxe Intervention und zirkuläres Fragen Pilgerströme ausgelöst, ist es heute die Aufstellungsarbeit. Wenn irgendwo Forschungsprojekte in nennenswertem Umfang entstehen, dann hier – mit begrenzter Verwertbarkeit in der Organisationsberatung.

Die zahlreichen Felder der Theorie- und weiterer Methodenentwicklung zum Gegenstand Organisation, auf die wir in der Beratung eigentlich Antworten brauchen, finden erst in den letzten Jahren Aufmerksamkeit. Das beeindruckende Wissen, das im Beratungshandeln sichtbar wird, ist kaum expliziert. Es wird wie im Handwerksbetrieb vom Meister an den Lehrling weitergegeben. Wenn die systemische Beratung wüsste, was sie weiß ...

Fritz Simon meint, dass die Einführung des Beobachters 2. Ordnung die System-theorie zur Epistemologie gemacht hat. Rudolf Wimmer weist auf das Potenzial der systOB hin, Wissen über Organisationen zusammenzutragen. Für ihn „stellt sich die Frage, wie diese Interventionsform (Anmerkung: die Organisationsberatung) forscherisch für die Generierung weiterer wissenschaftlicher Erkenntnisse systematischer als bisher genutzt werden kann. Denn es gibt kaum vergleichbare empirische Forschungsprojekte, die solch vielfältige und intime Einblicke in die betroffenen sozialen Felder ermöglichen, als dies bei professionell durchgeführten Organisationsberatungen der Fall ist. Solche Projekte bieten in der Regel außergewöhnliche Chancen einer vertieften Feldforschung, zumal ohnehin davon ausgegangen werden kann, dass die organisationale Praxis in ihrem Lösungswissen der Wissenschaft stets voraus ist" (Wimmer 2008, S. 6). Wenn Wissenschaft und Gesellschaft wüssten, was die systOB über Organisationen weiß...

Nicht nur für die Wissenschaft wäre es fruchtbar, das in der Organisationsberatung „auf der Strasse liegende" Wissen zu sammeln und zu verarbeiten. Vor allem Akteure in Organisationen haben Theoriebedarf. Hier geht es um einen Bedarf nach Theorie mittlerer Reichweite, die Komplexität aufnehmen und verschiedene Handlungskontexte integrieren kann. Der Aufstieg der Beratungsbranche in den vergangenen vierig Jahren ist hauptsächlich diesem spezifischen Wissensbedarf zu verdanken; die Flut der Organisations- und Managementkonzepte, die in diesem Zeitraum entstanden ist, legt ein beredtes Zeugnis davon ab (s. u.).

4.1 Beratungsbedarf im Wandel

Auf die Frage nach den Herausforderungen für die systemische Organisationsberatung haben die VertreteInnen des Feldes, die in dieser Studie interviewt wurden, immer wieder die nötigen Änderungen im Selbstverständnis angesprochen. Stichworte waren: das Verhältnis von Fachberatung und Prozessberatung, der notwendige Fokus auf den Aufgabenvollzug und die typischen Prozesse, mit denen Organisationen ihre Autopoiese bewerkstelligen.

Was bedeutet die Aussage: Das systemische Paradigma in der Organisationsberatung ist dabei, sich grundlegend zu transformieren – von einer Methodenorientierung zu einer organisationstheoretisch begründeten Beratung von Systemen? Welche Implikationen sind damit verbunden? Welche Unterschiede in der Beratungsarbeit würden damit einhergehen?

Die Nachfrage gestern, heute, morgen

Das Aufgabenspektrum der Organisationsentwicklung und –beratung hat sich seit Beginn der 70er-Jahre wesentlich verändert. Die ersten OE-Beratungen traten an, um die Menschen in – durch Arbeitsteilung und Hierarchie – fragmentierten, fremdbestimmten und entfremdenden Organisationen in aktive Mitgestaltung einzubinden. Bis heute werden systemische OrganisationsberaterInnen noch immer überwiegend in der Integrationsphase gerufen, um Kommunikationsprobleme zwischen eigenweltlichen Abteilungen zu lindern, die vielen Silokulturen wieder über eine starke gemeinsame Basiskultur zu integrieren, sozial neu zusammengewürfelte Teams und Bereiche mit Identität, Skills und Koordination zu entwickeln.

Anfang der 90er-Jahre lösten die umbruchartigen Veränderungen in den Umwelten (politisch, regulatorisch, technologisch, marktseitig ...) in vielen Organisationen eine Welle umfangreicher Change Prozesse aus. Es galt, Strukturen und Mindsets von Organisationen anzupassen und Leistungseinbrüche im Zuge dieser Veränderungsprozesse zu glätten. Die eigentliche Beratungsaufgabe war nicht mehr, Dysfunktionalitäten aus sinnentleerter Arbeitsteilung auszubügeln und gemeinsam Lösungen zu erarbeiten. Es galt Organisationsstrukturen in großem Maßstab umzubauen und dabei auch die kulturelle Seite nachzustellen. Change Management steht für mehr Businessnähe: Der Beratungsbedarf betrifft die Gestaltung effektiver und effizienter Prozesse, um von einem Zustand x schnell in einen neuen Attraktor des Operierens zu kommen.

Heute hat sich die Lage nochmals grundlegend geändert.

Was heute bei externen OrganisationsberaterInnen aufschlägt, ist nur ein kleiner Teil dessen, womit sich Organisationen beschäftigen. In jeder Organisation gibt es heute gleichzeitig eine Fülle unterschiedlichster Baustellen: Ein neu gebildetes Team braucht eine Teamentwicklung, um zügig zur Performance zu kommen; die Einführung eines HR-Systems benötigt den Auftrag und die Zuarbeit von Führungskräften; ein durch jahrelangen Erfolg auf Kernkompetenzen und Defensivroutinen enggefahrenes Geschäftsfeld braucht Intrapreneurship und Innovation, im neuen Geschäftsfeld XY hingegen werden am Ende der Pionierphase dringend Aufgabenteilungen, Strukturen und Standards benötigt; in den globalisierten Arbeitszusammenhängen fehlen Kommunikationsräume, damit Führungskräfte Identität und Alignment bekommen, usw.

Heute brauchen Organisationen zum einen vielfältige Beratungsexpertise, die diese ganzen Baustellen differenziert adressieren kann. Zum anderen benötigen sie eine integrierende Sicht über all diese Beratungsbaustellen, eine geeignete Theorie für Selbstbeobachtung, Diagnose und Monitoring, die ihnen hilft, ihre Zukunftsfähigkeit (Wimmer) und ihre eigene Verfasstheit (Jarmai) ständig weiter zu entwickeln. Im ersten Bedarf liegt die Herausforderung für die weitere Entwicklung der systemischen Organisationsberatung, im zweiten Bedarf von Organisationen liegt ihre spezifische Chance.

Die atemberaubende Professionalisierung der Organisation

Welche Baustellen für die Verbesserung ihres Organisiert-Seins Organisationen in jüngster Vergangenheit bearbeitet haben, zeigt sich an der Fülle von Organisations- und Managementkonzepten, die in den vergangenen vierzig Jahren entstanden sind. Seit Ende der 60er-Jahre haben ca. hundert solcher Konzepte umfassende Verbreitung in Organisationen aller Art gefunden. Als von UnternehmensberaterInnen expliziertes Erfahrungswissen bzw. best practices[51] haben sie selbst zum nachhaltig boomenden Markt für Unternehmensberatung beigetragen, den es bis dahin in dieser Form nicht gab.

In ihrer Kopplung an Märkte und andere Umwelten haben Organisationen immer wieder typische Herausforderungen erlebt und jeweils typische Probleme lösen müssen. Dazu und dabei haben sie ihre Strukturen angepasst. Management- und Organisationskonzepte lassen sich als Beiträge zu diesen paradigmatischen Problemlösungen verstehen. Auf einer Zeitachse gereiht, lassen sich diese Konzepte clustern und jeweils einem bestimmten, paradigmatischen Problemtypus zuordnen.

o Die Management-Konzepte eines gemeinsamen Paradigmas kann man in ihrer Beziehung zueinander als „funktionale Äquivalente" (Luhmann 1996, S. 242) sehen. Kritische Geister haben das immer wieder mit der Bemerkung „alter Wein in neuen Schläuchen" quittiert. Aus organisationaler Perspektive ist eine solche Redundanz durchaus begrüßenswert, weil sich neuartige Problemdefinitionen und –lösungen so verlässlicher und mit mehr Variation durchsetzen können.

o Die Management-Konzepte der unterschiedlichen Paradigmen / Problemtypen hingegen, illustrieren die Geschichte des Driftens von Organisationen und Umwelten.

Im Folgenden sollen sechs Paradigmen von Organisation:Umwelt-Kopplung unterschieden und mit den ihnen zugeordneten Organisationskonzepten skizziert werden (Krizanits 2005b, S. 39 ff.):

o Im Paradigma „Wertschöpfung und Wachstum organisieren" (von der Industrialisierung bis Ende der 50er-Jahre) wird der Mensch zur Arbeit in Einheit von Zeit und Ort diszipliniert. Erste Konzepte von Führung (Scientific Management) und Arbeitsteilung – nach Spezialisierung, Qualifikationsniveau (Blueprints), nach Hand- und Kopfarbeit – entstehen, ebenso wie die ersten Organisationsmodelle und Führungssysteme (Taylorismus, Bürokratiemodell, Human-Relations-Ansatz). Die Produktionsfunktion wird professionalisiert (z.B. Fließbandproduktion), Absatzmärkte und der Konsument werden erfunden (Fordismus) usw.

o Im Paradigma „Grenzen des Wachstums und Krise der Hierarchie" (Ende der 60er- bis Mitte der 70er-Jahre) müssen Organisationen in den neuartigen Käufermärkten erstmals ihre Zukunft planen. In Europa tauchen die ersten Managementkonzepte auf: MbO, Markèting, Strate-gisches Management, erste Maßnahmen zur Führungskräfte-Entwicklung und frühe Organisationsentwicklung (z.B. in Form von Managerial Grid Trainings). In den 60ern gründen die großen US-amerikanischen Bera-tungsunternehmen in Europa ihre Niederlassungen[52].Im Paradigma „Bei schrumpfenden Märkten Margen aus der Optimierung interner Leistungsprozesse schöpfen" (ab Mitte der 70er-Jahre) kommt eine Fülle neuer Konzepte dazu, von denen einige später von Organisationen als neue Funktionen ausdifferenziert und auf Dauer gestellt werden. Beispiele sind: Controlling, EDV, später IT genannt, Personalent-wicklung/HR-Management, Projektmanagement, Qualitätsmanagement. Andere Konzepte betreffen Vorgehens weisen (Management Approaches) und Systeme: Gemeinkosten wertanalyse, Lean Management, KVP, TQM, Dezentralisierung, Benchmarking, Time Based

Management, Just in Time Fertigung, Outsourcing, Downsizing, Joint Ventures …

o   Im Paradigma „Die strukturelle Kopplung der Organisation:Umwelten optimieren" (seit Anfang der 90er-Jahre) verbreiteten sich Konzepte wie Reengineering / Geschäftsprozessoptimierung, Management-Informationssysteme (MIS), Chaos Management, Sustainability, Ethik im Management / Corporate Governance, Strategische Geschäftsfelder, Customer Relationship Management, M&A, Globalisierung, New Economy, E-Business, Virtuelle Organisation, Netzwerke, EFQM Modell, Stakeholder-Modelle, Shareholder Value und Value Based Management, Kernkompetenzen, Balanced Score-Card, systemisches Management, Change Management, Wissensmanagement, Lernende Organisation, Corporate Communication, Unternehmensentwicklung, neue Formen der OE wie Interne Consultingabteilungen, HR- Business Partner Modell …[53]

o   Seit der Jahrhundertwende lassen sich dem Paradigma „Höchstleistung erzielen bei Wertschöpfung, Wachstum und Innovation" folgende neue Management- und Organisationskonzepte zuordnen: Interkulturelles Management; Diversity Management; Corporate Social Responsibility (CSR); Renaissance des Themas Leadership; Führung als Profession; Management Development; Entrepreneurship; Managing the Unexpected; Kreativitäts- und Innovationsmanagement; Talent Management; Performance Management.

o   Die gegenwärtigen Entwicklungen im Zuge der weltweiten Finanzkrise werden wiederum spezifische Organisationskonzepte nach sich ziehen; eines ist bereits in aller Munde: Right-Sizing. Welche weiteren kommen werden und wie das nachher aussehen wird, lässt sich nicht vorhersagen. Das ist eben das Wesen komplexer Systeme, dass sie Ereignisse produzieren, an die Ereignisse anschließen und andere Ereignisse aus dem Möglichkeitsraum verdrängen.

In letzter Zeit sei es still geworden um die Managementkonzepte, heißt es oft. Tatsächlich entstehen und verbreiten sich laufend neue

Organisationskonzepte (z.B. Customzing, Customer Education, Supply-Chain-Management, Beyond Budgeting u.a.m.). Allerdings müssen sie seit einigen Jahren nicht mehr den Flaschenhals der Managementaufmerksamkeit überwinden, um Eingang in die Organisation zu finden. Sie müssen also nicht mehr so marktschreierisch auftreten, Beeindruckungsrhetorik aufbauen oder Omnipotenz verheißen. Neue, innovative Organisationskonzepte kommen heute über die Fachfunktionen in die Organisation – nachdem sie eine Rüttelstrecke von Peer-Reviews in deren professionalen Netzwerken hinter sich haben – oder überhaupt dort (und nicht mehr nur von externen Consultants) im best practices Vergleich formuliert werden.

Wegen ihres wellenhaften Auftretens und der strohfeuerartigen Verwendung neuer Begriffe wurden die Organisationskonzepte der letzten vierzig Jahre von Vertretern der Universitäten und von Consultants selbst als „Management-Moden" kritisiert. Diese kategorische Abwertung wird m.E. ihrer tatsächlichen Bedeutung für Organisationen nicht gerecht. Aus einer organisationalen Perspektive waren die Organisationskonzepte der vergangenen vierzig Jahre keine „eitlen, vergänglichen Moden", sondern Entwicklungsimpulse, die von Organisationen neugierig und experimentierfreudig aufgenommen wurden (Krizanits 2005a, S. 307). Organisationen und Führungskräfte sind nicht dumm; sie haben vielmehr einen spezifischen Theoriebedarf, der sich vom Wissensverständnis der Akademia unterscheidet: Sie suchen Erfahrungswissen für mittelfristige Handlungshorizonte.

Diese Management- und Organisationskonzepte haben zum Fit von Organisation und Umwelt beigetragen; die Abfolge unterschiedlicher Paradigmen von Organisationskonzepten lässt sich als Geschichte des evolutionären Driftens von Organisation und Umwelten lesen. Praktisch alle Konzepte haben Spuren in den Organisationen hinterlassen. Sie haben als Informationen gewirkt, Strukturen verändert und die Art und Weise, wie Organisationen sich selbst beobachten, nachhaltig verändert. Ihre breite Rezeption belegt: Organisationen beobachten heute nicht nur – auf der Objektebene – ihre Rentabilität, wie eng sich Kunden an sie binden, welche neuen IT-Systeme es gibt usw. Sie beobachten auf einer Metaebene ihre

Verfasstheit selbst und versorgen sich geradezu stetig mit neuen Optionen, diese zu gestalten.

Was wir angesichts der atemberaubenden Verbreitung von Organisationskonzepten beobachten, ist de facto eine beispiellose Professionalisierung von Organisationen. Auffällig ist dabei das unglaubliche Tempo, in dem sich diese Professionalisierung vollzieht – als wäre die Idee der organisationalen Professionalisierung selbst eine Durchbruchsinnovation wie seinerzeit der mechanische Webstuhl.

Auffällig ist zudem, dass diese Organisationskonzepte zwar für das Unternehmen, die Organisation des Wirtschaftsystems, entwickelt wurden, sich heute aber uneingeschränkt in Organisationen unterschiedlichster gesellschaftlicher Funktionssysteme verbreitet haben. Es scheint, als sei das moderne Unternehmen in punkto Verfasstheit zum Vorbild für Organisationen schlechthin geworden: vom Krankenhaus, über Schulen, Verwaltungsbehörden zu Universitäten, Theatern, Museen, Vereinen, Parteien...

4.2 Organisation und Gesellschaft

Organisationen sind das Rückgrat unserer entwickelten Gesellschaft. Sie können innerhalb des Funktionssystems, in das sie eingebettet sind, selektiv und mit hoher Spezialisierung entsprechende Aufgaben prozessieren und Probleme bearbeiten. „Unsere Gesellschaft ist so gebaut, dass sie in ihrem Problemlösungsvermögen auf Gedeih und Verderb auf die Leistungsfähigkeit ihrer Organisationen angewiesen ist, ohne selbst wie eine Organisation zu funktionieren" (Wimmer 2009, S. 9). Deshalb gilt: „Alle Organisationen haben sich der Herausforderung zu stellen, dass ihre Leistungsfähigkeit und damit letztlich ihre gesamte Existenberechtigung auf eine ganz neue Weise immer wieder auf dem Prüfstand steht. ... Gerade weil unsere moderne Gesellschaft so unentrinnbar von der Funktionstüchtigkeit ihrer Organisationen abhängig geworden ist, hat die allgemeine Sensibilität und Wachsamkeit gegenüber ihrem Tun so dramatisch zugenommen. Sie stehen gleichsam unter einer strengeren öffentlichen Beobachtung" (Wimmer 2009, S. 31).

Der gesellschaftliche Nutzen
professioneller Organisationen

Überall sind die Stakeholder wie hypnotisiert von den Artefakten organisationaler Professionalität: Zielvereinbarungssysteme, Kundenorientierung, Ressourcenbewusstsein, Just-in-Time-Abwicklung, transparente Entscheidungen, leistungsfähige IT- Systeme usw. Jeder Verein hat ein Controlling, jede psychosoziale Beratungsstelle ein Qualitätsmanagementsystem. Die Operationskriterien der Wirtschaftsorganisation – Economies of Scale, Wettbewerb, geldwerter Tausch zu Marktpreisen u.a.m. werden ganz selbstverständlich zum Maßstab für Organisationen aller Art genommen. So ist, was gerade noch ein Wettbewerbsvorteil für Wirtschaftsorganisationen war, zum Legitimationsnachweis und zur baren Notwendigkeit für Organisationen jeglicher Herkunft geworden.

Welches Interesse, welcher gesellschaftliche Nutzen steht hinter der Praxis, Organisationen auf ihre organisationale Fitness zu prüfen und zu trimmen?

Einerseits geht es natürlich um Effizienz im Sinn von Ressourcen-strecken. Wenn die Mittel knapper werden, sind weniger Mittel in gleichbleibendes Leistungsvolumen umzusetzen. Andererseits geht es um Effektivität: Die Annahme ist: Schlecht organisierte Organisationen können ihren Zweck, ihre Leistung für die Gesellschaft, weniger wirksam betreiben als professionell organisierte. Im Umkehrschluss wird organisationale Professionalität als Gewähr für den Erfolg der Organisation gesehen. GeldgeberInnen geht es häufig um Kontrolle und Transparenz, wenn z.B. eine NGO ein Qualitätsmanagementsystem einführen soll; Vereinsvorstände wollen ihre Entscheidungen absichern; wer an eine Hilfsorganisation spendet, hat mehr Vertrauen in die mit Spendengütesiegel. Eine professionalisierte Organisation trägt zur Unsicherheitsbewältigung bei – für ihre Umwelten und für sich selbst.

In professionell operierenden Organisationen können Probleme schnell prozessiert werden. Zeit ist für viele Entscheidungen zum Engpassfaktor geworden. Bis vor kurzem unterschieden sich Organisationen stark in der ihnen eigenen Zeitlichkeit. Vom Turbo-Unternehmen bis zur gemächlichen

Verwaltungsstube mit Gummibaum, Spitzweg-Bildern an der Wand und Pantoffeln unter dem Schemel war alles vorhanden. Heute würden sich Organisationen aller Art als beschleunigt beschreiben. Da machen ähnliche mentale Modelle über das Wesen der Zeit es ihnen leichter, in komplexen Entscheidungs- und Handlungsketten aneinander anzuschließen.

Ein besonderer Vorteil ergibt sich aus der allgemeinen Professionalisierung von Organisationen immer dann, wenn komplexe gesellschaftliche Probleme prozessiert werden, die mit vielen Funktionssystemen verbunden sind. Die ubiquitäre Wirtschaftslogik in den Organisationen aller Funktionssysteme bewirkt einen ähnlichen Fokus und ein ähnliches Herangehen an Problemlösungen. Die Problemdefinitions- und -bearbeitungslogik des professionellen Unternehmens ist zu einer Art Meta-Denke geworden, die die verschiedenen Semantiken der einzelnen, selbstbezüglichen Funktionssysteme aneinanderkoppeln kann.[54]

Die wirtschaftliche Dimension und die Sachzwecke von Organisationen

Organisationen sind zweckbasierte soziale Systeme. Sie erhalten ihren Zweck, ihren Main Purpose, aus der Aufgabe desjenigen Funktionssystems, in das sie eingebettet sind. Das Funktionssystem gibt ihnen die Leitdifferenz vor, mit der sie sich selbst von ihrer Umwelt abgrenzen. Die Leitdifferenz ist der Filter, der bestimmt, welche Kommunikationen sinnvoll sind und welche als Rauschen ausgeblendet werden. Die Religion beschäftigt sich nicht mit Wissen, im Zweifelsfall hält man der Evolutionstheorie den Kreationismus entgegen – festen Glaubens, er sei eine Theorie.

Aber Organisationen orientieren sich in ihren Zielen nicht nur an den Funktionssystemen, in die sie eingebettet sind. „Quer dazu steht jedoch die Tatsache, dass alle Organisationen Geld kosten. Sie müssen ihre Mitglieder bezahlen und ihre Ausgaben refinanzieren. Insofern operieren alle Organisationen im Wirtschaftssystem…" (Luhmann 2000, S. 405). So tragen alle Organisationen „auch zur Autopoiese der Wirtschaft durch Zahlungen bei, die an Zahlungen anschließen" (Simon 2009, S. 81).

Wenn aber (fast) allen Organisationen das Unternehmenshafte gleich ist, was ist dann der Unterschied zwischen Unternehmen und anderen Organisationen? „Was Wirtschaftsunternehmen von anderen Organisationen unterscheidet, ist, dass ihre Gründung und ihr Überleben keines weiteren Zwecks bedarf, als an der Wirtschaft als Akteur teilzunehmen" (Simon 2009, S. 82).

Alle anderen Organisationen sind nicht nur Akteure im Wirtschaftssystem, sondern auch – neben ihren eigentlichen Zwecken. Intern prozessieren sie anderen Sinn als Profit. Luhmann schreibt dazu: „… Organisationen, die ihre Kernkompetenz außerhalb des Wirtschaftssystems haben, … werden ihren Kapitalbedarf eher als Grenze ihrer Möglichkeiten einschätzen und eher die negative Erfahrung machen, dass nicht genug Geld zur Verfügung gestellt wird für das, was von der Funktion her an und für sich zu rechtfertigen, ja zu fordern wäre. Sie bringen auf diese Weise ihre Primärzuordnung zu anderen, nicht wirtschaftlichen Funktionssystemen zum Ausdruck. Eine Volkshochschule oder eine kirchliche Bildungsinstitution mag so geschickt geführt werden, dass sie ihre Kosten dank der Attraktivität ihrer Veranstaltungen selbst erwirtschaftet; aber sie wäre falsch geführt, wenn sie in einer Art Umkehrung des Verhältnisses von Zweck und Mitteln darin ihr Hauptziel sähe" (Luhmann 2000, S. 406).

Das Diktat der organisationalen Professionalisierung stellt aber nicht selten den ursprünglichen Zusammenhang auf den Kopf: Es geht nicht mehr um eine zusätzliche Operationslogik vom Typ Geld-Haben versus Kein-Geld-Haben neben dem Main Purpose. Es kommt genau zu dieser Umkehrung; die Zwecke tauschen den Platz: Der Main Purpose wird zu einer Art Zusatzlogik oder gleich zum blinden Fleck neben der wirtschaftlichen Hauptlogik (Krizanits 2008, S. 46). Das betriebswirtschaftlich optimierte Schwerpunktkrankenhaus orientiert sich nicht mehr am Zweck der medizinischen Versorgung, sondern an Economies of Scale in der Erbringung spezialisierter medizinischer Dienstleistungen. Eine durchrationalisierte und ökonomisierte Kunsthochschule soll viele StudentInnen rationell ausbilden und wird sich weniger von Kunst, Variation und Innovation verstören lassen. Das ist folgenreich. „Wenn z.B. Gerichte als Unternehmen betrieben werden, dann kann man Urteile kaufen und sie verlieren ihre gesellschaftliche Funktion. Das gilt aber auch für Organisationen, die z.B. Infrastrukturen sichern, Wissen produzieren, erziehen sollen etc." (Simon 2009, S. 120).

Überall Unternehmen – vom Artensterben der Organisationen

Zu den von Luhmann genannten Funktionssystemen Wirtschaft, Wissenschaft, Recht, Politik, Erziehungswesen, Religion usw. lassen sich zahlreiche weitere ergänzen: Militär, Kultur, Sport, Tourismus, Medien, Konsum, soziale Wohlfahrt, Finanzmärkte, usw. Letztlich können wir jede Form gebündelter, systematischer und selektiver Beobachtung gesellschaftlich bezogenen Handelns als Funktionssystem konstruieren. Unsere Gesellschaft ist hoch differenziert; sie verfügt über eine Fülle von Selbstbeobachtungsperspektiven, die ein reichhaltiges gesellschaftliches Leben in einer demokratischen, pluralistischen Gesellschaft möglich machen. Umgekehrt heisst das: Jede grundsätzliche Schwächung der selektiven Problembearbeitungsfähigkeit von Organisationen muss sich damit in vermindertem Problemlösungsvermögen auf gesellschaftlicher Ebene niederschlagen.

So ist mit einiger Sorge zu beobachten: Ein Gegentrend hat eingesetzt: Der Reichtum gesellschaftlicher Perspektiven geht zurück. Sowohl die Organisationen des Wirtschaftssystems als auch Organisationen aller anderen Herkunftsysteme verlieren an Differenzierung, Varietät und Problemlösungsfähigkeit für gesellschaftliche Fragen.

In jüngster Zeit hat die Globalisierung, insbesondere die zunehmende Verflechtung der Finanzmärkte und der Großkonzerne, Wirtschaftsorganisationen unter den Druck eines extremen Shareholder Value (Wimmer 2002) gesetzt. Börsenotierende Unternehmen sahen ihren Zweck in der bedingungslosen Erzielung Kapitalmarkt-Konkurrenzfähiger Profite. Arbeitsplätze wurden exportiert, Risiken und Kosten aller Art in die Volkswirtschaft externalisiert, Steuerabgaben sanken, Nationalstaaten büßten Freiheitsgrade zur Gestaltung ihrer Gesellschaft ein. Wie Wimmer ausführt, hat die diesen Entwicklungen zugrunde liegende Transformation von der Realwirtschaft auf die Finanzwirtschaft verheerende Folgen für Organisationen, Führung und Anleger. Organisationen werden einseitig dazu instrumentalisiert, ihre Zielsetzungen an den Opportunitäten des Finanzmarktes auszurichten; sie verlieren durch kurzfristige Entscheidungshorizonte und strenges Portfolio-Wertmanagement Optionen und Vitalität. Der Primat des Shareholder value „zerstört nachhaltig die innere Immunkraft, d.h. die lebendige Selbsterneuerungsfähigkeit des Sozialkörpers Unternehmen" (Wimmer 2003a, S. 35). Die Führung wird gespalten in das Top-Management, das erfolgsabhängige Boni bekommt und sich damit der Logik der Shareholder verpfändet und den Mittelbau, der den realwirtschaftlichen Erfolg des Unternehmens realisieren soll (Wimmer, 2003, S. 22). Der Riss geht quer durchs Unternehmen, entfremdet die Führungsebenen einander und führt das Misstrauen, dass strukturell zwischen Kapitalgebern und Unternehmensführung besteht, im Unternehmen selbst ein. Wie die großen Betrugsfälle der jüngsten Vergangenheit zeigen, verlieren letztlich auch die Anleger das Vertrauen in die Unternehmen.So führt sich das Shareholder value Konzept selbst in die Paradoxie, denn ursprünglich war es ja angetreten, um unternehmensinterne Steuerungsmechanismen zu etablieren, die die „Informationsasymmetrie" zwischen Management und Kapitalgeber kompensieren und so das Vertrauen der Anleger in die Unternehmensführung stärken sollten (Wimmer 2002, S. 73).

Wie mächtig die Transformation von der Realwirtschaft zur Finanzwirtschaft in ihren Auswirkungen auf Unternehmen sein muss, ließ sich schon lang ablesen: Während in der Zeit des Wiederaufbaus bis in die 70er-Jahre das Zinsniveau mit 3 % unter dem Wachstum der Realwirtschaft lag, werden in der Opportunität zur Finanzmarktveranlagung heute 12 bis 15% Gesamtkapitalrenditen erwartet. „In den meisten Branchen können solche Vorgaben zurzeit nicht annähernd erwirtschaftet werden" (Wimmer 2003a, S. 38).

Wimmer streicht die Bedeutung der Medien in diesen Entwicklungen hervor, die über Jahrzehnte ihre Prime-Berichterstattung auf das Spiel mit den wechselseitigen Erwartungen der TeilnehmerInnen des Finanzmarktes fokussierten und so die Logik anheizten. Dabei blieb völlig unberücksichtigt, dass börsenotierende Unternehmen weder besonders zahlreich noch erfolgreicher sind als andere. Ein Beispiel: Die DAX notierten Unternehmen, gemessen in Beschäftigten, machten in Deutschland 2005 lediglich 6,7% aller Unternehmen aus. Während sie zwischen 2003 und 2005 ca. 200.000 Mitarbeiter in Deutschland abgebaut haben, haben die größten 500 deutschen Familienunternehmen von weltweit 400.000 neuen Arbeitsplätzen 200.000 allein in Deutschland neu geschaffen. Insgesamt sank die Inlandsbeschäftigung (in Deutschland) aller Unternehmen in diesen zwei Jahren um durchschnittlich 3 %; die DAX Unternehmen bauten überdurchschnittlich ab, nämlich 3,5% der Beschäftigten ab (Stiftung Familienunternehmen 2007).

„Ein dauernd über der Wachstumsrate liegendes Zinsniveau macht den Sozialstaat langsam aber sicher unfinanzierbar" (Schulmeister 1998, S. 12, zitiert in Wimmer 2003a, S. 22). Letztlich kommen so alle Arten von Organisationen zunehmend stärker unter den Funktionsdruck des Wirtschaftssystems. Unter dem Zwang knapper Ressourcen gebärdet sich auch die öffentliche Hand wie ein Shareholder: Als sei sie prinzipiell geneigt, ihr Geld zu einer besseren Veranlagung zu tragen. In dem Maß wie öffentliche Gelder knapper werden, stehen Organisationen innerhalb eines Funktionssystems – wie die Organisationen im Wirtschaftssystem – zunehmend in einem Konkurrenzverhältnis zueinander. Krankenhäuser werden geschlossen, Hochschulen zusammengelegt, Verwaltungseinheiten ausgegliedert … (Krizanits 2008).

Wenn alle Organisationen nach der Logik des Wirtschaftsunternehmens gebürstet werden, beobachten sie sich und andere alle durch dieselbe Brille. Der Reichtum vielfältiger gesellschaftlicher Beobachtungsperspektiven geht verloren. Dazu kommt, dass Organisationen – auch Wirtschaftsorganisationen – unter dem Primat der Ausrichtung auf professionelles Operieren zunehmend andere gesellschaftlich relevante Funktionen einbüßen: die Bereitstellung von Existenzsicherheit, soziale Zugehörigkeit, Erwachsenen-Sozialisation und Werte-Gemeinschaft, Ausbildung z.B. für Lehrlinge,

Zukunfts-Commitment durch nachhaltige Strukturen und Keep-Going-Annahme des Wirtschaftens, Bindung an Standorte und Entwicklung von Infrastruktur, Vermaschung mit anderen gesellschaftlichen Funktionssystemen, usw.

Auf den Punkt gebracht: Im Zuge des Turbokapitalismus der letzten Jahre hat ein „Artensterben" von Organisationen eingesetzt. Die Gesellschaft verliert an Differenzierung, sie verarmt an Perspektiven der Selbstbeobachtung, an Kriterien für Entscheiden und Handeln. Wenn Organisationen sich verändern, verändert sich die Gesellschaft.

Wirtschaft und Gesellschaft im Umbruch – was heisst das für Organisationen?

Allein, die Muster des Turbokapitalismus sind im Umbruch. Was bedeutet das für die Gesellschaft und für Organisationen? Schwingt das Pendel zurück, wird es wieder mehr Vielfalt geben?

Was im September 2008 aussah wie ein Mangel an Regulierung für Ratingagenturen, hat sich zur Finanzkrise und zu einer globalen Wirtschaftskrise ausgewachsen. Die Krise des zentralen Funktionssystems Wirtschaft hat Auswirkungen auf das gesamte Gefüge gesellschaftlicher Funktionssysteme. Gesellschaft im Umbau? Was bedeutet das für Organisationen als Orte gesellschaftsrelevanten Handelns und Entscheidens?

Es liegt im Wesen offener Systeme, dass sich Entwicklungen kaum prognostizieren lassen. Systeme finden ihren Pfad als Folge vielfältiger Einflussgrößen, rekursiver Operationen und der Aufschaukelung oft minimaler Abweichungen.

Mit ziemlicher Sicherheit lässt sich aber voraussagen, dass die Turbulenzen das Wirtschaftssystem umfassend durchschütteln werden. In Europa nicht gekannte Arbeitslosenraten werden die Gesellschaft grundsätzlich vor neue Herausforderungen stellen. In dem Maß wie der Staat eingreift, um Branchen wie Banken, die Automobilindustrie – und welche weiteren? – zu stützen, wird sich das Machtverhältnis von Wirtschaft und Staat ändern. Die Steuerzahler werden wohl erwarten, dass die Arbeitsplätze im eigenen Land bleiben. In dem Maß wie der Staat Arbeitsplätze in Bildung, Infrastruktur, Umweltschutz schafft, wird sich das Verhältnis von Wirtschaft zu anderen Funktionssystemen verschieben. Grundsätzliche mentale Modelle werden auf den Prüfstand kommen: die Prämissen von Wachstum und Erwerbsarbeit, das Vertrauen in die Geldwirtschaft, vielleicht der Sozialstaat selbst? Neue Formen der sinnstiftenden Arbeit, die Menschen gesellschaftliches Ansehen und Anerkennung bringen, werden möglicherweise einen neuen Sektor mit neuen Organisationsformen entstehen lassen; in Deutschland hat der öffentliche Diskurs um das Ehrenamt bereits eingesetzt. Vielleicht werden die vielen seit Mitte der 90er-Jahre von allen Parteien schubladisierten Konzepte zur Grundversorgung nun mit politischem Willen versehen. Vielleicht ist aber heute der Zug dorthin längst abgefahren. Vielleicht werden nur drei, vier Variablen rahmensetzend und schicksalshaft durchschlagen: die in ihren Auswirkungen völlig ungeklärte Verschuldungssituation, radikal veränderte Verbrauchergewohnheiten, die allgemeine politische Stimmungslage angesichts von Massenarbeitslosigkeit, Entscheidungsdynamiken in der Gruppe der G20...

4.3 Von der systemischen Beratung zur Systemberatung

Der systemische Beratungsansatz positioniert sich in der Organisationsberatung mit einem ähnlichen Universalitätsanspruch wie ihn Ludwig von Bertanlanffy mit seiner General Systems Theory für physikalische, biologische und soziale Systeme erhob. Er nimmt in Anspruch, auf Organisationen verschiedenster gesellschaftlicher Funktionssysteme (Wirtschaft, Politik, Erziehung, Medizin ...) und innerhalb der Wirtschaft auf verschiedenste Branchen anwendbar zu sein; ebenso auf Organisationen unterschiedlicher Größe, unterschiedlicher Entwicklungsstadien, unterschiedlicher Eigentumsverhältnisse...

Führende Vertreter der systemischen Organisationsberatung betonen, dass der Beratungsansatz in Transformation ist: von der Faszination durch Interventionsmethoden hin zu einer theoriegeleiteten Gestaltung des spezifischen

Beratungsgegenstands Organisation. Wimmer (2009, S. 214) stellt in diesem Zusammenhang folgende Grundsatzfragen zum Selbstverständnis der systOB:

o Mit welchem Verständnis von Organisation bzw. von organisations-übergreifenden sozialen Kontexten als dem Gegenüber von Beratung ist heute sinnvoller Weise zu operieren?

o Was charakterisiert diese Art von sozialen Systemen etwa im Unterschied zu Familien, mit welchen spezifischen Herausforderungen sind sie zurzeit bzw. in den nächsten Jahren konfrontiert?

o Was bedeuten diese Entwicklungen des Feldes für eine angemessene Konzeptualisierung von Beratung und für das damit zusammenhängende Interventionsverständnis?

o Welche Theorieressourcen sind dafür heute mobilisierbar? Welche gilt es erst noch zu entwickeln?

Die erste Frage sei nochmals erweitert:

o Was sind die generativen Prozesse, die allen Organisationen gemeinsam sind und diese zu ihrer Autopoiese befähigen?

o Was unterscheidet Organisationen verschiedener Funktionssysteme?

Gemeinsamkeiten zwischen Organisationen

Wie kommen wir zu einem tiefen Verständnis der konstitutiven Autopoiese-Prozesse von Organisationen? So wie lebende Systeme ihre spezifischen Autopoiese-Prozesse haben – Stoffwechsel, Wachstum, Regeneration und Degeneration, Fortpflanzung usw. – so haben auch Organisationen generische Prozesse, mit denen sie ihren Weiterbestand aus sich selbst heraus bewerkstelligen. Die Strategiearbeit ist ein solcher Prozess, Führung und Steuerung wohl ein weiterer, Kulturbildung möglicherweise ein dritter, die Gestaltung der sozialen Beziehungen, die Grenzziehung zur Umwelt, die Auslegung des Komplexitätsgefälles zur Umwelt, Wachstumsprozesse, die Bewältigung von Krisen sind weitere, so wie die ständige Rekonstruktion ihrer Identität, von Sinn und Zweck. Dazu Wimmer (2009, S. 12): „Einmal in Gang gekommen, erfinden Organisationen ihren Sinn immer wieder selbst neu. Sie tasten ihre Umwelten permanent nach Gelegenheiten ab, die den Stoff dafür liefern, ihre eigene Fortsetzbarkeit zu reproduzieren. Sie sind Ziele suchende und Ziele setzende Systeme und in diesem Sinne sich selbst gegenüber immer Mittel und Zweck zugleich." Und: „Organisationen erzeugen ihre Fortsetzbarkeit, ihre Identität, indem sie sich um ganz bestimmte Probleme ihrer Umwelt herum aus genau dieser Umwelt ausdifferenzieren, um mit Hilfe des dadurch geschaffenen organisationalen Binnenraums jene Leistungen zu produzieren, durch deren Austausch mit den betroffenen Umwelten sie ihre konkrete Form gewinnen, d.h. sich als Organisation selbst hervorbringen" (Wimmer 2009, S. 217).

Wie sind Organisationen unterschiedlicher Funktionssysteme auf ihren jeweiligen Main Purpose, auf ihre primären Zwecke hin zu entwickeln? „ wie kriegt man … die Perspektive unausweichlich knapper werdender Ressourcen in die täglichen Entscheidungsprozesse von Krankenhäusern, Schulen und Universitäten etc. so integriert, dass der ursprüngliche Existenzgrund dieser Organisationen nicht verloren geht oder gänzlich pervertiert wird? Hier gilt es, Führungs- und Organisationsstrukturen zu entwickeln, die einen organisationspezifischen Umgang mit dieser Konfliktdynamik gewinnen können. Zunehmende Paradoxiefähigkeit ist jene organisatorische Kompetenz, die heutigen Organisationen und ihren Entscheidungsträgern mehr und mehr abverlangt wird" (Wimmer 2008, S. 38).

Unterschiede zwischen Organisationen

Wie lassen sich Typen von Organisationen nach ihren Einfärbungen durch die Funktionssysteme, in die sie eingebettet sind, näher beschreiben? Wie unterscheiden sich profitbasierte Organisationen (Unternehmen) von wissenbasierten (Hochschulen), wertebasierten (NGOs), regel- und verfahrensbasierten (Verwaltungsbürokratien), beziehungs- und profitbasierten (Familienunternehmen), ideenbasierten (Kreativunternehmen), glaubensbasierten (Kirche), machtbasierten (Politik) Organisationen? Was lässt sich bei diesen unterschiedlichen Einfärbungen jeweils beobachten an typischer Systemrationalität, an Entscheidungs- und Kommunikationsmustern?

Welche Rollenmodelle würden sich für unterschiedliche Organisationstypen anbieten? Simon schlägt z.B. das Familienunternehmen als Rollenmodell für Organisationen für staatliche Ämter mit Versorgungsauftrag vor (Simon 2009, S. 94). Wie ließe sich z.B. Max Webers Utopie der Regelbürokratie – Effektivität und Effizienz vorausgesetzt – rehabilitieren als Rollenmodell für Organisationen der politikverbundenen Hoheitsverwaltung?

So fragend kommt man ans Eingemachte: Lassen sich Gründungsideen und -zwecke mit mächtigen Changeprozessen einfach „wechseln wie die Unterwäsche", bzw. wo beginnt die nach Luhmann nicht irritierbare Tiefenstruktur (Krizanits 2005a, S. 62)? Kann eine Organisation, die einmal mit einem staatlichen Versorgungsauftrag gegründet wurde – z.B. ein EnergieVersorgungsUnternehmen – tatsächlich zu einem Bündel von jeweils profitorientierten Geschäftsfeldern – Netze, Kraftwerke, Energiehandel – umgewandelt werden, oder gilt mit Fritz Simon gesprochen: „Die Verwandlung von Behörden in Unternehmen, die sich auf dem Markt behaupten müssen, ist schwerwiegend und in seiner Reichweite eigentlich nur noch mit einer Geschlechtsumwandlungsoperation zu vergleichen" (Simon 2009, S. 94). Um in diesem krassen Bild zu bleiben: Mit der Unterwäsche lässt sich nicht das Geschlecht wechseln.

Solche und weitere Forschungsfragen würden einen weiter reichenden Universalitätsanspruch des systemischen Beratungsparadigmas begründen; sie würden einen Paradigmenwechsel von der Methoden getriebenen systemischen Beratung zur theoriebasierten Systemberatung markieren.

Diese Fragen illustrieren auch, dass jede Art von Organisationsberatung in einen größeren, gesellschaftlichen Kontext zu stellen ist.

4.4 Von der Profession zur Professionalisierung

2001 veröffentlichte Stefan Kühl die Ergebnisse von sieben Experteninterviews, die er ein Jahr zuvor im Rahmen einer professionssoziologischen Untersuchung zum Status der OE mit Vertretern aus Organisationsentwicklung und Gruppendynamik geführt hatte. „Organisationsentwicklung – der gescheiterte Versuch, aus ihr eine Profession zu machen" hieß der Artikel in der Zeitschrift für Organisationsentwicklung (Kühl 2001). „Professionalität ohne Profession. Das Ende des Traums als eigenständige Profession" war der Titel des vierzigseitigen Abschlussberichts des Forschungsprojekts.

Seitdem werden diese Aussagen immer wieder zitiert. Hier sollen sie herausgefordert und differenziert werden. Begrifflich gilt die Argumentation gleichermaßen der Unternehmensberatung als gesamter Branche, dem speziellen Beratungsfeld der Organisationsberatung bzw. der Organisationsentwicklung und dem Beratungsansatz der systemischen Organisationsberatung.

Unternehmensberatung als Profession im angelsächsischen Raum

Als eine der ersten Beratungsfirmen wurde McKinsey maßgeblich von Marvin Bower geprägt, der 1933 dazustieß. Bower bestand schon damals darauf, dass Consulting eine Profession sei, kein Business (Peet 1988, zitiert in Kolbeck 2000, S. 9). Auch die ILO spricht in ihrem Standardwerk „Management Consulting – A guide to the profession" ganz selbstverständlich von Beratung als einer Profession und bezeichnet damit zum einen die Branche der Unternehmensberatung und zum anderen jedes darunter subsummierte Beratungsfeld. Im gesamten angelsächsischen Sprachraum ist es üblich, von „professionals" zu sprechen, wenn von BeraterInnen die Rede ist. So spricht Ulrich beispielsweise von „HR professionals".

Beratung entstand mit der Industrialisierung in den USA. In den ersten 60-70 Jahren war der Anwendungsbereich von Beratung begrenzt auf Funktionen, Themen und Problemstellungen, die eigentlich zum Aufgabenbereich von Linienmanagern gehörten. Daher prägte sich in den USA der Terminus „Management Consulting" ein. So gab es spezialisierte Beratungsfelder wie Rationalisierung in der Produktion, Marketing, Verkauf, Personalmanagement, Finanz- und Rechnungswesen usw. (Kubr 2002, S. 40). Beratungsfirmen haben ihre Leistungsangebote üblicherweise in einer Matrix verortet, die unterschiedliche Linienfunktionen mit bestimmten Branchen (z.B. Energiewirtschaft, Finanzdienstleister, Einzelhandel, Automotive usw.) kreuzte. So konnten sie ihre spezialisierte Expertise ausweisen, die sie durch ihre Tätigkeit in vielen vergleichbaren Unternehmen erwerben und als „best practices" ausfiltern konnten.

Laut ILO hat sich in den letzten Jahrzehnten das Beratungsgeschäft grundlegend gewandelt. Beratung versteht sich nicht mehr nur als Rat-geben, als Problemlösungs- und Kompetenzergänzung für Linienmanager in deren spezifischen Aufgabenfeldern. Beratungsfelder, die als Querschnitts-materie verschiedenste Linienfunktionen adressieren – wie Strategie-beratung, IT-Beratung, Qualitätsmanagement, HR-Beratung, Organisations-beratung – versprechen Problemlösungen, die ganz allgemein in Anspruch nehmen, Wettbewerbsvorteile und Wertsteigerungsbeitrag zum Business zu generieren.

Dafür kaufen heute Kunden Beratung ein: als Beitrag zur Wertsteigerung im Geschäft. In der Folge bezeichnen sich Berater vermehrt als „business consultants" (ILO 2002, S. 27), als Unternehmensberater. Statt einzelner Linienfunktionen adressiert Beratung heute zunehmend die Organisation als Ganze. Gleichzeitig lässt sich beobachten, dass Beratung zunehmend nicht nur von Unternehmen, sondern von Organisationen aller Art in Anspruch genommen wird.

Provokationen, Missverständnisse, Durcheinander …

Während also im angelsächsischen Raum die Unternehmensberatung unstrittig den Status einer Profession hat, wird ihr dieser in der deutsch-sprachigen Hochschullehre und in der Szene der systemischen Organisa-tionsberaterInnen teilweise noch immer kategorisch abgesprochen.

Stefan Kühl hatte (2000) für seine professionssoziologische Untersuchung über die systemische Organisationsberatung den methodischen Zugang von sieben Eperteninterviews[55] gewählt und nur wenige Professionskriterien selektiv stark bewertet. Trotzdem wurden und werden seine Ausführungen zitiert und verallgemeinert – z.B. auf die Dienstleistung Unternehmens-beratung überhaupt, der bescheinigt wird, „eine Profession ohne Professionalisierung" zu sein (Kolbeck 2001, S. 11). Noch immer werden in wissenschaftlichen Arbeiten Ausagen aus dem Jahr 1974 angeführt, in denen beklagt wird, dass sich jede/r UnternehmenberaterIn nennen könne – nicht berücksichtigend, dass dies Anfangsphänomene eines entstehenden Marktes waren; Unternehmensberatung gibt es in Europa überhaupt erst seit den 60er-Jahren. Auch der von R. Wimmer später provokant getitelte Artikel „OE am Scheideweg. Hat die Organisationsentwicklung ihre Zukunft bereits hinter sich?" (Wimmer 2004) hat dazu beigetragen, dass sich ein Pauschalurteil bilden konnte, die Organisationsentwicklung sei keine Profession.

Das ist mehr den plakativen Formulierungen zu verdanken, als den Aussagen selbst.[56] Deshalb sei hier eine Differenzierung versucht.

o Die in Stefan Kühls Artikel zitierten Aussagen der Interviewpartner sind keineswegs so radikal, dass der Leserin seine Schlussfolgerungen – z.B. „Rekonstruktion der gescheiterten Professionalisierung der Organisationsentwicklung" nachvollziehbar wären. Es ging doch nur um die Auflösung einer als Standesvertretung angelegten Gesellschaft fünfzehn Jahre nach ihrer Gründung...

o R. Wimmers Artikel attestierte der OE im Grunde lediglich, dass sie an einer „Weggabelung" stünde, entweder ihr tradiertes normatives Verständnis von Organisationen und Veränderung beizubehalten oder sich mit dem zunehmenden Wechselspiel von Organisationen und ihren Umwelten auseinanderzusetzen und die Kontingenz von für den Aufgabenvollzug benötigten Strukturen und Kommunikationsanschlüssen in den Blick zu nehmen. Dirk Baecker zitierend schreibt er: „Insofern droht die OE, wenn sie an ihren ursprünglichen Idealen und Interventionsformen festhält, „ein Opfer ihres eigenen Erfolgs zu werden. Denn davon, dass hier hervorragende Arbeit geleistet worden ist, gehe ich ... aus. ... Die OE-Perspektive hat sich auf breiter Front durchgesetzt. (Baecker 2003, S. 135)"" (Wimmer 2004, S. 225 ff).

Die Geschichte von der gescheiterten Profession

Die Organisationsberatung in ihren Manifestationen als extern oder organisationsintern angebotene Dienstleistung erfüllt heute die meisten soziologischen Kriterien für den Status einer Profession. Für die externe und interne Organisationsberatung und für die externe und interne Unternehmensberatung als gesamte gilt:

o Sie hat eigene Expertise mit einem Markt für Nachfrage und Angebot.

o ,Sie besitzt Unabhängigkeit in Urteilen und Entscheidungen. Die interne Organisationsberatung weist dies – wie die anderen internen Beratungsfunktionen mit dem dotted-line-Prinzip[57] und eigener Regelkommunikation im Fachbereich aus.

o Sie hat eine Fachsprache, eigene Methoden und Instrumente.

o Es braucht lange Qualifikationswege, um Beratung zu lernen. Die meisten OrganisationsberaterInnen haben mehrfache, teilweise jahrelange Ausbildungen gemacht. In den großen Unternehmens- beratungen gibt es systematische Karriere- und Sozialisationspfade.

o Sie hat eine profunde (akademische) Wissensbasis; tatsächlich bieten in den vergangenen Jahren vermehrt auch Universitäten und Fachhochschulen Ausbildungen für Beratung an. Die Theoriebasis der systemischen Organisationsberatung kann nach Meinung führender VertreterInnen als profund gelten.

o Es gibt eine erkennbare Professionskultur sowie eine Professionsethik. Die Themen Werte und Haltung sowie eine entsprechende Sozialisierung darauf sind zentrale Bestandteile aller angebotenen Qualifizierungen zur systOB.

o Evaluierungsverfahren sind im Entstehen; Qualitätskriterien werden formuliert. Wie Kolbeck betont (2001, S. 11), hat sich in der Beratung aber ohnedies Reputation als Ersatzkriterium für Qualität herauskristallisiert.

Ungeachtet dieser Kriterien hatte Kühl der Organisationsentwicklung mit folgenden Argumenten das Scheitern als Profession bescheinigt:

o Sie verfügt über keinen (eigenen) Berufsverband.

o Es gibt damit auch keinen standardisierten, vom Berufsverband durchgeführten Ausbildungsgang

o und keine verbandsmäßig verabschiedete ethische Leitlinie.

o Die Berufsbezeichnung ist nicht geschützt bzw. gibt es keinen
   geschützten Zugang zur Profession

Das ist heute weitgehend widerlegt. Natürlich haben auch im deutsch-
sprachigen Raum die Unternehmensberater ihre Standesvertretungen[58]. Der
Bund Deutscher Unternehmensberater (BDU) umfasst 16.000 Mitglieder aus
550 Mitgliedsunternehmen, die speziellen, durch ein Ehrengericht
kontrollierten Berufsgrundsätzen unterliegen. Er regelt den Zugang zum
Beruf und sieht seine Aufgaben u.a. darin, Qualitätsmaßstäbe zu etablieren.
Die Selbstbeschreibung seines 2005 gegründeten Fachverbands für Change
Managements müsste Systemiker nicht abschrecken.

Abb. 15: Das Selbstverständnis der Fachverbands für Change Management des BDU
„Für eine individuelle, professionelle Change Management-Beratung bringen
unsere Beraterinnen und Berater eine Reihe von gemeinsamen Eigenschaften und
Werten mit:
• ein positives, unvoreingenommenes Menschenbild
• Stärken- und Potenzialorientierung
• den Glauben an Selbstbefähigung und -verantwortung
• die Fähigkeit zur Vertrauensbildung
• Authentizität
• die Akzeptanz der Realitäten
• das Verständnis für die aktuelle Situation des Kunden
• die Wertschätzung für das vom Kunden bis dato Erreichte

Quelle: nach (http://www.changemanagement.bdu.de/cm_haltung.html, Juli 2009)

Die formalen Kriterien für den Status einer Profession der Unternehmensberatung, der Organisationsberatung, der Organisationsentwicklung sind mit
Ausnahme des geschützten Zugangs zum Beruf und der standardisierten,
vom Berufsverband durchgeführten Ausbildung also zu weiten Teilen erfüllt.

Allerdings gibt es tatsächlich – wie in allen Professionen – schwarze Schafe
und fehlende Sanktionsmöglichkeiten. Auch heute noch kann jede/r folgen-
los den eigenen Ansatz als „systemische Organisationsberatung" bezeichnen
und damit Geschäfte machen[59]. Die wirkliche Frage scheint mir aber zu sein,

und damit Geschäfte machen[59]. Die wirkliche Frage scheint mir aber zu sein, wie in den Märkten für systemische Organisationsberatung und für die Ausbildung dazu die Transparenz entstehen kann, die den Konsumenten wirklich zu informierten Auswahlentscheidungen in die Lage versetzt. Denn: „Es tue „der Profession gut, wenn der Markt regelt und nicht die Profession" (Gesprächspartner 2)" – das war durchaus eine Position in Kühl's Studie (Kühl 2001, S. 10). Die dazu notwendige Transparenz haben standespolitische Bemühungen bislang offensichtlich nicht wirkungsvoll herstellen können.

Professionalisierung – unterwegs vom Werden zum Sein

Die mit dem Konzept der Standesvertretung verbundenen Professionskriterien gehen von einer fertig entwickelten Profession aus. Prozesse der Professionsbildung dauern aber lang.[60] Dazu kommt, dass in der Professionssoziologie selbst neben diesen berufsstrukturellen Kriterien zunehmend handlungstheoretische Kriterien herangezogen werden, um den Status eines Berufes als Profession zu bewerten.[61]

Was gilt es hier bezüglich der Professionskriterien zu relativieren, um jenseits von Formalkriterien zu den identitätsstiftenden Dimensionen unseres Feldes vorzudringen? Eine Profession ist kein Beruf, sondern eine Berufung. Die professionalen Werte sind – wie alle Werthaltungen – eine zweite Haut ganz nah am Kern der Persönlichkeit aller Professionsträger. Deshalb ist ja in der Beratung die Person die „Marke". „"Beratung", so eine Aussage in Kühls Untersuchung „ist ein sehr personenbezogenes Geschäft" (Gesprächspartner 5). „Die Auswahl von Beratern" so ein anderer Gesprächspartner, „hängt nicht an professionellen Kriterien, sondern sie hängt an persönlichen Eindrücken. Das ist das dominierende Merkmal" (Gesprächspartner 4, Kühl 2001, S. 11).

Nochmals der Verfasser der Studie selbst: „Das Fehlen einer Profession bedeutet nicht – und das ist ein wichtiger Punkt – den Abschied von Vorstellungen von Professionalität. „Es ist", so ein Gesprächspartner, lediglich der „Abschied von der herkömmlichen Form der Professionalisierung (Gesprächspartner 2)". „Das Bild der Professionalität hat sich geändert. Ich würde nicht sagen, dass keine Professionalisierung mehr stattfindet, sondern eine andere Form (Gesprächspartner 2)" (Kühl 2001, S. 9).

Mit dem begrifflichen Dreibein „Profession", „Professionalisierung", „Professionalität" arbeitet auch die moderne Professionssoziologie: „Insgesamt umreißen diese ... Begriffsdimensionen von ‚Profession', ‚Professionalisierung' und ‚Professionalität' allenfalls den Kern des thematischen Feldes, das sich einer Professionsforschung erschließt, welcher nicht (nur) ein institutionelles, sondern ein genuin handlungstheoretisches Verständnis des Professionellen zugrunde liegt.[62] In diesem Sinn lassen sich die Unternehmensberatung generell und das spezifische Feld der systOB als „Professionsfelder" verstehen: Als soziale und inhaltliche Felder, in denen Professionalisierung zum Thema wird und stattfindet. Professionalisierung als immerwährender Prozess, den echte Profis ja gar nicht abschließen können: Als Weg vom Werden zum Sein.

An dieser Stelle sei ein wesentliches Professionskriterium nachgetragen: Die Betreuung mit Aufgaben von grundlegender Bedeutung für die Gesellschaft. Eine Profession entsteht, wenn ein neuartiges gesellschaftliches Problem zur Lösung ansteht.[63] Für welches gesellschaftliche Problem liefert die Unternehmensberatung bzw. die Organisationsberatung eine Lösung? Die Antwort ist bereits gegeben: In einer auf Organisationen beruhenden Gesellschaft ist die professionelle Verfasstheit von Organisationen ein zentrales gesellschaftliches Anliegen.

4.5 Fazits fürs Feld

Die systOB ist aus der Nische herausgetreten; sie hat Reichweite und Impact gewonnen. Am Ende der Pionierphase sind die Gründer kommunikativ überfordert; der Bedarf nach Struktur steigt. Was das Feld vorantreiben würde, ist ein polyzentrisch geführter professionaler Diskurs auf breiter Basis. Ein Diskurs, der eine fundierte Wissensbasis kreiert bzw. zusammenträgt über den spezifischen Beratungsgegenstand Organisation inklusive seiner relevantesten Umwelt Person. Ein Diskurs, der gesellschaftliche Entwicklungen thematisiert, um dieses Wissen in einen angemessenen Rahmen zu stellen.

OrganisationsberaterInnen brauchen eine Theorie, die ihnen hilft, sich eine Organisation denken zu können. Diese Theorie soll nicht nur umfassen, wie man in soziale Systeme intervenieren kann und sie zu Musterbrüchen und zum Aufbruch in neue Möglichkeitsräume verstören kann. Sie muss auch umfassen, was genau in einer Organisation zur Bearbeitung ansteht. Es braucht ein fachliches Wissen über Aufgabenfelder und Prozesse in Organisationen, um Fragen der Strategie, der Steuerung, der Kultur und der Entwicklung richtig heraushören und stellen zu können.

OrganisationsberaterInnen benötigen eine Theorie der Gesellschaft, um die Einbindung von Organisationen in Funktionssysteme und ihren Zweck in Beobachtung halten zu können. Daran sind letztlich die Organisationsentwicklungslösungen auszurichten. Dort liegen die politischen Kriterien für die Nachhaltigkeit von Organisationsentwicklungsmaßnahmen. Ohne politischen Standort, ohne politische Verantwortung können die potenten Methoden der Organisationsentwicklung und -beratung zu reinen Sozialtechniken mutieren. Ein aalglatter Change-Management-Prozess hat nicht selten Feigenblattfunktion. Er entlastet Führung von der Konfrontation mit den sozialen Folgen ihrer Entscheidungen. Die Schmerzgrenze liegt dann höher. Der gewonnene Puffer wird oft genug wieder ausgeschöpft, indem bei Radikalität und Reichweite von Entscheidungen unnötig nachgelegt wird.

Die Wurzeln der Profession der Organisationsentwicklung und -beratung waren zutiefst politisch. Kurt Lewin floh vor dem Nationalsozialismus in die USA; ihn beschäftigte die Frage: Wie konnte der Genozid passieren (Marrow 1977)? Mit Ronald Lippittt führte er u.a. die Studien zu den Auswirkungen eines autoritären versus eines demokratischen Führungsstils durch. Daraus entstand später u.a. die Gruppendynamik als Versuch, Multiplikatoren wie ErzieherInnen und LehrerInnen so zu schulen, dass sie Gruppen zu einer demokratischen Entwicklung begleiten könnten. Die Methode des Action-Research wurde für Anliegen der Neighbourhood und Community entwickelt. Die Organisationsentwicklung selbst startete als basisdemokratische Antithese zu den sklerotisierten Hierarchien der „großen Tanker". Auch die ersten Großgruppenverfahren wie das Preferred Futuring wurden (noch von Ronald Lippitt[64]) genauso für Zwecke der Community entwickelt. Immer ging es letztlich um Fragen der Gestaltung von Gesellschaft.

Der Bogen schließt sich: Die Sozialutopie der frühen Organisationsentwicklung ist heute zwar nicht mehr hinreichend für eine angemessen komplexe und differenzierte Beratung für Organisationen. Man kann sie aber auch nicht mir-nichts-dir-nichts wegstreichen. Sie trägt bei zu einer notwendigen politischen Verortung der Organisationsberatung.

Die zeitgemäße wissenschaftliche Beweisführung für die Notwendigkeit der Ziele der klassischen Organisationsentwicklung treten heute Hirnforschung und Medizin an. Joachim Bauer belegt, dass Kooperation der Evolutionsvorteil der menschlichen Spezies ist (Bauer 2008). Er beschreibt, was im Kopf passiert, wenn Menschen soziale Einbindung und Anerkennung finden und welche zerstörerischen Auswirkungen es nach sich zieht, wenn diese Faktoren nicht vorhanden sind (Bauer 2006). Die Ansätze der Gesundheitsforschung und Salutogenese verweisen auf parallele Befunde. Diese Theoriefelder lassen sich – im Gegensatz zu den Legitimationsquellen der frühen OE – heute sehr gut mit dem Stand der Systemtheorie verbinden. Sie leuchten die Kopplung von psychischem System und sozialem aus. Schade, dass es noch keinen Tomografen für Gruppen gibt, sonst könnte uns die Hirnforschung das Wesen der Kommunikation nochmals näher bringen.

Heute steht es außer Frage: Die Leistungs- und Überlebensfähigkeit von Organisationen hängt notwendigerweise ab von der sorgfältigen Gestaltung der sozialen Verfasstheit. Organisationen, die das Soziale an die Wand fahren, kommen erst gar nicht zur Agenda, den Aufgabenvollzug zu verbessern. Hinreichend für Zukunftsfähigkeit, für die laufende Entwicklung organisationaler Verfasstheit, ist jedoch eine gekonnte Entwicklung des Aufgabenvollzugs in Organisationen. Da ist die Profession der systOB im Umbruch; sie findet sich gerade einen neuen Attraktor.

Beides – soziale Verfasstheit und Autopoiese des Aufgabenvollzugs – sind nur zwei Seiten ein und derselben Münze. Man kann nicht nur eine Seite davon abschneiden, die andere kommt immer mit, egal wie dünn man die Münze schneiden wollte. Genau das ist die Kraft der systemischen Organisationsberatung: die verbindende Entwicklung des sozialen Systems und des Aufgabensystems. Deshalb ist sie mit ihren zwei Herkunftsprofessionen, der Therapie und der Organisationsberatung, so gut aufgestellt, ihre eigene Zukunft zu betreiben.

Rantum Hafen, Sylt, Fotografie by Joana Krizanits ©

Teil D: Anhang

1 Endnoten

[1] Die Gruppe war auf acht TeilnehmerInnen begrenzt: Leo Bernardis, Eva Dachenhausen, Alexander Exner, Roswita Königswieser, Wolfgang Looss, Hans-Werner Lüders, Herbert Schober, Stefan Titscher.

[2] Gunthart Weber übertrug die Methoden der Familienaufstellung Bert Hellingers auf Organisationen (ein guter Überblick ist in Weber 2000, S. 11 – 33 zu finden). Ihm und Insa Sparrer sind folgende Unterscheidungen zwischen Familien und Organisationen zu verdanken:

Abb. 16: Unterschiede zwischen Familien und Organisationen

Familie	Vergleichs-kriterium	Organisation
unbedingt und auf immer (außer Kapitalverbrechen)	Recht auf Zugehörigkeit	bedingt: durch Regeln und auf Zeit
folgenschwer	Ausschluss	abgemildert folgenschwer: rational begründbar
Person = fix, Rollen ändern sich	Person: Rolle	Rolle = fix, Personen ändern sich
Beziehungsbasiert	Systemtyp	Aufgabenbasiert
zeitlich: wer früher da war, hat Vorrang das neue Familiensystem hat Vorrang gegenüber den Herkunftsfamilien	Rangfolge	Komplexe Rangfolgen nach den Paradigmen der systemischen Hierarchie Systeme → gleiche Zugehörigkeit → wer früher da war → wer neu anfängt → wer mehr Einsatz zeigt → wer mehr Leistung und Können bringt
Familie bleibt	Auf Dauer-Gestellt-Sein	Soziale Struktur folgt der Aufgabenstruktur; Vergänglichkeit: Wenn die Aufgabe beendet ist → löst sich die soziale Struktur auf

Quelle: eigene, nach G. Weber und I. Sparrer

Insa Sparrer und Matthias Varga von Kibéd verfeinerten die Methoden und übertrugen sie nochmals auf beliebige neue Systemtypen z.B. Entscheidungssysteme, Konfliktsysteme, Innovationssysteme usw. Die Kernaussage ihrer systemischen Strukturaufstellungen ist, dass es nur minimale Information über die Strukturen (z.B. Beteiligte, Umwelten, wesentliche Restriktionen und Relationen usw.) eines Systems braucht, damit dieses in einer Aufstellung rekonstruiert werden kann. Möglich wird dies einerseits durch die Fähigkeit des menschlichen Körpers als ein repräsentierendes Wahrnehmungsorgan zu fungieren und andererseits durch einen Interventionsprozess, der darauf fokussiert, immer wieder Wahrnehmungsunterschiede, d.h. Informationen, zu erzeugen.

Gunthart Weber übertrug die Methoden der Familienaufstellung Bert Hellingers in den Denkrahmen des Konstruktivismus. Wo Hellinger einen nahezu absolutistischen Wahrheitsanspruch für seine Verschreibungen in Anspruch nahm, wollte Gunthart Weber die eigenen Interventionen als Angebote verstanden wissen; was FallbringerInnen in Aufstellungen finden können, ist nicht Zugang zur Wahrheit, sondern maximal das Erleben von Gewissheit. Sparrer und von Kibéd stellen ihre SySt in den Rahmen der radikalen Lösungsfokussierung und der „kurativen" Haltung: Es geht um die Entwicklung hilfreicher Lösungen. Im Vergleich zu Hellinger ist für sie die Stellarbeit wichtiger als die Spucharbeit. Eine Einführung und einen Überblick über die verschiedenen Zugänge finden Sie unter J. Krizanits (2005b).

[3] Die Entwicklungen in den Wiener Gruppen der Organisationsberater:

o 1976 gründen Richard Timel und Herbert Schober die Conecta als erste der Wiener systemischen Beratungsfirmen. Die Conecta Deutschland wird von Wolfgang Looss und Heinz Werner Lüders aufgebaut.

o Viele Jahre kooperieren die Experten für Gruppendynamik und „das Soziale" mit den betriebswirtschaftlichen Fachberatern der 1978 gegründeten Beratergruppe Neuwaldegg in gemeinsamen Projekten. Nach der Ausbildung bei Siegi Hirsch treten Roswita Königswieser und Stefan Titscher in die Beratergruppe Neuwaldegg ein, die nun selbst als Gesellschaft für Organisationsberatung auftritt. Die langjährige Beratungspartnerschaft zwischen der Conecta und der Beratergruppe Neuwaldegg wird aufgekündigt, ein Schritt, der bis heute die Beziehungen zwischen einigen Akteuren belastet.

o In der Folge trennen sich auch die Conecta Österreich und die Conecta Deutschland. Letztere wird nach dem Ausscheiden von Heinz Werner Lüders zur LaLoSta mit Max Lanzenberger, Wolfgang Looss und Sabine Stadelmann.

o 1985 gründen Richard Timel, der aus der Conecta austritt, und Rudolf Wimmer die OSB. Keimzelle für die OSB war die Gruppe um Peter Fürstenau in der ÖGGO.

o 2001 trennt sich Roswita Königswieser von der Beratergruppe Neuwaldegg und gründet Königswieser & Network. 2006 löst sich die Lalosta als Firma auf. 2007 gründet Barbara Heitger ihr eigenes Beratungsunternehmen Heitger Consulting.

Bei den Heidelbergern fanden folgende Entwicklungen statt:

o 1982 gründen Gunther Schmidt, Gunthard Weber und Fritz Simon zusammen mit Gianfranco Cecchin und Luigi Boscolo die Internationale Gesellschaft für systemische Therapie (IGST); sie bietet die ersten Ausbildungscurricula in systemischer Beratung an.

o 1984 gründen Bernd Schmid und Gunthard Weber das Institut für systemische Therapie und Transaktionsanalyse in Wiesloch bei Heidelberg als einen Versuch, systemische und TA-Konzepte zu integrieren. Gunthard Weber zieht sich nach drei Jahren auf die Aufstellungsarbeit zurück und gründet das Wieslocher Institut für systemische Lösungen (WISL. Bernd Schmid firmiert das Institut um in das Institut für systemische Beratung (ISB), das zum größten Ausbildungsinstitut für systemische Beratung, Organisationsentwicklung und Coaching avanciert.

o 1986 gründet Gunther Schmidt das Milton-Erickson Institut in Heidelberg (meihei), um den hypnosystemischen Ansatz für Therapie und Beratung zu entwickeln bzw. mit dem systemischen Ansatz der Familientherapie zu integrieren. Dort werden Curricula für Coaching, Teamentwicklung und seit 1990 für Organisationsentwicklung angeboten.

o Mit Ende des 20. Jahrhunderts beginnt eine Reihe von Um- und Neugründungen. 2000 gründen Fritz Simon, Rudolf Wimmer, Dirk Baecker das MZW (Management Zentrum Witten) mit Sitz in Witten und in Berlin.

o Auch im Heidelberger Kreis kommt es zur Spaltung, Fritz Simon wendet sich verstärkt dem Thema Beratung zu und integriert Theorie von Niklas Luhmann und Spencer Brown in die Theorie systemischer Intervention. 2001 gründen Fritz Simon und Gunthard Weber mit Simon, Weber & Friends ein weiteres Ausbildungsinstitut für systemische Beratung und Coaching mit Sitz in Heidelberg und Berlin.

o Arnold Retzer, Peter Gestner, Hans Rudi Fischer bleiben im Institut in der Kussmaulstraße, Sitz der IGST. Sie nennen sich ab dann „Zentrum für systemische Forschung und Beratung". Ab 93/94 haben sie dort Beraterausbildungen angeboten.

o Andrea Ebbecke-Nohlen, Jochen Schweitzer, Gunthard Weber, Fritz Simon und Gunther Schmidt gründen 2002 das HSI (Helm Stierlin Institut).

[4] Siehe in diesem Zusammenhang auch Helm Stierlins Bücher „Die Demokratisierung der Psychotherapie" (2006 Klett Cotta), „Delegation und Familie" (Suhrkamp 1982) und „Hitler – Familienperspektiven" (Suhrkamp 2002), in denen er – nach eigener Aussage – versucht hat, „einige der Erkenntnisse unserer Heidelberger Gruppe in einen größeren Zusammenhang zu stellen" (im Gespräch 2006).

[5] Die Liste der Publikationen von ÖGGO-Mitgliedern umfasst 45 Seiten, Stand 2009,

[5] Die Liste der Publikationen von ÖGGO-Mitgliedern umfasst 45 Seiten, Stand 2009, http://www.oeggo.at/ngcms/htdocs/resources/downloads/Publikationen%20MG%20 gesamt.pdf

[6] Publikationen in direkter Folge der ÖGGO-Kongresse: „Organisationsberatung, Neue Wege und Konzepte", „Veränderung in Organisationen, Management & Beratung", „Changemanagement – Auf Biegen und Brechen? Revolutionäre und evolutionäre Strate-gien der Organisationsveränderung", „Die Zukunft kommt – wohin geht die Wirtschaft? Herausforderungen für Management und Organisationsberatung", „Beratung in der Veränderung, Grundlagen, Konzepte, Beispiele".

[7] Heute Daimler AG

[8] Die Trendforschung der managerSeminare (J. Graf (Hrsg.), Seminare 1996 – 2009) befragt jährlich Weiterbildungsanbieter und Verantwortliche für Weiterbildung in Organisationen, welche Themen gegenwärtig und künftig hohe Bedeutung für den Weiterbildungsmarkt haben. Von zwanzig Themenbereichen, die zur Wahl stehen, wird das Themenfeld Organisationsentwicklung seit Jahren als   hoch prioritär eingeschätzt. Hier die Zahlen seit 2005 zusammengestellt:

Quo Vadis Weiterbildung – Trendumfrage der managerSeminare				
Umfragezeitraum	2005	2006	2007	2008
Weiterbildungsanbieter, n=	384	351	336	324
momentane Bedeutung von Themen der OE	32,2	34,7	30,4	36
künftige Bedeutung …	44,2	39,6	40,7	40,7
Verantwortliche für Weiterbildung in Organisationen n=	84	86	89	62
momentane Bedeutung von Themen der OE	28	38,4	35,2	30,6
künftige Bedeutung …	34,1	38,8	41,6	54,8

Quelle: Zusammenstellung der Auswertungen in den Jahrbüchern Seminare
2006 bis 2009

[9] Die Wikipediaeinträge für „systemische Beratung" und „systemische Organisations-beratung" zeichnen sich durch knappe Texte und Literaturlisten aus; auf denen z.B. Publikationen von F. Simon und R. Wimmer fehlen. Auf das Buch von König und Vollmer wird jedoch hingewiesen, wie auch im Text auf ihre Verdienste: „Eckard König und Gerda Volmer lieferten wichtige Grundlagen und Methoden, damit die sehr praxisferne Theorie von Ludwig von Bertalanffy, Niklas Luhmann, u.a. für den Praxiseinsatz tauglich wurde". Das von ihnen geleitete WIBK („Wissenschaftliches Institut für Beratung und Kommunikation – das Institut für systemische

Durchführungsort auf der Wiener Website und vier sechsmodulige Ausbildungskurse allein in systemischer Organisationsberatung pro Jahr sind geeignet, den Eindruck eines prominenten Instituts zu vermitteln.

[10] Die Alte Welt war im Kreis dieser Wissenschafter stark vertreten: Bertalanffy, Heinz von Foerster, Paul Lazarsfeld kamen aus Wien, John von Neumann aus Budapest, Kurt Lewin aus Polen und Ross Ashby aus Großbritannien.

[11] Das von Stafford Beer 1959 beschriebene „Viable System Model" nimmt in Anspruch, die Strukturen eines Systems zu modellieren, das in einer sich ändernden Umwelt überlebensfähig bleibt. Es unterscheidet fünf Subsysteme: System 1 betrifft die primären wertschöpfenden Aktivitäten des Systems, die in rekursiven Operationen verlaufen. System 2 betrifft die Strukturen für die Regelkommunikation für System 1, die für die Abstimmung notwendig sind und die das System 3 monitort. Das System 3 beinhaltet Strukturen und Systeme, die die Regeln, Ressourcen, Rechte und Pflichten des System 1 in Beobachtung halten; sie stellen die Schnittstelle zu den Systemen 4 und 5 her. System 4 hat die Verantwortung für die Beobachtung der Umwelten, um den Anpassungsbedarf zu monitoren. System 5 ist für politische Entscheidungen zuständig, um die verschiedenen Partikularinteressen innerhalb der Organisation auszugleichen und eine Gesamtsteuerung zu erreichen. Das VSM umfasst außerdem eine Modellierung der Umwelten, bestimmte Regeln und Axiome für das rekursive Operieren und allgemeine Organisationsprinzipien. Das VSM ist kompliziert und aufwendig; es braucht Zeit und Übung, um eine gebenen Organisation in der Syntax des VSM abzubilden. Es ist ein deskriptives Modell; für einen konkreten Handlungskontext lassen sich daraus wenig Anregungen ableiten.

[12] Fritz Simon weist darauf hin, dass das Wort „rechnen" etymologisch von einem Adjektiv stammt, das „ordentlich, genau" bedeutete. „„Rechnen" heißt also ursprünglich „in Ordnung bringen, ordnen" (Simon 2006, S. 45).

[13] Luhmann hat explizit zwischen Organisationen und Familien unterschieden. Familien sind zwar auch soziale Systeme; sie haben aber unterschiedliche Bedeutung, je nachdem in welchem Entwicklungszustand eine Gesellschaft sich befindet. In segmentären Gesellschaften ist die Familie das Differenzierungsmerkmal; in der stratifizierten Gesellschaft ist die Familie in der sozialen Schichtbildung eingeschlossen. In der entwickelten, modernen Gesellschaft, sind jedoch die Funktionssysteme das Differenzierungkriterium; aus einer strukturellen Sicht ersetzen sie die Familie bzw. sind sie auf derselben logischen Ebene wie in anderen Gesellschaftsformen die Familie.

sie die Familie bzw. sind sie auf derselben logischen Ebene wie in anderen Gesellschaftsformen die Familie.

Im Unterschied zu Organisationen beziehen sich Familien nicht auf Entscheidungen, sondern auf Personen. Familien sind die einzigen sozialen Systeme, die der gesamten Person Raum für intime, umfassende und identitätsbildende Kommunikation geben. Als soziale Systeme sind sie zwar genauso darauf verwiesen, ihre Autopoiese mittels Kommunikationsprozesse zu bewerkstelligen. Die Kommunikation in der Familie schließt aber an der ganzen Person an, die Person ist quasi das Kommunikationsmedium, das Wahrscheinlichkeit und Erwartbarkeit von Kommunikation und Anschlusskommunikation vermittelt. Luhmanns Interesse galt einer soziologischen Basistheorie der differenzierten Gesellschaft; das soziale System Familie war für ihn ein Randthema.

[14] Ebenfalls 1992 veröffentlichen Fritz Simon und die Wiener Beratergruppe Conecta ihr Buch „Radikale Marktwirtschaft" (Simon/ Conecta 1992), das allerdings nicht spezifisch dem Thema Organisationsberatung gewidmet ist.

[15] Kontingenz (von lat. contingere = zusammen (sich) berühren, (zeitlich unvorhergesehen) zusammenfallen; lat. contingentia als Aristoteles' Übersetzung von gr. endechómenon = möglich) bezeichnet einerseits das gemeinsame Auftreten zweier Ereignisse, andererseits aber auch einen Status der Ungewissheit und Offenheit möglicher künftiger Entwicklungen. Der Begriff bezeichnet in der Soziologie die prinzipielle Offenheit menschlicher Lebenserfahrungen; Quelle: übernommen aus: http://de.wikipedia.org/wiki/Kontingenz (August 2009).

[16] Ein ähnliches Konzept unterschiedlicher Wahrnehmungsebenen ist die Abstraktionsleiter Senge et al 1997, S. 279 ff), die am MIT von den Mitgliedern der heutigen Society for Organisational Learning (SOL) entwickelt wurde.

[17] Die Schablone für diesen gezielt gesteuerten Prozess ist der sogenante „Survey-Feedback-Prozess", der die Grundmethodik der Aktionsforschung beschreibt.

Sozialwissenschafter werden aus Anlass eines Problems in eine Organisation gerufen und sammeln dort – z.B. in Form von Interviews mit Führungskräften und Betroffenen – Daten über das System. Diese Daten sind die Grundlage für die System-Diagnose der Wissenschafter. In Workshops mit den Auftraggebern spiegeln sie ihre Diagnose an das System zurück; gemeinsam leitet man Lenkungseingriffe ab. Über die Wirkungen der gesetzten Maßnahmen werden später wieder Daten gesammelt, die wieder zu einer Diagnose führen, die gemeinsam mit dem System Basis ist für die Ableitung neuer Lenkungseingriffe ist, usw.

Abb. 17: Der Survey-Feedback Prozess

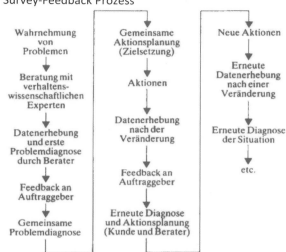

Quelle: French, Bell, 1984, S. 109, zitiert in Staehle 1999, S. 594

[18] Einige dieser systemischen Prämissen werden ansatzweise von den Methoden der qualitativen Sozialforschung, insbesondere von der objektiven Hermeneutik und der Grounded Theory angesprochen (Strauss/ Corbin, 1996). Allerdings sind diese wissenschaftlichen Methoden in einem Milieu und zu einem Zeitpunkt entstanden, dem die Radikalität des Konzepts des Beobachters 2. Ordnung nicht zugänglich war. Die systemischen Prämissen verbunden mit dem Werkzeug der systemischen Schleife weisen eigentlich über die Potenz der Methoden qualitativer Sozialforschung hinaus. Insofern ist Fritz Simons Aussage zu bestärken: „Die Systemtheorie wird durch Einbeziehung des Beobachters 2. Ordnung zur „Epistemologie", d.h. zur Erkenntniswissenschaft" (Simon 2006, S. 42).

[19] Die Organisationsentwicklung ist ein Bündel von sozialwissenschaftlich erprobten Methoden, die aus drei theoretischen „Traditionssträngen" (Wimmer, Wittener Diskussionspapiere, S. 125) hervorgegangen sind: dem „reedukativen Ansatz" der Gruppendynamik, dem Action-Research Ansatz und dem sozio-technischen Ansatz. Die beiden ersteren lassen sich bei Kurt Lewin verorten; sie verallgemeinern vom Human-Relations-Ansatz und der Gruppendynamik geprägte Wertvorstellungen als grundsätzliche Zielsetzungen für die Entwicklung von Organisationen aller Art. Der

sozio-technische Ansatz wurde fernab der US-amerikanischen OD-Szene am Londoner Tavistock Institute entwickelt. Aus allen drei Zugängen lassen sich ähnliche und miteinander kombinierbare Erkenntnisse über die effektive Gestaltung von Veränderungsprozessen in Organisationen ableiten.

Der Action-Research Ansatz ist auf Kurt Lewins Feldforschungsansatz in den 40er-Jahren und sein Drei-Phasen Modell zur Gestaltung geplanten Wandels zurückzuführen. Auch hier ist Lewins biografisch geprägtes Anliegen für Demokratie und Community Building Triebfeder. Sozialwissenschaftliche Forschung soll sich an den Fragestellungen der Praxis ausrichten; jegliche Intervention in der Praxis soll sich aus einem theoretischen Verständnis der sozialen Zusammenhänge ableiten. Wimmer schreibt dazu (Wimmer 2008, S. 232): „Im Aktionsforschungskonzept wird deshalb der jeweilige Forschungsgegenstand von den Forschern in einen gezielt gesteuerten Prozess der Selbsterforschung verwickelt, mit dem Ziel, dass dadurch eine Veränderung auslösende Aufklärung über sich selbst zustande kommt."

Der reedukative Ansatz, der am Research Center for Group Dynamics am MIT beginnt und zur Gründung der National Training Laboratories for Group Development (NTL) führt, hat zum Ausgangspunkt Kurt Lewins Anliegen, die Parameter für die Entwicklung demokratischer (nicht autoritärer bzw. faschismusresistenter) Gruppen zu verstehen. Feedback und Selbstreflexion in Gruppen werden als zentrale Stellgrößen für die Entwicklung von Personen wie für die strukturelle Entwicklung von Gruppen (von Phasen der Abhängigkeit zur Autonomie und Kooperation) entdeckt. Sind die TeilnehmerInnen in den gruppendynamischen Trainingsgruppen ursprünglich Lehrer und Therapeuten, so wird das Verfahren später auf die „Erziehung" von ManagerInnen adaptiert. Das Managerial Grid Training ist ein erstes breit verwendetes Programm, das Führungskräften partizipatives Führungsverhalten und Skills für die Steuerung von Gruppen vermittelt. Über die Veränderung der Einstellungen von Führungskräften soll die Organisation verändert werden.

Dieses Verständnis von Organisation unterscheidet sich grundlegend von dem wesentlich komplexeren Organisationsverständnis des sozio-technischen Ansatzes im Londoner Tavistock Institut. Dieser geht zurück auf die Forschungsarbeiten von Emery und Trist , die 1954 herausfinden, dass ein und dieselbe Technologie des Kohleabbaus (die Langfrontmethode) unterschiedliche Produktivität zeigt, je nachdem welche Form der sozialen Arbeitsorganisation angewandt wird: Eine hochspezialisierte Arbeitsteilung im drei-Schicht-Betrieb oder autonome Gruppen mit Gesamtverantwortung für einen Produktionszyklus. Die zweite Form der Arbeitsorganisation war produktiver, billiger und von den sozialen Indikatoren her in höherem Maß zufriedenstellend.

[20] Der Begriff der Prozessberatung ist eng mit dem Namen Edgar H. Schein verbunden,

der diese Beratungsform entwickelt und seit 1969 in diversen Veröffentlichungen geprägt hat. Im Gegensatz zu einer Fachberatung, in welcher der Berater dem Klienten genau vorgibt, was zu tun ist (und ggf. dem Klienten die dazugehörigen Aufgaben sogar abnimmt), liefert die Prozessberatung keine vorgefertigten Lösungsvorschläge. Bei der Prozessberatung wird der Klient vielmehr als Experte in eigener Sache gesehen, der mit Hilfe der Prozessberatung in die Lage versetzt wird, seine Anliegen eigenständig zu bewältigen. Der Berater begleitet den Klienten in dem Prozess und regt an, wie eigene Lösungen entwickelt werden können und welche Faktoren dabei zu berücksichtigen sind. Der Prozessberater unterstützt den Klienten, ohne ihm Verantwortung abzunehmen Quelle: nach http://www.coaching-lexikon.de/Prozessberatung (August 2009).

[21] Der sozio-technische Ansatz des Londoner Tavistock Institutes versteht Organisationen als adaptive, problemlösende Systeme, die sich in sich ständig verändernden Umwelten behaupten müssen. Um sich besser an neue Technologien und Herausforderungen des Marktes anzupassen, müssen Organisationen ihre Strukturen verändern und dabei trotzdem ihre Identität und den damit verbundenen, stetigen, berechenbaren Output für die Umwelt aufrecht erhalten. Sie müssen sich verändern, um sich gleich zu bleiben. Das gelingt durch die grundsätzliche Fähigkeit (Umwelt-)offener Systeme, sich spontan in Richtung höherer Vielfalt (der Verhaltensmöglichkeiten) und Komplexität zu reorganisieren. Diese Fähigkeit zur Selbstregulation von sozialen Systemen ist zentral für das Organisationsverständnis des sozio-technischen Ansatzes; „das Prinzip der Selbstregulation weitgehend autonomer Organisationseinheiten erzeugt und sichert ein Mindestaß an Reaktionsfähigkeit bezüglich unvorhersehbarer Abweichungen ..." (Wimmer 2003b, S. 241).
Was immer die Gründe sein mögen – die räumliche Distanz zwischen Westküste bzw. Ostküste und London, die jeweilige Selbstreferentialität auf den eigenen Erfahrungs-hintergrund und die eigene Entwicklungsgeschichte oder andere Gründe – der sozio-technische Ansatz wird nicht wirklich in das frühe Selbstverständnis der von Gruppendynamik und Action-Research Ansatz geprägten OE integriert. Es wird zwar betont, dass Organisationen ihre Strukturen an sich verändernde Umwelt-bedingungen anpassen müssen, die Voraussetzung dafür, dass dies gelingen kann, wird aber vorrangig in der Veränderung des sozialen Systems gesehen: Voraussetzung für strukturelle Anpassungen ist eben eine bestimmte kulturelle Veränderung von Ansichten, Einstellungen und Werten.
Wie Wimmer ausführt (Wimmer 2003b, S. 242), hat der sozio-technische Systemansatz auch in der deutschen OE-Szene nur wenig Resonanz gefunden, und die systemische Organisationsberatung, die ja grundsätzlich denselben Theorieansatz

teilte – wenn auch in einer bis dahin weiter entwickelten Ausprägung – „tat dies allerdings auch ohne nennenswerte Bezugnahme auf die durchaus reichhaltige Denktradition des sozio-technischen Systemansatzes."

[22] Dazu eine kleine Geschichte: Die Mutter schneidet der Weihnachtsganz immer das Scherzl ab, bevor sie den Bratentopf ins Backrohr schiebt. Eines Jahres ist der Schwager zu Besuch, der diesen Teil des Bratens besonders mag. Er fragt: „Warum schneidest du das Scherzerl ab?" Die Mutter sagt: „Ich weiß es nicht, meine Mutter hat das auch immer getan." Die Oma sitzt am Tisch und man kann sie fragen: „Warum hast du immer das Scherzerl vom Weihnachtsbraten abgeschnitten?" Auch die Oma weiß keinen besonderen Grund; ihre Mutter hat das auch immer so gehandhabt. Beim nächsten Besuch im Altersheim fragt man die Uroma, warum sie immer das Scherzl vom Weihnachtsbraten abgeschnitten habe. „Der Topfwar ja zu klein", sagt sie.

[23] Im Entwicklungsziel der Pedestrian Safety reagiert ein Fahrzeug – ähnlich wie beim Einparken – auf außenseitige Bewegungen z.B. von Radfahreren oder Fußgängern über elektronische Rückkopplungen automatisch mit Abstandregulierung.

[24] Im alltäglichen Sprachgebrauch bezeichnet man mit Reflexivität die Fähigkeit eines Individuums, sich selbst zum Gegenstand der eigenen Reflexion zu machen.

[25] Der Interviewleitfaden:
o Wie stecken Sie das Feld der systemischen Beratung ab?
o Wann ist systemische Beratung erfolgreich und woran merken andere das?
o Haben Sie eine Meta-Theorie von Organisation, vom Individuum von Beratung, und von Wirtschaft und Gesellschaft?
o Was sind für Sie Kernkonzepte, Lieblingsinterventionen? Nützliche Dinge, die Sie gern einsetzen?
o Welche Personen haben Sie in Ihrem /ihrem Beratungsverständnis geprägt?
o Was sind aus Ihrer Wahrnehmung die gelebten Werte in der systemischen Beratung – die „zehn Gebote"?
o Worin sehen Sie die Herausforderungen an das Feld und die zu erwartenden Entwicklungen?

[26] Mit „boundary profile", deutsch: „Grenzprofil" bezeichnet der US-amerikanische Familientherapeut David Kantor das persönliche Muster von Verhaltensweisen, das ein Individuum an der Grenze / im Kontakt zu anderen Systemen zeigt. Diese Muster beruhen auf frühkindlichen Erfahrungen in der eigenen Familie.

[27] Mit dem Begriff Containment ist hier gemeint, ein Gefäß für die Kommunikation herzustellen; in dieser Bedeutung wird das Wort Container von den Wissenschaftern der SOL verwendet (Fieldbook zur Fünften Disziplin 1997, S.416 ff): „Der Dialog versucht, eine „kühlere" gemeinsame Umgebung zu schaffen, indem er der kollektiven Aufmerksamkeit einen neuen Fokus gibt. Diese Umgebungen, die wir als „Container" oder Erkundungsfelder bezeichnet haben, entstehen, wenn eine Gruppe sich durch einen Dialogprozess bewegt. Fritz Simon führt aus: „Menschen können nur dann miteinander kommunizieren, wenn sie einen gemeinsamen Fokus der Aufmerksamkeit teilen" (Simon 2007, S. 114). Angesichts der Kontingenz möglicher Mitteilungen wird Kommunikation erst dadurch „möglich, weil alle Beteiligten zur selben Zeit sich selbst und den anderen im Fokus der Aufmerksamkeit haben" Simon). Wie wesentlich diese Grundvoraussetzungen sind, zeigt sich z.B. wenn Managementteams eine hochkomplexe Aufgabe erarbeiten sollen. Das übliche Reaktionsmuster ist eine fragmentierte Kommunikation: Jede/r ist mit der eigenen Aufmerksamkeit woanders – beim Mailschreiben, Telefonieren, Post bearbeiten, Reden, Zuhören usw. Der erste beraterische Schritt, bevor an eine inhaltliche Arbeit zu denken ist, ist somit das Schaffen von Containment: die Fokussierung der Aufmerksamkeit auf die Personen und die Schaffung eines geteilten Kontextes.

[28] Der Begriff „mehrfach gerichtete Parteinahme" ist eine begriffliche Variante des Konzepts der „Neutralität; ein weiterer ähnlicher Begriff ist der der „Allparteilichkeit". Alle diese Begriffe wollen zum Ausdruck bringen, dass BeraterInnen die Außenperspektive wahren und sich dem Gesamtsystem verbunden fühlen sollen. Sie sollen sich nicht für Partikularinteressen vereinnahmen lassen.

[29] A. Janes bezieht sich auf den Unterschied zwischen Consulting und Advising. Mit Advising ist ein Beratungsstil gemeint, der Ratschläge erteilt; diesen Stil kennzeichnet eine psychodynamische Asymmetrie zwischen Berater und Beratenem im Sinn von one-up – the –other-down (siehe den Wortteil „Schlag" im Wort Ratschlag). Wenn zwischen den beiden Proponenten nicht ein sehr gutes Vertrauensverhältnis besteht, zeigt dieser Beratungsstil wenig Umsetzungswirkung. Der Consulting-Stil hingegen besteht im Liefern von Angeboten aus einer Beziehungsdefinition der gleichen Augenhöhe. Im Gegensatz zum Advising-Stil gibt er dem Beratenen Autonomie und neue Freiheitsgrade.

[30] R. Königswieser hat dies weiterentwickelt zum Ansatz der Komplementärberatung (Königswieser, Sonuc, Gebhardt, 2006). Sie definiert Komplementärberatung so: „Komplementärberatung bedeutet für uns die Integration von Fach-und Prozess-

andererseits die Komplementarität auch in der Beziehung zwischen Berater und Kunden zum Tragen kommt" (ZOE 01/09, S. 46). Komplementärberatung ist nach Königswieser indiziert, weil man mit dem reinen Prozessberatungsansatz heute angesichts der Kundenbedarfe – strukturelle Veränderungen mit sozialen Auswirkungen gleichzeitig zu prozessieren – nicht mehr das Auslangen findet. Komplementärberatung setzt nach Königswieser und Lang geeignete Personen mit der Fähigkeit zur Reflexion und Rahmenbedingungen wie Staffarbeit, Reflexion des Beratungssystems etc. voraus.

[31] Wimmer teilt die Diagnose, dass Kunden einen neuartigen Beratungsbedarf haben, sieht im Ansatz der Komplementätberatung ein Übergangphänomen: Die „rein additive Verbindung von Prozessberatung und Expertenberatung" würde es beiden Beratertypen ermöglichen, in den Komfortzonen ihres jeweiligen Selbstverständnisses zu bleiben. Er sagt, dass sich ein ähnlicher Umbruch im Selbstverständnis bei den großen Expertenberatungen abzeichnet und plädiert für einen „dritten Weg". Beratungsverständnis und Berateridentität müssten sich so verändern, dass ein/e BeraterIn jeweils mehrbeinig unterwegs ist: „Eine flüssige Identität, bei der einmal mehr das Eine, ein anderes Mal mehr das Andere betont und in den Vordergrund gerückt wird" (ZOE 01/09, S. 51).

[32] Aufstellungen, siehe Endnote 1

[33] Der Mensch verfügt von Geburt an über die Fähigkeit, Rapport, d.h. gegenseitiges Aufeinander-Bezogen-Sein herzustellen. Das setzt empathische Kontaktaufnahme voraus. Der Prozess kann dabei bewusst durch Pacing und Leading gestaltet werden. Beim Pacing (*Mitgehen*) fasst die Beraterin Verhaltensweisen, Anzeichen für Befindlichkeiten, für die Person relevante Sachverhalte in Worte und spiegelt sie an den Klienten zurück. Ziel ist, dass der Zuhörer dem Gesagten (innerlich) zustimmt und so Vertrauen aufbaut. Beim Leading (*Führen*) übernimmt der Berater die führende Rolle was das Einbringen von Sachverhalten betrifft.

[34] Kurt Lewin beschrieb die typische Reaktion eines Systems auf Veränderung mit dem Bild der Hockeyschlägerkurve. Demnach fällt in den frühen Phasen des Veränderungsprozesses die Systemleistung plötzlich ab, um sich mit der Zeit wieder zu erholen und letztlich auf einem Niveau einzupendeln, das über der mit 100% angesetzten Ausgangsgröße liegt. Diese Kurve liegt im Grunde – meist ohne zitiert zu werden – allen Change-Magemenkonzepten zugrunde. Der Leistungsabfall erklärt die typischen „Change Costs", die z.B. jedes größere IT-Projekt mit sich bringt.

werden – allen Change-Managemenkonzepten zugrunde. Der Leistungsabfall erklärt die typischen „Change Costs", die z.B. jedes größere IT-Projekt mit sich bringt.

Abb. 18: Kurt Lewins Hockeyschlägerkurve der Systemleistung in Veränderungsprozessen

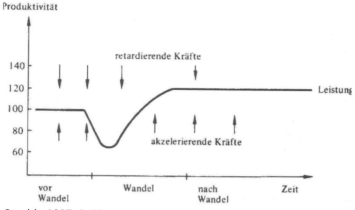

Quelle: Staehle 1997, S. 592

[35] Siehe Endnoten 33, 34

[36] R. Schiff hat das Konzept des Bezugsrahmens entwickelt. Der Bezugsrahmen umfasst die wahrgenommene Realität. Das Bezugssystem, das dem Bezugsrahmen Inhalte und Grenzen setzt, kann durch bewusste und nicht bewusste Inhalte geprägt sein (Quelle: www.bbloosli.ch/wand3.html).

[37] Das anthroposophische Modell des Menschen als dreifältiges Wesen aus Leib, Geist und Seele wurde vom Gründer des niederländischen N.P.I.-Instituts für Organisationsententwicklung, Prof. Bernhard Lievegoed auf Teams und Organisationen übertragen. Organisationen als „menschengemäße" soziale Umwelten sind gekennzeichnet durch das Zusammenspiel von drei Subsystemen: dem kulturellen Subsystem (Werte, Ziele, Normen, Strategien, Leitsätze, Spielregeln), das der geistigen Dimension entspricht, dem sozialen Subsystem (Rollen, Beziehungen, Führungsstile, Klima), das der seelischen Dimension entspricht und dem technisch-instrumentellen Subsystem (Arbeitsabläufe, Prozesse, physisch-materielle Mittel usw.), das der leiblichen Dimension entspricht.

[38] Das Trigon Modell beschreibt den Prozess von der Diagnose zur Zielsetzung eines Beratungsvorhabens als U-Kurve, in der nacheinander das technisch-instrumentelle,

das soziale und das kulturelle Subsystem untersucht werden, dann wird „das Wollen", d.h. die normative Basis für ein Veränderungsvorhaben, geklärt, bevor, im rechten Bogen des U wieder aufsteigend, Ziele für das kulturelle, soziale und technisch-instrumentelle Subsystem abgeleitet werden. Claus Otto Scharmer hat diese U-Kurve verwendet, um verschiedene Felder unterschiedlicher Aufmerksamkeitslenkung zu markieren, die z.B. in einem Innovationsprozess zu durchschreiten sind. Nach seinem „Presencing"-Konzept ist der Boden des U ein Punkt, an dem Wahrnehmungsfelder „zusammenfallen" (collapse) und die Zukunft im Gegenwärtig-Sein spürbar wird.

[39] Wimmer streicht heraus: „Erstaunlich ist, dass es die Prozessberatungsszene, ungeachtet ihres relativ bescheidenen Marktanteils, geschafft hat, sich in der fachlichen Öffentlichkeit (in den Wirtschaftsmedien, in der Beratungsforschung, mit eigenen Publikationen) einen überproportional starken Namen zu machen, allerdings deutlich weniger angedacht aus Top-Management, sondern überwiegend an organisationsinterne OE- und PE-Spezialisten" (Wimmer 2003b, S. 13).

[40] REICHLE, F. (2006): Monte Grande: What is Life?, Film über Francisco Varela. In diesem Film erzählt Heinz von Foerster von einem Streit zwischen dem jungen Fancisco Varela und seinem wissenschaftlichen Ziehvater Humberto Maturana. Varela hatte ihm seine Theorie der Autopoiese vorgestellt und argumentiert, dass dies die einzig wissenschaftliche Erklärung sei für ihre Forschungsergebnisse. Die beiden stritten, Maturana rannte aus dem Zimmer und schlug die Türe hinter sich zu, Varela rannte hinterher. Heinz von Foerster nahm die Seiten mit Varela's Ausführungen zur Autpoiese an sich und reichte sie wenig später an ein wissenschaftliches Journal ein.

[41] Abb. 19: Historischer Verlauf der Komplexität – Die "Taylor-Wanne"

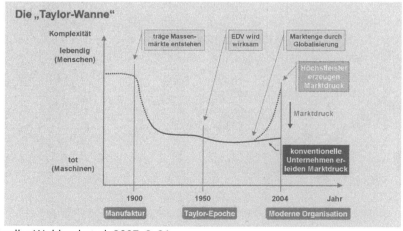

Quelle: Wohland et al. 2007, S. 21

[42] Mit Taylorschen Maximen sind die Maximen des Scientific Management von Frederic Winslow Taylor gemeint:

  o Management als System, das die Organisation von Personen unabhängig macht – sowohl von der „Drückebergerei" der Arbeitenden als auch von der Überforderung der „great captains of industry".
  o Die Optimierung von Arbeitsabläufen nach wissenschaftlichen Kriterien, um ein jeweils nachhaltiges, hohes Pensum zu ermöglichen
  o Arbeitsteilung in der Bedeutung von Spezialisierung auf zusammengehörige Tätigkeiten, um die Gesamteffizienz zu steigern
  o Die Trennung von Kopf- und Handarbeit und damit die Trennung von Planung und Ausführung
  o Eine gezielte Personalauswahl

[43] Sparrer und von Kibéd haben aus der Familienaufstellung Hellingers die metasystemischen Kriterien für Ordnungsparadigma in Organisationen abgeleitet (Weber 2000, S. 91-99). Insa Sparrer spricht von systemischer Hierarchie, das ist die informelle Ordnung für den Rang von Organisationsmitgliedern und für den Austausch von Geben und Nehmen zwischen ihnen und der Organisation. Die systemischen und meta-systemischen Kriterien stehen im Dienst der Entwicklung der Organisation und schützen das System vor Sabotage. (Beispiele und eine Einführung s. Krizanits, Gamm 2004, 219-243).
Im ersten, „Systemexistenz" genannten Ordnungsparadigma gilt das Prinzip der Gleichwertigkeit der Zugehörigkeit. Im Paradigma des „Systemwachstums" gilt das Ordnungsprinzip der direkten Zeitfolge: Früher in Führungsverantwortung eingetretene Mitglieder haben Vorrang vor den später Dazu-Kommenden. Gründet eine Organisation eine neue Niederlassung gilt: „Das neue System hat Vorrang vor dem alten" und darf nicht gegängelt werden. In der Krise gilt das „Prinzip der Immunkraft": Diejenigen, die mehr Einsatz zeigen, haben Vorrang. Dass Personen aufgrund ihres Könnens und ihrer Leistung Rang, Ansehen und Honorierung bekommen, ist nur im „Paradigma der differenzierten Organisation" „in Ordnung". Dort soll der Vorrang von Können den Zugang der Organisation zu Ressourcen sichern. Der Vorrang von Leistung soll der Organisation die Leistungsbereitschaft sichern.
Über diesen systemischen Prämissen bzw. Paradigmen für Ordnung im sozialen System liegen zwei meta-systemische Prinzipien: Das erste betrifft die Rangfolge der Paradigmen untereinander; diese kann man sich vorstellen wie eine Maslow'sche Bedürfnishierarchie mit der Reihenfolge der Paradigmen Systemexistenz, Systemwachstum, Systemdifferenzierung; Systemreproduktion und Systemimmunisierung sind quasi Sonderfälle. Das zweite meta-systemische Kriterium heißt: Das Gegebene muss (öffentlich) anerkannt werden. Das wird besonders wichtig, wenn es

[44] Informationsbasis für viele der im Folgenden dargestellten Zusammenhänge und Thesen sind ca. 400 etwa ein- bis eineinhalbstündige Interviews der Autorin mit Ausbildungskandidaten in den letzten 8 Jahren, in denen u.a. deren professionale Entwicklung erfragt wurde. 2005 erschien ein erster Artikel zum Thema „Von der OE zur UE" über das geänderte Aufgabenverständnis der Organisationsentwicklung auf dem Weg zur Unternehmensentwicklung. 2007 erschien ein weiterer Artikel, der das gemeinsame Rollenbild der Internen Beratungsfunktionen vorstellte. In einem Workshop der Forschergruppe Neuwaldegg im Januar 2009 fand ein vertiefender Dialog mit Praktikern statt zum Thema „Unternehmen entwickeln, Organisationen professionalisieren – Das neue Aufgabengebiet der Organisationsentwicklung". Die Ergebnisse werden im Buch „Organisationsberatung. Intern. Die Entwicklung der Organisationsentwicklung" vorgestellt (Krizanits 2009/10).

[45] Die Studie der Bayer Business Services und der European Business School führt als Ergebnis an, dass sich seit 2001 ein Trend zur Gründung kleinerer und mittelgroßer Beratungseinrichtungen zeigt. Geschätzte 2000-2600 BeraterInnen arbeiten allein in den Internen Consulting Einheiten von 100 – 150 Konzernen Diese Zahlen weisen auf den unter dem Label „Inhouse Consulting" geführten Beratungsbedarf großer Konzerne hin; sie ermöglichen natürlich keinen Rückschluss auf einen spezifischen Beratungsansatz.

[46] Berücksichtigt wurden hier die Curricula für systemische Organisationsentwicklung, die 2009 bei ISB, Trigon, Grundig Akademie, Simon, Weber & Friends, HSI, MZW, Beratergruppe Neuwaldegg, Königswieser & Network, IFF, oezpa, alwart & Team, IOS Schley & Partner, Trias Institut angeboten wurden. Pro Terminangebot wurden 18 TeilnehmerInnen angenommen.

[47]Ein OE-Effekt einer PE-Maßnahme kann beispielsweise sein, wenn im Kommunikationstraining das generelle Thema der Gestaltung der Regelkommunikation bearbeitet wird Ein Beispiel für einen PE-Effekt einer OE-Maßnahme ist, wenn Führungskräfte nach einem Strategieprozess ihre strategische Kompetenz und ihr Entscheidungsverhalten verbessert haben.

[48] In dem von M. Kubr /ILO 2002 in 4. Auflage verfassten Buch: „Management Consulting – A guide to the profession" wird Unternehmensberatung so definiert: „Management consulting is an independent professional advisory service assisting managers and organizations to achieve organisational purposes and objectives by solving management and business problems, identifying and seizing new

„Management consulting is an independent professional advisory service assisting managers and organizations to achieve organisational purposes and objectives by solving management and business problems, identifying and seizing new opportunities, enhancing learning and implementing changes" (Kubr 2002, S. 10).

[49] Diese Unabhängigkeit wird im Organigramm durch die „dotted-line" zum Ausdruck gebracht: Interne BeraterInnen sind in der Regel einer Business Unit zugeordnet und unterstehen disziplinär dem Management dort. Fachlich jedoch unterstehen sie den Weisungen des fachlichen Vorgesetzten. Die internen BeraterInnen eines Fachbereichs haben eine eigene Regelkommunikation über fachliche Belange. Siehe Endnote 57.

[50] In seinen Büchern "Human Resource Champions" und "The HR Value Proposition vertritt der US-amerikanische Professor David Ulrich ein Rollenmodell für HR, das vier Dimensionen umfasst: HR als Partner des Managements in strategischen Themen, HR als Funktion für alle in Shared Services abzuwickelnden Administrationsaufgaben, HR als Employee Champion, als Ansprechstelle für alle Fragen der Gestaltung der Mitarbeiterentwicklung und HR als Change Agent. Der Schwerpunkt in Ulrichs Rollenbild liegt auf dem Beitrag von HR zur Wertsteigerung des Unternehmens.

[51] Kolbeck weist auf die Praxis dieser induktiven Vorgehensweise hin: „Klassische Unternehmensberatungen sammeln Wissen über Praktiken, Methoden und Märkte. ... Mitunter nehmen Beratungsunternehmen auch in Anspruch, nicht nur Erfahrungswissen, sondern „best practices" zu übertragen" (Kolbeck 2001, S. 17).

[52] Meilensteine in der Entwicklung von Beratung:
o Das erste Beratungsunternehmen wurde 1886 vom MIT Professor Arthur D. Little gegründet. 1914 folgte Booz Hamilton, 1920 McKinsey, 1926 A.T. Kearney. Diese Beratungsfirmen expandieren im US-amerikanischen Raum.
o In den 60er-Jahren internationalisieren die großen Beratungsunternehmen und gründen Niederlassungen in westeuropäischen Großstäden.
o Neue Beratergruppen spalten sich ab, wie die Boston Consulting Group, die 1963 vom Vicepresident der A.D. Little gegründet wird, 1973 entsteht die Bain & Company.
o Mitte der 70er-Jahre entstehen kleinere Beratergruppen, die im Englischen „boutique" Beratungen genannt werden; im Gegensatz zu den diversifizierten großen Beratungsunternehmen spezialisieren sie sich auf bestimmte Beratungsfelder.
o Ende der 80er-Jahre etabliert sich der Begriff der Organisationsberatung.

optimieren" hat der Boom der internen Beratungsfunktionen begonnen: „Die meisten internen Beratungen sind erst ab Mitte der 90er-Jahre entstanden (vgl. Hoyer 2000, S. 66)", zitiert in Mohe 2002, S. 258.

[54]Dazu ein Beispiel: Nehmen wir die gesellschaftliche Herausforderung der Bevölkerungsüberalterung. Von ihren eigentlichen Leitdifferenzen her würden das Gesundheitssystem, das Bildungssystem, das Pensionssystem, die Politik das Problem folgendermaßen beobachten: Wie gesund / krank sind alte Leute, wie viel Bildung / nicht Bildung brauchen alte Leute, wie soll die Pensionsfürsorge für alte Leute aussehen, wie viel Macht oder Ohnmacht haben alte Leute in der Vertretung ihrer Interessen? Mit dem Beobachtungsfokus der Wirtschaftsorganisation würden alle Funktionssysteme das Problem unter dem Aspekt von Geld-Haben / -Nicht-Haben deklinieren: Was darf die Gesundheit, Bildung und Pensionsfürsorge für alte Leute den Staat kosten, was kostet die Wählerstimme eines alten Menschen? Der Effekt: Einerseits reden die betroffenen Funktionssysteme nicht mehr so aneinander vorbei, sondern können sich in übergreifenden Entscheidungsprämissen koordinieren. Sie kommen halbwegs in vergleichbarer Zeit zu Antworten. Andererseits werden viele Beobachtungskriterien ausgefiltert – das ist eben der Aspekt der Verarmung.

[55] In der ZOE 01, 2001, werden Ulrich Beck, Klaus Doppler, Eckard Minx, Manfred Moldaschl, Karsten Trebesch und Rudolf Wimmer genannt. Einige von ihnen waren Gründungsmitglieder der Gesellschaft für Organisationsentwicklung, die sich Mitte der 90er-Jahre aufgelöst hatte. Diese Gesellschaft hatte sich 1980 mit dem Ziel gegründet, die Professionalisierung der OE im deutschsprachigen Raum voranzutreiben. Ihre Mitglieder vertraten Beratungsansätze aus OE, Change Management und systemischer Beratung.

[56] Möglicherweise hat dazu damals auch eine Bereitschaft des Feldes beigetragen, sich verunsichern zu lassen die möglicherweise mit einer generellen Verunsicherung der Funktionsinhaber angesichts der unscharfen, emergierenden Funktion in den Organisationen zusammenhing.

[57]Das Dotted-Line-Prinzip bezeichnet in der betriebswirtschaftlichen Organisationslehre eine Teilung der fachlichen und disziplinarischen Unterordnung. Der Begriff kommt daher, dass im Organigramm fachliche Weisungsbeziehungen als gestrichelte Linie (dotted line) dargestellt werden. In der betriebswirtschaftlichen Literatur wird das Dotted-Line-Prinzip vor allem im Bereich der Organisation des Controllings diskutiert. Quelle: http://de.wikipedia.org/wiki/Dotted-Line-Prinzip
Das Dotted-Line-Prinzip soll sicherstellen, dass einerseits eine interne

Dotted-Line-Prinzip vor allem im Bereich der Organisation des Controllings diskutiert. Quelle: http://de.wikipedia.org/wiki/Dotted-Line-Prinzip

Das Dotted Line-Prinzip soll sicherstellen, dass einerseits eine interne Beratungsfunktion dezentral, d.h. nah am Geschäft die dortigen Führungskräfte unterstützt; sie ist disziplinarisch der Verfügung und Weisung der dortigen Führung unterstellt. Andererseits soll es sicherstellen, dass die professionalen Standards nicht durch Opportunitäten des Geschäfts „gebeugt" werden; dazu dient die fachliche Weisungsunterstellung unter den Fachvorgesetzten.

[58] Wikipediaeintrag zum BDU, 4.8.09: Der Bundesverband Deutscher Unternehmensberater BDU e. V. ist der Wirtschafts- und Berufsverband der Managementberater und Personal-berater in Deutschland. Er ist der größte Unternehmensberater-Verband in Europa.

Wichtige Aufgaben des BDU bestehen darin, die wirtschaftlichen und rechtlichen Rahmenbedingungen der Consultingbranche positiv zu beeinflussen und Qualitätsmaßstäbe durch Berufsgrundsätze zu etablieren, um den Leistungsstandard der Branche zu erhöhen und weiterzuentwickeln. Darüber hinaus bietet der Verband Serviceleistungen und praktische Hilfestellungen für seine Mitglieder. In den zur Zeit 13 Fachverbänden treffen sich die einzelnen Experten der Mitgliedsunternehmen regelmäßig zum fachlichen Erfahrungsaustausch und zur Weiterbildung. Aus dieser Arbeit entstehen sowohl neue Beratungskonzepte als auch ein Beziehungsgeflecht von Know-how, das zunehmend in strategischen Allianzen mündet.

Im Verband sind rund 16.000 Berater organisiert, die sich auf 550 Mitgliedsfirmen verteilen. Die Mitgliedsunternehmen im BDU erzielten 2002 einen Gesamtumsatz von 3,2 Milliarden Euro und konnten somit ihren Marktanteil bei rund 26 Prozent stabilisieren.

Der BDU ist 1954 gegründet worden und vertritt seitdem die Interessen der Unternehmensberater in Deutschland. Die Mitgliedschaft in dem Verband erlangt man erst, indem man fünf Jahre Beratungserfahrung nachweist, drei Kundenrefrenzen übermittelt, zwei Aufnahmegespräche mit schon bestehenden Mitgliedern absolviert sowie einen Gewerbezentralregisterauszug und ein polizeiliches Führungszeugnis einreicht. Die Mitglieder unterliegen zudem speziellen Berufsgrundsätzen, die durch ein Ehrengericht kontrolliert werden.

[59] Siehe z.B. Fußnote 9

[60] So hat sich beispielsweise die International Group for Controlling erst Mitte der 90er-Jahre konstituiert, 25 Jahre nach Beginn des boomenden Ausbildungsmarktes. Förderlich für diesen langwierigen und sozial komplexen Prozess war, dass es mit

Albrecht Deyhle eine unangefochtene, souveräne Gründerfigur gab, die diesen Prozess aktiv und ohne machtpolitische Motive betrieb. Vorher hatte der internationale Controller Verein e.V. viele Jahre lang immer wieder Professionsstandards und –richtlinien herausgegeben. Jedes Jahr gab es den 600 Besucher umfassenden Controller Congress mit Themen zum State of the Art. Bis zur Gründung der IGC hatte sich die Professionsethik des Controllers soweit im Professionsfeld gefestigt, dass eine Kooperation vieler miteinander konkurrierender Ausbildungs- und Beratungsunternehmen möglich war. Diese waren auch von Deyhle explizit eingeladen worden.

[61]Die berufsstrukturellen Professionskriterien sind einem Erkenntnis- und Organisationsbild verhaftet, das womöglich den eigenen Organisationsbiotop der Akademia eher beschreibt als emergierende gesellschaftliche Entwicklungen. Dieses Bild geht von der maßgeblichen Legitimität hierarchischer, zentralistischer Willensbildungsstrukturen aus. Es spiegelt ein Verständnis von gradliniger Steuerung, das bestenfalls auf einfache Regelbürokratien passt, keinesfalls aber auf die komplexen Systeme, als die sich die meisten Organisationen heute angemessener Weise beschreiben lassen. Es drückt ein positivistisches Verständnis von Wissen aus, das von objektivierbaren Standards und Wahr-Falsch-Fakten ausgeht. Warum sollten denn Organisationsentwickler und –berater ihr Feld in einer Weise organisieren, die diametral gegen die Entwicklungen in Organisationen und gegen ihre eigene Expertise steht?

Dazu die Sektion Professionssoziologie der Deutschen Gesellschaft für Soziologie: „Dabei lässt sich allerdings kaum noch ignorieren, dass der aus dem Bemühen um eine trennscharfe Charakterisierung des Gegenstands resultierende Disput darüber, welchen Berufsgruppen aufgrund welcher Merkmale nun tatsächlich der Status einer Profession zuzusprechen bzw. abzuerkennen sei, längst nur noch selten erkenntnisgenerierende oder gar richtungweisende Impulse gibt. Gegenüber diesem eher ‚statischen' Professionsverständnis erweitert sich bereits mit der Zuwendung zu ‚Professionalisierung' im Verstande der Herausbildung von Professionen bzw. der Entwicklung von Berufen zu Professionen der Blick um Prozesse sozialen Wandels."
http://www.professionssoziologie .de/?page_id=9

[62] „Überdies erweitert der Begriff der Professionalisierung den thematischen Fokus in mindestens zweierlei Hinsicht: Auf der einen Seite geraten damit individuelle Sozialisationsprozesse, d.h. das Einüben des Einzelnen in professionelles Handeln sowie die Ausbildung bzw. Übernahme eines professionellen Habitus, in den Blick, auf der anderen Seite eröffnet sich damit der Anschluss an aktuelle Diskussionen, die in den Sozial- und Kulturwissenschaften gegenwärtig unter den Schlagworten

spezifischen, institutionalisierten Kompetenz – die Deckung der Komponenten ‚Befugnis', ‚Bereitschaft' und ‚Befähigung' voraussetzt. Die Frage, aufgrund welcher (Arten und Weisen von) Darstellungen wir Akteuren Professionalität attestieren, eröffnet dergestalt ein noch weitgehend unergründetes Forschungsterrain, auf dem z.B. alltagssprachliche Konnotationen der Attribuierung und Qualifizierung von Haltungen und Handlungen als ‚professionell' keinesfalls ignoriert werden dürfen." http://www.professionssoziologie.de/?page_id=9

[63]Wir können das z.B. bei der Mediation beobachten. In dem Maß, wie unsere Gesellschaft pluralistischer, diversifizierter, unerschiedsreicher wird, entstehen auch unendlich viele Interessenlagen. Der Versuch, über die Verabschiedung von Gesetzen all diesen Interessenlagen Rangordnungen, Kriterien für den Interessensausgleich und Rechtschutz zuzuweisen, ist zum Scheitern verurteilt. Ein professionelles Verfahren für den außergerichtlichen Interessenausgleich ist hingegen eine neuartige Lösung für dieses neue gesellschaftliche Problem.

[64]Seine Lebensgefährtin, Kathleen Dannemiller, erfand die RTSC (Real Time Strategic Change Conference).

Düne, Sylt, Fotografie by Wesco Taubert©

2 Abkürzungen

BGN, Beratergruppe Neuwaldegg, Gesellschaft für Unternehmensberatung und Organisationsentwicklung GmbH, Wien, www.neuwaldegg.at

CONECTA Wiener Schule der Organisationsberatung, Wien, www.conecta.com

DBVC, Deutscher Bundesverband Coaching e.V. www.dbvc.de

DGSF, Deutsche Gesellschaft für Systemische Therapie und Familientherapie e.V., Köln, www.dgsf.org

DGSv, Deutsche Gesellschaft für Supervision e.V. www.dgsv.de

EIT, European Institute of Innovation and Technology EIT: (European Institute for Trans-National Studies in group and Organisational Development), http://ec.europa.eu/eit

GDI, Gottlieb Duttweiler Institut, www.gdi.ch

HIS, Helm Stierlin Institut e.V., Heidelberg, www.hsi-heidelberg.com

HR Human Relations, Personalentwicklung

IFF, Fakultät für Interdisziplinäre Forschung und Fortbildung, Alpen-Adria Universität Klagenfurt, www.uni-klu.ac.at/iff/inhalt/1.htm

IGST, Internationale Gesellschaft für Systemische Therapie e.V., Heidelberg, www.igst.org

ILO, International Labour Organisation, Geneva, www.ilo.org

Incite, incite Ausbildungs- und Schulungsveranstaltungs GmbH, Wien, www.incite.at

Institut Hephaistos, Horn-Heine Karin, Eidenschink Klaus, München, www.hephaistos.org

IST, Institut für Systemische Therapie, Wien, www.ist.or.at

KÖNIGSWIESER & NETWORK, Systemische Beratung und Entwicklung GmbH, Wien, www.koenigswieser.net

Lalosta, Beratungssozietät Lanzenberger Dr. Looss und Stadelmann, Weiterstadt, www.lalosta.de

MCV, Management Center Vorarlberg GmbH & CO KG, Management- und Organisations.Entwicklung, Lustenau, www.mcv.at

Milton-Erickson-Institut, Dr. Gunther Schmid, Heidelberg, www.meihei.de

MRI, Mental Research Institute, Palo Alto, CA 94301, www.mri.org

MZW, Management Zentrum Witten GmbH, Berlin, www.mz-witten.de

MZSG, Management Zentrum St. Gallen

N.P.I. Niederländisches Pädagogisches Institut,
wikipedia.org/wiki/Bernard_Lievegoed

ÖAGG, Österreichischer Arbeitskreis für Gruppentherapie und Gruppendynamik,
Wien, www.oeagg.at

OD, Organisational Development, der englische Begriff für OE,
Organisationaentwicklung,

OE, Organisationsentwicklung

ÖGGO, Österreichische Gesellschaft für Gruppendynamik und
Organisationsberatung, Klagenfurt, www.oeggo.at

OSB international, OSB international Consulting AG, Berlin, www.osb-i.com

Professio GmH, Ansbach, www.professio.de

SBL Systemische Berater Langzeitgruppe

Simon, Weber & Friends GmbH, Heidelberg, www.simon-weber.de

Systemische Gesellschaft Deutscher Verband für Systemische Forschung, Therapie,
Supervision und Beratung e.V., Berlin, www.systemische–gesellschaft.de

TA, Transaktionsanalyse

Trias Institut GmbH, Niederlassung Baar, Baar, www.trias.ch

Trigon Entwicklungsberatung GmbH, Wien, www.trigon.at

UCLA, University Of California, Los Angeles www.ucla.edu
WISL, Wieslocher Institut für systemische Lösungen, www.wieslocher-institut.com

3 Abbildungsverzeichnis

4 Literaturverzeichnis

BAECKER, D. (2003) Organisation und Management, Suhrkamp

BATESON, G. (1972) Ökologie des Geistes. 6. Aufl. 1996, Frankfurt a.M.: Suhrkamp

BAUER, J. (2006) Prinzip Menschlichkeit, BAUER, J. (2008) Das kooperative Gen, Hoffmann und Campe

BAUMGARTNER, I./HAEFELE, W./SCHWARZ, M./SOHM, K. (1988) OE-Prozesse. Die Prinzipien systemischer Organisationsentwicklung. Ein Handbuch für Beratende, Gestaltende, Betroffene, Neugierige und OE-Entdeckende. Bern, Stuttgart, Wien: Haupt-Verlag

BAYER Business Services (2009) Der Inhouse Consulting Markt in Deutschland; Unveröffentlichte Studie in Zusammenarbeit mit dem Institute of Industrial Service Management (Univ. Prof. Ansgar Richter) am Lehrstuhl für Strategie und Organisation, European Business School

BECKHARD, R. (1969) Organizational Development. Reading, MA: Addison-Wesley

BEER, S. (1969) Diagnosing the Systems for Organisations, John Wiley and Sons

BENNIS, W.G. (1969) Organization Development: Its Nature, Origins, and Prospects. New York: Addison-Wesley

BENNIS, W.G. (2008) Das Konzept der Organisatonsgesundheit, Profile , Internationale Zeitschrift für Veränderung, Lernen, Dialog, Vol 15, 2008

BERGHAUS, M. (2003) Luhmann leicht gemacht. 2. Aufl. Köln: Böhlau-Verlag

BERTANLANFFY, L.v. (1968) General System Theory: Foundations, Development, Applications. New York: Brazciller

BOOS, F./HEITGER, B. (2004) Veränderung – systemisch. Management des Wandels, Praxis, Konzepte und Zukunft. Stuttgart: Klett-Cotta

BRIGGS, J./PEAT, F.D. (1990) Die Entdeckung des Chaos. Eine Reise durch die Chaos Theorie. München, Wien: Carl Hanser Verlag

CAPRA, F. (1991) Wendezeit. Bausteine für ein neues Weltbild. Aktualisierte Ausgabe. München: DTV Sachbuch, engl. Erstausgabe 1982

CUMMINGS, T./WORLEY, C. (1995) Organization Development and Change. Cincinati, OH: South Western College

DOERNER, D. (1989) Die Logik des Mißlingens. Strategisches Denken in komplexen Situationen. Reinbeck: Rowohlt

DOPPLER, K./LAUTERBURG, C. (2002) Change Management. Den Unternehmenswandel gestalten. Franfurt a.M.: Campus

DYER, W.G. (1985) The cycle of cultural evolution in organizations.In: Steinmann, H./Schreyögg, G. (1997) Management, Grundlagen der Unternehmensführung, 4. Aufl. Gabler

EMERY, F.E./TRIST, E.L. (1959) Socio-technical Systems, paper presented at the 6th Annual International Meeting oft he Institute of Management Sciences , Paris, France

EXNER, A./KÖNIGSWIESER, K./TITSCHER, S. (1987) Unternehmensberatung – systemisch. Theoretische Annahmen und Interventionen im Vergleich zu anderen Ansätzen. In: Die Betriebswirtschaft 3/47, S. 265-284

FATZER, G: (2009/1991): Die Gruppe als Methode, EHP Verlag

FATZER, G. (Hrsg.) (2003/1990): Supervision und Beratung, EHP Verlag

FATZER, G. (Hrsg. 2005): Nachhaltige Transformationsprozesse in Organisationen, EHP

FISCHER, G. (198)9 Einmal im Kreis und zurück, in: manager magazin 5/1989,S.228-231

FOERSTER, H. von (1993) KybernEthik. Berlin: Merve Verlag

FOERSTER, H. von,/GLASERSFELD, E.v. (1999) Wie wir uns erfinden. Eine Autobiographie des radikalen Konstruktivismus. Heidelberg: Carl-Auer-Systeme Verlag

FOERSTER, H. von (1999) Sicht und Einsicht, Versuch einer operativen Erkenntnistheorie, Carl-Auer-Systeme Verlag

FRENCH, W.L./BELL, C.H. jr (1984/1982) Organisation Development, 3. Aufl. 1984, Englewood Cliffs, N.Y; 1. Aufl 1973; deutsch: Organisationsentwicklung, 2. Auflage Bern/Stuttgart 1982)

FRÖHLICH, C. (2009) Im Gespräch mit Roswita Königswieser, Erik Lang, Rudolf Wimmer: Komplementärberatung – Quantensprung oder Übergangsphänomen, in: Zeitschrift Organisationsentwicklung, 1/09, S. 46 -53

GEUS, A.d. (1998) Jenseits der Ökonomie. Die Verantwortung der Unternehmen. Stuttgart: Klett-Cotta

GLASL, F./KALCHER, T./ PIBER, H. (2005) Professionelle Prozessberatung. Das Trigon Modell der sieben OE-Prozesse. (Hrsg.) Bern, Stuttgart, Wien: Haupt-Verlag

GLASL, F./LIEVEGOED, B. (2004) Dynamische Unternehmensentwicklung. Grundlagen für nachhaltiges Change-Management. 3. überarbeitete und erweiterte Aufl. Bern, Stuttgart, Wien: Haupt-Verlag

GRAF, J. (Hrsg.) (2006, 2007, 2008, 2009) Seminare 2006 …, Das Jahrbuch der Managemnt-Weiterbildung, managerSeminare

GREINER, L.E. (1972) Patterns of Organisation Change, in: HBR, 07/08 1972, pp37-46

GROSSMANN, R./KRAINZ, E./OSWALD, M. (1995) Veränderung in Organisationen. Management und Beratung. (Hrsg.) Wiesbaden: Gabler

GROTH, T./WIMMER, R. (2004) Konstruktivismus in der Praxius: Systemische Organisationsberatung, in: von Ameln, F. (Hsg.): Konstruktivismus, A. Francke Verlag Tübingen

HAEFELE, W. (2007) OE-Prozesse initiieren und gestalten, Ein Handbuch für Führungskräfte, Berater/innen und Projektleiter/innen, Haupt Verlag

IFM, Institut für Mittelstandforschung (2007) Die volkswirtschaftliche Bedeutung der Familienunternehmen, Stiftung Familienunternehmen, Bonn

KÖNIG, E./VOLMER, G. (1993) Systemische Organisationsberatung – Grundlagen und Methoden. 6. Aufl. 1999, Weinheim: Deutscher Studien Verlag

KÖNIGSWIESER, K./PELIKAN, J. (1990) Anders –gleich – beides zugleich. In: Gruppendynamik, Heft1 1990

KÖNIGSWIESER, R./LUTZ, C. (1992) Das systemisch-evolutionäre Management. Wien: Orac-Verlag

KÖNIGSWIESER, R./EXNER A. (1998) Systemische Intervention – Architekturen und Designs für Berater und Veränderungsmanager. Stuttgart:: Klett-Cotta

KÖNIGSWIESER, R./HILLEBRAND, M. (2004) Einführung in die systemische Organisationsberatung. Heidelberg: Carl-Auer-Systeme

KÖNIGSWIESER R./SONUC E./GEBHARDT J./HILLEBRAND M. (2006) Komplementärberatung, Das Zusammenspiel von Fach- und Prozessberatung, Klett-Cotta

KOLBECK, C. (2001) Zukunftsperspektiven des Beratermaktes. Eine Studie zur klassischen und systemischen Beratungsphilosophie, DUV

KRIZANITS, J./GAMM, U.(2004) Ordnung in der Organisation – wie Change die Ordnung auf den Kopf stellt und wann das in Ordnung ist. In: Boos, F., Heitger, B.: Veränderung systemisch, Management des Wandels, Praxis, Konzepte und Zukunft, Klett Cotta, Stuttgart

KRIZANITS, J. (2005a) Von der OE zur UE – von den Veränderungen im Tätigkeitsspektrum und gelebten Selbstverständnis der OE auf dem Weg von der Organisationsentwicklung zur Unternehmensentwicklung, in: Fatzer, G. Gute Beratung von Organisationen, EHP Verlag

KRIZANITS, J. (2005b) Organisationsaufstellungen als Beratungsansatz, in Fatzer (Hrsg.): Gute Beratung von Organisationen, EHP Verlag

KRIZANITS, J. (2007a) Inhouse Beratung: Was interne Entwicklungshilfe leistet, in: Seminare 2007, Das Jahrbuch der Management-Weiterbildung, managerSeminare Verlags GmbH

KRIZANITS, J. (2007b) Coaching versus Organisationsentwicklung – Hat Coaching der OE den Rang abgelaufen? In: Profile, Internationale Zeitschrift für Veränderung, Lernen, Dialog, Heft 14, 2007

KRIZANITS, J. (2008) Wie un/politisch ist die Organisationsberatung? In: Internationale Zeitschrift für Veränderung, Lernen, Dialog, Heft 15, 2008

KRIZANITS, J. (2009) Wie Unterlagen zum Workshop der Forschergruppe Neuwaldegg, 21.-22.01.2009: Unternehmen entwickeln, Organisationen professionalisieren, Das Aufgabengebiet und Rollenverständnis der internen Organisationsberatung, Wien

KRIZANITS, J. (2009/10) Organisationsberatung. Intern. Die Entwicklung der Organisationsentwicklung, Facultas, passion4profession

KUBR, M. (2002) Management Consulting. A Guide to the Profession, International Labour Office, Geneva

KÜHL, S. (2001) Von den Schwierigkeiten, aus einem Handwerk eine Profession zu machen, Sieben Szenarien zur Zukunft der Organisationsentwicklung, in: ZOE, Zeitschrift für Organisationsentwicklung 1, 2001

KUHN T. (2002) Die Struktur wissenschaftlicher Revolutionen. Frankfurt a.M.: Suhrkamp Taschenbücher Wissenschaft

LIPPIT, R. (2000) Preferred Futuring, The Power to Change Whole Systems, Lippit&Carter Consulting, Seminarunterlagen

LOOSS, W. (1989) Hofnarr, Hausarzt, Hohepriester – Erscheinungsformen der Unternehmensberatung, in: Hernsteiner, Fachzeitschrift für Management Entwicklung, Heft 3/89, Wien

LOOSS, W. (2006) Unter vier Augen: Coaching für Manager, EHP, Bergisch Gladbach (korr. Neuausg. Erstauflage 1991)

LOOSS, W. (2003) Anmerkungen zur Entwicklung des Beratermarktes. In: Zeitschrift für Organisationsentwicklung 3/03

LUHMANN, N. (1989), Kommunikationssperren in der Unternehmensberatung, in: LUHMANN, N./FUCHS, P. Reden und Schweigen, S. 209-227, Suhrkamp, Frankfurt

LUHMANN, N. (1984, 2001) Soziale Systeme. Grundriss einer allgemeinen Theorie. Frankfurt a.M.: Suhrkamp Taschenbuch

LUHMANN, N. (2000) Organisation und Entscheidung. Opladen/Wiesbaden: Westdeutscher Verlag

LUHMANN, N./BAECKER, D. (2004) Einführung in die Systemtheorie (Hrsg.) Heidelberg: Carl-Auer-Systeme

MALIK, F. (2003) Strategie des Managements komplexer Systeme. 8. Aufl. Bern, Stuttgart, Wien: Haupt, erste Auflage 1984

MALIK, F. (2004) Systemisches Management, Evolution, Selbstorganisation. 2. Aufl. Bern, Stuttgart, Wien: Haupt

MARROW, A.J. (1977) Kurt Lewin – Leben und Werk. Stuttgart: Ernst Klett Verlag

MATURANA, H./VARELA F.J. (1990) Der Baum der Erkenntnis. Goldmann

McGREGOR, D. (1960) The Human Side of the Enterprise, New York; deutsch: 1973: Der Mensch im Unternehmen, Düsseldorf

MOHE, M./PFRIEM, R. (2001) Inhouse Consulting – von drinnen nach draußen. In: Breidenstein, F./Hafemann, M./Lukas, A. (HG.), Consulting in Deutschland 2001: Jahrbuch für Unternehmensberatung und Management, Frankfurt s.Main, S.93-98

MOHE, M./HEINECKE, H.J.,/PFRIEM, R. (2002) Consulting – Poblemlösung als Geschäftsmodell, Theorie, Praxis, Markt, Klett Cotta, Stuttgart

NAGEL, R./WIMMER, R. (2002) Systemische Strategieentwicklung. Stuttgart: Klett-Cotta

(ÖGGO) WIMMER, R. (1992) Organisationsberatung – Neue Wege und Konzepte. (Ed.) Wiesbaden: Gabler (auch eingetragen unter WIMMER, s.u.)

(ÖGGO) GROSSMANN, R./ KRAINZ, E. OSWALD, M. (1995) Veränderung in Organisationen, Management und Beratung, Gabler, Wiesbaden

(ÖGGO) DAHLHEIMER, V./KRAINZ, E./OSWALD, M. (1997/98) Changemanagement – auf Biegen und Brechen. Revolutionäre und evolutionäre Strategien der Organisationsberatung Gabler, Wiesbaden

(ÖGGO) KRAINZ, E./SIMSA, R. (1998) Die Zukunft kommt – wohin geht die Wirtschaft? Gesellschaftliche Herausforderungen für Organisationsberatung und Management, Gabler Wiesbaden

(ÖGGO) LOBNIG, H./SCHWENDENWEIN, J./ZVACEK, L. (Hg. 2003) Beratung in der Veränderung, Grundlaggen, Konzepte, Beispiele, Gabler, Wiesbaden

PECHTL, W. (1989) Zwischen Organismus und Organisation, Wegweiser für Führungskräfte

REICHLE, F. (2006) Monte Grande: What is Life?, Film über Francisco Varela, Starring: Francisco Varela, H.H. Dalai Lama, Director: Franz Reichle

RÜEGG-STÜRM, J.(2003) Das neue St. Galler Management-Modell, Grundkategorien einer integrierten Managementlehre. Der HSG Ansatz, Haupt Verlag

SATIR, V. (1997) Familienbehandlung. Kommunikation und Beziehung in Theorie, Erleben und Therapie. Lambertus-Verlag

SATIR, V./BANMEN, J./GEBER, J./KIERDORF V./JUNFERMANN, T. (2000) Das Satir-Modell. Familientherapie und ihre Erweiterung. Taschenbuch

SCHARMER, C.O. (2009) Theorie U: Von der Zukunft her führen: Prescencing als soziale Technik. Carl-Auer-Systeme. Gebundene Ausgabe

SCHEIN, E. (1969) Process Consultation, Ist Role in Organisational Development, Reading, MA. Addison Wesley Publishing Company, deutsch: SCHEIN, E.H. (2000) Prozessberatung für die Organisation der Zukunft. Der Aufbau einer helfenden Beziehung. Bergisch-Gladbach: EHP Organisation

SCHEIN, E. (1992) Organizational Culture and Leadership. Second ed. 1992. San Francisco: Jossey-Bass Inc. Publishers

SCHEIN, E. (2003) Organisationskultur. The Ed Schein Corporate Cultural Survival Guide. Bergisch-Gladbach: EHP Organisation

SCHLIPPE, A.v./SCHWEITZER, J. (2000) Lehrbuch der systemischen Therapie und Beratung. 7. Aufl. Göttingen: Vandenhoeck & Ruprecht

SCHMIDT G. (2004) Liebesaffairen zwischen Problem und Lösung, Hypnosystemisches Arbeiten in schwierigen Kontexten, Carl-Auer Verlag

SCHMITZ, C./HEITGER, B./GESTER, P.W. (1992) Managerie. 1. Jahrbuch – Systemisches Denken und Handeln im Management. 2. korrigierte Aufl. 1993; 2. Jahrbuch 1993, 3.

Jahrbuch 1995, 4. Jahrbuch 1997, 5. Jahrbuch 1999, Heidelberg: Carl-Auer-Systeme Verlag

SCHUH, S. (2008) Führung als Profession. In: Sackmann, S. Mensch und Ökonomie, Gabler

SELVINI-PALAZZOLI, M. et al. (1978) Paradoxon und Gegenparadoxon. Stuttgart: Klett-Cotta

SELVINI-PALAZZOLI, M. et al. (1984) Hinter den Kulissen der Organisation. Stuttgart: Klett-Cotta

SENGE, P.M. (1996) Die fünfte Disziplin. Stuttgart: Klett-Cotta

SENGE, P.M./KLEINER, A./SMITH, B./ROBERTS, C./ROSS, R. (1997) Das Fieldbook zur Fünften Disziplin. Stuttgart: Klett-Cotta

SHAZER de, S. (1988), Clues: Investigating Solutions in Brief Therapy, W.W. Norton

SIMON, F.B./Conecta (1992) "Radikale" Marktwirtschaft. Grundlagen des systemischen Managements. Heidelberg: Carl-Auer-Systeme

SIMON, F.B./RECH-SIMON, C. (1999) Zirkuläres Fragen. Systemische Theorie in Fallbeispielen: Ein Lernbuch. Heidelberg: Carl-Auer-Systeme Verlag

SIMON, F.B. (1999) Unterschiede, die Unterschiede machen. Klinische Epistemologie: Grundlage einer systemischen Psychiatrie und Psychosomatik. Frankfurt a.M.: Suhrkamp

SIMON, F.B./ULRICH, C./STIERLIN, H. (2004) Die Sprache der Familientherapie. Ein Vokabular: Kritischer Überblick und Integration systemtheoretischer Begriffe, Konzepte und Methoden, Klett-Cotta

SIMON, F.B. (2006) Einführung in Systemtheorie und Konstruktivismus. Carl-Auer-Compact

SIMON, F.B. (2007) Einführung in die systemische Organisationstheorie. Carl-Auer-Compact

SIMON, F.B. (2009) Einführung in die Wirtschaftstheorie, Carl Auer kompakt

SIMON, H.A. (1982) Models of Bounded Rationality. 2 Bde, Cambridge,MA, MITn Press

SPARRER, I./VARGA VON KIBED, M. (2000) Ganz im Gegenteil. Tetralemmarbeit und andere Grundformen Systemischer Strukturaufstellungen im Organisationsbereich, Carl Auer Systeme, Heidelberg

SPARRER, I. (2006) Wunder, Lösung und System Carl-Auer-Systeme

SPENCER-BROWN, G. (1969) Laws of Form – Gesetze der Form. 1. Aufl. 1997, Lübeck: Bohmeier

STAEHLE, W.H. (1999) Management: Eine verhaltenswissenschaftliche Perspektive. 8. Aufl. überarbeitet von Peter Conrad, Jörg Sydow. München: Vahlen

STIERLIN, H. (199) Delegation und Familie

STIERLIN, H. (2007) Gerechtigkeit in nahen Beziehungen, systemisch-therapeutische Perspektiven, Carl-Auer-Systeme

STRAUSS, A./CORBIN, J. (1996) Grounded Theory, Grundlagen qualitativer Sozialfoprschung, Beltz Psychologie VerlagsUnion

TREBESCH, K. (2000) Organisationsentwicklung – Konzepte, Strategien, Fallstudien. (Hrsg.) Stuttgart: Klett-Cotta

ULRICH, D. (1997) Human Resource Champions, Harvard Business Press

ULRICH, D./BROCKBANK, W. (2008) The business partner model: 10 years on – Lessons learned, in HR Human Resources magazine uk

VESTER, F. (2000) Die Kunst vernetzt zu denken: Ideen und Werkzeuge für einen neuen Umgang mit Komplexität. 6. überarbeitete Aufl. Stuttgart: DVA

WATZLAWICK, P. (1978) Die Möglichkeit des Andersseins: Zur Technik der therapeutischen Kommunikation. Bern, Stuttgart, Wien: Huber

WATZLAWICK, P. (1978) Wie wirklich ist die Wirklichkeit? – Wahrnehmung, Täuschung, Verstehen. 24. Aufl. 1998. München: Piper

WATZLAWICK, P. (1996) Anleitung zum Unglücklichsein. 15. Aufl. München: Piper

WATZLAWICK, P. (1997) Vom Unsinn des Sinns oder vom Sinn des Unsinns. 4. Aufl. München: Serie Piper

WEBER, G. (Hrsg., 2000): Praxis der Organisationsaufstellungen. Carl-Auer-Systeme Verlag

WEICK, K.E. (1979) Der Prozess des Organisierens. 2. Aufl. 1998, Frankfurt a.M.: Suhrkamp

WEICK, K.E. (1995) Sensemaking in Organizations. Thousands Oaks, CA: Sage

WEICK, K.E./SUTCLIFFE, K.M. (2003) Das Unerwartete managen. Wie Unternehmen aus Extremsituationen lernen. Stuttgart: Klett-Cotta

WILLI, J. (1975) Die Zweierbeziehung, Spannungsursachen/ Störungsmuster/ Klärungsprozesse/ Lösungsmodelle, Rowohlt

WILLKE, H. (1993) Systemtheorie I – Eine Einführung in die Grundprobleme der Theorie sozialer Systeme. 4. Aufl., Stuttgart: UTB Gustav Fischer bzw. WILLKE, H. (2000) Systemtheorie I Grundlagen, 6. Auflage, UTB

WILLKE, H. (1994) Systemtheorie II – Interventionstheorie – Grundzüge einer Theorie der Intervention in komplexe Systeme. Stuttgart: UTB Gustav Fischer

WILLKE, H. (1995) Systemtheorie III – Steuerungstheorie – Grundzüge einer Theorie der Steuerung komplexer sozialer Systeme. Stuttgart: UTB Gustav Fischer

WIMMER, R. (1990) Wozu noch GD? Eine systemtheoretische Reflexion gruppendynamischer Arbeit in: Gruppendynamik, Heft1 1990

WIMMER, R. (1992) Organisationsberatung – Neue Wege und Konzepte. (Ed.) Wiesbaden: Gabler (siehe auch ÖGGO)

WIMMER, R./DOMAYER, E./OSWALD, M./VATER, G. (1996) Familienunternehmen – Auslaufmodell oder Erfolgstyp? Wiesbaden: Gabler

WIMMER, R. (2002) Aufstieg und Fall des Shareholder Value Konzepts, Zeitschrift für Organisationsentwicklung 4/02

WIMMER, R. (2003a) Entwicklungstrends in Wirtschaft und Gesellschaft. Mögliche Auswirkungen auf den Beratermarkt. In: Lobnig, H.,Schwendenwein, J., Zvacek, L. (HRSG.) Beratung in der Veränderung. Grundlagen, Konzepte, Beispiele. Wiesbaden, Gabler, S. 13-32

WIMMER, R. (2003b) Beratung: Quo vadis? Thesen zur Entwicklung der Unternehmensberatung und Kommentare dazu. In: Zeitschrift für Organisationsentwicklung 3/03

WIMMER, R. (2004) OE am Scheideweg, Hatdie Organisationsentwicklung ihre Zukunft bereits hinter sich? In: Zeitschrift für Organisationsentwicklung 1/04; auch erschienen in Fatzer, G. (2005:) Gute Beratung von Organisationen. (Hrsg.) Bergisch-Gladbach: EHP Organisation

WIMMER, R. (2008) Organisationsberatung als Intervention. Theoretische Grundannahmen und neue Herausforderungen, www.mzw-witten.de

WIMMER, R. (2009) Systemische Organisationsberatung – Organisationsverständnis und zukünftige Herausforderungen,. In: Pühl, H. (HRSG.) Handbuch der Supervision und Organisationsentwicklung 3. Aktualisierte und erweiterte Auflage, VS Verlag für Sozialwissenschaften

WIMMER, R./MEISSNER, J.O../WOLF, P. (2009) Praktische Organisationswissenschaft. Lehrbuch für Studium und Beruf, Carl-Auer

WOHLAND, Dr. G. et al. (2004) Vom Wissen zum Können – Merkmale dynamikrobuster Höchstleistung, eine empirische Untersuchung auf systemtheoretischer Basis, Detecon International GmbH, Detecon & Diebold Consultants

ZEITSCHRIFT FÜR ORGANISATIONSENTWICKLUNG (1999-2000) Forum Zukunft der OE

ZEITSCHRIFT FÜR ORGANISATIONSENTWICKLUNG 01/2009: Komplementärberatung, Quantensprung oder Übergangsphänomen? Roswita Königswieser, Erik Lang und Rudolf Wimmer im Gespräch mit Caspar Fröhlich

5. Stichwortverzeichnis

passion4profession ist eine Herausgeberreihe, die dazu beitragen will, die Rolle von Organisationen und Professionen in der Gesellschaft zu schärfen, die Beratung von Organisationen zu professionalisieren, und BeraterInnen zu grundlegenden Themen Orientierung zu geben.   www.passion4profession.at

Mag. Joana Krizanits ist systemische Organisationsberaterin mit den Schwerpunkten Unternehmensentwicklung, Management Development, Coaching und Beraterausbildung. Sie ist Inhaberin eines Beratungsunternehmens in Wien und strategische Kooperationspartnerin der Beratergruppe Neuwaldegg.   www.joana.krizanits.at

Wesco Taubert, geboren in Eisenach, aufgewachsen in der ehemaligen DDR, Wahlwiener. Fünfzehn Jahre weltweite Landschaftsaufnahmen für das Magazin Geo; Underground - und „Trashfotograf", zählt zu den gefragten Landschafts- und Peoplefotografen.
www.internationalefotografie.com